"双高"建设校企合作双
高等职业教育交通运输类

隧道与地下工程施工

主　编　孙旭东　　刘东霞　　饶　彬

副主编　陈玉洁　　段志强　　王秋云

主　审　王海龙（中铁隧道局集团有限公司）

西南交通大学出版社

成　都

图书在版编目（CIP）数据

隧道与地下工程施工 / 孙旭东，刘东霞，饶彬主编.
成都：西南交通大学出版社，2025.3. --（"双高"
建设校企合作双元开发新形态信息化教材）（高等职业教
育交通运输类技能型人才培养实用教材）. -- ISBN 978
-7-5774-0327-4

Ⅰ. U455；TU94

中国国家版本馆 CIP 数据核字第 2025K9L257 号

"双高"建设校企合作双元开发新形态信息化教材
高等职业教育交通运输类技能型人才培养实用教材
Suidao yu Dixia Gongcheng Shigong
隧道与地下工程施工

策划编辑 / 罗在伟

主　编 / 孙旭东　刘东霞　饶　彬　　　　责任编辑 / 雷　勇

封面设计 / GT 工作室

西南交通大学出版社出版发行

（四川省成都市金牛区二环路北一段 111 号西南交通大学创新大厦 21 楼　610031）
营销部电话：028-87600564　　028-87600533
网址：https://www.xnjdcbs.com
印刷：四川森林印务有限责任公司

成品尺寸　185 mm×260 mm
印张　21　字数　523 千
版次　2025 年 3 月第 1 版　　印次　2025 年 3 月第 1 次

书号　ISBN 978-7-5774-0327-4
定价　56.00 元

随着科技的不断发展,隧道与地下工程的施工技术也在不断创新和改进。新型支护结构、掘进设备、监测技术等的应用,为隧道与地下工程的施工带来更多便利和安全保障。同时,随着环保意识的不断提高,绿色施工也成为隧道与地下工程施工的重要方向之一。在保证工程质量的前提下减少对环境的影响、提高施工效率,已经成为我们需要面对的重要课题。

为了更好地满足人才培养和社会需求,重庆交通职业学院组织工程行业内的有丰富经验的教师和施工企业的相关专家编写了本教材。结合现阶段职业教育的导向,突出"问、学、考、评"的职业教育特点,同时根据隧道工程在学校操作难、实践难的特点,采用施工案例的形式,更有利于学习掌握和实际运用。本教材旨在帮助学生掌握隧道与地下工程的施工技术和管理方法,提高他们的实践能力和创新能力。同时,本教材也注重理论与实践相结合,通过丰富的案例分析和实践操作,让学生更好地理解和掌握所学知识。

本教材是高等职业院校道路桥梁工程技术专业核心课程教材,采用"项目引领、任务驱动"的架构,以完成典型工作任务为目标,以任务、案例为载体。为了满足道路桥梁工程技术专业高级技能型人才培养需求,通过对隧道与地下工程施工现场各工作岗位的分析,提取典型工作任务。本教材共十三个项目,主要包括隧道认知、隧道构造、隧道施工准备、隧道洞口和明洞施工、隧道洞身施工方法、隧道支护施工、隧道施工防排水、二次衬砌施工、凿岩与爆破、装渣运输、隧道施工辅助作业、特殊隧道施工、超前地质预报与监控测量。

本书由重庆交通职业学院孙旭东高级工程师、饶彬高级工程师、刘东霞副教授担任主编,中铁隧道局集团有限公司王海龙教授级高工担任主审并给予了大量的指导。本书编写的具体分工:孙旭东编写了项目二、项目四、项目五、项目六、项目七、项目九以及负责全书的整编工作;饶彬编写了项目三、项目八;刘东霞编写了项目一、项目十;陈玉洁副教授参与编写项目十一;王秋云副教授参与编写项目十二。中铁隧道局集团有限公司段志强高级工程师参与编写项目十三以及为本书提供了大量现场案例和素材。

本书参考了隧道行业专家、学者的著作和成果,部分利用 AI 大数据在网络上搜集的隧道案例和故事,对编写本教材和开展教学具有重要的价值,在此向著作者表示衷心的感谢。

由于编者水平有限,本教材中难免存在不妥与疏漏之处,恳请广大读者和相关专家批评指正。

编　者
2025 年 1 月

资源目录

目录
CONTENTS

项目一 隧道认知

扬我中华神威传佳话——八达岭隧道

著名爱国工程师詹天佑亲自规划、督造京张铁路。詹天佑与工程技术人员和工人携带标杆和经纬仪，白天在人迹罕至的崇山峻岭里勘测线路，晚上则在油灯下伏案绘图、计算。经过实地勘测和线路比选，最后选择了由西直门经南口进入关沟、穿居庸关、越八达岭、过康庄而达沙城的路线，就是现在的关沟线。由于所选择的线路需要翻越高山，线路很陡且高度差较大，地质条件无法让火车绕大圈盘旋而上。为此，詹天佑采用了一种在青龙桥附近顺着山势设计一种"人"字形折线并采用每前进 1 000 m 就升高 33 m 陡坡的设计方案。当火车北上时，从关沟段入口的南口车站开始利用一台机车在前面拉、一台机车在后面推的方式将列车推行上坡；当列车到达青龙桥站时列车掉转方向，原先推的机车改为拉，原先拉的机车改为推，沿着"人"字形线路的另一边继续上坡，直到进入八达岭隧道。詹天佑制定的越岭方案，使京张铁路关沟段线路的坡度降低至 28‰，满足了火车通过的最低条件。八达岭隧道也因此缩短了 709 m，不但大大缩短了工期，也降低了工程的危险性，为提前通车提供了条件。

1907 年八达岭隧道动工，1908 年竣工，历时 18 个月。为了加快工程施工进度，在隧道施工过程中第一次使用炸药爆破技术开凿山岭隧道。凿工两人一组轮流用钢钎和铁锤在岩石上打出很深的炮眼，再装上炸药炸开岩石；土石运输工将爆破后的碎石泥土运走，凿工再向前凿进。为了防止隧道坍塌，施工时采取开挖和衬砌穿插进行的方式，先砌边墙后砌拱圈。隧道衬砌的拱圈采用预制混凝土砖砌筑，厚度为 65 cm；边墙用混凝土就地灌筑，厚度为 25～60 cm；隧道底部则铺筑厚度约 10 cm 的石灰三合土。为了缩短工期，在隧道中部山顶开凿一座直径为 3.05 m 的竖井，井深 25.6 m，从井底向隧道两端挖，在隧道内增加了两个工作面。为了解决竖井过深引起的缺氧问题，在井口设置通风机并接以铁管，必要时还用手拉风箱作为辅助，保证井下通风，改善了施工作业条件。

詹天佑成功修建京张铁路的壮举，彻底打破了当时国际上所谓"中国工程师不能独立设计、修筑艰险山区铁路"的偏见，直到今天都还被传为佳话。

问题引导

1. 什么是隧道？如何区分隧道与其他洞室？
2. 隧道的发展史是怎样的？我国隧道的发展史是怎样的？

3. 隧道如何分类？如何判断隧道类型？

4. 隧道的围岩如何分级？分级依据是什么？

任务一 / 隧道发展史及特点

一、隧道发展史

隧道的产生和发展是与人类文明历史发展相呼应的，大致可以分为四个时代：

隧道的发展史

（1）第一时代。

第一时代是指人类的出现到公元前 3000 年的新石器时代，是人类利用隧道来防御自然威胁的穴居时代。人们利用天然洞穴作为栖身之所，逐步学会在平原地区自己挖掘类似天然洞穴的窑洞来居住。此时的隧道是用兽骨、石器等工具开挖，修筑在稳定而无需支撑的地层中。自然洞穴实景如图 1-1 所示。

图 1-1　自然洞穴

（2）第二时代。

第二时代是指公元前 3000 年到 5 世纪，是人类为了生活和军事目的而利用隧道的时代。这个时代的隧道开发、利用技术形成了现代隧道开发技术的基础。远古时代的地下通道实景如图 1-2 所示。

图 1-2　远古时代地下通道

（3）第三时代。

第三时代是指 5 世纪到 14 世纪的 1000 年时间，建设技术发展缓慢，隧道技术没有显著的进步。但是，由于人们对金、银、铜、铁等矿产资源的需要，开始大规模开采矿石。中世纪石砖加固隧道实景如图 1-3 所示。

图 1-3　中世纪石砖加固隧道

（4）近代和现代。

近代和现代是指 15 世纪至今。由于炸药的发明和应用，加速了隧道技术的发展。如矿物开采、灌溉、运河、公路、铁路以及城市地下工程等的修建，使得隧道技术得到极大的发展，应用范围迅速扩大。

据有关史料记载，公元前 2180 年至公元前 2160 年，古巴比伦人在幼发拉底河下面修建的人行隧道是迄今已知的最早用于交通的隧道，该隧道为砖砌构造物。

我国最早的交通隧道是位于陕西汉中市的"石门"隧道，建于公元 66 年，是供马车和行人通行的。该隧道利用"火烧水激"的攻凿山石方法凿成的，是我国最早的人工隧道。石门隧道如图 1-4 所示。

图 1-4　石门隧道

我国于 1887—1889 年在台湾地区台北至基隆铁路上修建的狮球岭隧道，是中国的第一座铁路隧道，长 261 米。于 1907—1908 年修建的京张铁路八达岭隧道，是由我国铁路工程界最早的卓越工程师——詹天佑主持修建的。

随着施工技术的发展，我国隧道修筑从人工凿岩、炸药爆破到大型机械开挖、配套机械支护施工，隧道修筑水平已处于世界先进水平，其中比较有代表性的是秦岭终南山隧道，如图 1-5 所示。

图 1-5　秦岭终南山公路隧道

二、隧道的定义和特点

隧道是埋置于地层内的工程建筑物，是人类利用地下空间的一种形式。隧道按照用途可分为交通隧道、水工隧道、市政隧道、矿山隧道、军事隧道。1970 年国际经济合作与发展组织召开的隧道会议综合了各种因素，对隧道所下的定义为："以任何方式修建，最终使用于地表面以下的条形建筑物，其空洞内部净空断面在 2 m² 以上者称为隧道。"隧道的结构包括主体建筑物和附属设备两部分。主体建筑物由洞身和洞门组成，附属设备包括避车洞、消防设施、应急通信和防排水设施，长的隧道还有专门的通风和照明设备。

隧道的特点主要包括：

（1）隧道工程处于地表以下，因此工程地质和水文条件对隧道施工的影响很大，同一工程项目的隧道施工方案要根据不同阶段的地质条件制定相应施工方案。

（2）隧道属于线性扁平建筑物。

（3）隧道施工基本不受日照、雨雪等多变天气影响。

（4）隧道埋设于地下，一旦建成就难以更改。

任务二　隧道的分类及作用

隧道根据不同角度区分具有不同的类别，其中分类较明确的是按照隧道用途来划分。

一、按隧道的用途分类

（一）交通隧道

交通隧道是指修筑在地层以下供机动车辆和行人通行的以满足交通需求的通道，一般包括铁路隧道、公路隧道、地铁隧道、航运隧道和人行隧道：

（1）铁路隧道是指专供火车运输行驶的隧道。

（2）公路隧道是指专供汽车运输行驶的隧道。

（3）地铁隧道是指修建于城市地层中的运输隧道。

（4）航运隧道是指专供轮船运输行驶而修建的隧道。

（5）人行隧道是指专供行人通过的隧道。

（二）水工隧道

水工隧道作为水利工程和水力发电枢纽的重要组成部分，可为供水、泄水、灌溉提供水流通道，包括引水隧道、尾水隧道、导流隧道（泄洪隧道）、排沙隧道等，具体内容包括：

（1）引水隧道是指将水引入水电站发电机组或为调动水资源而修建的隧道。

（2）尾水隧道是指将水电站发电机组排出的废水送出去而修建的隧道。

（3）导流隧道（泄洪隧道）是指为水利工程中疏导水流并补充溢洪道流量超限后的泄洪而修建的隧道。

（4）排沙隧道是指用来冲刷水库中的泥沙而修建的隧道，也可以用来放空水库里的水。

（三）市政隧道

市政隧道是指为了改善城镇居民人居环境，合理布设水、电、气、管路等各种生活必需设施，同时减少路面空间的占用，在城镇地层中修筑的安置各种市政设施的地下通道。市政隧道的类型主要包括：

（1）给水隧道是指用于城市供水而修建的隧道。

（2）污水隧道是指用于引流排放城市污水的隧道。

（3）管路隧道是指为城市能源供给系统修建的隧道。

（4）线路隧道是指为电力、通信系统修建的隧道。

（5）人防隧道是指为战时防控目的而修建的防空避难隧道。

在现代化城市中，将给水隧道、污水隧道、管路隧道和线路隧道等具有共性的市政隧道建成一个公用隧道，称为"共同管沟"或"综合管廊"，是合理利用城市地下空间的科学手段，是市政隧道规划与发展的方向。

（四）矿山隧道

矿山隧道是为采矿服务的地下通道，包括运输巷道、施工给水隧道、通风隧道。

二、按其他依据进行分类

隧道按照地质条件可以分为石质隧道和土质隧道；按照长度可以分为短隧道、中隧道和长隧道、特长隧道；按照横截面积可以分为极小断面隧道、小断面隧道、中等断面隧道、大断面隧道、特大断面隧道；按照所处位置可以分为山岭隧道、水底隧道、城市隧道；按照埋藏深度可以分为浅埋隧道、深埋隧道。隧道按其他（除用途之外）依据进行的分类如表1-1所示。

隧道的分类与作用

表1-1 隧道的分类

序号	分类依据	类　型
1	地质条件	石质隧道
		土质隧道
2	长度	短隧道：$L \leqslant 500$ m
		中隧道：公路隧道 500 m$<L<$1 000 m，铁路隧道 500 m$<L \leqslant$3 000 m
		长隧道：公路隧道 1 000 m$\leqslant L \leqslant$3 000 m，铁路隧道 3 000 m$<L \leqslant$10 000 m
		特长隧道：公路隧道 $L>$3 000 m，铁路隧道 $L>$10 000 m
3	横断面面积	极小断面隧道：2～3 m²
		小断面隧道：3～10 m²
		中等断面隧道：10～50 m²
		大断面隧道：50～100 m²
		特大断面隧道：>100 m²
4	所处位置	山岭隧道
		水底隧道
		城市隧道
5	埋深	浅埋隧道
		深埋隧道

任务三　隧道工程地质及围岩分级

一、隧道工程地质

我国属于多山国家，在交通建设网中隧道修建量占比较大。隧道修建于地层以下，以岩体或土体作为建筑介质，故地层地质情况多变对隧道施工影响很大，主要包括：

（1）在地质情况良好地段开挖隧道，岩层完整，稳定性好，开挖一次进尺量大；

（2）在地质情况不良地段开挖隧道，岩层软弱或容易破碎，稳定性差，坑道易变形造成坍塌，需缩短一次开挖进尺量并加强支护。

由此可见，隧道的施工方法与隧道工程的地质情况息息相关。

隧道修筑于地球的表层——地壳，地壳中一种或多种矿物在特定条件下以一定规律组成的集合体称为岩石。岩石的组成和成因如表 1-2 所示。

表 1-2　岩石的组成和成因

序号	分类依据	类型	举例
1	岩石组成	单矿岩：单一矿物组成的岩石	辉石
		复矿岩：两种及两种以上矿物组成的岩石	花岗岩
2	岩石成因	岩浆岩：岩浆作用形成的岩石，又称火成岩	花岗岩、玄武岩、橄榄岩
		沉积岩：地表或接近地表的母岩在风化作用、生物作用、火山作用形成的沉积岩，又称水成岩	碎屑岩、黏土岩
		变质岩：地壳内部高温高压的条件下，岩石本身矿物结构发生变化变质而形成的变质岩	大理石、石英岩

二、围岩分级因素

隧道周围一定范围内对洞身产生影响的岩土体称为围岩，岩石可按坚硬程度、风化程度、完整程度来进行定性划分。

（一）岩石坚硬程度的定性划分

岩石坚硬程度可按表 1-3 进行定性划分。

隧道围岩分级

表 1-3　岩石坚硬程度的定性划分

名称		定性鉴定	代表性岩石
硬质岩	坚硬岩	浸水后，大多无吸水反应	花岗岩、正长岩、闪长岩、辉绿岩、玄武岩、安山岩、片麻岩、石英片岩、硅质板岩、石英岩、硅质胶结的砾岩、石英砂岩、硅质石灰岩等
	较坚硬岩	锤击声较清脆，有轻微回弹，稍震手，较难击碎，浸水后，有轻微吸水反应	（1）中等（弱）风化的坚硬岩。（2）未风化—微风化的熔结凝灰岩、大理岩、板岩、白云岩、石灰岩、钙质胶结的砂页岩等
软质岩	较软岩	锤击声不清脆，无回弹，较易击碎，浸水后指甲可刻出印痕	（1）强风化的坚硬岩。（2）中等（弱）风化的较坚硬岩。（3）未风化—微风化的凝灰岩、千枚岩、砂质泥岩、泥灰岩、泥质砂岩、粉砂岩、页岩等

名称		定性鉴定	代表性岩石
软质岩	软岩	锤击声哑，无回弹，有凹痕，易击碎；浸水后，手可掰开	（1）强风化的坚硬岩。 （2）中等（弱）风化—强风化的较坚硬岩。 （3）中等（弱）风化的较软岩。 （4）未风化的泥岩、泥质页岩、绿泥石片岩、绢云母片岩等
	极软岩	（1）锤击声哑，无回弹，有较深凹痕，手可捏碎。 （2）浸水后，可捏成团	（1）全风化的各种岩石。 （2）强风化的软岩。 （3）各种半成岩

（二）岩石风化程度的划分

岩石风化程度可按表 1-4 进行定性划分。当波速比 k_r、风化系数 k_f 及野外特征与表 1-4 不对应时，岩石风化程度宜综合判断。

表 1-4　岩石风化程度的划分

风化程度	风化特征	风化程度参数指标	
		波速比 k_r	风化系数 k_f
未风化	岩石结构构造未变，岩质新鲜	0.9~1.0	0.9~1.0
微风化	岩石结构构造、矿物成分和色泽基本未变，部分裂隙面有铁锰质渲染或略变色	0.8~0.9	0.8~0.9
中等风化	岩石结构构造部分破坏，矿物成分和色泽有变化，长石、云母和铁镁矿物已开始风化蚀变	0.6~0.8	0.4~0.8
强风化	岩石结构构造大部分破坏，矿物成分和色泽已明显变化，长石、云母和铁镁矿物已风化蚀变	0.4~0.6	<0.4
全风化	岩石结构构造完全破坏，已崩解和分解成松散土状或砂状，矿物全部变色，光泽消失，除石英颗粒外的矿物大部分风化蚀变为次生矿物	0.2~0.4	—

注：（1）波速比 k_r 为风化岩石弹性纵波速度与新鲜岩石弹性纵波速度之比。

（2）风化系数 k_f 为风化岩石单轴饱和抗压强度之比。

（三）岩体完整程度的定性划分

岩石完整程度可按表 1-5 进行定性划分。

表 1-5　岩体完整程度的定性划分

完整程度	结构面发育程度		主要结构面的结合程度	主要结构类型	相应结构类型
	组数	平均间距/m			
完整	1～2	>1.0	好或一般	节理、裂隙、层面	整体状或巨厚层状结构
较完整	1～2	>1.0	差	节理、裂隙、层面	块状或厚层状结构
	2～3	1.0～0.4	好或一般		块状结构
较破碎	2～3	1.0～0.4	差	节理、裂隙、层面、小断层	裂隙块状或中厚层状结构
	≥3	0.2～0.4	好		镶嵌碎裂结构
			一般		中、薄层状结构
破碎	≥3	0.2～0.4	差	各种类型结构面	裂隙块状结构
		≤0.2	一般或差		碎裂状结构
极破碎	无序		很差		散体状结构

注：平均间距指主要结构面（1～2 组）间距的平均值。

三、围岩分级

隧道施工前需根据工程用途、特点、规模调查施工区域的地形、地质条件，并根据调查资料综合考虑开挖方案和支护方案。各阶段调查的目标、内容及范围如表 1-6 所示。

表 1-6　各阶段调查的目标、内容及范围

阶段		目标	内容	范围
施工前	踏勘	为布置路线走向可选方案提供基本资料	搜集、分析沿线地形、区域地质、气象等既有资料，核查沿线环境、地质灾害、既有建筑、道路交通及建设规划资料	大于路线可能方案的范围
	初勘	为初步设计方案比选、概算编制及下阶段调查提供基础资料	（1）搜集、分析上阶段获取的资料。（2）对可比选方案沿线进行初步调查，地形测绘。（3）进行必要的地质物探、钻探和测试	大于比选方案的范围
	详勘	获取技术设计、施工图设计、施工计划、预算编制等所需资料	（1）详细地形测绘，工点地形测绘。（2）详细地质、环境等调查。（3）按要求进行钻探、物探、测试等	隧道路线两侧及周围地区，特长、长隧道和岩溶隧道范围应适当扩大
施工中		预报和确认施工中出现的工程地质、水文地质问题	（1）地形、地质、环境补充调查。（2）洞内观测、测量、超前探测预报	隧道内及地面受施工影响的范围

（一）公路隧道围岩级别划分

在工程可行性研究和初步勘察阶段，可采用定性或工程类比方法进行围岩级别划分。公路隧道围岩级别划分如表1-7所示。

表1-7　公路隧道围岩级别划分

围岩级别	围岩岩体或土体主要定性特征	岩体基本质量指标 BQ 或岩体修正质量指标 $[BQ]$
I	坚硬岩，岩体完整	>550
II	（1）坚硬岩，岩体较完整。 （2）较坚硬岩，岩体完整	550～451
III	（1）坚硬岩、岩体较破碎。 （2）较坚硬岩，岩体较完整。 （3）较软层、岩体完整，整体状或巨厚层状结构	450～351
IV	（1）岩石。 ① 坚硬岩，岩体破碎。 ② 较坚硬岩，岩体较破碎～破碎。 ③ 较软岩，岩体较完整～较破碎。 ④ 软岩，岩体完整～较完整	350～251
IV	（2）土体。 ① 压密或成岩作用的黏性土及砂性土。 ② 黄土（Q1、Q2）。 ③ 一般钙质、铁质胶结的碎石土、卵石土、大块石土	
V	（1）较软岩，岩体破碎。 （2）软岩，岩体较破碎～破碎。 （3）全部极软岩和全部极破碎岩	≤250
V	一般第四系的半干硬至硬塑的黏性土及稍湿至潮湿的碎石土、卵石土、圆砾、角砾土及黄土（Q3、Q4）。非黏性土呈松散结构，黏性土及黄土呈松软结构	
VI	软塑状黏性土及潮湿、饱和粉细砂层、软土等	

注：本表不适用于特殊条件的围岩分级，如膨胀性围岩、多年冻土等。

（二）铁路隧道围岩分级

各级围岩的物理力学指标标准值应按试验资料确定，无试验资料时可按表1-8选用。

表 1-8　铁路隧道围岩分级

围岩级别	围岩主要工程地质条件		围岩开挖后的稳定状态（小跨度）	围岩基本质量指标 BQ	围岩弹性纵波速度 v_p /（km/s）
	主要工程地质特征	结构特征和完整状态			
I	极硬岩（单轴饱和抗压强度 $Rc>60$ MPa）：受地质构造影响轻微，节理不发育，无软弱面（或夹层）；层状岩层为巨厚层或厚层，层间结合良好，岩体完整	呈巨块状整体结构	围岩稳定，无坍塌，可能产生岩爆	>550	A：>5.3
II	硬质岩（$Rc>30$ MPa）：受地质构造影响较重，节理较发育，有少量软弱面（或夹层）和贯通微张节理，但其产状及组合关系不致产生滑动；层状岩层为中厚层或厚层，层间结合一般，很少有分离现象，或为硬质岩石偶夹软质岩石	呈巨块状或大块状结构	暴露时间长，可能会出现局部小坍塌，侧壁稳定，层间结合差的平缓岩层顶板易塌落	550~451	A：4.5~5.3 B：>5.3 C：>5.0
III	硬质岩（$Rc>30$ MPa）：受地质构造影响严重，节理发育，有层状软弱面（或夹层），但其产状及组合关系尚不致产生滑动；层状岩层为薄层或中层，层间结合差，多有分离现象；硬、软质岩石互层	呈块（石）碎（石）状镶嵌结构	拱部无支护时可产生小坍塌，侧壁基本稳定，爆破振动过大易塌	450~351	A：4.0~4.5 B：4.3~5.3 C：3.5~5.0 D：>4.0
III	较软岩（$Rc=15～30$ MPa）：受地质构造影响轻微，节理不发育；层状岩层为厚层、巨厚层，层间结合良好或一般	呈大块状结构			
IV	硬质岩（$Rc>30$ MPa）：受地质构造影响极严重，节理很发育；层状软弱面（或夹层）已基本破坏	呈碎石状压碎结构	拱部无支护时，可产生较大的坍塌，侧壁有时失去稳定	350~251	A：3.0~4.0 B：3.3~4.3 C：3.0~3.5 D：3.0~4.0 E：2.0~3.0
IV	软质岩（$Rc≈5～30$ MPa）：受地质构造影响较重或严重，节理较发育或发育	呈块（石）碎（石）状镶嵌结构			
IV	土体：（1）具压密或成岩作用的黏性土、粉土及砂类土。（2）黄土（Q1、Q2）。（3）一般钙质、铁质胶结的碎石土、卵石土、大块石土	（1）和（2）呈大块状压密结构，（3）呈巨块状整体结构			
V	岩体：较软岩、岩体破碎；软岩、岩体较破碎至破碎；全部极软岩及全部极破碎岩（包括受构造影响严重的破碎带）	呈角砾碎石状松散结构	围岩易坍塌，处理不当会出现大坍塌，侧壁经常出现小坍塌；浅埋时易出现地表下沉（陷）或塌至地表	≤250	A：2.0~3.0 B：2.0~3.3 C：2.0~3.0 D：1.5~3.0 E：1.0~2.0
V	土体：一般第四系坚硬、硬塑黏性土，稍密及以上、稍湿或潮湿的碎石土、卵石土、圆砾土、角砾土、粉土及黄土（Q3、Q4）	非黏性土呈松散结构，黏性土及黄土呈松软结构			

围岩级别	围岩主要工程地质条件		围岩开挖后的稳定状态（小跨度）	围岩基本质量指标 BQ	围岩弹性纵波速度 v_p/（km/s）
	主要工程地质特征	结构特征和完整状态			
VI	岩体：受构造影响严重呈碎石、角砾及粉末、泥土状的富水断层带，富水破碎的绿泥石或炭质千枚岩	黏性土呈易蠕动的松软结构，砂性土呈潮湿松散结构	围岩极易变形坍塌，有水时土砂常与水一齐涌出；浅埋时易塌至地表	—	<1.0（饱和状态的土<1.5）
	土体：软塑状黏性土，饱和的粉土、砂类土等，风积沙，严重湿陷性黄土				

注：（1）弹性纵波速度中 A、B、C、D、E 系指岩性类型。

（2）关于隧道围岩分级的基本因素和围岩基本分级及其修正，可按《铁路隧道设计规范》（TB 10003—2016）附录 B 的方法确定。

（3）围岩分级宜采用定性分级与定量分级相结合的方法，综合分析确定围岩级别。

（4）强膨胀岩（土）、第三系富水弱胶结砂泥岩、岩体强度应小于 0.15 的极高地应力软岩等，属于特殊围岩（T），相应工程措施应进行针对性的特殊设计。

（三）各级围岩的物理力学指标

围岩的物理力学性能包括容重、弹性反力系数、变形模量等，参照表 1-9 可将围岩级别的判定进行数据化处理。围岩的自稳能力是指围岩在开挖后，不加人工支护的情况下的稳定状态。各级围岩的自稳能力，可根据围岩变形测量和理论计算分析进行评定。

表 1-9　各级围岩的物理力学指标

围岩级别	容重 γ/（kN/m³）	弹性反力系数 K/（MPa/m）	变形模量 E/GPa	泊松比 ν	内摩擦角 ϕ/°	黏聚力 c/MPa	计算摩擦角 ϕ_c/°
I	26～28	1 800～2 800	>33	<0.2	>60	>2.1	>78
II	25～27	1 200～1 800	20～33	0.2～0.25	50～60	1.5～2.1	70～78
III	23～25	500～1 200	6～20	0.25～0.3	39～50	0.7～1.5	60～70
IV	20～23	200～500	1.3～6	0.3～0.35	27～39	0.2～0.7	50～60
V	17～20	100～200	1～2	0.35～0.45	20～27	0.05～0.2	40～50
VI	15～17	<100	<1	0.4～0.5	<22	<0.1	30～40

注：（1）本表中数值不包括黄土地层及特殊围岩。

（2）选用计算摩擦角时，不再计内摩擦角和黏聚力。

各级围岩的自稳定能力，可根据围岩变形测量和理论计算分析评定，或按表 1-10 判定。

表 1-10　隧道各级围岩自稳能力判断

围岩级别	自稳能力
I	跨度≤20 m，可长期稳定，偶有掉块，无塌方
II	跨度 10～20 m，可基本稳定，局部可发生掉块或小塌方。 跨度<10 m，可长期稳定，偶有掉块
III	跨度 10～20 m，可稳定数日至 1 月，可发生小塌方。 跨度 5～10 m，可稳定数月，可发生局部块体位移及小～中塌方。 跨度<5 m，可基本稳定
IV	跨度>5 m，一般无自稳能力，数日至数月内可发生松动变形、小塌方，进而发展为中～大塌方；埋深小时，以拱部松动破坏为主；埋深大时，有明显塑性流动变形和挤压破坏。 跨度≤5 m，可稳定数日至 1 月
V	无自稳能力，跨度 5 m 或更小时，可稳定数日
VI	无自稳能力

注：（1）小塌方：塌方高度<3 m，或塌方体积<30 m³。
　　（2）中塌方：塌方高度 3～6 m，或塌方体积 30～10 m³。
　　（3）大塌方：塌方高度>6 m，或塌方体积>100 m³。

四、围岩分级修正

由于隧道修筑地点处于地表以下，除了围岩强度及完整度影响因素外，还需考虑地下水及初始地应力对隧道开挖施工稳定性的影响，如中国西南片区，地下水系发达，地下水流形成的溶洞很多，部分地区地下暗河流量丰沛，对隧道施工的影响极大。隧道线路埋置深度不同，围岩初始应力也相应不同，如在深埋型片层结构围岩中开挖施工时，可能出现危险的岩爆现象，必须加强支护施工措施或提前释放高初始应力。

结合隧道工程的特点，将地下水状态、初始地应力状态等必要的因素纳入隧道围岩分级因素中，围岩级别在基本分级的基础上应该进行修正。

（一）地下水状态的分级

地下水状态的分级如表 1-11 所示。

表 1-11　地下水状态的分级

级别	状态	渗水量/[$L/(\text{min}\cdot10\text{ m})$]
I	干燥或湿润	<10
II	偶有渗水	10～15
III	经常渗水	25～125

（二）地下水影响围岩修正

地下水影响围岩修正如表 1-12 所示。

表 1-12　地下水影响围岩修正

围岩基本分级	地下水状态分级					
	I	II	III	IV	V	VI
I	I	II	III	IV	V	—
II	I	II	IV	V	VI	—
III	II	III	IV	V	VI	—

（三）初始地应力场评估基准

根据岩体（围岩）钻探和开挖过程中出现的主要现象，如岩芯饼化或岩爆现象，可按照表 1-13 详细评估围岩的应力情况。

表 1-13　初始地应力场评估基准

初始应力状态	主　要　现　象	评估基准 $/(R_c/\sigma_{max})$
极高应力	（1）硬质岩：开挖过程中时有岩爆发生，有岩块弹出，洞壁岩体发生剥离，新生裂缝多，成洞性差； （2）软质岩：岩芯常有饼化现象，开挖过程中洞壁岩体有剥离，位移极为显著，甚至发生大位移，持续时间长，不易成洞	<4
高应力	（1）硬质岩：开挖过程中可能出现岩爆，洞壁岩体有剥离和掉块现象，新生裂缝较多，成洞性较差； （2）软质岩：岩芯时有饼化现象，开挖过程中洞壁岩体位移显著，持续时间长，成洞性差	4～7

注：σ_{max} 为垂直洞轴线方向的最大初始应力。

（四）初始地应力影响围岩修正

初始地应力影响围岩修正如表 1-14 所示。

表 1-14　初始地应力影响围岩修正

围岩基本分级	初始应力状态				
	I	II	III	IV	V
极高应力	I	II	III 或 IV	V	VI
高应力	I	II	III	IV 或 V	VI

任务实施

分组进行讨论，并按照问题引导进行答题。

问题 1：查找资料，举例简述国内一座隧道的概况。

_____
_____
_____
_____

问题 2：简述问题 1 中举例的隧道属于什么隧道，并按照隧道的不同分类方法进行分类。

_____
_____
_____
_____

问题 3：通过查找资料，描述问题 1 中举例的隧道特点。

_____
_____
_____
_____

评价反馈

学生自评表

任务	完成情况记录
掌握隧道的概念	
掌握隧道的分类	
总结反思建议	

学生互评表

序号	评价项目	小组互评
1	隧道概念的掌握情况	5分□　4分□　3分□　2分□　1分□
2	隧道分类的掌握情况	5分□　4分□　3分□　2分□　1分□
3	隧道特点的掌握情况	5分□　4分□　3分□　2分□　1分□
4	语言表达能力	5分□　4分□　3分□　2分□　1分□
5	积极性	5分□　4分□　3分□　2分□　1分□
6	反思总结	5分□　4分□　3分□　2分□　1分□
7	简要评述	

序号	工序	作业步骤	配分	评分标准	扣分	得分
1	准备工作	确定人数	10	小组点名，根据考勤情况打分。如果缺勤则个人得分为零		
2	学习状态	隧道的概念	60	得分=正确步骤总得分×60 分/所有操作步骤总分，保留小数点后两位		
		隧道分类				
		隧道的特点				
3	验收总结	对他人的评价	15	根据质量检验情况判断施工是否正常。判断正确的得分，判断错误的不得分		
		自我评价与总结	15	得分=已回收设备材料数量×15 分/需要回收设备材料总数量，保留小数点后两位		
合　计						

综合评价表

序号	评价项目	自我评价	互相评价	教师评价	综合评价
1	学习准备				
2	引导问题填写				
3	完成质量				
4	要点掌握				
5	完成速度				
6	参与讨论主动性				
7	沟通协作				
8	总结与评价				

实作复盘

根据小组作业结果，小组讨论、分析待改进事项及其预防措施。

项目二　隧道构造

思政学堂

大瑶山隧道

20 世纪 30 年代建成的粤汉铁路坪石至乐昌段，全长 53 km，其中有 34.4 km 为曲线，并且曲线半径小于 400 m 的共有 65 段，曲线半径最小的仅为 241 m，线路最大坡度为 12.85‰。这段铁路位于广东瑶山脚下，沿北江支流武水东岸曲折迂回，共建有 5 座短隧道，形成一个弓形大弯。武水峡谷河道弯曲、水流湍急，两岸陡坡的岩层挤压和断裂剧烈，广泛分布了不良地质现象。20 世纪 80 年代修建衡（阳）广（州）铁路复线时，决心采用截弯取直的长隧道设计方案，修建大瑶山隧道。

大瑶山隧道全长 14.294 km，隧道埋深 70～910 m，比既有铁路坪石至乐昌间缩短约 15 km。在隧道施工过程中，推行了国外最先进的设计和施工的方法——"新奥法"；采用 20 世纪 80 年代国内外最先进的大型机械，实现了主要工序——钻爆、支护、装运三条机械化作业线。大瑶山隧道使得铁路线避开沿武水的不良地质地段，增加了运量、节省了运营成本。大瑶山隧道标志着我国铁路隧道勘测设计和施工技术达到了一个新的水平，是我国铁路隧道建设史的一座里程碑。

大瑶山隧道由铁道部第四勘测设计院设计，1980 年 8 月由隧道工程局施工，12 月因计划调整施工暂停。1981 年 11 月恢复施工，经建设者日夜奋战、顽强拼搏，于 1987 年 5 月 6 日胜利贯通，国务院和铁道部为此分别发来贺电。1987 年 12 月 13 日全隧道铺底工程完成，年底开始铺轨。1988 年 12 月 16 日正式通车。大瑶山隧道工程施工难度极大，从工程勘测到竣工历时近 10 年。

大瑶山隧道工程广泛采用新技术、新工艺和新设备，在设计、施工上取得重大技术突破和创新，如综合选线、综合地质勘探、采用光电测距的测量控制、基于新奥法的设计施工方法、采用复合式衬砌与塑料板防水方法、实现大断面一次开挖并形成双线长隧道钻爆法机械化施工模式等。大瑶山隧道的修建，是我国铁路隧道修建技术的一次飞跃，为我国的铁路修筑积累了很多宝贵的经验。

问题引导

1. 隧道结构构造由哪些部分组成？
2. 隧道主体结构物主要包括哪些？
3. 隧道的附属结构物主要包括哪些？
4. 公路隧道与铁路隧道的附属结构物有什么区别？

1. 了解隧道构筑物的组成。
2. 了解隧道主体构筑物的构造以及类型。
3. 了解隧道附属构筑物的构造以及类型。

能力目标

1. 根据隧道施工图纸识别隧道的构造和类型。
2. 根据工地实物识别隧道的构造和类型。

知识导航

　　隧道结构构造包括主体构筑物和附属构筑物两大类。主体构筑物是为了保持围岩的稳定和车辆安全而修筑的人工永久构筑物，主要指洞门构筑物和洞身衬砌。洞身衬砌轴线的形状由隧道所在道路的几何设计线型确定，衬砌断面的形状和厚度由衬砌结构计算控制。在山体坡面有发生崩坍和落石的风险时，可以通过接长洞身或修筑明洞等方式来解决。洞门的构造型式很多，由各种因素共同决定，如地形地貌、环境条件、岩体的稳定性、通风方式、照明状况等。附属构筑物是主体构筑物以外的其他构筑物，是为了隧道正常运营管理、维修养护等而修建的构造物。

任务一　隧道的主体构造

一、洞　门

（一）洞门的作用

隧道主体建筑物

　　洞门是隧道两端的外露部分，也是联系洞内衬砌与洞口外路堑的支护结构，其作用是保护洞口边坡的安全和仰坡的稳定，引离地表流水，减少洞口土石方开挖量。

　　洞门周围的岩（土）体通常都比较破碎松软，容易失稳，形成崩坍。为了保护岩（土）体的稳定和车辆不受崩塌、落石等威胁，保证行车安全，应该根据现场情况合理选择洞门类型。洞门是各类隧道的"咽喉"，在保障安全的同时，还应与周围环境相协调。

　　山岭隧道常见的洞门类型主要包括端墙式、翼墙式和环框式。水底隧道的洞门通常与附属构筑物，如通风站、供配电站或发电间、管理所等有机结合在一起进行修建。

　　道路隧道的照明有特别要求，要求解决司机在进出隧道的短时间内视觉的适应性问题，有时在入口一侧设置遮光棚等减光构造物，对洞外环境做减光处理。这样洞门位置就不再设置洞门建筑，而是用明洞和减光构造物将衬砌接长，直至减光构筑物的端部，形成新的入口。

　　洞门还必须具有拦截、收集、排除地表水的功能，使地表水沿排水通道有序地排离洞门，防止地表水流入洞内。因此，洞门上方洞门墙应高于洞门墙后的排水沟 0.5 m。

当岩（土）体有可能滚落碎石时，一般应接长明洞，减少对仰、边坡的扰动，使洞门墙与仰坡底部保持一定距离，确保落石不会滚落到车行道上。

（二）洞门的类型

隧道洞门类型及构造

在隧道洞口设计和施工前必须熟悉隧道洞口附近的地形、地质、水文、气象等自然条件以及房屋、高压铁塔等结构物，分析这些自然条件和结构物对边坡稳定、景观调和、车辆运行的影响，从而得到经济、安全并且与环境和谐相处的洞门结构、施工工艺和洞口运营管理措施等。

隧道洞口设计分为隧道的洞口段、洞门及其前后一部分线路的总体设计。不同隧道由于所处的地质及线路位置等设计条件不同，其洞口的设计范围也不明确。为了研究隧道洞口问题，借鉴以前的工程经验，隧道洞口范围的定义如图 2-1 所示，隧道施工可能影响的坡面和地表的范围称为洞口段。隧道洞口段定义为洞门向洞内延伸到可能形成承载拱的（1~2）B（B 为隧道开挖宽度）埋深的范围，而且洞口处至少应保证 2~3 m 的覆盖土。

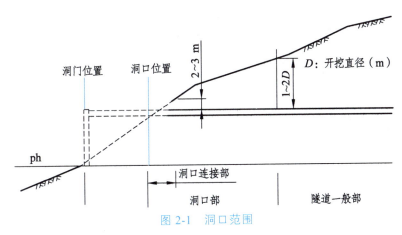

图 2-1　洞口范围

隧道洞口段既受围岩内部条件支配，又受地形、地质、周边环境及气象等外部条件支配，因此，隧道洞口段是隧道洞门设计和施工的难点。

1. 端墙式洞门

端墙式洞门主要用于岩质稳定的Ⅲ级以上围岩和地形开阔的地区，是最常使用的洞门形式，如图 2-2 所示。

2. 翼墙式洞门

翼墙式洞门适用于地质较差的Ⅳ级以下围岩，以及需要开挖路堑的地段。翼墙式洞门由端墙及翼墙组成。

翼墙可以增加端墙的稳定性，同时对路堑边坡起到支撑作用，其顶面通常与仰坡坡面一致，顶面上一般设置排水沟，将端墙背面排水沟汇集的地表水排到路堑边沟内。翼墙式洞门如图 2-3 所示。

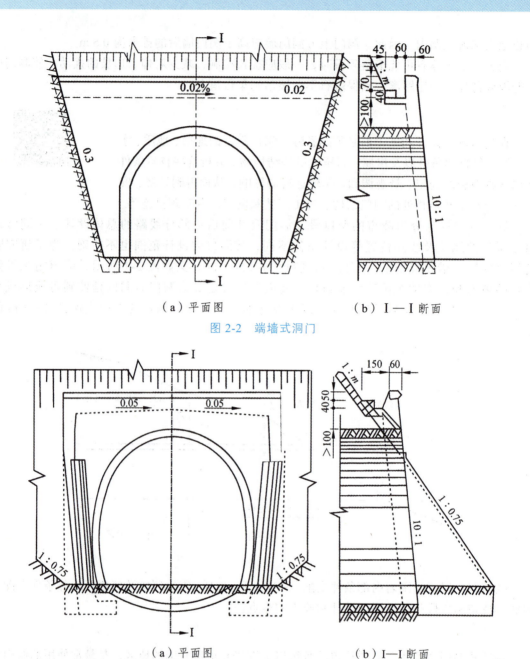

（a）平面图　　　　　　　　　（b）Ⅰ—Ⅰ断面

图 2-2　端墙式洞门

（a）平面图　　　　　　　　　（b）Ⅰ—Ⅰ断面

图 2-3　翼墙式洞门

3. 环框式洞门

当洞口具有岩层坚硬、整体性好、节理不发育且不易风化的特点时，隧道开挖后仰坡极为稳定，并且没有较大的排水要求，可以采用环框式洞门。环框与洞口衬砌用钢筋混凝土整体灌筑，如图 2-4 所示。

当洞口为松软的堆积层时，通常应避免大刷仰、边坡，一般采用接长明洞以保护原地形地貌的办法。此时，仍可设计成洞口环框，但环框坡面较平缓，尽量与自然地形坡度相一致。环框两翼与翼墙都能起到保护路堑边坡和增加环框稳定性的作用。环框四周按原状恢复自然植被，或重新栽植根系发达的苗木等，以稳定仰坡、边坡。在隧道引道两侧，如果条件允许可以栽植高大乔木，形成林荫大道，对洞外减光十分有益。环框上方及两侧应设置排水沟渠，以排除地表水，防止漫流。倾斜的环框还有利于向洞内散射自然光，增加洞口段的亮度。

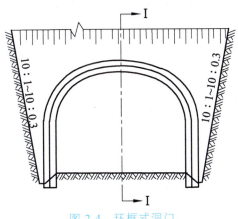

图 2-4　环框式洞门

4. 削竹式洞门

削竹式洞门是在环框式洞门的基础上变化而来。当洞口段有一节较长的明洞衬砌时，由于洞口背后一定范围内是以回填土为主，山体的推滑力不大，可采用削竹式洞门。由于其结构形式类似竹筒被斜向削断的样子，故得其名。

削竹式洞门的特点是，洞口边仰坡开挖量少，有利于山体的稳定，减少对植被的破坏和有利于环境保护。

5. 遮光棚式洞门

当洞外需要设置遮光棚时，其入口通常外伸很远。遮光构造物有开放式和封闭式之分，开放式遮光板之间是透空的，封闭式则用透光材料将前者透空部分封闭。但由于透光材料上面容易沾染尘垢油污，养护困难，因此很少使用后者。遮光棚在形状上有喇叭式与棚式两种类型。

除了上述四种基本形式的洞门外，还有一些变化形式，如柱式洞门和台阶式洞门。柱式洞门在端墙上增加对称的两个立柱，不但庄严美观，而且可以加强端墙局部，提高洞门的稳定性。台阶式洞门，为了适应山坡地形变化，在沿线傍山隧道半路堑情况下常采用这种形式，将端墙做成台阶式。

（三）洞门构造

洞口仰坡坡脚到洞门墙背的水平距离不小于 1.5 m，以防止仰坡土石掉落到路面上危及安全。洞门端墙与仰坡之间的水沟沟底到衬砌拱顶外围的高度不小于 1.0 m，以免落石破坏拱圈。洞门墙顶应高出仰坡坡脚 0.5 m 以上，以防水流溢出墙顶，也可防止掉落土石弹出。水沟底填土应夯实，否则会使水沟变形，产生漏水，影响衬砌强度。

洞门墙应根据情况设置伸缩缝、沉降缝和泄水孔，以防止洞门开裂变形。洞门墙的厚度可按计算或结合其他工程类比确定，墙身厚度不小于 0.5 m。

洞门墙基础必须置于稳固地基上，通常洞口位置的地形、地质条件比较复杂，或全为松散堆积覆盖层，或为地面倾斜陡峻，或为半软半硬。为了保证洞门稳固，应根据地形及地质条件确保洞门基础有足够的埋深。基底埋入土质地基的深度不小于 1 m，嵌入岩石地基的深度不小于 0.5 m。

当基础设置在岩石上时，应清除表面强风化层。当强风化层较厚、难以全部清除时，可根据地基的风化程度及其相应的容许承载力将基底埋在风化层中。斜坡岩基应挖台阶，以防止洞门墙滑动，岩基的废渣均应清除干净，这样才能确保洞门稳定。当地基松软、强度偏小时，根据情况采用明挖扩大基础、换填、桩基、压浆加固地基等措施。

地基为冻胀土层时，冻结时土壤隆起、膨胀力大，解冻时由于水融作用土壤变软后沉陷，洞门相应下沉，产生衬砌变形。根据工程经验，要求基底的最大冻结深度不小于 0.25 m。如果冻结线较深、施工困难，可采取非冻结性的砂石材料换填，也可设置桩基。不冻胀土层中的地基，如岩石、卵石、砾石、砂等，埋置深度可不受冻结深度的限制。

二、明　洞

隧道在埋深较浅、上覆岩（土）体较薄、采用暗挖法较困难时，可采用明挖法来开挖隧道。采用明挖法修筑的隧道结构，通常称为明洞。

在山岭隧道中，明洞多用于深路堑或隧道洞口高边坡上有落石、塌方等危及安全的洞口段。当遇到地质条件较差，洞顶覆盖层较薄，用暗挖法难以进洞，或路堑边坡可能发生塌方、滑坡或泥石流等危害地段，或铁路、公路、河渠必须在隧道上方通过，且不宜做立交桥或涵渠时均需修建明洞。它是隧道洞口或线路上起防护作用的重要建筑物，使用广泛。

明洞净空必须满足隧道建筑限界要求，洞门一般做成直立端墙式洞门。

明洞的结构形式根据地形、地质、经济、运营安全及绿色环保等条件进行选择，现阶段采用最多的是拱式明洞和棚式明洞。

（一）拱式明洞

隧道进出口两端的长明洞或在路堑边坡不稳定地段修建的独立明洞等多采用拱式明洞。拱式明洞具有整体性好、能承受较大的垂直压力和侧压力的特点。拱式明洞按荷载分为路堑对称型、路堑偏压型、半路堑偏压型和半路堑单压型。

1. 路堑对称型拱式明洞

路堑对称型拱式明洞适用于洞顶地面起伏较小、路堑两侧地质条件差异不大、原山坡有少量坍塌和落石以及隧道洞口岩层破碎、洞顶覆盖层较薄难以采用暗挖法修建隧道的地段。路堑对称型拱式明洞如图 2-5 所示。

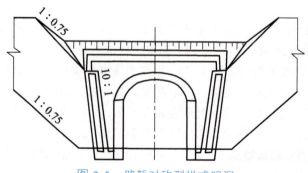

图 2-5　路堑对称型拱式明洞

2. 路堑偏压型拱式明洞

路堑偏压型拱式明洞适用于洞门两侧山坡高度差较大的路堑。路堑较高侧边坡有坍塌、落石或泥石流;低侧边坡明洞墙顶以下部分为挖方,且能满足外侧边墙嵌入基岩要求的地段。路堑偏压型拱式明洞如图 2-6 所示。

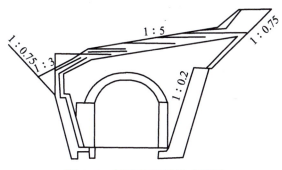

图 2-6　路堑偏压型拱式明洞

3. 半路堑偏压型拱式明洞

半路堑偏压型拱式明洞适用于半路堑靠山侧边坡较高、有坍塌、落石或泥石流等不良地质现象,而外侧地面较为宽敞和稳定、上部填土坡面线能与地面相交以平衡山侧压力的地段。半路堑偏压型拱式明洞如图 2-7 所示。

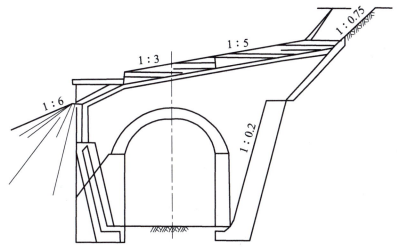

图 2-7　半路堑偏压型拱式明洞

4. 半路堑单压型拱式明洞

半路堑单压型拱式明洞适用于靠山侧边坡或原山坡有坍塌、落石等情况而外侧地形陡峻无法进行填土的地段。半路堑单压型拱式明洞如图 2-8 所示。

拱式明洞的边墙一般采用直墙。当半路堑型单压明洞外墙尺寸较厚(可达 3～5 m),为了节省圬工量,同时也方便隧道采光和通风,可在浆砌片石的外墙上每隔 3～4 m 开设一个孔洞。

偏压拱式明洞要严格处理好外墙基础,以防止因外墙下沉而引起拱圈开裂。外墙必须设置于稳固地基上,若有困难则可用桩基础或加固地基等方法进行处理。

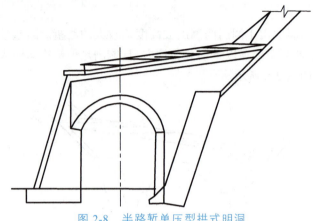

图 2-8　半路堑单压型拱式明洞

（二）棚式明洞

当山坡塌方、落石等地质病害数量较少时，明洞所受侧压力不大。如果受地质、地形条件的限制难以修建拱式明洞时，可采用棚式明洞。

棚式明洞顶板为梁式结构，内侧边墙一般采用重力式挡墙。当岩层完整、山体坡面较陡、采用重力式挡墙工程量较大且地下水较少时，可采用钢筋混凝土锚杆挡墙。

棚式明洞的类型主要取决于外侧边墙的结构形式，通常包括墙式、钢架式、柱式和悬臂式（不修建外墙时）等棚式明洞（简称为棚洞）。

1. 墙式棚洞

墙式棚洞适用于边坡存在坍塌、落石的地段，横断面类似桥跨结构，内墙除起挡土墙作用外还承受顶板下传的垂直荷载，外墙只承受顶板下传垂直荷载但不承受水平力。墙式棚洞如图 2-9 所示。

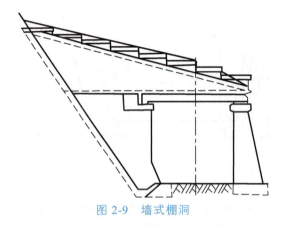

图 2-9　墙式棚洞

2. 钢架式棚洞

钢架式棚洞适用于边坡有少量落石或在两座隧道间需建明洞进行连接时，为了改善隧道通风和采光条件而采用的一种棚式明洞。钢架式棚洞的外墙结构为连续框架，对地基承载力要求较高。钢架式棚洞如图 2-10 所示。

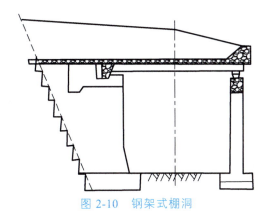

图 2-10 钢架式棚洞

3. 柱式棚洞

柱式棚洞适用于有少量落石、地基承载力高或基岩埋藏浅的地段。柱式棚洞的外墙采用独立柱和纵梁方式，结构简单，施工方便，但整体稳定性较差。柱式棚洞如图 2-11 所示。

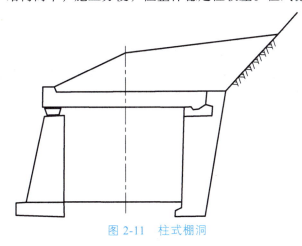

图 2-11 柱式棚洞

4. 悬臂式棚洞

悬臂式棚洞适用于坡面陡峭、坡面有少量落石、明洞外侧地基不良或不适合设基础的地段。悬臂式棚洞如图 2-12 所示。

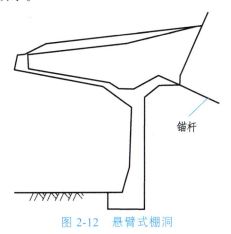

锚杆

图 2-12 悬臂式棚洞

根据山侧岩层的具体条件，悬臂式棚洞内侧可选用重力式边墙或锚杆挡墙等形式。悬臂式棚洞由于结构不对称，局部地方弯矩较大，抗震性能差，施工难度大，选用时应慎重。

（三）明洞基础

明洞基础必须置于稳固的地基上。当基岩埋深较浅时，明洞基础可设置于基岩上；当基础位于软弱地基上时，基础可采用仰拱、整体式钢筋混凝土底板等结构。外墙基础墙趾部分应有一定的埋深并应设在冻结线以下 0.25 m，并保证一定的襟边宽度。对于不同岩层种类，明洞基础的埋深与襟边宽度可参照表 2-1。

表 2-1　明洞基础埋深与襟边宽度

岩层种类	埋深 h/m	襟边宽度 L/m
较完整的坚硬岩层	0.25	0.25 ~ 0.5
一般岩层（如砂页岩互层）	0.60	0.6 ~ 1.50
松软岩石（如千枚岩等）	1.00	1.0 ~ 2.0
砂夹砾石	1.5	1.5 ~ 2.5

基底承载力不足时，基底处理应符合设计规定，严禁超挖后回填虚土。当两侧边墙地基软硬程度不一致时，应采取措施加以处理，避免引起过大的沉降和不均匀沉陷，使明洞结构产生裂缝或破坏。可采取的措施主要包括：

（1）基岩较浅时可将基础设置于基岩上。

（2）使用钢筋混凝土或混凝土仰拱。

（3）采用钢筋混凝土底板时使基础成为整体。

（4）采用桩基础或其他加固地层等措施。

当地基是完整坚固的岩体时，基础可设置成台阶。台阶平均坡度不陡于 1∶0.5；坡度线与水平线的夹角不得大于岩层的内摩擦角；台阶宽度不小于 0.5 m，最低一层基础台阶宽度不小于 2 m。当基础外侧受水流冲刷影响时，为了使基础外侧护基部分岩土稳定或者减少河岸冲刷的影响，应该采取挡墙、护岸、边坡加固等防护、防冲刷措施。

在铺设明洞防水层前应检查并清除拱墙背面露出的尖锐突出物，明洞拱墙背面混凝土表面应平整圆顺，必要时可用砂浆抹平。防水层的铺设应保证各方向的搭接宽度。

（四）明洞填土

明洞回填施工应遵循对称均衡原则，应符合的规定主要包括：

（1）明洞拱背回填应在外模拆除、防水层和排水盲管施工完成后进行。人工回填时，拱圈混凝土强度应不小于设计强度的 75%。机械回填时，拱圈混凝土强度应不小于设计强度。

（2）明洞两侧回填水平宽度小于 1.2 m 的范围应采用浆砌片石或同级混凝土回填，确保隧道两侧具有足够的抗压能力。

（3）回填料不宜采用膨胀岩土。

（4）回填顶面下 0.2 m 用耕植土回填，便于恢复植被，防止回填层顶面干裂。

（5）明洞土石回填应对称分层夯实，分层厚度不超过 0.3 m，两侧回填高度差不大于

0.5 m，回填到拱顶以上 1.0 m 后方可采用机械碾压。回填土压实度应符合设计规定，避免压实不均匀、回填土沉降等造成回填土开裂、渗水等现象。

（6）单侧设有反压墙的明洞，回填应在反压墙施工完成后进行。

（7）回填时不得进行倾填作业。

（8）明洞回填时，应采取防止损伤防水层的措施。

（9）洞门顶排水沟砌筑在填土上时，应在夯实后砌筑。

三、洞　身

（一）洞身材料

洞身位于地层深处，需要承受较大的围岩压力、地下水压力以及化学物质的侵蚀、高寒地区的冻害等。因此，洞身材料应该具有足够的强度、耐久性、抗渗性、耐腐蚀性和抗冻性等。在确定洞身材料时，需要综合考虑工程成本、施工方便以及便于工厂化、机械化施工等因素，由设计单位综合考虑选用。

1. 混凝土

混凝土洞身整体性好，既可以在现场搅拌浇筑，也可以在拌和站搅拌后运至现场浇筑，便于全程机械化作业。在混凝土中掺入外加剂，可以提高混凝土的性能。混凝土灌注后不能立即承受荷载，需要进行养护，达到预定强度才能拆模，因此占用的模板和拱架较多。普通混凝土的耐侵蚀能力较差。

2. 片石混凝土

铁路隧道在岩层较好地段的边墙衬砌可以采用片石混凝土（片石的掺量不应超过总体积的 20%）。此外，当起拱线 1 m 以上的外部位需要超挖时，超挖部分也可用片石混凝土进行回填。

公路隧道衬砌一般不使用片石混凝土填筑，除仰拱填充或超挖部分填充外。片石掺用量不得超过总体积的 30%。

3. 钢筋混凝土

钢筋混凝土主要用在洞门、明洞衬砌等明挖地段，或者在隧道不良地质地段时采用。

4. 石料和混凝土预制块

在工程中使用石料和混凝土预制块，能够就地取材、降低造价、保证衬砌厚度并能较早地承受荷载，可以节省水泥和模板，耐久性和耐侵蚀性能较好。但是工程的整体性、防水性能较差，施工进度较慢，砌筑技术要求高，衬砌机械化程度低。

工程的洞门挡墙、挡土墙、明线路缘石、洞内电缆沟盖板等可广泛使用石料和混凝土预制块。

5. 喷射混凝土

喷射混凝土是利用混凝土喷射机将混凝土高速喷射到洁净的岩石表面上凝结而成。喷射混凝土的密实性强，能快速封闭围岩裂隙；密贴于岩石表面，早期强度高，能起到封闭岩面和支护作用，是一种较为理想的柔性支护。

6. 锚杆和钢拱架

锚杆是用来支撑和加固围岩的一种工程材料。锚杆是喷锚支护中的一个重要组成部分，锚杆既可以单独使用，也可以与喷射混凝土等联合使用。

钢拱架是为了加强支护刚度而在初期支护中放置的型钢支撑或格栅钢支撑。钢拱架的最大特点是安装好后能立即承受荷载，常用于Ⅴ、Ⅵ级软弱破碎围岩或处理塌方。钢拱架与围岩间喷射混凝土难以充填密实，与喷射混凝土之间的黏结也不好，导致钢拱架附近的喷射混凝土经常出现裂纹。

初期支护采用的钢拱架由工字钢、槽钢制成，也可由钢管或钢轨制成。

7. 装配式预制管片

装配式预制管片常用于盾构隧道、掘进机隧道，不需要洞内养护时间，可以立即承受荷载。装配式预制管片可以在洞外预制，利用机械手拼装，不需临时支撑，具有质量好、拼装速度快、节省大量材料及人工、改善劳动条件等优点。装配式预制管片对拼缝防水要求高，与围岩接触不够密贴，一般应注浆。装配式预制管片具有结构整体性不如模筑，需要足够的拼装空间，制备构件尺寸上要求精度高等缺点。

（二）洞身衬砌结构

山岭隧道的洞身衬砌结构是根据隧道所处的围岩地质地形条件以及综合结构受力的合理性、施工方法和施工技术水平等因素来确定的。随着隧道工程实践经验的不断积累以及对围岩压力和衬砌结构所起作用的深入认知，洞身衬砌结构形式不断被优化，出现了适应不同地质条件的洞身衬砌结构类型。

1. 直墙式衬砌

直墙式衬砌通常用于岩石地层的竖向围岩压力较大、水平围岩压力很小的情况，一般适用于Ⅰ、Ⅱ级围岩，有时也可用于Ⅳ级围岩。对于道路隧道，直墙式衬砌结构的拱部轴线，可以采用割圆拱、坦三心圆拱或尖三心圆拱。三心圆拱指拱轴线由三段圆弧组成，其轴线形状比较平坦（$r_1 > r_2$）时称为坦三心圆拱，形状较尖（$r_2 > r_1$）时称为尖三心圆拱，若 $r_1 = r_2 = r$ 时即为割圆拱，如图 2-13 所示。对于围岩完整性比较好的Ⅰ级、Ⅱ级围岩，边墙可以采用连拱或柱，称为连拱边墙或柱式边墙，如图 2-14 所示。

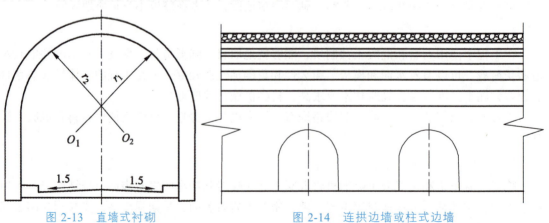

图 2-13　直墙式衬砌　　　　　图 2-14　连拱边墙或柱式边墙

为了节省圬工，也可以采用大拱脚薄边墙衬砌，如图 2-15 所示。

2. 曲墙式衬砌

Ⅳ级以下的围岩，受到的水平压力较大。为了承载较大的水平压力，可以把边墙也做成曲线形状。当地基是条件较差的软弱土层或膨胀土时，为了防止衬砌沉陷或抵抗底鼓压力，衬砌可以采用环状封闭结构并设置仰拱，如图 2-16 所示。

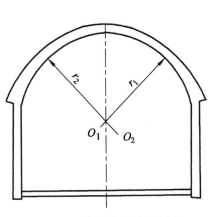

图 2-15　大拱脚薄边墙衬砌

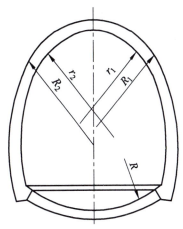

图 2-16　曲墙式衬砌

3. 连拱式衬砌

连拱式衬砌就是将两隧道之间的岩体用混凝土取代，或者说是将隧道相邻的边墙连接成一个整体，形成双洞拱墙相连的一种结构形式，一般只适用于长度不超过 500 m 的短隧道。连拱式衬砌如图 2-17 所示，其适用范围主要包括：

（1）间距较近的两隧道。

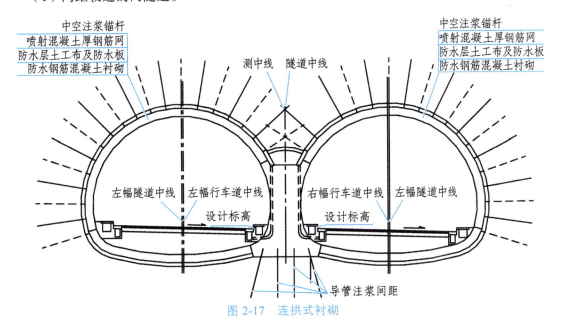

图 2-17　连拱式衬砌

（2）一条双幅公路隧道分建为两个单线隧道。

（3）两条单线并建为一条双幅隧道。

（4）车站隧道中的过渡线部分将两隧道之间的岩体用混凝土取代。

（5）将两隧道相邻的边墙连接成一个整体，形成双洞拱墙相连的一种结构形式。

4. 圆形断面衬砌

隧道大量使用盾构法施工，其断面为全圆形，通常利用预制的节段在现场拼装而成。此时，顶棚以上的空间和路面板以下的空间可以用作通风管道，车行道两侧的空间可以设置人行道或自行车道，其他剩余空间还可以设置电缆管道等。由于良好的受力性能，圆形断面也广泛应用于城市综合管沟和地铁。圆形断面衬砌如图 2-18 所示。

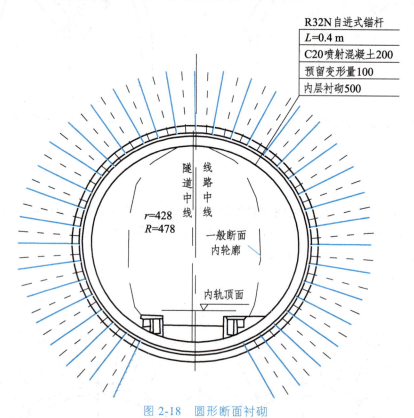

图 2-18　圆形断面衬砌

全断面隧道掘进机开挖断面通常为圆形，开挖后可以用喷混凝土衬砌、喷锚衬砌或拼装预制构件衬砌等多种形式。

5. 矩形断面衬砌

采用沉管法施工的海底隧道，其断面可以采用矩形断面。采用明挖法施工的多车道隧道，其断面广泛采用矩形断面。城市中的过街人行地道、综合管廊，特别是在软土中通过时，其断面也是以矩形为基础组成的，并且这种情况下回填土厚度一般较小，加之在软土中修筑隧道时软土不能承受较大的水平推力，也不适合修筑拱形隧道。矩形断面衬砌如图 2-19 所示。

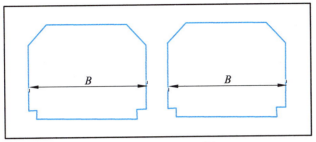

图 2-19　矩形断面衬砌

6. 偏压衬砌

偏压衬砌一般用于山体地面坡陡于 1∶2.5，线路外侧山体覆盖较薄，或地质构造原因造成的偏压导致洞身承受这种不对称围岩压力而采用的一种断面。偏压衬砌如图 2-20 所示。

（三）洞身支护结构

当围岩硬度、完整性、稳定性很好并且能够满足可靠度要求时，开挖隧道后只需做好必要的安全防护，无须设置人工支护结构。在此情况下，围岩起到隧道支护结构的作用，此时围岩表现出三位一体特性。

当围岩比较软、容易破碎、稳定性较差并且不能满足可靠度要求时，开挖隧道后必须设置人工支护结构来稳定围岩，保证隧道安全可靠。

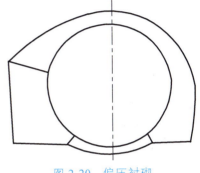

图 2-20　偏压衬砌

隧道衬砌的构造取决于围岩的地质条件、隧道使用要求，不同地质条件下的衬砌构造不同。衬砌的分类主要包括：

（1）单层衬砌。

单层衬砌采用混凝土或钢筋混凝土现场模筑而成，整个衬砌只有一层结构，也称为模筑衬砌、整体式衬砌。

（2）复合衬砌。

复合衬砌由初期支护和二次衬砌组成。初期支护是以喷射混凝土、锚杆和钢筋网片为基本组合形式的一系列现代隧道支护方式。二次衬砌为现场模筑混凝土。

（3）拼装衬砌。

拼装衬砌是将衬砌分解为管片进行工厂预制，然后运到现场安装。这类衬砌既可以作为单层衬砌，也可以作为二次衬砌，是隧道施工工业化的一个方向。

1. 单层衬砌

采用传统矿山法施工的隧道，其支护结构均采用就地模筑混凝土的单层衬砌。

就地模筑混凝土的单层衬砌结构，就是在坑道内安装模板，然后浇灌混凝土。作为一种永久性支护结构，从外部支撑坑道围岩。混凝土的现场浇筑工艺，在各类隧道工程中应用较为普遍。

单层衬砌通过调整断面形状和衬砌厚度来适应不同的地质条件，即适应不同的围岩级别和围岩压力分布情况，因此单层衬砌的形状和厚度变化较大。单层衬砌按照形状可分为直墙式衬砌和曲墙式衬砌两种形式，分别如图 2-21、图 2-22 所示，其中曲墙式衬砌根据地质情况在其下部分设置仰拱。单层衬砌厚度一般为 40 ~ 60 cm，最大厚度可达到 100 cm。

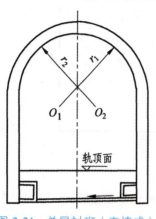

图 2-21 单层衬砌（直墙式）

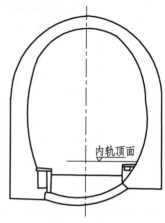

图 2-22 单层衬砌（曲墙式）

2. 复合衬砌

1）复合衬砌的构造与特点

（1）复合衬砌的构造。

复合衬砌应用广泛，与单层衬砌的不同之处在于将支护结构分成多层并在不同时间段进行施作。支护结构可以分为2层、3层或更多层，目前一般分为"初期支护"和"二次衬砌"，即"内层衬砌"和"外层衬砌"两部分，也称为"双层衬砌"。复合衬砌（铁路型）和复合衬砌（公路型）分别如图 2-23、图 2-24 所示。

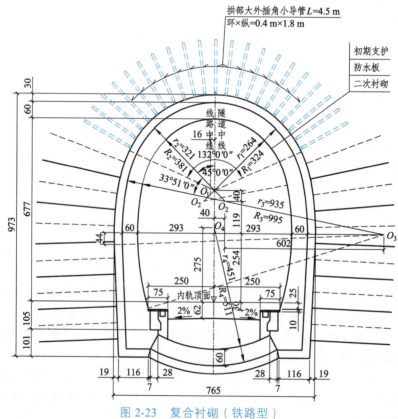

图 2-23 复合衬砌（铁路型）

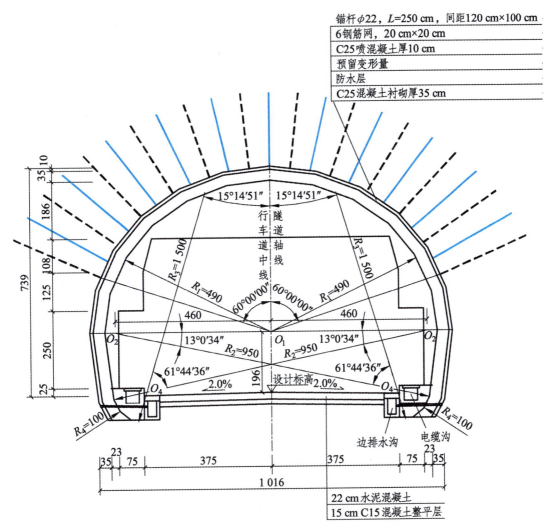

图 2-24　复合衬砌（公路型）

锚杆φ22，L=250 cm，间距120 cm×100 cm
6钢筋网，20 cm×20 cm
C25喷混凝土厚10 cm
预留变形量
防水层
C25混凝土衬砌厚35 cm

15°14'51"　15°14'51"
行隧
车道
道轴
道线
中
线
R_3=1 500　　R_3=1 500
R_1=490　60°00'00"　60°00'00"　R_1=490
460　　　　　　460
O_2　13°0'34"　　　　13°0'34"　O_2
　　　R_2=950　O_1　R_2=950
61°44'36"　　　　　　61°44'36"
O_4　2.0%　196　设计标高　2.0%　O_4
R_4=100　　　　　　　　　R_4=100
边排水沟　电缆沟

35　10
186
739　108
125
250
25

23　　　　　　　　　　　　23
35　75　375　　　375　75　35
1 016

22 cm 水泥混凝土
15 cm C15 混凝土整平层

　　　复合衬砌通过调整断面形状和初期支护参数来适应地质条件变化以及不同的围岩级别、围岩应力释放范围和应力释放程度变化，复合衬砌中的初期支护参数变化幅度较大，而二次衬砌厚度（取值范围 30～40 cm）变化不大。

　　　初期支护是使围岩初步稳定并保证隧道施工期间的安全，以便进行后续的一系列工程施工。喷锚支护是初期支护的最基本结构形式，也是隧道工程中使用最多的工程措施。喷锚支护就是锚杆（主要指系统锚杆）加喷射混凝土（如素喷、网喷或钢纤维喷射混凝土）或加设钢拱架（如型钢拱架或格栅钢架）的组合，因此，喷锚支护也常称为常规支护。初期支护泛指喷锚支护（如锚杆、喷混凝土、钢拱架）等常规的支护结构以及超前支护（如超前锚杆、插板、超前小导管、管棚）、围岩预注浆加固（超前小导管预注浆及超前深孔帷幕注浆）等一系列支护结构和工程措施。这些支护形式和工程措施可以单独使用，也可以组合使用。组合使用时，各部分的比例也可以根据实际需要进行选择和调整。

　　　二次衬砌主要是承受后期围岩压力并提供安全储备，以保证隧道的长期稳定和行车安全。内层衬砌采用现场模筑混凝土或钢筋混凝土，也可以采用喷射混凝土或喷射钢纤维混凝土，还可以采用拼装衬砌。二次衬砌的结构形状和尺寸可以根据隧道建筑限界要求、成拱作用和结构受力要求进行调整。

（2）复合衬砌的特点。

复合衬砌是一种结构受力比较合理的结构形式，其特点主要包括：

① 复合衬砌将整个人工支护结构分解为初期支护和二次衬砌两大部分，这两部分起着不同的作用，分别与围岩共同作用，但各有侧重。

② 复合衬砌结构形式既能充分调动并利用围岩自我承载、自我稳定的能力，又可以充分发挥支护结构的承载能力和支护材料的力学性能。复合衬砌比较符合隧道施工的力学变化过程，特别是能按照受力和变形规律调整各项参数。

③ 复合衬砌极限承载能力比同等厚度的单层衬砌极限承载能力提高了 20%～30%。如果调整好二次衬砌的施工时间，还可以改善结构的受力条件。

④ Ⅳ～Ⅴ级围岩的隧道采用喷锚支护作为初期支护以及模筑混凝土二次衬砌作为复合衬砌，与传统的模筑混凝土单层衬砌相比可节约 5%～10% 的工程投资。但是，复合衬砌尤其是初期支护的施工工艺特别复杂，需要的设备特别多，施工组织管理方面难度大。

2）喷锚支护（初期支护）

喷锚支护常用的材料和结构形式包括喷混凝土（有时加钢筋网或钢纤维）、锚杆和钢拱架三种，可以根据地质条件和结构条件的变化组合使用。组合使用时，各部分的比例应根据各自的适应性和实际需要进行选择和调整。喷锚支护的实景图如图 2-25 所示。

图 2-25　喷锚支护

（1）喷射混凝土。

喷射混凝土以压缩空气为动力，将掺有速凝剂的混凝土拌和料与水混合成浆状，喷射到隧道的岩壁上并迅速凝结成细石混凝土。喷射混凝土的拌和材料是细石混凝土，再加上适量的速凝剂。细石混凝土喷射工艺包括干喷、湿喷、潮喷和混合喷四种。湿喷因其工艺较优，混凝土质量较好，实际工程中应用较多。

喷射混凝土层是喷敷在坑道岩壁上的。为了使喷层厚度均匀、表面平顺和便于铺设防水层，无论采用哪种方法开挖围岩，都要尽量使开挖后的岩壁平顺。

常用喷射混凝土厚度一般为 5～22 cm，有时也达到 26 cm。喷层厚度一般不小于 5 cm，遇有局部岩体突出，厚度一般不大于 26 cm，因为厚度过大会失去柔性衬砌的特点，也容易导致混凝土开裂。

在比较松散软弱的岩层中，为了加强喷层的抗剪强度和韧性，可以添加钢筋网或钢纤维，使之结合成一体，变成钢筋混凝土层或钢纤维混凝土薄层，故称为钢筋网喷射混凝土或钢纤维喷射混凝土。钢筋网的钢筋直径一般为 $\phi 10$ mm，间距为 200 mm。钢筋网与岩面绑扎焊接牢固后，即可喷射混凝土。

（2）锚杆。

锚杆或锚管是一种用金属或其他高抗拉性能材料制作的杆状构件，利用专业机械装置或黏结介质将其安设在围岩体中，利用杆端锚头的膨胀作用或灌浆的黏性来增加岩体的强度和抗变形能力，从而提高围岩的自稳能力，实现对围岩的加固。

锚杆按照对围岩加固的区域可分为系统锚杆、局部锚杆和超前锚杆三种，主要包括：

① 系统锚杆。

系统锚杆是指在一个掘进进尺范围内的岩体被挖除后，沿隧道横断面的径向安装于围岩内的锚杆。系统锚杆可以加强对已暴露围岩的锚固，从而可以在已加固且稳定的坑道中进行下一个循环的开挖等作业。

② 局部锚杆。

局部锚杆是指为了维护围岩的局部稳定或对局部加强初期支护，只在一定区域和要求的方向安装的锚杆。

③ 超前锚杆。

超前锚杆是指沿开挖轮廓线，以稍大的外插角向开挖面前方围岩内安装的锚杆，形成对前方围岩的预锚固，在提前形成的围岩锚固圈的保护下进行开挖等作业。

锚杆参数由设计确定。锚杆间距一般不大于其长度的 1/2，Ⅳ～Ⅴ类围岩中的锚杆间距一般为 1.0 m，且不得大于规范规定的最大间距。对于大跨度隧道，为了节约钢材，可以采用长短相间的锚杆支护形式。

（3）钢拱架。

钢拱架因其整体刚度和强度较大，对围岩松弛变形的限制作用更强，可以及时阻止有害松动，也可以承受已产生的松弛荷载，保证围岩稳定与安全，还可以作为超前支护的反支点。钢拱架包括格栅型钢拱架和型钢拱架两种结构形式：

图 2-26　格栅钢架

① 格栅钢架。

格栅钢架是一种采用螺纹钢筋焊接而成的拱形钢架，又称为花钢拱架。花钢拱架一般在施工现场加工、拼装而成。由于花钢拱架与混凝土和其他材料有更好的相融性，所以在隧道工程中被广泛用于初期支护。格栅钢架实景图如图2-26所示。

② 型钢拱架。

型钢拱架是一种采用型钢（如工字钢、钢管、槽钢）弯制而成的拱形钢架。型钢拱架一般在工厂加工、现场拼装而成。由于型钢拱架的表面积较小，与混凝土和其他材料的黏结较差，一般在隧道工程的围岩较软弱破碎和塌方处理时作为临时支撑使用。型钢拱架实景图如图2-27所示。

钢拱架参数由设计确定。钢拱架的截面高度一般为100～200 mm。当隧道断面较大或围岩压力很大时，钢拱架的截面高度为200～250 mm；当隧道断面很大，围岩压力也很大时，钢拱架的截面高度为250～300 mm。

图 2-27　型钢拱架

3）超前支护

超前支护是在掌子面不能自稳时采用的一系列支护措施。由于掌子面不能自稳，需要先采取相应的工程措施来稳定掌子面，然后再开挖坑道范围内的岩体。

超前锚杆、插板、超前小导管、管棚等是比较常见的超前支护，其中管棚需要专业机械，其施工工艺也较为复杂。超前小导管实景图如图2-28所示。

图 2-28　超前小导管

4）注浆加固

注浆加固是为了改良软弱地层的工程力学性能，按一定的注浆工艺将胶结材料注入到松散地层中的一种工程措施。

胶结材料在软弱地层中凝结后，一定区域内的松散岩体就变得完整而坚硬起来，其力学性能得到改善。经过改良后的岩体作为隧道围岩，其稳定能力得到增强，很容易转化为隧道承载结构，因此不需要采取过多的其他支护措施就可以使围岩稳定。

隧道工程中常用的注浆加固措施，按照施工工艺可分为超前小导管注浆和超前深孔帷幕注浆两种。超前小导管注浆不仅适用于一般软弱破碎围岩，也适用于地下水丰富的松软围岩。加固围岩的注浆方式包括洞内超前注浆、地表超前注浆和平导超前注浆三种方式。

还有一种特殊的暂时性的注浆加固措施，即冻结法。冻结法是利用含水地层在冻结状态下的结构稳定能力来获得围岩的暂时稳定，继而完成围岩开挖和衬砌，以获得永久稳定的隧道的施工方法。

5）二次衬砌

二次衬砌一般是在施作初期支护并在围岩的变形基本稳定后才进行施作的。二次衬砌的构造形式、材料和施作方法与单层衬砌基本相同。为了防止地下水渗流进入隧道内，常在初期支护与二次衬砌之间铺设一层塑料防水板作为防水层。防水层的实景如图2-29所示。

图2-29　防水层

内层衬砌厚度不仅与围岩变形速度和变形量有关，更与其施作时间和建筑材料有关。内层衬砌材料主要采用现场模筑混凝土或钢筋混凝土，也有采用预制钢筋混凝土衬砌块拼装的。当隧道水平净空变化速度以及拱顶或底板垂直位移速度明显下降，隧道位移相对值已达到相对位移量的90%以上时，就可以进行二衬混凝土的浇筑。内层衬砌一般为等厚截面，但是两侧边墙下部稍作加厚以降低基底应力。

3. 拼装衬砌

单层衬砌、复合衬砌都需要养生时间、受力较慢。在稳定性很差的围岩中修筑隧道时需要支护结构（衬砌）能立即受力，如在高寒地区现场浇筑混凝土时混凝土的强度难以达到要求，单层衬砌和复合衬砌就不适用于这些工程施工。

拼装衬砌是按照衬砌的几何形状，将衬砌分成若干个构件在洞外或工厂成批预制好，再搬运到洞内利用机械设备进行拼装。

拼装衬砌的优点主要包括：

（1）一经装配成环，不需养生时间，可立即承受围岩压力。

（2）预制的构件可以在工厂成批生产、在洞内进行机械化拼装，可以改善劳动条件。

（3）拼装时不需要临时支撑，如拱架、模板等，从而节省大量的支撑材料及人工。

（4）机械化拼装提高了拼装速度，缩短了工期，降低造价。

拼装衬砌的缺点主要包括：

（1）接缝多，整体性差。

（2）抗渗性差。

（3）需要坑道内有足够的拼装空间。

（4）制备构件的尺寸要求满足一定的精度。

管片按断面形式分为平板型管片和箱型管片。箱型管片的单块管片质量较轻，但管片本身强度不如平板型，特别在盾构顶力作用下易开裂，因此一般用于较大直径的隧道；平板型管片的情况与箱型管片的情况相反，平板型管片的实景图如图 2-30 所示。

管片按照材料的不同可分为钢筋混凝土管片、钢管片、球墨铸铁管片和复合管片，最常用的是钢筋混凝土管片。

盾构隧道衬砌的主体是管片拼装组成的管环，管环通常由标准块、邻接块和封顶块组成。

图 2-30 平板型管片

隧道附属建筑物

任务二 隧道的附属构造

为了保证隧道的正常使用和车辆的安全，除了上述的主体构筑物以外，隧道内还要设置一些附属构筑物。铁路隧道的附属构筑物主要包括安全避让设施（如大、小避车洞）、排水设施、电力和通信设备的放置设施等，另外还包括一些专门的构造设备，如洞门的检查梯、仰坡的截水沟、洞内变压器洞库、电力牵引接触网的绝缘梯车间、无人值守增音室等，可以按照具体需要予以布置。

公路隧道的附属设施与铁路隧道的基本相同，所不同的是不设置避车洞，而设置紧急停车带。

隧道施工辅助坑道

一、横洞、竖井、斜井、通风竖井

一般隧道开挖是从隧道两端或从其中一个方向洞口进行。但是对于长大隧道或洞口地形陡峭的隧道，因工期、成本、施工、地形、环境等条件限制，需要将隧道划分成几段进行施工，这种情况就需要设置辅助坑道。

辅助坑道按坡度可分为横洞、竖井、斜井和通风竖井，主要根据地形、地质、工期、运输能力以及所在位置条件等因素来确定。

在作业和安全方面，横洞比斜井、竖井具有更大的优越性，并且横洞作业不需要采用特殊机械和设备。除非地形、长度等条件需要其他类型坑道，一般隧道坑道应尽量采用横洞作为工作坑道。

在高差相同的情况下，竖井的长度约为斜井长度的1/4。竖井主要应用于地质状况良好并且没有涌水的隧道工程，但是运输效率比斜井的运输效率低，需要更大的断面，大型机械进出较为困难。对于竖井，如果在隧道主坑道作业过程中出现坠落、落石或者出现大涌水、停电等事故，竖井的安全系数较低。因此，为了保证工程的可靠性，多数情况下采用斜井。

竖井、斜井除作为施工作业坑道外，常用于公路隧道的通风井。

（一）横洞

横洞是指修建长隧道时，为了缩短工期和增加工作面而设置的辅助坑道。在隧道工程施工阶段，设置横洞方便组织快速施工；在隧道运营阶段，横洞可用作出入口或通风井。

横洞是隧道施工中最常见的一种辅助坑道。它一般与隧道轴线平行，用于提供通风、排水、运输和工人通行等功能。横洞的设置可以有效减少施工对周围环境的影响，提高施工效率。

根据地形、地质条件，横洞常设置在傍山、沿河或山体侧向覆盖层较薄的隧道上。横洞与隧道的交接可分为正交和斜交（斜交夹角大于40°）两种，横洞的断面尺寸可根据使用要求确定。相交处，横洞的底面标高应与隧道底面标高一致。

（二）竖井

选择竖井位置时必须综合考虑地形、地质、与主坑道的衔接情况、完工后的处理等因素。对于设置在山谷部分的竖井，还要设置防止附近地表水和泥沙流入井口的措施。

竖井与主坑道的衔接方式包括主坑道正上方衔接和不在主坑道衔接两种方式。竖井深度小，可将衔接地点设置在主坑道上方；山岭隧道，一般不将衔接地点设置在主坑道上方。

竖井断面的内部空间主要由搬运设备、作业通路、其他设备的大小和形状等因素决定的。竖井断面一般为圆形，如果竖井的深度较小也可以采用矩形。断面的最小尺寸主要根据升降车和吊桶等搬运设备、通过竖井的机械最大尺寸、电梯、非常规情况使用的出入井设备、给排水管路、压缩空气管路、竖井和联络坑道的衔接部分等因素确定的。

在设计竖井的支护和衬砌时，应综合考虑地形、地质、水文地质、深度、断面形状、使用时间、目的、施工方法等因素。当竖井为圆形断面时，支撑一般采用四根工字钢组成的环接杆件，有的则采用衬圈板。另外，松软的浅地层竖井，可以采用挡土结构明挖法施工。

（三）斜井

斜井洞口可以设置在地形简单、地质良好、涌水量不大、能保证洞外渣罐和卷扬机等洞外设备安装布置所需用地的地方。斜井的长度应尽可能短，坡度和断面应该适合运输并且制约主坑道的作业。

斜井水平坑道的输送带长度一般为 50～100 m，采用有轨运输方式的水平坑道长度可能更短，采用轮胎运输方式的水平坑道长度约 10 m。斜井与主坑道连接部分的交角一般为 30°～60°，需要综合考虑相交部分的构造、施工难易程度、运输作业方便程度等因素。斜井的排水设备与竖井的排水设备基本相同。

（四）通风竖井

在特长隧道工程中，当采用射流风机纵向通风时，由于隧道后半程可能无法达到稀释气体浓度的规范标准，因此需要采取通风井集中通风方式。隧道通风竖井的设计和施工需要考虑多种因素，如隧道长度、交通量、气象条件等。其主要功能是通过安装在竖井上的大型轴流风机来实现隧道的送风和排风。此外，还需要配套隧道内的射流风机来实现纵向通风，以保持隧道内空气流通，满足消防排烟等要求。

通风竖井的断面，一般采用圆形，其大小由隧道所需的通风量来确定，同时要考虑通风竖井内的电缆布设、检查通道（如升降电梯）等的空间。

二、内装、顶棚及路面

（一）内装

内装的作用主要包括美化洞室、使隧道漏水不露出墙面、隐藏各种管线、提高照明和通风效果、吸收噪声等。

墙面必须采用适当的材料进行内装处理，以改善隧道内的环境，提高能见度和吸收噪声。作为背景的墙面，能衬托出障碍物的轮廓，具有良好的反射率并呈现漫反射效果，减少眩光。内装材料表面应当是光洁的，应尽量采用淡黄色和浅绿色。

内装的墙面要求装修材料具有不易污染、易清洗、不怕水、耐刷、耐酸碱、耐腐蚀、耐高温以及便于更换或修复等特点，表面应该光滑、平整和明亮。装修材料还应具有吸收噪声的作用。同时材料来源广泛，价格相对便宜。

通常用于隧道的张贴内装材料主要包括：

（1）块状混凝土材料。

块状混凝土材料表面粗糙，容易污染而且不好清洗，但衬砌表面不需特殊处理即可设置，比较经济。

（2）装饰面板、镶板等。

装饰面板、镶板等材料质地致密，不容易污染，清洗效果好，洗净率高。板背后的渗漏水很隐蔽，即使外露也容易洗净。各种管线容易在板背后隐蔽设置，板背后的空间有利于吸收噪声。

（3）瓷砖镶面材料。

瓷砖镶面材料表面光滑，容易洗净且效果良好。要求衬砌平整，以便镶砌整齐。隧道漏水部位可以考虑用排水管道疏导。镶面后面可以埋设小管线。这种材料不能吸收噪声。

（4）油漆材料。

油漆材料比块状混凝土材料容易清洗，但清洗效果不如装饰面板、镶板和瓷砖镶面材料。对衬砌表面要求很高，需要压光、平整。隧道不能有漏水现象，浸湿的油漆容易损坏。这种材料不能吸收噪声。

隧道内装的平面图如图 2-31 所示。

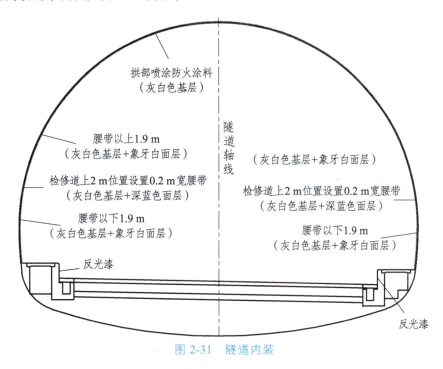

图 2-31　隧道内装

（二）顶棚

顶棚对提高照明效果、增加路面亮度、避免产生眩光、美化隧道、诱导交通等具有较好的作用。顶棚应该是浅色的，与墙面相比，在色调和饱和度上可以有所不同。

在有坡度处和变坡点附近，顶棚有助于识别障碍物和察觉隧道内异常现象。

顶棚可分为平顶、拱顶两种。在自然通风或诱导通风时可以采用拱顶，在半横向或横向通风时可以采用平顶。顶棚以上可以作为通风道和供管理人员使用的通道。

（三）路面

隧道内路面与路基上的路面除具有足够强度和耐久性以外，还有一些特殊要求，主要包括：

（1）路面材料应具有防止水冲刷和抵抗含有化学物质水浸蚀的能力，尤其是地下水可能成为承压水时，更应该具有这种能力。

（2）路面的坡度能够迅速排水。

（3）车辆在隧道内的减速及制动次数较高，路面的横向抗滑要求更高，以确保车体横向稳定。

（4）易于修补。

（5）路面漫反射率高，颜色明亮，有良好的照明效果。

（6）路面作为发现障碍物的背景，比墙面和顶棚具有更大、关键性的作用。

路面材料可分为水泥混凝土和沥青混凝土两种。由于水泥混凝土的反射率较沥青混凝土路面高，横向抗滑性好，在过去应用较为广泛。水泥混凝土的最大缺点是产生裂缝后不容易修补，修补时会阻断交通；在高寒地区还要受到防滑链的损害，必须设置磨耗层。沥青路面的反射率较低，为了改善路面亮度，需要在面层加入石英和铝的混合物，有的加入浅色石子和氧化钛做填充料。

水泥混凝土路面如图 2-32 所示。

图 2-32　水泥混凝土路面

路面与车道分隔线等交通标识之间应保证有明显的亮度对比和鲜明的颜色对比。

隧道内的路基应具有足够的承载力，尤其在有丰富地下水的条件下也能满足要求，这就要求隧道必须有良好的排水设施。衬砌背后应设置盲沟和导水管，在车道板下面铺设透水性好的路基材料，必要时设置仰拱。在确定隧道纵坡时保证排水沟排水顺畅，保证路面有 1% ～ 1.5% 的横坡等。

（四）噪声的消减

隧道内的混响时间（噪声源发音瞬间到声能衰减 60 dB 所需的时间）为洞外的数千倍，达到 7 ～ 11 s。在噪声级相当高的隧道内，噪声震耳欲聋，难以忍受。因此，隧道内应设置吸声材料，也可兼具内装作用。

目前吸声材料较多，隧道内使用的吸声材料主要为多孔吸声材料，多孔吸声材料为应用最广泛的基础吸声材料，种类很多，如玻璃棉、矿棉、无机纤维材料及其成型板材等。

隧道内采用的吸声结构主要包括膜共振吸声结构、板共振吸声结构、腔共振吸声结构、穿孔板式共振吸声结构等。

吸声材料还应该具有内装材料特性，吸声结构应与内装相结合。任何吸声材料和吸声结构形式对沿隧道轴线传播的平面声波作用都不大，这是隧道吸声效果差的原因之一。

三、隧道的防水与排水

在隧道正常施工和正常运营期间，水对隧道都会产生不利影响。在施工期间，地下水会降低围岩的稳定性、增加开挖难度、增加支护难度和成本，甚至需要采取超前支护或预注浆堵水和加固围岩。在运营期间，地下水常从隧道的施工缝、变形缝（如伸缩缝和沉降缝）、裂缝甚至混凝土孔隙等通道渗漏到隧道，造成洞内通信、供电、照明等设备发生锈蚀，使路面积水或结冰造成车辆打滑，危及行车安全。由于结冰膨胀和侵蚀性地下水的作用，衬砌也会受到破坏。

隧道防排水设计应妥善处理地表水和地下水，在洞内外形成一个完整畅通的防排水系统。隧道防排水应遵循"防、排、截、堵相结合，因地制宜，综合治理"的原则，保证隧道结构物和营运设备的正常使用和行车安全。隧道防排水遵循原则的具体内容包括：

（1）"防"。

"防"要求隧道衬砌、防水层具备防水能力，防止地下水透过防水层、衬砌结构渗入洞内。

（2）"排"。

"排"是指隧道应有畅通的排水设施，将衬砌背后、路面结构层下的积水排入洞内中心水沟或路侧边沟。

（3）"截"。

"截"是指对容易渗漏到隧道的地表水采取设置截（排）水沟清除积水、填筑积水坑洼地、封闭渗漏点等措施。截水沟实景图如图 2-33 所示。

图 2-33　截水沟

（4）"堵"。

"堵"是指针对有渗漏水地段的隧道围岩，采用注浆、喷涂、堵水墙等方法，将地下水堵在围岩体内。

地下水处理原则体现了与自然和谐相处的理念，主要包括：

（1）对下穿江、河、城市及对环境有特殊要求的隧道，宜采取全封闭不排水的原则。

（2）对岩溶、高压水和适当排水不会影响环境的隧道，宜采取以堵为主、限量排放的原则。

（3）对于排水对环境确无影响的隧道，宜采取排水原则，并且要考虑排水措施的可维护性。

（一）防水设施

隧道防水措施可分为模筑混凝土衬砌结构防水、塑料板防水、分区隔离防水三种，并以结构防水为主、塑料板防水为辅，塑料板防水是以结构防水为依托的。

1. 模筑混凝土衬砌结构防水

采用新奥法设计与施工的隧道，喷射混凝土是常用的初期支护方式，主要目的是为了加固、支护围岩，但忽略了防水作用。事实上，喷射混凝土与隧道的防排水有着密切关系。由于喷射混凝土密实度差、强度低，在围岩变形过程中容易产生大量的裂缝，其抗渗性较差，因此工程中普遍不考虑喷射混凝土的抗渗透性。

二次衬砌所采用的现场模筑混凝土本身就具有较好的防水性能，称为结构防水。施工工艺、施工缝以及施工质量问题导致混凝土不够密实时，模筑混凝土的防水性能就会显著降低。在防水要求较高时，一般应采取改善施工质量、提高混凝土抗渗等级或增设塑料板辅助防水层等方式。在防冻要求较高时，还应结合防水要求设置保温隔热层，避免冰水冻融对衬砌结构的破坏。

2. 塑料板防水

塑料板防水是一种在初期支护和二次衬砌之间敷设软聚氯乙烯薄膜、聚异丁烯片、聚乙烯片等防水卷材的辅助防水层措施。明洞衬砌结构在其外喷涂乳化沥青等防水剂作为防水层，塑料板辅助防水层可以很好地弥补结构防水的不足，塑料板厚度一般为 1.2 mm。在喷层表面凹凸不平时，须事先以砂浆敷面，做成找平层，使岩壁与防水层密贴。防水层接缝处，一般用热气焊接或电敏电阻焊接，以保证其防水质量。塑料板防水实景图如图 2-34 所示。

图 2-34　塑料板防水

3. 分区隔离防水

隧道穿越地层范围大，地下水的埋藏条件复杂，同一座隧道不同区段的地下水出露情况差异很大。目前，隧道工程一般采用分区隔离防排水技术，即在隧道长度方向将地下水分区隔离，并针对富水地段重点采取有效的防排水措施，以达到提高全隧道防水效果，降低防排水成本的目的。

（二）排水措施

洞内排水系统按照"围岩→环向排水管→纵向排水管→横向排水管→纵向排水沟→洞外出水口"的运移路径进行排水。每隔一定距离沿洞周环向铺设弹簧排水管，下端与纵向排水管相连。纵向排水管每隔 10~20 m 留有一个出水口，通过横向排水盲管和纵向排水管与中央水沟相连，经纵向排水沟排出。洞内排水系统结构图如图 2-35 所示。

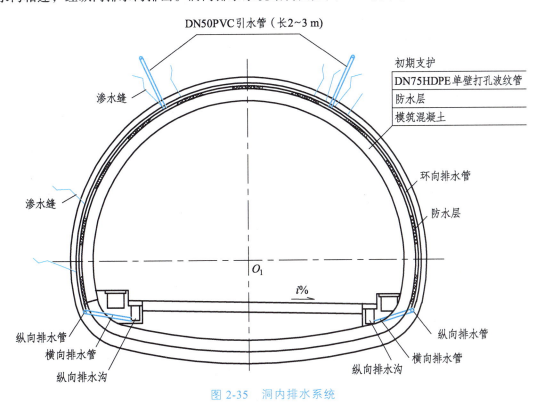

图 2-35　洞内排水系统

衬砌两侧边墙背后底部应设置沿隧道的纵向排水盲管，孔径不小于 80 mm；沿隧道衬砌背后环向设置导水盲管，其纵向间距不大于 20 m，遇水量较大时纵向盲管应加密，环向盲管直径不小于 50 mm；环向盲管、竖向盲管应与边墙底部的纵向排水盲管连通，纵向排水盲管应与横向导水管连通。

1. ∩形排水管

∩形排水管即断面呈∩状的弹簧排水管，弹簧断面弦侧开口，弧侧粘贴有塑料膜。∩形排水管能够承受喷射混凝土的冲击力而不损坏、不变形，且纵向具有柔软可弯折的特点，以适应围岩变形及喷射混凝土表面不平整的要求。采用这种特殊的弹簧排水管，可以方便地实现喷层内排水。∩形弹簧排水管适用于岩面、喷射混凝土表面具有比较集中的渗水裂隙或渗水点的情况，在实际施工过程中可以根据渗水情况分层铺设排水管并将混凝土喷射到同一层面内，也可安装成树枝网状结构。∩形弹簧排水管将渗水引排到墙脚并排入纵向排水管。

2. 环向排水盲管

环向排水盲管是在岩面与初期支护喷射混凝土之间、初期支护喷射混凝土与防水板之间提供过水的通道，并将水下渗、汇聚到纵向排水管。根据地下水施工渗漏情况灵活设置环向排水管：

（1）当围岩渗水严重时，岩面与初期支护喷射混凝土之间、初期支护喷射混凝土与防水板之间都应设置环向排水盲管。

（2）渗水量较少时，只在初期支护喷射混凝土与防水板间设置。

（3）没有渗水或渗水量极少时，可以不设置环向排水盲管。

（4）当围岩渗水严重时，环向排水盲管的纵向间距小。

（5）当围岩渗水量小时，环向排水盲管的纵向间距加大。

3. 纵向排水管

纵向排水管是沿隧道纵向设置在衬砌外侧的透水管。纵向排水管的作用是将环向排水管和防水板垫层排下的水汇聚并通过横向排水管排出。

分离式隧道内沿整个隧道在二次衬砌两侧边墙脚外侧设置 PVC（聚氯乙烯）纵向排水半花管，断面孔直径为 6~8 mm，间距为 10 cm，并用 PVC 排水管横向连通到中心排水沟或排水边沟，PVC 管径根据相关数据计算确定。

连拱隧道沿整个隧道在墙顶部两侧拱脚和边墙脚附近各设一道 PVC 纵向排水半花管，并用 PVC 排水管横向、竖向连通到中心排水沟或排水边沟。PVC 管径根据相关数据计算确定，一般为 10 cm。

4. 横向排水管

横向排水管位于衬砌基础和路面的下部，布设方向与隧道轴线垂直，是连接纵向排水管与中央排水管的水流通道。横向排水管通常为硬质塑料管，施工中先在纵向盲管口预留接头，然后在路面施工前接长至中央排水管。横向盲管的检查内容主要包括：接头是否牢靠、密实，纵向盲管与中央排水管之间的水路是否畅通，接头处是否断裂，纵向盲管排出的水是否在路面下漫流。横向盲管上部应有一定的缓冲层，以免路面荷载直接对横向盲管施压造成横向盲管破裂或变形，影响其正常的排水能力。

5. 路基路面排水管沟

路基路面排水管沟是将隧道内各种渗水、清洗废水、消防水排出洞外的通道。在南方，由于不需要考虑管沟抗冻结作用，一般在道路两侧设计路面排水沟作为各种水流共用的外排通道。在北方，为了防止排水管沟在冬季冻结影响排水效果，一般同时设置路面排水沟和路基排水管。路面排水沟仅作为路面清洗水、消防水的排泄通道，而路基排水管设置在隧道路面中心以下一定深度的路基内。

路基路面排水管沟多采用预制混凝土管段，按照一定的排水坡度拼装而成。为了便于排水管沟的检查、疏通和维修，排水管沟应当按照规范规定的间距设置沉砂井和检查井。辅助坑道中的平行导坑、横洞、斜井、竖井均可以作为泄水洞。

（三）截水措施

截水措施主要包括在地表水上游设置截水沟、地下水上游设置泄水洞或洞外井点降水。

（四）堵水措施

利用超前小导管或超前长钢管将适宜的胶结材料压注到地层节理、裂缝孔隙中，不仅可以加固围岩，也起到堵水作用，更可以防止地下水大量流失，较好地保护地下水环境。在隧道二次衬砌施作完成后，如果因为二次衬砌混凝土质量等问题产生渗漏，也可以在二次衬砌与围岩之间的缝隙处压注胶结材料实现堵水的目的。

四、通风

隧道对施工通风和运营通风的要求较高，可供选择的通风方式也较多。施工通风方式主要包括风管式通风和巷道式通风，在项目十一中进行详细介绍。运营通风方式主要包括自然通风和机械通风。

（一）自然通风

自然通风是指利用洞内的自然风流和车辆运行所引起的活塞风来达到通风的目的，这是一种简单而又节约能源的通风方式，但这种通风方式极不稳定，仅用于短隧道通风。

（二）机械通风

机械通风是指当自然通风不能满足要求时，采用通风机械进行洞内外气体的交换，达到通风的目的。机械通风主要包括纵向式通风、半横向式通风、全横向式通风、混合式通风。

1. 纵向式通风

纵向式通风的类型主要包括射流式通风、风道式通风等，根据交通方式不同可选择不同的纵向式通风类型。

（1）射流式通风。

射流式通风是在同一个断面上设置一至两台风机，风机的纵向间距为 70 m，风机距洞口的距离为 100 m。当隧道断面为圆形或马蹄形时，将风机吊挂于拱顶；当隧道断面为矩形时，将风机分别置于顶板两角。射流式通风的平面图如图 2-36 所示。

（2）风道式通风。

风道式通风是把通风机设置在隧道低洞口端处，通风道与隧道连通。当车辆出洞时立即起动通风机，把已被活塞风挤到洞口段内的污浊空气排出洞外。与此同时，洞外新鲜空气由低洞口端随着风流带进隧道内，从而完成一次通风作业。为了防止通风机工作时新鲜空气从高洞口吸进隧道造成空气短路，降低通风效果，需在高洞口设置一个用钢或钢木结构组成的框架式帘幕。帘幕用轨道电路与信号系统进行连锁，当车辆驶向隧道时帘幕自动提起，当车辆驶过后自动落下。

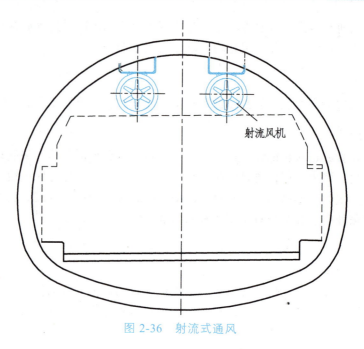

图 2-36 射流式通风

由于帘幕的笨重及起落的可靠性较差，现在多采用缩小风道口断面和减少吹入风流与隧道中线的夹角、提高吹入风速等办法来取代帘幕。

2. 半横向式通风

半横向式通风是指新鲜空气经送风管吹向车辆的排气孔高度附近，直接稀释车辆排放的废气。如果洞内有行人，则行人可以吸到新鲜空气。废气在隧道上部扩散，经过两端洞口排出洞外。

3. 全横向式通风

长大隧道、重要隧道和水底隧道最好采用全横向式通风，这种通风方式同时设置送风管道和吸风管道，隧道内基本上不产生沿纵向流动的风，只有横方向的风流动。

4. 混合式通风

混合式通风没有固定的形式，可以由上述几种基本通风形式组合而成，一般用于公路隧道。国外采用混合式通风的隧道工程案例较多，组合方式也多种多样，但必须符合既经济又实用的一般性设计原则。

五、避车洞、紧急停车带

（一）避车洞

对于铁路隧道，为了保证列车通过隧道时洞内行人、维修人员及维修设备的安全，在隧道两侧边墙上交错均匀地修建洞室以躲避列车，这种洞室称为避车洞。避车洞根据大小可分为大避车洞和小避车洞两种。

1. 大避车洞

在碎石道床的隧道内，每侧相隔 300 m 布置一个大避车洞。在整体道床的隧道内，为了方便人员躲避行车以及减少线路维修工作量，每侧相隔 420 m 布置一个大避车洞门。

隧道长度在 300～400 m 时，可在隧道中间布置一个大避车洞；隧道长度在 300 m 以下时，可不需要布置大避车洞；如果两端洞口连接桥或路堑，当桥上无避车台或路堑两边侧沟外无平台时，应综合各方面因素布置大避车洞。

2. 小避车洞

无论是碎石道床还是整体道床，在单线隧道内每侧边墙间隔 60 m、双线隧道每侧边墙间隔 30 m 处布置一个小避车洞。布置小避车洞时应优先考虑大避车洞，在设置有大避车洞的位置处不再设置小避车洞。另外，在设计过程中必须注意不得将避车洞设置在衬砌断面变化处、不同衬砌类型衔接处或变形缝处。如果隧道邻近农村市镇，预测隧道通行人数较多，隧道曲线半径小、视距较短，在设计过程中应适当增加小避车洞数量。

（二）紧急停车带

紧急停车带是指为了满足隧道中行驶车辆发生故障时能及时离开干道而设置的临时停车带。高速公路、一级公路的特长隧道和长隧道，应根据实际需要设置紧急停车带。10 km 以上的特长隧道，还应该考虑设置方向转换场地或对称回车道设施。

隧道内紧急停车带的间距一般为 500～800 m，带宽为 2.5 m、长度为 25～40 m。

（三）行人、行车横洞和预留洞室

行车方向分离的双洞公路隧道，当长度超过 400 m 时应该设置行人横洞，长度超过 800 m 时应该设置行车横洞供巡查、维修、救援及车辆转换方向用。500 m 以上的高速公路、一级公路隧道应该单独设置存放专用消防器材等的洞室并做出明显标志。

六、电缆槽

隧道内的照明、通风、监控、信号等管道分别放置在隧道两侧，为了保护这些管道不受车辆破坏，在隧道内设置电缆槽。

七、沉降缝、施工缝

在混凝土浇筑过程中，按照设计要求或施工需要进行分段浇筑，在先、后浇筑的混凝土之间形成的接缝称为施工缝。施工缝并不是一种真实存在的缝，而是后浇筑混凝土超过初凝时与先浇筑的混凝土形成的一个结合面，该结合面就是施工缝。

模筑衬砌环向施工缝的间距一般为 8～12 m，全环设置，仰拱施工缝与拱墙施工缝应一致。仰拱与拱墙之间设置左右各一道纵向施工缝，侧沟环向施工缝与衬砌施工缝对应。暗洞拱墙环向施工缝的防水措施综合采用中埋式橡胶止水带和背贴式橡胶止水带，其他施工缝的防水措施综合采用中埋式橡胶止水带和中埋式橡胶止水条。

为了防止构筑物各部分由于地基不均匀沉降引起隧道破坏，需要设置垂直缝，即明暗洞交接部位所形成的接缝，即沉降缝。在洞门和明洞分界处、明洞和暗洞分界处、地层承载力显著变化处以及断面明显变化处都要设置沉降缝，沉降缝宽度为 2 cm。

暗洞拱墙变形缝的防水材料主要包括中埋式钢边橡胶止水带、背贴式橡胶止水带、嵌缝材料，其他沉降缝的防水材料主要包括中埋式钢边橡胶止水带、中埋式橡胶止水带、嵌缝材料。沉降缝、施工缝止水如图 2-37 所示。

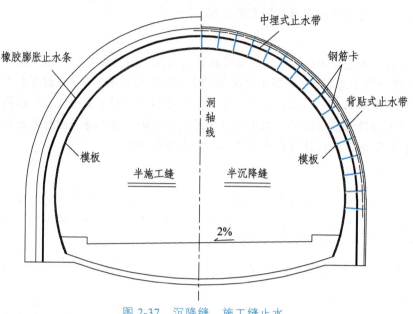

图 2-37　沉降缝、施工缝止水

任务实施

分组进行讨论，并按照问题引导进行答题。

问题引导

请扫描右侧的某隧道图纸及照片资料的，根据其提供的资料回答以下问题：

问题 1：描述该隧道的主体建筑物和附属建筑物。

_____

_____

_____

问题 2：描述该隧道的衬砌类型及各结构层。

_____

_____

_____

问题 3：分别描述该隧道进出口的洞门类型。

_____

_____

_____

评价反馈

学生自评表

序号	任务	完成情况记录
1	掌握隧道主体结构物的相关知识	
2	掌握隧道附属建筑物的相关知识	
3	掌握隧道洞门分类情况	
4	掌握隧道洞身衬砌各结构层的特点	
5	总结反思建议	

学生互评表

序号	评价项目	小组互评
1	掌握隧道主体建筑物和附属建筑物的相关知识	5分□ 4分□ 3分□ 2分□ 1分□
2	掌握隧道洞门分类情况	5分□ 4分□ 3分□ 2分□ 1分□
3	掌握隧道洞身衬砌各结构层的特点	5分□ 4分□ 3分□ 2分□ 1分□
4	语言表达能力	5分□ 4分□ 3分□ 2分□ 1分□
5	积极性	5分□ 4分□ 3分□ 2分□ 1分□
6	反思总结	5分□ 4分□ 3分□ 2分□ 1分□
7	简要评述	5分□ 4分□ 3分□ 2分□ 1分□

教师评分表

序号	工序	作业步骤	配分	评分标准	扣分	得分
1	准备工作	确定人数	10	小组点名,根据考勤情况打分。如果缺勤则个人得分为零		
2	学习状态	掌握隧道主体建筑物和附属建筑物的相关知识 掌握隧道洞门分类情况 掌握隧道洞身衬砌各结构层的特点	60	得分=正确步骤总得分×60分/所有操作步骤总分,保留小数点后两位		
3	验收总结	对他人的评价	15	根据质量检验情况判断施工是否正常。判断正确的得分,判断错误的不得分		
		自我评价与总结	15	得分=已回收设备材料数量×15分/需要回收设备材料总数量,保留小数点后两位		
		合计				

序号	评价项目	自我评价	互相评价	教师评价	综合评价
1	学习准备				
2	引导问题填写				
3	完成质量				
4	要点掌握				
5	完成速度				
6	参与讨论主动性				
7	沟通协作				
8	总结与评价				

实作复盘

根据小组作业情况，小组讨论、分析待改进方面及预防措施。

项目三　隧道施工准备

秦岭隧道

秦岭隧道是秦岭山区的中国铁路隧道群，位于西（安）（安）康铁路青岔车站和营盘车站之间。其中Ⅰ线隧道全长 18 460 m，Ⅱ线隧道全长 18 456 m，经过混合片麻岩、混合花岗岩和含绿色矿物混合花岗岩等复杂地质带。隧道的北洞口高程约为 870 m，南洞口高程约为 1 025 m，南北洞口高程差约为 155 m。另外，隧道还穿越 13 条断层，面临高地应力、岩爆、地下水涌入以及围岩失稳等不良地质灾害。

秦岭隧道Ⅰ线隧道采用掘进机施工方法；秦岭隧道Ⅱ线隧道采用新奥法施工方法进行锚喷初期支护，采用马蹄形带仰拱的模筑混凝土复合衬砌进行二次支护，由于采用了先进的施工方法，Ⅱ线隧道的月平均施工进度达到 200～250 m，比Ⅰ线隧道提前 10 个月贯通。

秦岭隧道是一项巨大工程，更是一次隧道构筑技术的创新和飞跃，先后设立了 6 类 24 项重点科研项目，其中隧道构筑技术的突破和创新提升了我国铁路隧道建设的整体水平，也为未来的工程项目提供了宝贵的经验。1999 年 9 月秦岭隧道Ⅰ线隧道全部贯通，极大地缩短了西安与康县之间的交通时间。

秦岭隧道工程展示了我国工程技术实力和创新能力，向全世界展示了中国在大规模工程建设领域的巨大潜力。秦岭隧道工程取得的技术创新和积累的施工经验，为未来的工程项目提供宝贵的参考和借鉴，推动中国工程建设迈向新的高度。

问题引导

1. 工程施工准备包括哪些内容？
2. 工程组织准备包括哪些内容？
3. 工程技术准备包括哪些内容？
4. 施工现场准备包括哪些内容？

知识目标

1. 了解隧道施工准备的主要工作。
2. 了解施工调查、设计文件校核、复测的步骤和方法。
3. 了解现场技术、资源的准备内容。

1. 具备根据工程实际情况拟定调查提纲以及根据调查情况编制调查报告的能力。
2. 初步具备隧道施工场地布置的能力。
3. 初步具备隧道施工组织设计的编制能力。

隧道施工前应熟悉设计文件和地质勘察报告，领会设计意图，做好现场调查和图纸核对工作；编制施工组织设计，做好施工准备和组织落实工作。编制施工组织设计时应根据隧道长度、跨度、工期、地质和自然条件、重点及难点工程、施工方法、施工进度等因素，配备适宜、充足的施工机械，组织均衡生产，提高劳动生产效率；具备满足隧道施工需要和质量控制要求的试验、检测能力；完成分项工程划分、先期工程施工方案编制以及混凝土配合比设计等技术准备工作；合理安排隧道与邻近工程的施工顺序，避免后面工序施工影响结构安全和质量，减少互相干扰。

任务一 施工组织准备

施工准备

一、组织机构准备

选派具有多年隧道工程施工管理经验的建造师担任项目经理；根据隧道工程的特点，建立相应的组织机构，配备技术、施工、质量、资料、材料、安全、机械、用电及后勤等部门负责人和管理人员。隧道施工的组织机构示意图如图3-1所示。

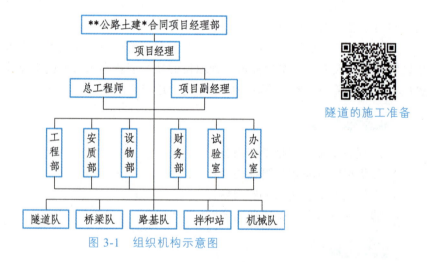

隧道的施工准备

图 3-1 组织机构示意图

二、施工队伍准备

隧道施工的钻爆、运输、支护、模筑衬砌等作业需要安排专业化队伍进行施工，施工前应根据施工进度计划、施工技术水平等制定详细的劳动力计划，及时组织进场，满足施工需要。

加强现场施工人员（包括劳务人员）的安全技术教育培训和考核工作。对于管理人员和作业人员，每年进行不少于两次、不低于40学时的安全生产教育培训，教育培训情况记入个人工作档案；新入职员工和进入新的施工现场或者转入新岗位的作业人员，施工单位应当对其进行安全生产培训考核，未经安全生产教育培训考核或者培训考核不合格的人员不得上岗作业，特种人员须持证上岗。培训内容主要包括爆破施工培训、钢筋作业培训、正确操作喷射混凝土培训以及各种安全注意事项培训。

施工单位应当向作业人员提供必需的安全防护用具（如安全帽、安全带、口罩、耳塞等）和防护服装，安全防护用具和防护服装的使用、采购和管理应符合国家和行业相关的规定。

三、建立工作流程组织

工作流程组织主要包括：进行工程项目分解，建立施工项目管理工作体系，编制施工项目管理工作体系图和信息流程图，编制施工项目管理规划，确定管理的关键部位，形成书面文字材料。

任务二　施工技术准备

一、施工调查

调查研究是做好隧道工程施工准备工作的前提。为了保证施工的科学性和系统性，避免盲目施工，必须在施工准备前进行施工调查。

（一）施工调查的作用

长、大隧道需要控制全线工期，因此要求先行开工，其施工组织安排常独立进行。施工前调查研究是计划工期、工程费用、施工方法以及安全生产管理的基础。施工调查的作用主要包括：

（1）对结构物的类型、数量、位置、埋设深度以及与隧道的关系进行调查，以预测隧道施工对地表或地下已有结构物的影响。

（2）为了综合利用现有交通网络，交通运输条件调查的内容通常包括现有公路等级、道路里程、路线平纵断面以及桥涵构造物限载条件、路面状况、可通过车辆类型、交通量、可利用的乡村公路等信息。

（3）一般隧道洞口施工场地比较狭窄，对洞外相邻工程和施工安排、弃渣场位置、弃渣填筑路堤以及弃渣对农田水利的影响等信息进行详细调查，有利于统筹安排工程施工。

（4）施工前调查影响隧道施工的各类设施情况和数量，为制定拆迁计划提供依据。

（5）对隧道附近水源位置、储水量、水质情况等进行调查，为制定供水方案提供依据。

（6）根据设计文件中提供的料场，对砂石等材料的产量、质量进行鉴定，为制定材料供应方案提供依据。

（7）对当地电力、动力、通信、机具车辆维修、物资、消防、人工、生活物资及医疗卫生条件等进行调查，在工程施工中可以综合利用这些资源实现降低工程成本、节能减排和环境保护的目的。

对气象、水文资料和社会状况的调查内容主要包括：

（1）气温、气压、湿度、降雨量蒸发及冻土深度等。

（2）河水流量、地下水位、水利状况、工程对地下水影响等。

（3）居民风俗习惯、宗教信仰、生活水准、社会秩序、环境保护和防止公害条例等。

（4）对地形、地貌、地质、动植物、土地利用、运输道路、噪声、振动、排水通路、地表下沉、名胜古迹、环境保护区等进行调查，是为了减少隧道施工对自然环境和生活环境造成的不良影响并采取相应的应对措施。

（二）施工调查的内容

隧道工程施工的现场调查包含但不限于以下内容：

（1）历史洪水、地质灾害发生情况及不良地质现象。

（2）隧道施工对地表和地下已有结构物的影响。

（3）交通运输条件和施工运输便道。

（4）施工场地布置与洞口相邻工程、弃渣利用、农田水利、征地等。

（5）建（构）筑物、道路工程、水利工程和电信、电力线等设施的拆迁情况和数量。

（6）调查和测试水源、水质并拟定供水方案。

（7）天然筑路材料（如黏土、砂砾、石料）的产地、数量、质量鉴定及供应。

（8）可利用的电源、动力、通信、机具、车辆维修、物资、消防、劳动力、生活供应及医疗卫生条件。

（9）当地气象、水文资料及居民点的社会状况和民族风俗。

（10）施工中和运营后对自然环境、生活环境的影响及需要采取的保护措施。

（11）尚待解决的其他问题。

（三）施工调查报告的编制

施工调查工作完成后应编制施工调查报告，报项目总工程师审批后作为后续施工组织设计的依据。

二、设计文件的核对

核对设计文件是施工前的一项重要工作。施工单位应全面熟悉设计文件，做好图纸审核工作，核对几何尺寸，复核工程数量。

在施工调查和设计文件核对完成后，应将结果及存在的问题以书面形式呈送相关单位。

（一）设计文件核对内容

图纸核对工作包含但不限于以下内容：

（1）技术标准、主要技术条件、设计原则。

（2）隧道设计的勘测资料，如地形、地貌、工程地质及水文地质、钻探图表等。

（3）隧道平面、纵断面、洞口横断面。

（4）洞门位置、式样、衬砌类型、洞口周围环境及衔接工程。

（5）设计文件中确定的施工方法、通风方案、技术措施与施工实际条件是否相符合。

（6）洞外排水系统和设施的布置是否与地形、地貌、水文、气象等条件相适应。

（7）设计给定的明暗分界断面地形地质与设计是否一致，边坡、仰坡、刷坡是否过高，浅埋段长度能否减少，能否按"早进晚出"原则调整明暗分界断面位置。

（8）工程数量。

（二）设计文件核对结果处理

在核对设计文件的过程中，对发现的问题经确认后以书面的形式进行分类登记，逐级上报。由施工单位工程技术部门负责收集、整理、汇总，编写相关书面文件分送建设、监理和设计单位，作为会同建设、监理和设计单位商议补充、变更设计文件的依据。

三、编制施工组织设计

施工单位根据总体施工组织设计，结合本项目的具体情况、工期要求、施工队伍、机械设备、施工中的现场监控测量等因素，正确选定施工方案，制定施工顺序，编制实施性施工组织设计。编制完成后须报监理、建设管理单位审批。

（一）施工组织设计编制的内容

施工组织设计编制的文字部分主要包括编制依据、编制原则、工程概况、组织机构及施工部署、主要施工技术方案以及进度安排、施工技术组织措施（含组织措施、技术措施、质量管理措施、职业健康和安全管理措施、环境管理和文明施工措施）等。

施工组织设计编制的图表部分主要包括资源动态配置表（主要工程数量表、机械设备及检测试验设备配置表、物资供应数量表、分季劳动力用量计划表）、施工总平面布置图、施工进度计划图（网络图）。

对于长大隧道、地质复杂的隧道（如不良地质隧道、高瓦斯隧道），施工单位应当组织专家编制、论证、审查专项施工方案，并附安全验算结果，施工单位技术负责人、监理工程师审查同意并签字后实施，由专职安全生产管理人员进行现场监督。

（二）施工组织设计编制的原则

施工组织设计编制的原则主要包括：

（1）满足指导性施工组织设计的要求。

（2）技术经济方案比选最优。

（3）积极应用新技术、新工艺、新材料、新设备。

（4）因地制宜，就地取材。

（5）根据工程特点、工期要求，合理安排施工工序流程。

（6）加强机械化施工能力，加快工程进度，确保工程质量。

（7）符合国家关于工程质量、安全生产、职业健康、土地管理及环境保护的法律、法规规定。

（三）施工组织设计的编制步骤

在调查研究、核对设计文件、线路测量复查等工作基础上编制实施性施工组织设计。编制实施性施工组织设计的步骤主要包括：

（1）复核与分析工程设计文件，掌握工程施工的特点，摘录工程数量。

（2）确保总的施工方案和总的实际施工期限。施工方案主要包括机械化程度、初步安排施工进度、工序作业流水线和流水速度、总的施工程序划分和施工场地初步安排平面图。

（3）选择各分项工程的施工方法和计算工作量。

（4）确定各分项工程的实际施工进度和施工期限。

（5）编制施工进度网络图，并调整至最合理的状态。

（6）计算劳动力、电力、材料和机械设备的需要量，根据施工进度要求编拟供应计划。

（7）布置运输线路，计算运输量，选择运输方式，确定运输工具数量。

（8）确定自产材料的开采和加工方案，提出各种附属企业的设置方案和生产计划。

（9）制定各项临时工程施工方案并计算工作量。

（10）拟定安全、质量、节能、节地、节水、节材和环境保护等主要技术措施。

（11）提出施工管理机构的方案，确定劳动组织的编制，制定各种相应的管理制度。

（12）编写施工组织设计说明书。

四、施工测量

施工单位应根据合同图纸和有关资料，对交付使用的隧道轴线桩、三角网基点桩以及水准点等进行详细的测量、检查和核对，并将测量结果报送监理单位。

施工单位在进行复测时，必须与相邻标段闭合。平面控制应覆盖相邻标段两个桩，高程与相邻标段闭合。

施工单位应根据实际情况设置必要的加桩，工程实施中隧道中桩的最大间距在直线上不得大于 10 m，在曲线上不得大于 5 m，明确标出用地界桩、路面和排水沟中心桩、辅助基准点以及其他为控制正确放线的水平标桩和垂直标桩。

五、试验室及第三方监测

为了控制和保证隧道工程质量，开工前需要具备相应的试验检测条件，通常要建立工地试验室。工地实验室应该满足的条件主要包括：

（1）工地试验室应满足其工作任务的需要且布局合理，通过监理单位和建设单位验收后方可投入使用。

（2）工地试验室人员配置应满足试验、检测工作的需要，检测人员应具备与其工作相适应的教育、培训经历并具有相应的专业技术知识和经验。

（3）工地试验室仪器设备根据施工规范及建设管理单位具体要求进行配置，仪器设备的工作性能、状态、量程及精度（分辨率）应满足标准要求。

（4）工地试验室是控制工程质量的临时性试验机构，承担工程项目施工所需的标准试验（如配合比试验）、原材料试验以及施工过程中的其他试验及检测工作。

（5）工地试验室需要通过政府相关部门的验收，取得满足施工要求的临时试验资质。

工地试验室是临时试验室，对于试验、检验数量较少的项目，一般进行委托试验。开工时，查验要开展委托试验合作的第三方检测单位所具有的相关计量认证和检测资质。

例如，混凝土配合比的试配试验需要对混凝土试件进行28天的标准养护，为了不影响施工工期，在隧道开工前需要提前做好混凝土配合比试验，在材料进场后应按照批次和规定频率进行试验、检测，以满足设计和相关规范规定的要求。

建设管理单位可在工程开工前委托有资质单位开展"第三方监测"工作，并进行公开招标。

任务三 施工物资准备

一、材料的采备

隧道施工前应做好水泥、砂石料、钢筋（材）、外加剂、防水板、透水管等材料的招标订购工作，并根据施工进度计划制定材料供应计划，特别是做好隧道前期施工支护所需材料的采购工作，如水泥、中（粗）砂、钢筋等材料以及早强锚固药卷、钢拱架等成品、半成品等。

材料采购应严格按材料招投标程序进行，选择供应能力强、质量优、价格合理的供应厂家的材料。

材料进场前严格进行检查验收和取样送检，试验合格后经监理单位认可方可进料，杜绝不合格材料进入施工现场。

材料样品及有关技术资料应列入档案备查。

二、机械设备进场

根据安全、可靠、经济、适用原则配置隧道施工机械和设备，施工机械应与施工方法相配套，与隧道长度、断面大小、施工工期相适应。施工机械应按照相关工序的流水施工需要进行配置，提高施工机械的总体效率。施工机械宜优先选用污染小、噪声小的机械设备，并且方便维修。

隧道进洞前，二次衬砌模板台车必须进场。

隧道前期所需机械设备主要包括：

（1）土石方施工设备。

土石方施工设备主要包括挖掘机、推土机、装载机、压路机和自卸汽车等。

（2）隧道开挖及出渣运输设备。

隧道开挖及出渣运输设备主要包括凿岩机、台车（架）、装载机、挖掘机、大吨位自卸汽车等。

（3）隧道支护设备。

隧道支护设备主要包括湿喷机、管棚钻机、注浆机等。

（4）混凝土施工设备。

混凝土施工设备主要包括搅拌机、运输车、输送泵、捣固设备、衬砌台车等。

（5）钢筋加工设备。

钢筋加工设备主要包括钢筋调直机、切断机、弯曲机、弯拱机、电焊机等。

（6）风、水、电供应设备。

风、水、电供应设备主要包括内燃空压机、电动空压机、水泵、变压器、发电机等。

（7）相应阶段配备的检测仪器和设备。

机械设备应根据性能优良、配套合理的原则进行配备，满足污染小、能耗低、效率高的要求，并根据施工进度计划安排，分阶段、分期组织进场，以满足施工需要。

任务四　施工现场准备

一、施工便道

施工便道特别是隧道工程的施工便道有其特殊性，如交通量可能较少或不均衡，无出渣需求地段可能主要承担进场材料要求，交通量低但载重可能较高、车体可能较大，车速的要求可能不高。地形条件较好地段的便道可以提高标准，成本增加不多但是可以极大地提高运输效率；地形条件不好地段的便道稍微提高标准，成本就会大幅度增加。所以，在施工过程中要结合实际情况设计便道。

施工便道在施工单位进场后应及时组织施工，以满足物资、材料运输需要。施工便道采取利用既有便道和新修便道相结合的方案，拓宽既有便道和新修便道都应该尽量减少土石方工程，保护生态环境。施工便道的实景图如图3-2所示。

施工便道不能影响隧道施工和隧道安全，施工时必须保护当地环境。

（一）施工便道的要求

施工便道的要求主要包括：

（1）施工便道的线形、纵坡、宽度、路基及路面结构应满足大型设备、材料及出渣运输的需要。

（2）施工便道应设置必要的安全防护、排水设施和警示、提醒标志。

（3）施工便道在使用期间应做好养护工作。

（二）新修便道标准

施工过程中新修便道应符合标准主要包括：

（1）新修便道的路基宽度为5.0 m，路面宽度为4.5 m，两侧应设置临时排水边沟。

（2）新修便道的线路纵坡不超过12%，根据通视条件每100~200 m设置会车道。纵坡较大路段的长度不超过100 m，相邻较陡路段之间设置长度为20~30 m但坡度不大于5%的坡段，供车辆换挡。

（3）一般路段的路面应填筑20 cm厚的砂砾石或弃渣并压实，设置5%横坡；拌和站、生活区、加工场等作业区道路浇筑20 cm厚的C20混凝土面层。

（4）在急转弯、长陡坡地段设置警示标志，确保行车安全。

图 3-2　施工便道

二、场地建设

（一）场地的选址

生产区、生活区的选址、布置和配套设施，应保障人的身体健康和生命安全，防止各类疾病发生。

生活区场地应靠近生产现场，便于指挥管理，减少干扰。水、电、路、通信便利畅通，满足生产管理和指挥要求。

（二）场地的布置和建设要求

施工单位在隧道施工点搭建的临时生活、办公用房应符合国家及行业相关规范；生活、办公区应与施工区域划分清晰，并采取相应隔离措施。

生产区可采用彩钢板或砖砌房屋，必须搭设稳固，室内外地面采用 10～20 cm 厚的 C15 混凝土进行硬化，四周排水通畅。

施工单位应做好生活、生产区内的安全用电和防火工作，必须按有关规定设置安全配套设施。

（三）施工现场"八牌二图一彩门"

"八牌二图一彩门"中的"八牌"是指工程公告牌、合同起讫标示牌、工程标示牌、工程质量举报公告牌、质检标示牌、材料标示牌、配合比标示牌、民工工资发放标示牌，"二图"是指施工平面示意图、场区平面示意图，"一彩门"是指桁架式彩门。

三、拌和站

拌和站应综合考虑施工生产情况，合理划分办公区、拌和作业区、材料计量区、材料库及运输车辆停放区等，并且绘制详细的现场布置图，设置醒目的标示牌。

拌和站选址宜在交通方便、周围无村庄的区域。拌和站应根据工程情况集中设置，采用封闭式管理，站内设置工地试验室。

拌和站站界应用砖砌围墙封闭，材料堆放区、拌和区、作业区应分开或隔离，场内主要道路应做硬化处理。

拌和站按全封闭设置，减少或防止灰尘污染空气。

拌和站内设置污水处理池，污水经处理后再排放或者用于场内洒水。

隧道初期支护喷射混凝土由拌和站集中供应，采用具有两仓自动计量的拌和设备，其建设应符合相关要求。

四、材料加工场

材料加工场应合理设置，减少现场的二次搬运量，同时做到加工与施工互不干扰。

材料加工场应实行封闭管理，可根据需要设置围墙或围栏防护，四周排水通畅，在场（棚）内应悬挂各工种的安全技术操作规程。

场内施工用电应进行规范管理，各作业区用电回路分开设置，加设断路器和漏电保护器。

材料加工场实行工厂化管理，现场整洁有序，分为加工区、原材料堆放区、半成品、成品区，各类标志牌醒目。

材料加工场实景如图 3-3 所示。

图 3-3　材料加工场

五、隧道施工供风、供水、临时供电、通风、通信

（一）施工供风

风压站应在洞口选址修建，并宜靠近变电站，设置防水、降温、保温和防雷击设施。

风压站供风能力必须满足隧道正常施工要求，供风管路布置应尽量避免压力损失，保证工作面使用风压不小于 0.5 MPa。

供风管道前端到开挖面距离不应大于 20 m。

（二）施工供水

施工单位应确保施工和生活用水设施的安装、保养以满足施工及生活需要，生活用水应符合用水标准。

按照施工需要的供水压力（如水压不小于 0.3 MPa）合理选择水源、修建高位水池，安装上、下水管路。

对于修建高位水池困难的隧道，宜采用变频高压供水装置以满足施工需要。

管道前端到开挖面的距离一般不超过 30 m。

（三）施工临时供电

隧道施工临时供电的施工组织设计、建设及维护必须符合国家及当地的相关要求，此外还必须符合以下要求：

（1）短隧道应采用高压输送方式将供电送至洞口，再采用低压输送方式将临时供电送进洞内；长隧道及特长隧道应考虑高、中压输送方式将临时供电送进洞，以满足施工需要。

（2）隧道施工供电应采用 400/230 V 三相五线供电系统；动力设备应采用 380 V 三相供电系统；一般作业地段的照明电压不宜大于 36 V，成洞段和非作业地段的照明电压为 220 V，瓦斯地段的照明电压不超过 110 V，手提作业灯的照明电压为 12 ~ 24 V。施工临时供电的导线截面必须满足低压线路末端电压降不大于 10%，36 V 及 24 V 供电采用的电线截面必须满足电压降不大于 5%，高压分线部位应设置明显的危险警告标志，所有配电箱和开关应全部标示责任人和用途。

（3）洞外变电站应设置防雷击和防风装置，装置一般设置在靠近负荷集中地点和电源来线一侧。当变电站电源线跨越施工区域时，电源线的最低点距人行道和运输线路的最小高度应满足：电压为 35 kV 时高度不小于 7.5 m，电压为 6 ~ 10 kV 时高度不小于 6.5 m，电压为 400 V 时高度不小于 6 m。变压器容量应按照电气设备总用电量来确定，单台电动设备容量超过变压器容量 1/3 时应增加启动附加容量。

（4）洞内变电站应设置在干燥的紧急停车带或不使用的横向通道内。变压器与周围及上下洞壁的最小距离不小于 300 mm，同时应按照规定设置灯光、轮廓标等安全防护设施。洞内高压变电站之间的距离一般为 1 000 m，由变电站分别向相反方向供电。洞内高压变电站应采用井下高压配电装置或相同电压等级的油开关柜，不应使用跌落式熔断器，应有防尘措施。

（5）成洞地段固定的电线应采用绝缘良好的胶皮线架设；施工地段的临时电线应采用橡套电缆；瓦斯地段的输电线必须使用密封电缆，不得使用皮线；涌水隧道的电动排水设备应采用双回路供电，并有可靠的切换装置；动力干线上每一分支线，必须装设开关及保险装置；严禁在动力线路上加挂照明设施。

（6）照明线路和动力线路安装在同一侧时，必须分层架设。电线悬挂高度应满足：110 V 以下供电的电线离地面距离不小于 2 m，400 V 供电的电线离地面距离大于 2.5 m，6 ~ 10 kV 供电的电线离地面距离大于 3.5 m。供电线路架设一般要求高压在上、低压在下，干线在上、支线在下，动力线在上、照明线在下。施工供电实景如图 3-4 所示。

图 3-4　施工供电

（四）施工通风

施工长度超过 150 m 的隧道采取机械通风，施工长度不超过 150 m 的隧道一般采取自然通风。

隧道施工作业环境卫生标准参照国家及行业规范。

瓦斯隧道装药爆破时，爆破地点 20 m 范围内的风流中瓦斯浓度必须小于 1.0%；总回风道风流中瓦斯浓度必须小于 0.75%。开挖面瓦斯浓度大于 1.5%时，所有人员必须撤离到安全地点。

机械通风方式应根据隧道长度、断面大小、施工方法、设备条件等综合确定。当主风流的风量不能满足隧道掘进要求时，应设置局部通风系统，尽量利用辅助坑道。隧道通风实景如图 3-5 所示。

图 3-5　施工通风

通风管的安装应符合的规定主要包括：

（1）送风式的进风管口应设置在洞外，与洞口的距离不小于 30 m。

（2）集中排风管口应设置在洞外，并做成烟囱式排风管口。

（3）送风式通风管的送风口距开挖面不大于 20 m，排风式风管吸风口距开挖面距离不大于 10 m。

（4）采用混合通风方式时，当一组风机向前移动，另一组风机管路应相应接长，保证两组风机的间距始终保持在 20～30 m。局部通风时，排风式风管的出风口应引入主风流循环的风流中。

（5）通风管的安装应做到平顺，接头严密，每 100 m 平均漏风率不大于 2%，弯管半径不小于风管直径的 3 倍。

（6）通风管应设置专人定期维护。当采用软风管时，靠近风机部分应采用加强型风管。

（7）送风管采用软管，排风管采用硬管。

隧道施工必须采用综合防尘措施并符合以下规定：

（1）隧道施工应采取通风、洒水等防尘措施，并按规定时间测量粉尘和有害气体浓度。

（2）钻眼作业应采取湿式凿岩。当水源缺乏、容易冻结或岩性不适合湿式凿岩时，可采用带有除尘设备的干式凿岩，采用防尘措施后应达到规定的粉尘浓度。

（3）凿岩机钻眼时必须先送水后送风。

（4）除黄土、膨胀性围岩外，爆破后必须进行喷雾、洒水，出渣前应用水淋湿石渣和附近的岩壁。

（5）施工人员应佩戴防尘口罩。

施工期间"三管两线"应架设顺直、整齐。

（五）通信

施工单位对外联络采用程控电话与移动电话相结合的方式，并架设、开通通信网络。

现场联络可以采用对讲机或内部电话，隧道内可以采取增设移动信号转换机等设备以保证通信通畅，长隧道及特长隧道施工应设置视频监控、逃生诱导标志。

六、弃渣场

隧道弃渣必须运到指定的弃渣场，不得随意丢弃。

隧道施工前应详细调查，选择出渣运输方便、环保的场所作为弃渣场，场地容量可容纳隧道所有弃渣。

弃渣场不得占用其他工程场地和影响附近各种设施的安全；不得影响附近农田水利设施，不占或少占农田；不得堵塞河道、河谷，防止抬高水位和恶化水流条件；不得挤压桥梁墩台及其他构筑物。

弃渣场应按设计要求进行必要防护、排水、绿化。当弃渣场不能满足实际需要或设计无具体要求时，应对弃渣场的防护进行设计并报监理工程师批复。

七、危险品库

危险品库如火工品库房、剧毒物品库等库房的建设及管理除应符合有关规定，主要包括：

（1）库存量不准超过公安机关批准的容量，不准混放。爆炸物品堆码应垫高 200～300 mm，放置雷管时必须铺设胶质皮垫。

（2）药、管要分库设置，距离不小于 30 m。仓库内要设置灭火器、砂等消防器材以及自动报警装置。

（3）工作人员住房和看守房必须设置在库外，看守房位置、高度必须以能瞭望全库和周围情况为准。

（4）其他危险品，如氧气、乙炔、油料以及剧毒物品、放射性物品等应单独建库储存，库房建设及管理应符合国家及当地的相关规定。

任务实施

分组进行讨论，并按照问题引导进行答题。

问题引导

某公司新中标重庆某隧道扩建工程，主要工作量是隧道工程，公司组建了项目部，项目部主要人员已经进场。本项目工期紧、任务重，项目部各部门需通力合作，尽快形成施工条件，快速开工。根据提供的资料回答下列问题：

问题1：该隧道工程的技术准备主要包含哪些内容？

_____

_____

_____

_____

问题2：本项目的物资准备主要包括哪些内容？

_____

_____

_____

_____

问题3：本项目的施工现场准备主要包括哪些内容？

_____

_____

_____

_____

评价反馈

学生自评表

任务	完成情况记录
掌握技术准备的内容	
掌握物资准备的内容	
掌握施工现场准备的内容	
总结反思建议	

学生互评表

序号	评价项目	小组互评
1	掌握技术准备的内容	5分☐　4分☐　3分☐　2分☐　1分☐
2	掌握物资准备的内容	5分☐　4分☐　3分☐　2分☐　1分☐
3	掌握施工现场准备的内容	5分☐　4分☐　3分☐　2分☐　1分☐
4	语言表达能力	5分☐　4分☐　3分☐　2分☐　1分☐
5	积极性	5分☐　4分☐　3分☐　2分☐　1分☐
6	反思总结	5分☐　4分☐　3分☐　2分☐　1分☐
7	简要评述	

序号	工序	作业步骤	配分	评分标准	扣分	得分
1	准备工作	确定人数	10	小组点名，根据考勤情况打分。如果缺勤则个人得分为零		
2	学习状态	掌握技术准备的内容 掌握物资准备的内容 掌握施工现场准备的内容	60	得分=正确步骤总得分×60 分/所有操作步骤总分，保留小数点后两位		
3	验收总结	对他人的评价	15	根据质量检验情况判断施工是否正常。判断正确的得分，判断错误的不得分		
		自我评价与总结	15	得分=已回收设备材料数量×15 分/需要回收设备材料总数量，保留小数点后两位		
合计						

综合评价表

序号	评价项目	自我评价	互相评价	教师评价	综合评价
1	学习准备				
2	引导问题填写				
3	完成质量				
4	要点掌握				
5	完成速度				
6	参与讨论主动性				
7	沟通协作				
8	总结与评价				

实作复盘

根据小组作业结果，小组讨论、分析待改进方面及预防措施。

项目四　隧道洞口和明洞施工

思政学堂

秦岭终南山公路隧道

秦岭终南山公路隧道是位于陕西省秦岭终南山的一条连接西安市与商洛市的穿山隧道，隧道单洞长 18.02 km，双洞共长 36.04 km，15 min 即可穿越。2007 年 1 月，秦岭终南山公路隧道举行通车仪式，西安至柞水县的通行里程缩短约 60 km，行车时间由原来的 3 h 缩短为 40 min。

秦岭终南山公路隧道是我国自行设计、自行施工的世界最长的双洞单向高速公路隧道，在世界公路建设史上创造了又一个"世界之最"。秦岭终南山公路隧道主要技术创新内容包括：

（1）隧道方案将路线降低至雪线以下，改善路线线形和通车条件，保证全天候安全通行，减少碳排放量。

（2）确定符合中国现用车辆的一氧化碳、烟雾浓度基准排放量及其修正系数，提出相应通风设计控制新指标；攻克特长隧道复杂通风系统等难题，形成节能、高效的超大直径三竖井分段纵向通风成套技术。

（3）利用既有铁路隧道作为平行导洞，长隧短打，同时利用本隧道作为平行导洞修建引水隧道，实现铁路、公路、水利三个行业综合利用。

（4）首次采用三竖井分段纵向式运营通风模式。

（5）竖井分瓣式机械一体化滑模衬砌等技术，创造深竖井全断面开挖和滑模衬砌两项纪录。

（6）首次在国内应用同井分隔技术，成功解决深大直径竖井的中隔板"翘曲、送排温差、自重变形破坏、极端低温、灾害高温、反压漏风"等系列技术难题。

问题引导

1. 隧道洞口工程的构造和类型包括哪些？
2. 隧道洞口如何施工？
3. 端墙式洞门的施工技术包括哪些？
4. 削竹式洞门的施工技术包括哪些？

知识目标

1. 了解隧道洞口工程的构造。
2. 了解隧道洞口工程的施工技术。
3. 了解隧道洞口工程的施工组织管理。

4. 了解隧道洞口工程施工的前沿技术。

能力目标

熟悉隧道洞口工程的施工组织管理。

知识导航

洞门是在隧道洞口用圬工砌筑以保护洞口、排放流水并加以建筑装饰的支挡结构物，联系衬砌和路堑，是整个隧道结构的主要组成部分，也是隧道进出口的标志。洞门结构主要由坡面稳定构造物，坡面的截、排水系统和碎落阻挡构件组成。

隧道两端洞口处应设置洞门，洞门的作用主要包括：

（1）减少洞口土石方开挖量。

隧道洞门起到挡土墙的作用，可以减少土石开挖量。

（2）稳定边、仰坡。

由于边坡上的岩体不断风化，坡面松石极易脱落滚下。边坡太高，对自身稳定不利，仰坡上的石块也会沿着坡面向下滚落，有时会堵塞洞口，甚至砸坏道路，对行车造成威胁。洞门可以减小引线路堑的边坡高度，缩小正面仰坡的坡面长度，从而使边坡及仰坡得以稳定。同时，洞门也可以确保洞内施工安全和隧道正常运营。

（3）引离地面流水。

通过设置各种截水、排水系统，防止雨水对隧道造成损害。

（4）装饰洞口。

洞口是隧道唯一的外露部分，是隧道的正面外观。有美观需求的隧道，应结合当地的环境给予艺术处理，对其进行美化。

任务一 洞口施工

一、洞口施工内容

隧道洞口段与隧道洞门

洞口工程是隧道工程的一个重要分部工程，又是隧道施工中的主要通道，是整个隧道施工的薄弱环节。隧道洞口工程主要包括边坡和仰坡土石方、边坡和仰坡防护、端墙和翼墙等的洞门圬工工程、洞口排水系统、洞口段的洞身衬砌等组成。

隧道洞口包括隧道洞门，二者容易混淆。隧道洞门在项目二中有详细描述。

（一）洞口施工要求

洞口段施工，最关键的是在进洞前就做好边坡、仰坡的防护和加固工作，做好排水系统，做好洞口初期支护，并注意以下事项：

（1）"先护后挖"是洞口施工的基本原则。

（2）在清理场地做施工准备时，应先清理洞口上方及侧方有可能滑塌的表土、灌木及山坡危石等。平整洞顶地表，排除积水，整理隧道周围的流水沟渠。之后施作洞口边坡、仰坡顶处的天沟。

（3）洞口施工应避开雨季和融雪期。洞口土石方开挖，应按设计要求进行边坡、仰坡放线，自上而下逐段开挖，不得掏底开挖或上下重叠开挖。若需爆破开挖，应进行爆破设计，严格控制装药量，严禁采用深眼大爆破或集中药包爆破方式，以免影响边坡、仰坡的稳定。

（4）洞口圬工基础必须置于稳固的地基上，且将虚渣杂物、泥化软层和积水清除干净。地基强度不够时，可结合具体条件采取扩大基础、桩基、压浆加固地基等措施。

（5）洞门拱墙应与洞内相邻的拱墙衬砌同时施工，连接成整体，确保拱墙连接良好。洞门端墙的砌筑与回填应两侧同时进行，防止对衬砌产生偏压。

（6）洞口段洞身施工时，应根据地质条件、地表沉陷控制以及保障施工安全等因素选择开挖方法和支护方式。洞口段洞身衬砌应根据工程地质、水文地质及地形条件，至少设置长度不小于 5 m 的模筑混凝土加强段，以提高圬工的整体性。

（7）洞门完成后，洞门以上仰坡脚受破坏处，应及时处理。如仰坡地层松软破碎，宜用浆砌片石或铺种草皮进行防护。

（二）洞口边、仰坡开挖及防护

全面清除边坡和仰坡以上可能滑塌的表土、危石，不留后患。洞口边坡和仰坡工程应自上而下逐级开挖支护，及时完成洞口边坡和仰坡的加固、防护及防排水工程。坡面防护类型主要包括喷混凝土、钢筋网+锚杆+喷混凝土、套拱（如支护套拱、长管棚套拱）、地表加固（如地表注浆、锚杆钢筋网注浆、锚管注浆）等。隧道洞口边坡和仰坡的高度和坡度应根据工程地质和水文地质条件确定。当没有不良地质现象时，各类围岩中隧道洞口上方的仰坡以及路堑边坡的高度和坡度可参考表 4-1。

表 4-1　仰坡、边坡高度和坡度

围岩级别	Ⅰ～Ⅱ			Ⅲ		Ⅳ			Ⅴ～Ⅵ	
坡率	贴壁	1：0.3	1：0.5	1：0.5	1：0.75	1：0.75	1：1	1：1.25	1：1.25	1：1.5
高度/m	<15	<20	25 左右	<20	25 左右	<15	<18	20 左右	<15	<18

洞口边坡和仰坡工程应自上而下逐级开挖支护，及时完成洞口边坡和仰坡加固、防护及防排水工程。洞口边坡和仰坡开挖及防护施工工艺流程如图 4-1 所示。

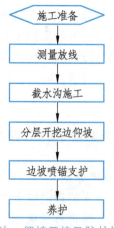

图 4-1　洞口边、仰坡开挖及防护施工工艺流程

在开挖边坡和仰坡前应完成截排水工程，洞顶地表水的处理应符合的要求主要包括：

（1）边坡和仰坡的截水沟和排水沟应与洞外路基排水系统良好连接；纵坡较陡时，沟身应设置缓坡段和基座等稳定措施，沟口应设置防冲刷措施。

（2）对不利于施工及运营安全的地表径流、坑洞、漏斗、陷穴、裂缝等，应采取封闭、引排、截流等工程措施。洞口自然冲沟、水渠横跨隧道洞口，应设置渡槽排水。

（三）洞外排水要求

洞外排水应符合的要求主要包括：

（1）洞外施工期间的排水应综合考虑永久排水系统和辅助坑道设置，并以较短途径引排到自然沟谷。

（2）洞外排水系统应避开不良、不稳定地质体，无法避开时应采取措施消除隐患。

（3）洞外排水系统应避免对相邻工程及其基础产生冲击、冲刷和浸泡等不利影响，难以避免时相邻工程应采取措施消除隐患。

（4）洞外排水沟渠应该采用可防止泥砂淤积的排水坡度，但应避免流速过大导致沟渠毁损。排水沟渠采用的建筑材料应具有防冲刷能力，必要时设置消能设施。

（5）在隧道洞口工程以外，将地表水和地下水疏导截流，使地表水不进入隧道工程范围内，可采取的措施主要包括洞顶截水沟、上游泄水洞、井点降水、开沟疏导等。

二、隧道进洞方式

隧道洞口进洞方式主要包括明挖法、护（套）拱+短管棚法、护（套）拱+长管棚法、地表锚杆（或小导管注浆）预加固法、回填暗挖法、半明半暗进洞法、斜交进洞法、小导坑反向扩大或洞内向外扩大进洞法等。洞口段围岩自稳能力较差，因此进洞之前应按照设计施作超前支护，洞口段开挖应加强初期支护，及时形成封闭结构，并尽早施作衬砌，加强对地表下沉、拱顶下沉的监控测量，适当增加测量频率。隧道洞口段处于偏压时，开挖前应按设计要求完成洞门结构以及回填施工。地面预注浆、地表旋喷桩、长管棚（10~40 m）等适用于洞口浅埋段、偏压段的围岩加固。

隧道洞口段应根据地质条件、对地面建筑物的影响以及保障施工安全等因素选择施工方法，不宜采用全断面开挖方式。采用台阶法开挖方式时，严禁长台阶施工。当围岩较差时，应采用管棚法进洞。

洞口段超前支护方式主要包括超前锚杆、管棚和超前预注浆。超前锚杆是沿隧道开挖面外轮廓钻孔，插入钢筋杆体并用水泥砂浆使杆体与围岩固结成整体。管棚可分为长管棚和短管棚。短管棚采用长度小于 10 m 的小钢管，一次超前量小，基本上与开挖作业交替进行，占用循环时间较大，但钻孔安装或顶入安装较易。长管棚采用长度为 10~45 m 的小钢管，直径较粗，一次超前量大，单次钻入或打入长钢管作业时间较长，但减少了安装钢管次数，减少了与开挖作业之间的干扰。超前预注浆是一种改善围岩结构，提高围岩整体性和自承能力、降低支护成本、提高支护效果的有效方法，可以利用浆液把围岩周围的各种弱面充实、重新胶结起来，改善了围岩的物理力学性能，提高了围岩的整体稳定性和抗渗性。

洞口段施工应符合的要求主要包括：

（1）进洞前应按照设计施作超前支护。

（2）洞口段应加强初期支护，及时形成封闭结构，衬砌应尽早施作。

（3）洞口段的监控测量应适当增加测量频率。

洞口施工工艺流程如图 4-2 所示。

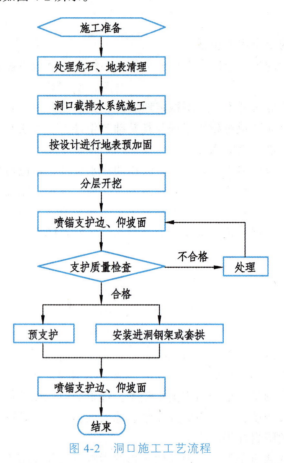

图 4-2　洞口施工工艺流程

评价反馈

学生自评表

任 务	完成情况记录
掌握端墙式洞门的施工工艺	
掌握削竹式洞门的施工工艺	
掌握施工方案编制	
总结反思建议	

序号	评价项目	小组互评
1	掌握端墙式洞门的施工工艺	5分□ 4分□ 3分□ 2分□ 1分□
2	掌握削竹式洞门的施工工艺	5分□ 4分□ 3分□ 2分□ 1分□
3	掌握施工方案编制	5分□ 4分□ 3分□ 2分□ 1分□
4	语言表达能力	5分□ 4分□ 3分□ 2分□ 1分□
5	积极性	5分□ 4分□ 3分□ 2分□ 1分□
6	反思总结	5分□ 4分□ 3分□ 2分□ 1分□
7	简要评述	

教师评分表

序号	工序	作业步骤	配分	评分标准	扣分	得分
1	准备工作	确定人数	10	小组点名，根据考勤情况打分。如果缺勤则个人得分为零		
2	学习状态	掌握端墙式洞门的施工工艺	60	得分=正确步骤总得分×60分/所有操作步骤总分，保留小数点后两位		
		掌握削竹式洞门的施工工艺				
		掌握施工方案编制				
3	验收总结	对他人的评价	15	根据质量检验情况判断施工是否正常。判断正确的得分，判断错误的不得分		
		自我评价与总结	15	得分=已回收设备材料数量×15分/需要回收设备材料总数量，保留小数点后两位		
合计						

综合评价表

序号	评价项目	自我评价	互相评价	教师评价	综合评价
1	学习准备				
2	引导问题填写				
3	完成质量				
4	要点掌握				
5	完成速度				
6	参与讨论主动性				
7	沟通协作				
8	总结与评价				

实作复盘

根据小组作业结果，小组讨论、分析待改进方面及预防措施。

任务二 / 明洞施工

隧道明洞施工

一、明洞施工方法

采用明挖法修筑的隧道称为明洞。明挖法指从地表面向下开挖，在预定位置修筑结构物的方法总称。明挖法施工具有的显著优点主要包括：

（1）工艺简单，施工面宽敞，作业条件较好。

（2）可安排较多劳动力同时施工，或使用大型、高效率的施工机械，以缩短工期。

隧道明洞的分类与
施工方法

（3）造价低，施工质量易于保证。

（一）明洞暗做法

明洞位于陡峭山坡或破碎、松软地层时，宜先施作明洞衬砌轮廓外的整幅或半幅套（护）拱，必要时还应在外侧施作挡墙，然后在套拱护顶下暗挖明洞土石方并及时支护边墙，成形后按暗挖隧道施作明洞衬砌。

（二）明洞明挖法

山岭隧道往往采用明洞结构来保护洞口的安全。明洞结构能否顺利施作，直接影响到明（洞）、暗（洞）交界的里程。在实际工程中，明洞施作与边坡、仰坡、刷坡配合得不好而导致明暗交界里程一再变动，致使明洞数次接长的实例屡见不鲜，因此在明洞施工过程中应该予以高度重视。根据地形、地质情况，明洞开挖施工方法主要包括先墙后拱法、先拱后墙法、部分明挖拱墙交错法。

1. 先墙后拱法

先墙后拱法如图 4-3 所示，适用于埋深较浅并且按照临时边坡开挖能暂时稳定的对称式明洞。根据地质条件及开挖深度来选择临时边坡的坡率，从上往下分台阶开挖，直至路基设计标高。随即灌注边墙及拱圈混凝土，做外贴式防水层，最后进行两侧及洞顶回填。

先墙后拱法的优点是衬砌整体性好、施工空间大、有利于施工；先墙后拱法的缺点是土方开挖量大、刷坡较高。

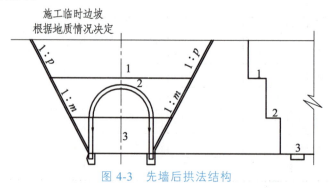

图 4-3　先墙后拱法结构

2. 先拱后墙法

路堑边坡较高以及明洞埋置较深，或者明洞位于松软地层，这两种情况都不能明挖到底时，如果全部明挖可能引起边坡坍塌，应该采用先拱后墙法进行施工。先拱后墙法如图4-4所示，其施工步骤主要包括：开挖拱部以上土石（挖至拱脚），灌注拱圈，做外贴式防水层，进行初步回填，暗挖拱脚以下土石，灌注边墙。先拱后墙法施工又称为明拱暗墙法，因边墙是暗挖，在选择挖马口方式时要慎重，以防止掉拱。

先拱后墙法的优点是土石方开挖量较小、刷坡较低；先拱后墙法的缺点是衬砌整体性较差，边墙的施工空间窄小，防水层施作不方便。

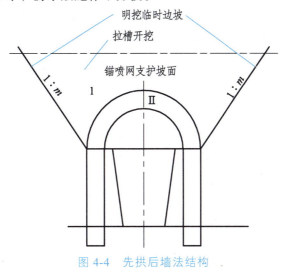

图4-4　先拱后墙法结构

3. 部分明挖拱墙交错法

部分明挖拱墙交错法主要应用于半路堑式明洞，也应用于外侧地层松软导致先做拱圈可能发生较大沉陷、先墙后拱亦有困难的情况。

（1）先做外侧边墙法。

先做外侧边墙法的施工结构图如图4-5所示，该方法的施工步骤主要包括：

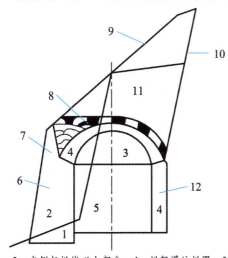

1—外侧墙基坑；2—外侧墙；3—内侧起拱线以上部分；4—拱架灌注拱圈；5—拱内落底；6—外侧大边墙；
7—耳墙；8—防水层；9—原地面线；10—临时开挖边坡线；11—回填土层；12—内边墙。

图4-5　先做外侧边墙法施工结构

① 挖外侧墙基坑1，然后将外侧墙2砌筑至设计标高。

② 开挖内侧起拱线以上部分3，挖除后立即架立拱架灌注拱圈4。如果有耳墙7，同时做好耳墙7。

③ 在拱内落底5，应随落随加支护，以保持内侧边坡的稳定。

④ 开挖内边墙马口，逐段施作内边墙4，然后进行拱顶回填，并做防水层。

（2）挖开灌注边墙法。

采用先拱后墙法施工的路堑式明洞，如果开挖后发现地层松软难以承受拱圈压力时，或者采用先墙后拱法施工但路堑边坡明挖过深可能引起边坡坍塌等不安全时，这两种情况均可采用挖开法或拉槽法来灌注边墙。首先在起拱线以上部分开挖，采用跳槽挖井法先灌注两侧部分边墙，再施作拱圈，最后施作其余边墙。

明洞大多数修筑于地质较差、地形陡峻的地段，受力条件复杂。施工中特别注意安全和结构稳定，主要包括：

① 开挖前做好全部临时排水系统；选用适当的施工方法；按照设计要求正确测量中线和标高，放好边桩和内墙和外墙的位置。石质地段的开挖应有防止爆破危害边坡及仰坡的稳定措施；开挖地质较差、边坡较高地段时必须设置检查、防护人员，还应该设置必要的防护设施；必要时，需要随挖随支撑。

② 基础处理。明洞边墙基础的承载力必须达到设计要求；有地下水流时及时予以引排；基础松软时要采取相应措施，如夯填厚度不小于 10 cm 的碎石层或扩大基础以提高承载力；岩石基础则应埋置于表面风化层以下 0.25 m。

③ 明洞衬砌的拱圈按照断面要求制作定型挡头板、外模和骨架，防止走模；采用跳槽挖井法灌注拱圈应保证拱脚稳定；先做一侧边墙随即灌注拱圈时，应防止另一侧拱脚沉落；采用先拱后墙法施工的拱圈，在起拱线以上 1 m 范围内应紧贴岩壁灌注，并做好纵向或竖向排水设施。

二、明洞回填施工

（一）明洞墙背回填施工

明洞衬砌完成后应及时进行回填，明洞的回填土石主要作用是缓和边坡和仰坡上的落石、防止坍塌和稳定支挡边坡，按照设计厚度和坡度进行施工，施工的注意事项主要包括：

（1）墙背垂直开挖，当超挖数量较小时应该采取与边墙相同的材料同时灌注；超挖数量较大时利用浆砌片石回填。

（2）由墙底起坡开挖或在已修筑路堑增建明洞时，必须按照设计要求进行施工，不得任意抛填土石。

（3）墙后有排水设施，应该与回填同时施工，并保证渗水顺畅排出。

（二）明洞拱背回填施工

明洞拱背回填施工的注意事项主要包括：

（1）明洞拱背回填应在外模拆除、防水层和排水盲管施工完成后进行。

（2）人工回填时拱圈混凝土强度应不小于设计强度的 75%。机械回填时，拱圈混凝土强度应不小于设计强度。

（3）拱背回填必须对称、分层夯实，每层厚度不大于 0.3 m，其两侧回填的土面高度差不大于 0.5 m。回填至拱顶以上 1.0 m 后，方可采用大型机械碾压。

（4）明洞回填应加强对防水层及排水系统的保护，不得损坏防水层及排水系统。

（5）侧墙回填应对称进行，石质地层中岩壁与墙背空隙较小时利用与墙身同级别的混凝土进行回填；空隙较大时用片石混凝土回填并密实。回填到与拱顶齐平后，再分层满铺填筑至设计高度。

（6）表土层需作隔水层时，隔水层应与边、仰坡搭接平顺，防止地表水下渗。

回填土石与边坡接触处要挖成台阶，并用粗糙透水材料填塞，防止回填土石沿边坡滑动。

明洞与隧道衔接的施工方法主要包括先做明洞后进隧道、先进隧道后做明洞两种方式。当明洞长度不大、洞口地层松软，开挖仰坡和边坡易引起坍方，一般是先做明洞后进隧道。在地层较为稳定或工期较紧的长隧道设置较长明洞，洞口路堑开挖后可能引起坍塌，可以采用先进隧道后做明洞的施工方法。不论是先进隧道后做明洞还是先做明洞后进隧道，隧道部分的拱圈都应该由内向外与明洞拱圈衔接，必须保证仰坡的稳定和内外拱圈衔接良好。

明洞宜及早施作，明洞仰拱应安排在明洞拱墙衬砌施工前浇筑。隧道采用爆破开挖时，宜在洞身掘进适当距离后施作明洞；非爆破开挖时，宜先施作明洞，然后开挖隧道。明洞基础应设置在稳固的地基上，两侧墙体地基松软或软硬不均时应采取措施，防止地基不均匀沉降。

（三）明洞衬砌结构施工满足的要求

明洞衬砌结构施工应满足的要求主要包括：

（1）明洞衬砌不得侵入设计轮廓线，浇筑混凝土前应复测中线、高程和模板的外轮廓尺寸。

（2）浇筑明洞混凝土时应设置挡头板、外模和支架。

（3）需要及时回填的明洞，内模板支架应在回填至拱脚位置并且混凝土强度达到设计强度的 70%后方可拆除。

（四）明洞防排水施工满足的要求

明洞防排水施工应满足的要求主要包括：

（1）明洞外模拆除后应及时施作防水层及排水盲管，并与隧道的防水层和排水盲管顺接，排水管应畅通排水。

（2）明洞防排水施工应与隧道的排水侧沟、中心水沟的出水口以及洞顶的截水、排水设施进行统筹安排。

（3）明洞外侧的排水盲管设置完成后方可填土施工，确保出水口通畅。

施工案例

案例一　明洞施工

某隧道洞口段为明洞，明洞衬砌采用 C35 钢筋混凝土，防水层采用两布一板。通过该明洞的施工方案介绍明洞的施工工艺。

一、施工流程

明洞施工流程如图 4-6 所示。

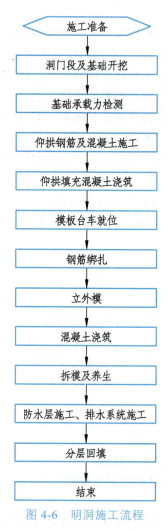

图 4-6　明洞施工流程

二、施工工艺

（一）止水带安装

隧道明洞和暗洞的交接处需要设置中埋式橡胶止水带，止水带采用 $\phi 10$ mm 钢筋固定在挡头板上，施工方法主要包括：沿衬砌设计轴线在挡头板上每间隔 0.5 m 就钻一个 $\phi 12$ mm 的钢筋孔，将加工成型的 $\phi 10$ mm 钢筋卡由先浇筑混凝土一侧向另一侧穿入，内侧钢筋卡卡紧止水带的一半，另一半止水带紧贴在挡头板上，止水带必须与挡头板正交。待混凝土凝固后拆除挡头板，将原贴在挡头板上的止水带拉直后将弯曲钢筋卡套紧另一半止水带即可。

在绑扎钢筋和支模时，避免被尖角小石子和锐口的钢筋损伤，发现有破裂应及时修补。浇捣时应防止止水带偏移并充分振捣，使止水带与混凝土充分贴合。止水带安装的横向位置偏差不大于 5 cm、偏离中心距离不大于 3 cm。

止水带全环施作，与施工边墙基础预埋的止水带连接；止水带施作只允许有左右两侧边墙基础上部的两个接头，接头采用专用黏结剂，搭接长度不小于 20 cm。

变形缝施工时在衬砌内部 5 cm 处预埋 2 cm 厚的泡沫板，在衬砌中部预埋止水带，其余部分预埋 2 cm 厚木板。

（二）钢筋安装、台车定位

1. 模板台车定位

台车采用厚度不小于 10 mm、长度为 12 m 的钢板制作，根据放出的中线及标高固定台车。台车定位要准确，锁定要牢固，接头处密贴上一次的衬砌面（搭接长度 10 cm）。将模板表面的杂物清理干净后均匀地涂上脱模剂，保证脱模后混凝土表面平整。模板台车与边墙基础及已浇筑完的衬砌混凝土的结合部贴双面胶防止漏浆。模板台车走行轨道的中线和轨面标高误差应不大于 10 mm，台车就位后启动微调机构，用仪器校正模板外轮廓与设计净空相吻合，并锁定台车。

2. 台车定位注意事项

台车定位注意事项主要包括：

（1）台车按测量数据完成定位后，应再次检查其中线、标高及边墙基础顶面处。

（2）台车定位时，如果对边墙基础顶面处的加固不能支撑在台车上的纵梁或钢轨，应支撑在找平层混凝土上（钻孔埋入钢筋头）。

（3）台车堵头板要刨光并合缝严密，堵头板要加固稳固（采用斜支撑在伸出台车外的工字钢上）。堵头板安装完成后依次对其进行编号，以便下次安装。

3. 钢筋的加工及安装

钢筋的加工应符合的设计要求主要包括：

（1）受拉热轧光圆钢筋的末端应作 180°弯钩，其弯曲直径不得小于钢筋直径的 2.5 倍，钩端应留有不小于钢筋直径 3 倍的直线段。

（2）弯起钢筋应弯成平滑的曲线，其弯曲半径不得小于钢筋直径的 10 倍（光圆钢筋）或 12 倍（带肋钢筋）。

（3）钢筋应平直、无损伤，表面无裂纹、油污、颗粒状或片状锈蚀，钢筋表面铁锈应清除干净。

严格按照技术交底进行钢筋的加工及安装，在加工场集中加工再由汽车运输至施工现场进行安装。测量组确定主筋中线与控制点后开始安装。主筋连接采用双面搭接焊接形式，搭接长度不小于 5 m。焊接钢筋搭接接头的搭接部位应预弯，搭接钢筋的轴线应位于同一直线上。纵向钢筋连接采用绑扎，绑扎接头搭接长度为光圆钢筋直径的 30 倍、带肋钢筋直径的 25 倍。

接头数量在"同一截面"内不得大于截面的 50%，钢筋接头应避开钢筋弯曲处；与弯曲点的距离不得小于钢筋直径的 10 倍；在同一根钢筋上应少设接头，"同一截面"内同一根钢筋上不得超过一个接头。

两焊接接头在钢筋直径的 35 倍且不小于 500 mm 的范围内、两绑扎接头在 1.3 倍搭接长度且不小于 500 mm 的范围内，均视为"同一截面"。

钢筋与模板之间设置混凝土垫块，垫块应做成工字形或锥形，垫块的强度应高于二次衬砌结构本体强度，垫块应不少于 4 个/m²，以保证钢筋混凝土保护层厚度。

（4）测量组根据交底对端模及钢筋进行放样。

（三）混凝土浇筑

1. 混凝土的搅拌

严格按照施工配合比配制混凝土。拌制混凝土时，原材料称量采用自动计量装置强制式搅拌机搅拌，每次使用前应进行零点校核，保证计量准确。

2. 混凝土的运输

混凝土采用混凝土运输车运送，以确保运输设备不漏浆和不吸水。装料前要清除容器内黏着的残渣，装料要适当，运输设备使用前须湿润。混凝土运输时间不应超过混凝土的初凝时间。

3. 混凝土的浇筑

台车定位后，封堵堵头板，堵头板采用 3～5 cm 厚的松木板。木工现场加工，自下而上安装。模板两头由台车端头夹板夹紧，模板间接缝严密。混凝土浇筑前，将防水板表面粉尘清洗干净并洒水润湿。

混凝土采用输送泵泵送混凝土入模，混凝土浇筑时对称、分层浇筑，混凝土自由跌落高度不大于 1.2 m。采用高频机械振捣，振捣时间宜为 15～20 s，避免漏振、欠振、超振；插入式振动棒需变换其在混凝土中的位置时应竖向缓慢拔出，不得在混凝土浇筑仓内平拖；泵送下料口应及时移动，不得用插入式振动棒。

4. 施工注意事项

混凝土浇筑施工时应注意的事项主要包括：

（1）封顶混凝土时从离堵头板远的一侧开始，由远至近灌注，设专人看模。

（2）混凝土应连续浇筑，浇筑过程中安排专人看模以防止跑模。

（3）浇筑拱部混凝土时，应适当调整加大混凝土的坍落度。

（4）堵头板环向每隔 30 cm 设置排水孔以排出泌浆水并随时观察泌水情况。

（5）每段衬砌混凝土拱顶部预留注浆孔：采用 ϕ20 mm 镀锌钢管，纵向间隔 3～5 m。

（四）脱模养护

衬砌混凝土强度达到 8 MPa 以上并经过试验室确认后方可脱模。脱模后及时进行洒水养护，保证混凝土表面一直处于湿润状态，养护时间不少于 14 天。

（五）衬砌外表面处理

涂抹防水涂料施工前先将衬砌外表面外露超过 2 cm 的钢筋头及其他尖锐物清理干净，然后涂抹 TS-EVA 多功能防水乳胶，利用 3 cm 水泥砂浆抹面，铺设防水卷材，铺设盲管，再用 5 cm 水泥砂浆抹面。

（六）防水板安装

防水板铺设一般采用无钉铺设工艺，从下向上顺序铺设，环向铺设时先拱后墙，上部防水板应压住下部防水板。

在做洞外准备时，检查复合型防水板质量，用特种铅笔划焊接线及拱顶中分线，按每个循环设计长度制作，对称卷起备用。

（七）排水盲管的安装

排水盲管的安装注意事项主要包括：

（1）隧道拱墙每 2 m 设置一道环向盲沟，采用外包土工布的 RCP-1605G 塑料排水盲管，环向排水盲管应紧贴防水板安设。

（2）排水盲管布置应圆顺，不得起伏不平。

（3）排水盲管应固定牢固。

（4）明洞墙后排水盲沟每隔 5 m 设置一道竖向盲沟，将水流引到洞内排水沟。

（八）洞顶浆砌及回填

明洞拱背回填土石应分层填筑和夯实，每层厚度不大于 0.3 m，其两侧回填土高度差不大于 0.5 m，回填至洞顶后即应满铺，严禁任意抛填。临时边坡应开挖台阶并回填碎石。

三、质量控制

（一）明洞浇筑质量控制

1. 基本要求

明洞浇筑质量控制的基本要求主要包括：

（1）水泥、砂、石、水及外掺剂的质量必须符合设计和规范要求，按规定的配合比施工。

（2）寒冷地区混凝土骨料应按照有关规定进行抗冻试验，试验结果应符合规范要求。

（3）基础的地基承载力必须满足设计和规范要求，严禁超挖回填虚土。

（4）钢筋的加工、接头、焊接和安装以及混凝土的拌制、运输、灌注、养护、拆模必须符合设计和规范要求。

（5）明洞与暗洞应连接良好，符合设计和规范要求。

2. 实测项目

明洞浇筑实测项目如表 4-2 所示。

表 4-2　明洞浇筑实测项目

项次	检查项目	规定值或允许偏差	检查方法和频率	权值
1	混凝土强度/MPa	在合格标准内	按设计规定	3
2	混凝土厚度/mm	不小于设计厚度	尺量或地质雷达：每 20 m 检查一个断面，每个断面自拱顶每 3 m 检查 1 点	3
3	混凝土平整度/mm	20	2 m 直尺：每个侧面相隔 10 m 检查 2 处	1

3. 外观检查

明洞浇筑质量控制的外观检查主要包括:

(1)混凝土表面密实,每延米的隧道面积中蜂窝麻面和气泡面积不超过 0.5%。不符合要求时,每超过 0.5%减 0.5~1 分。蜂窝麻面深度超过 5 mm 时,不论面积大小,发现一处减 1 分。深度超过 10 mm 时应处理。

(2)结构轮廓线条顺直美观,混凝土颜色均匀一致。不符合要求时减 1~3 分。

(3)施工缝平顺无错台。不符合要求时每处减 1~2 分。

(4)混凝土因施工养护不当产生裂缝,每条裂缝减 0.5~2 分。

(二)明洞防水层质量控制

1. 基本要求

明洞防水层质量控制的基本要求主要包括:

(1)防水材料的质量、规格等符合设计和规范要求。

(2)防水层施工前,明洞混凝土外部应平整,不得有钢筋露出。

(3)明洞外模拆除后应立即做好防水层和纵向盲沟。

2. 实测项目

明洞防水层实测项目如表 4-3 所示。

表 4-3　防水层实测项目

项次	检查项目	规定值或允许偏差	检查方法和频率	权值
1	搭接长度/mm	≥100	尺量:每环测 3 处	2
2	卷材向隧道延伸长度/mm	≥500	尺量:检查 5 处	2
3	卷材与基底的横向长度/mm	≥500	尺量:检查 5 处	2
4	沥青防水层每层厚度/mm	2	尺量:检查 10 点	3

3. 外观检查

防水卷材无破损,接合处无气泡、褶皱和空隙。不符合要求时一处减 1 分,并采取修补措施或返工处理。

(三)明洞回填质量控制

1. 基本要求

明洞回填质量控制的基本要求主要包括:

(1)墙背回填应两侧同时进行。

(2)人工回填时,拱圈混凝土的强度应达到设计强度的 75%。机械回填时,拱圈混凝土强度应达到设计强度且拱圈外人工夯填厚度不小于 1.0 m。

(3)明洞黏土隔水层应与边坡和仰坡搭接良好,封闭紧密。

2. 实测项目

明洞回填实测项目如表 4-4 所示。

表 4-4　明洞回填实测项目

项次	检 查 项 目	规定值或允许偏差	检查方法和频率	权值
1	回填层厚/mm	≤300	尺量：回填一层检查一次，每次每侧检查5点	2
2	两侧回填高差/mm	≤500	水准仪：每层测3次	2
3	坡度	不大于设计坡度	尺量：检查3处	1
4	回填压实质量	压实质量符合设计要求	查施工记录	3

3. 外观检查

坡面平顺、密实，排水通畅。不符合要求时减 1~2 分。

四、施工注意事项

明洞施工注意事项主要包括：

（1）明洞宜及早施工，明洞基础地基承载力应满足要求。

（2）明洞衬砌不得侵入设计轮廓线，浇筑混凝土前应复测中线、高程和模板的外轮廓尺寸。

（3）拱顶回填分层厚度不大于 0.3 m，两侧回填土面的高度差不得大于 0.5 m，夯填超过拱顶 1 m 后方可采用大型机械回填。

明洞地基承载力试验实景图如图 4-7 所示，明洞钢筋绑扎实景图如图 4-8 所示。明洞外模安装实景图如图 4-9 所示。

图 4-7　地基承载力试验

图 4-8　明洞钢筋绑扎

（a）木模

（b）外模台车

图 4-9　明洞外模安装

案例二　端墙式洞门施工

某隧道洞门设计为端墙式洞门，以该洞门的施工方案为例介绍端墙式洞门的施工工艺。端墙式洞门在明洞施工完成后进行。

一、施工流程

端墙式洞门施工流程如图4-10所示。

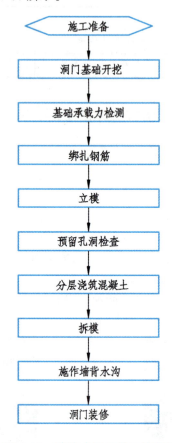

图4-10　端墙式洞门施工流程图

二、施工工艺

洞口段工程应结合洞口相邻工程及场地布置进行统筹规划、及早完成，施工宜避开雨季及严寒季节。

（一）洞口施工测量

洞口施工测量的要点主要包括：
（1）确定洞口开挖轮廓线、线路中线。
（2）确定边、仰坡开挖边线及洞口截排水沟位置等。

（二）洞顶地表水处理施工

洞顶地表水处理的注意事项主要包括：
（1）洞口边坡和仰坡周围的排水系统宜在雨季及边坡和仰坡开挖前完成。

（2）洞顶截水沟和排水沟应按照设计要求并结合地形进行施作，水沟应用浆砌片石或混凝土铺砌沟底，采用浆砌石时应用砂浆抹面，防止下沉；排水沟还应与路基顺接，防止冲刷路基坡面、桥涵锥体、农田、房舍；截水沟和排水沟还应加强维护，确保排水顺畅。

（3）洞口顶部地表的凹坑须填平并进行地表防渗水处理。

（三）洞口坡面处理

洞口坡面处理主要包括清除坡面植被及危石。

（四）边坡和仰坡开挖及加固

边坡和仰坡开挖及加固的注意事项主要包括：

（1）洞口土方采用机械施工时，边坡和仰坡应预留 30 cm 的整修层，用人工刷坡并及时夯实整平成型，防止超挖，保证边坡和仰坡平顺，坡率符合设计要求。

（2）洞口土石方应自上而下分层开挖，严禁掏底开挖或上下重叠开挖。结合正洞开挖方法，预留进洞台阶，形成进洞面及边坡和仰坡，边坡、仰坡防护和处理措施应同时考虑防止洞口段产生整体滑动。

（3）开挖后坡面应稳定、平整、美观。

（五）洞口段超前支护

洞口浅埋以及位于软弱破碎段时应考虑采用管棚、小导管、锚杆等超前支护措施，洞口段超前支护严格按照设计要求施工。

（六）土石方开挖进洞

洞口段开挖方法的确定取决于工程地质、水文地质和地形条件、隧道自身构造特点、施工机具设备情况、洞外相邻建筑的影响等诸多因素。施工中应根据实际情况，综合选定洞口段开挖进洞方案。

（七）洞口段衬砌（明洞）

明洞结构施工中，明洞衬砌宜采用模板台车，混凝土浇筑前应复核中线、高程和模板的外轮廓尺寸（考虑预留沉降），确保衬砌不侵入设计轮廓线。明洞墙、拱混凝土应整体浇筑。当拱圈混凝土强度达到规范及设计要求时，方可拆除明洞内模板。

（八）洞门施工

洞门施工应符合的要求主要包括：

（1）土质地基应整平夯实。土层松软时应该核实地基承载力，承载力不足时进行地基处理。

（2）基础的渣体杂物、风化软层和积水应清除干净。

（3）洞门衬砌拱墙应与洞内相连的拱墙同时施工并且连成整体。如系接长明洞，按照设计要求采取加强连接措施，确保与建成的拱墙连接良好。

（4）端墙施工放样时，应保证位置准确和墙面坡度平顺。

（5）灌注混凝土应保证模板不移动。

（6）洞门端墙的砌筑与墙背回填应两侧同时进行，防止对衬砌边墙产生偏压。

（7）洞门衬砌完成后，及时加固洞门上方仰坡脚；当边（仰）坡地层松软、破碎时，应采取坡面防护措施。

（8）洞门的排水沟砌筑在填土上时，填土必须夯实。

（9）隧道洞口衬砌应采用模板台车或衬砌台架一次性整体灌注。

（10）洞口段拱墙衬砌模板执行洞内二次衬砌标准，洞口端墙、翼墙混凝土模板应选用大块整体钢模，模板表面平整度、错台符合验收标准的要求；支（拱）架及脚手架的采用和检算应进行论证、审查。

（11）为了保证洞门美观，应确保测量放线精确。施工前应做好大样板并挂线，以使墙体棱角分明，坡度顺直符合设计。端墙混凝土应一次灌注。

（12）回填应在洞门施工完毕且混凝土强度达到设计强度后进行，两侧先回填浆砌片石，然后回填碎石土，从下至下按设计对称分层进行。回填土采用手扶压路机及蛙式打夯机分层夯实，最后回填 50 cm 厚黏土隔水层。施工过程中确保防水层不被破坏。当回填完成后，及时进行洞口及洞顶的绿化及防护工作，避免雨水冲刷。

三、质量控制

（一）质量控制要点及检测方法

洞口工程质量控制要点及检测方法如表 4-5 所示。

表 4-5　洞口工程质量控制要点及检测方法

序号	质量控制项目	质量标准和要求	检验方法
1	洞口防排水	（1）隧道覆盖层较薄和渗透性强的地层，对地表水应及早处理。 （2）地表坑洼、钻孔、深坑等处应填不透水土，夯实并分层。 （3）洞顶过水的沟槽，需要整治以确保水流畅通，必要时沟床应进行铺砌。 （4）洞顶设有高压水池或遇有水塘、水库等时，应有防渗漏措施，对水池溢水应有疏导设施。 （5）洞内排水系统与洞外排水系统的连接必须符合设计要求	观察
2	洞外截水	（1）边、仰坡坡顶的天沟、截水沟应结合永久排水系统及早修建，出水口必须防止顺坡散流。洞门水沟应与路基边沟组成洞口排水系统，其水流应防止冲刷弃渣和危害农田水利。 （2）截水天沟中线距边坡和仰坡开挖线边缘不小于 5 m，其坡度根据地形设置但不小于 3%，避免淤积。 （3）洞外路堑向隧道内为下坡时，应将路基边沟挖成反坡，向路堑处排水，必要时应在洞口外适当位置设置横向截水沟	观察、测量
3	开挖	（1）隧道洞口的边坡和仰坡开挖形式和坡度符合设计要求。 （2）隧道门端墙和翼墙、挡土墙的基坑开挖范围、高程应符合设计要求，台阶形基底的台阶应完整、平顺	观察、测量
4	洞门	（1）端墙和翼墙、挡土墙厚度不得小于设计要求，墙面坡度符合设计要求。 （2）预埋件和预留孔洞的数量应符合设计要求	观察、测量

（二）施工注意事项

洞口工程质量控制要点施工注意事项主要包括：

（1）洞口的边坡和仰坡断面应自上而下开挖，一次做完，开挖人员不得上下重叠作业。边、仰坡开挖高度大于 2 m 时应符合高处作业的有关规定。

（2）开工前清除干净边坡和仰坡上面松动的危石。施工中特别是在雨雪之后应经常检查山坡，发现松动危石必须立即清除。

（3）爆破作业应符合有关规定。爆破后应立即清除边坡仰坡上松动的石块，清除后方可继续施工。地质不良时，边坡和仰坡应采取加固措施。

（4）端墙处的土石方开挖后，对松动岩层进行支护。

（5）监测采取支护措施加固的边坡和仰坡稳定性时，发现喷锚支护开裂等不稳定情况应及时采取补强加固措施。

（6）隧道洞门及端墙工程施工应符合的规定主要包括：

① 砌体工程脚手架、工作平台应搭设牢固，并设置扶手、栏杆。脚手架不得妨碍车辆通行。

② 起拱线以上的端墙施工时应设置安全网，防止人员、工具和材料坠落。

③ 起吊作业应符合施工机械的有关规定，起吊材料时严禁下方有人。

案例三　削竹式洞门施工

某隧道洞门设计为削竹式洞门，以该洞门的施工方案为例介绍削竹式洞门的施工工艺。

削竹式洞门是一种稳定性好、基础承载力要求不高、自然和谐的轻型洞门。本任务隧道的削竹式洞门与明洞衬砌结构自然连接，洞门 10 m，明洞 5 m。洞门混凝土厚度与明洞混凝土厚度均为 60 cm。洞门斜面比例为 1∶1，洞口端两侧设有 7.5 m 浆砌片石洞门挡块，洞门挡块预留 ϕ10 排水孔，排水孔进口处放置无纺布。洞门上端部分覆盖回填土，回填表土分别为 20 cm 厚的种植土，10 cm 厚的砂砾垫层，30 cm 厚的黏土隔水层以及夯填土。洞门结构基础应落在稳固的地基上，要求其地基承载力不小于 350 kPa，当地基承载力不能满足要求时，应对地基进行加固处理使其达到要求。

一、施工工艺

（一）地表清理

地表清理主要包括：

（1）清理干净地表面植被、树根、杂物等。

（2）按照规定要求检查边、仰坡以上山坡的稳定情况，清除悬石、处理危石等。

（二）洞口截、排水

洞口截水和排水主要包括：

（1）在洞口开挖前完成洞口边坡和仰坡上的天沟和排水系统，其位置、形式必须正确。

（2）浆砌片石内砂浆饱满，勾缝规则，岩面平整。

（3）砂浆或混凝土强度满足设计要求。

（4）洞口段开挖到隧底高程后及时施作排水侧沟及出水口，并与洞外排水系统协调连通。

洞口截水沟和排水沟实景图如图 4-11 所示。

图 4-11　洞口截水沟和排水沟

（三）边坡和仰坡防护

边坡和仰坡防护主要包括：

（1）及时做好洞口边坡和仰坡坡面防护，确保洞口稳定。

（2）喷锚混凝土厚度、强度达到设计要求。

（3）锚杆数量和规格符合设计。

（4）浆砌片石护坡施工，砂浆饱满。

（5）坡面平整顺畅，坡顶须采取措施防止地表水下渗。

边坡和仰坡防护实景图如图 4-12 所示。

图 4-12　边坡和仰坡防护

（四）地表加固

地表加固主要包括：

（1）按照设计要求进行地面注浆、注浆止水或井点降水。

（2）洞口浅埋软弱破碎段采用锚杆、小导管、管棚等超前支护措施。

（3）各项参数符合设计要求。

（五）洞口段开挖

洞口段开挖要求主要包括：

（1）机械开挖土方时边坡和仰坡时应预留 30 cm 的整修层，人工刷坡整修平整成型，防止超挖，保证边坡和仰坡平顺，坡率符合设计要求。

（2）洞口土石方应自上而下分层开挖，严禁掏底或上下重叠开挖，结合正洞开挖方法预留进洞台阶，防止整体滑移。

（3）洞口石方开挖应采用浅孔小台阶爆破开挖，边坡和仰坡开挖应采用预留光爆层松动爆破、光面爆破成型，开挖后坡面应稳定、平整、美观。

（4）削竹式洞门基础开挖后，基础必须置于稳定的基础上。如果地基不合乎要求，应视具体情况采取换填、注浆加固、CFG 桩等方式进行处理，使其达到设计要求。

（5）做好排水工作。基础不得被水浸泡，基坑废渣、杂物必须清除干净，报监理单位验收合格后方可进行下道工序施工。削竹式洞门拱墙与明洞拱墙连成整体，连接处设一施工缝。

（六）洞门仰拱混凝土浇筑

削竹式洞门应在明洞衬砌施工完成后施作。明洞衬砌施作时应该在洞门方向预埋背贴式止水带和带注浆管膨胀止水条，以及预留 $\phi 12$ 纵向螺纹钢筋，以便与洞门纵向钢筋搭接。

削竹式洞门仰拱先于洞门混凝土浇筑前施工。本隧道仰拱采用 C25 混凝土，厚 70 cm。在洞门仰拱施作时，应该测量放样出洞门衬砌钢筋所在位置，预埋钢筋采用 $\phi 25$ 螺纹钢筋，钢筋间距应与洞门衬砌环向主钢筋相一致。

（七）洞门衬砌钢筋绑扎

洞门钢筋绑扎应从下至上依次绑扎。由于削竹式洞门有一个 1∶1 的斜面，洞门钢筋从洞口往里会逐渐增长，因此钢筋应按照设计比例下料，现场安装环向主筋和纵向主筋。

环向主筋为主要受力钢筋，采用 $\phi 25$ 螺纹钢筋，纵向间距为 25 cm，两侧对称布置，且环向主筋的净保护层厚度为 4 cm。纵向连接筋采用 $\phi 12$ 螺纹钢筋，环向间距外侧纵向连接筋为 31 cm，内侧纵向连接筋 29 cm，均相应布置于环向主筋内侧，且都与环向主筋焊接牢固。洞门两层钢筋之间设有箍筋，箍筋采用 $\phi 10$ 圆钢，到中间距环向为 30 cm，纵向为 25 cm，均与环向、纵向连接筋搭接点相对应布置，且绑扎牢固。纵向连接筋应与明洞衬砌预留纵向钢筋搭接，且焊接牢固，焊接长度 20 cm，焊缝厚度不得小于 4 mm。

所有钢筋的铺设均应严格按照设计施作，且焊接到位。两排钢筋之间必须设置 $\phi 25$ 固定筋，以保证两层钢筋间的距离符合设计要求，固定筋间距为 1 m。洞门钢筋两侧底部和洞门斜面处均设置加强筋，采用 $\phi 25$ 螺纹钢筋，与环向主筋焊接牢固。

（八）台车定位

对于台车定位，首先进行测量放样，确定隧道中线；然后根据隧道中线铺设台车轨道，移动台车到预定位置，台车应与已做好的明洞衬砌搭接 10～15 cm。定位前应进行台车打模，且刷好脱模剂。定位台车，定好位后应测量复核，保证台车断面与设计断面一致。测量复核无误后采用轨底垫工字钢和立钢柱等措施来加强台车支撑。

（九）模板立设

削竹式洞门斜端头模板采用预制钢模，钢模进行相应编号。环向外层模板采用木模板。钢模根据洞门尺寸及斜度由厂家进行预制，根据相应编号进行拼装，采用纵向连接筋抽丝拉杆固定（上高强螺栓）。外层木模板按照设计尺寸进行裁截。配模时，纵向模板接头部位不得大于50%，且要交错接头。环向钢筋固定，固定钢筋与环向钢筋焊接固定。钢模架设前必须打模，刷脱模剂。外层木模板根据设计混凝土厚度进行固定，端头钢模板在二衬台车上经测量放点进行控制，确保模板位置及尺寸无误。

（十）混凝土浇筑

混凝土由拌和站集中拌制，混凝土运输车运送到现场。现场采用混凝土输送泵将 C25 混凝土泵送入模，且用插入式振动器将混凝土振捣密实，边浇筑边振捣。两侧混凝土应对称交错浇筑，浇筑时两边混凝土高差不得超过 1 m，混凝土泵送速度为 10 m³/h。拱墙混凝土应一次浇筑成型。外层木模板在浇筑过程中，顶部不封模，当混凝土浇筑到顶部位置时降低了混凝土坍落度，使得混凝土不易流动，最后振捣修整成型。拆模后，洞门混凝土应进行洒水养护。

（十一）外防水层施工

防水板与土工布应根据洞门形式进行剪裁。施工前修凿平整混凝土面上的凸凹不平之处，对不平整、尖锐物体进行处理，确保基层的平整度以防止损坏防水板。铺设防水层时，应先铺设防水板，再在防水板上面铺设土工布。相邻防水板搭接长度不得小于 10 cm，且采用双缝焊接，焊缝宽度为 1 cm，焊完后应进行充气检验。对焊破和钢筋刺破的防水板进行修补，以保证防水板的防水性能。

（十二）回填

按照图纸设计要求进行回填。回填土石的石径不大于 10 cm，填土夯实度不小于 70%，顶层采用黏土层隔水，回填土表面种植草皮。回填土施工时，采用人工对称分层回填，逐层夯实。回填过程中精心保护防水层不被破坏，黏土隔水层与边、仰坡搭接良好，封闭紧密，防止地表水渗漏。

（十三）装修

洞门建筑完成后，洞门以上仰坡坡脚如有损坏应及时修补，检查并确保坡顶以上的截水沟和墙顶排水沟与路基排水系统的完好与连通，修整洞口地形及绿化使之与洞门环境相协调。洞门斜切面采用白色水泥乳胶漆进行饰面。

二、质量控制

隧道洞口应按照路基土石方工程的标准进行检验评定。洞门、翼墙的浇（砌）筑以及洞口边、仰坡防护按照挡土墙、防护及其他砌石工程的相关标准进行检验评定。

（一）隧道洞口的开挖

1. 基本要求

施工临时排水系统应与设计排水系统相结合，避免冲刷边坡，路基附近不能积水。

2. 实测项目

隧道洞口开挖实测项目如表 4-6 所示。

表 4-6　隧道洞口开挖实测项目

序号	检查项目			规定值或允许偏差			检查方法和频率	权值
				高速公路、一级公路	其他公路			
					二级公路	三、四级公路		
1	压实度/%	零填及挖方/m	0～0.30	—	—	94	按 JTG D30—2015 附录 B 检查。密度法：每 200 m 每压实层测 4 处	3
			0～0.80	≥96	≥95	—		
		填方/m	0～0.80	≥96	≥95	≥94		
			0.80～1.50	≥94	≥94	≥93		
			>1.50	≥93	≥92	≥90		
2	弯沉/（0.01 mm）			不大于设计要求值			按附录 I 检查	3
3	纵断高程/mm			10，−15	10，−20		水准仪：每 200 m 测 4 断面	2
4	中线偏位/mm			50	100		经纬仪：每 200 m 测 4 点，弯道加 HY、YH 两点	2
5	宽度/mm			不小于设计宽度			米尺：每 200 m 测 4 处	2
6	平整度/mm			15	20		3 m 直尺：每 200 m 测 2 处×3.33 m	2
7	横坡/%			±0.3	±0.5		水准仪：每 200 m 测 4 个断面	1
8	边坡			不小于设计值			尺量：每 200 m 测 4 处	1

注：① 表中压实度以重型击实试验法为准，评定路段内压实度平均值的置信下界限不得小于规定标准，单个测定值不得小于极值（表中规定值减 5%）。小于表中规定值 2% 的测点，按其数量占总检查点的百分率计算减分值。

② 采用核子仪检验压实度时应进行标定试验，确认其可靠性。

③ 对于特殊干旱、特殊潮湿地区或过湿土路基，可按中华人民共和国交通部发布的《公路路基设计规范》（JTG D30—2015）、《公路路基施工技术规范》（JTG/T 3610—2019）所规定的压实度标准进行评定。

3. 外观检查

隧道洞口的开挖的外观检查主要包括：

（1）路基表面应该平整、边线直顺、曲线圆滑。不符合要求时，单向累计长度每 50 m 减 1～2 分。

（2）路基边坡坡面平顺、稳定，不得亏坡，曲线圆滑。不符合要求时，单向累计长度每 50 m 减 1～2 分。

（3）取土坑、弃土堆、护坡道飞碎落台的位置适当，外形整齐、美观，防止水土流失。不符合要求时，每处减 1～2 分。

（二）边坡和仰坡防护

1. 基本要求

边坡和仰坡防护的基本要求主要包括：

（1）石料质量及规格应符合相关规定。砂浆所用水泥、砂、水的质量应符合相关规范要求，按照规定的配合比施工。

（2）边坡和仰坡的基础埋置深度及地基承载力应符合设计要求。

（3）边坡和仰坡的砌体应咬扣紧密，嵌缝饱满密实。

（4）边坡和仰坡的填土密实度应达到设计要求，对坡面进行刷坡整平后方可铺砌。

2. 实测项目

边坡和仰坡防护的实测项目如表 4-7 所示。

表 4-7　边坡和仰坡的实测项目

项次	检查项目	规定值或允许偏差	检查方法和频率	权值
1	砂浆强度/MPa	在合格标准内	按 JTG D30—2015 附录 F 检查	3
2	顶面高程/mm	±50	水准仪：每 50 m 检查 3 点，不足 50 m 时至少 2 点	1
3	表面平整度/mm	30	2 m 直尺：锥坡检查 3 处，护坡每 50 m 检查 3 处	1
4	坡度	不低于设计要求	坡度尺量：每 50 m 量 3 处	1
5	厚度/mm	不小于设计要求	尺量：每 100 m 检查 3 处	2
6	底面高程/mm	±50	水准仪：每 50 m 检查 3 点	1

3. 外观检查

边坡和仰坡防护的外观检查主要包括：

（1）表面平整，无垂直通缝。不符合要求时减 1~3 分。

（2）勾缝平顺，无脱落现象。不符合要求时减 1~3 分。

（三）混凝土衬砌

1. 基本要求

混凝土衬砌的基本要求主要包括：

（1）混凝土所用的水泥、石、砂、水和外掺剂的规格和质量应符合相关规范要求，按规定的配合比施工。

（2）地基强度必须满足设计要求。

（3）不得有露筋和空洞现象。

（4）沉降缝、泄水孔的设置位置、质量和数量应符合设计要求。

2. 实测项目

混凝土衬砌的实测项目如表 4-8 所示，衬砌钢筋的实测项目如表 4-9 所示。

表 4-8　混凝土衬砌实测项目

项次	检查项目	规定值或应许偏差	检查方法和频率
1	混凝土强度/MPa	在合格标准内	按规范检查
2	衬砌厚度/mm	不小于设计值	激光断面仪或地质雷达随机检查
3	墙面平整度/mm	15	2 m 直尺：每 40 m 每侧检查 5 处

表 4-9　衬砌钢筋实测项目

项次	检查项目			规定值或应许偏差	检查方法和频率
1	主筋间距/mm			±10	尺量：连续 3 处以上
2	两层钢筋间距/mm			±5	尺量：两端、中间各 1 处以上
3	箍筋间距/mm			±20	尺量：连续 3 处以上
4	绑扎搭接长度	受拉	HPB 钢	30 d	尺量：每 20 m 检查 3 个接头
			HRB 钢	35 d	
		受压	HPB 钢	20 d	
			HRB 钢	25 d	
5	钢筋加工长度/mm			−10，5	尺量：每 20 m 检查 2 根
6	钢筋保护层厚度/mm			10，−5	尺量：两端、中间各 1 处

3. 外观检查

混凝土衬砌的外观检查主要包括：

（1）混凝土施工缝平顺，不符合要求时减 1~2 分。

（2）蜂窝、麻面面积不得超过该面面积的 0.5%。不符合要求时，每超过 0.5%减 3 分；深度超过 1 cm 的必须采取相应措施进行处理。

（3）混凝土表面出现非受力裂缝，减 1~3 分。裂缝宽度超过设计规定或设计未规定时超过 0.15 mm 必须采取相应措施进行处理。

（4）泄水孔坡度向外，无堵塞现象。不符合要求时必须进行处理，减 1~3 分。

（5）沉降缝整齐垂直，上下贯通。不符合要求时应进行处理，减 1~3 分。

任务实施

分组进行讨论，并按照问题引导进行答题。

问题引导

某公司承建某隧道工程，隧道洞门为端墙式洞门。已具备施工条件，准备进行隧道洞门施工。根据提供的资料回答下列问题：

问题 1：端墙式洞门的施工工艺流程包括哪些内容？

_____

_____

_____

_____

问题 2：洞口工程质量控制要点及检测方法包括哪些内容？

_____

_____

_____

问题 3：为本项目的端墙式洞门制定一个简单的施工方案框架。

_____

_____

_____

_____

评价反馈

学生自评表

任　务	完成情况记录
掌握端墙式洞门的施工工艺	
掌握削竹式洞门的施工工艺	
掌握施工方案编制	
总结反思建议	

学生互评表

序号	评价项目	小组互评
1	掌握端墙式洞门的施工工艺	5分□　4分□　3分□　2分□　1分□
2	掌握削竹式洞门的施工工艺	5分□　4分□　3分□　2分□　1分□
3	掌握施工方案编制	5分□　4分□　3分□　2分□　1分□
4	语言表达能力	5分□　4分□　3分□　2分□　1分□
5	积极性	5分□　4分□　3分□　2分□　1分□
6	反思总结	5分□　4分□　3分□　2分□　1分□
7	简要评述	

教师评分表

序号	工序	作业步骤	配分	评分标准	扣分	得分
1	准备工作	确定人数	10	小组点名，根据考勤情况打分。如果缺勤则个人得分为零		
2	学习状态	掌握端墙式洞门的施工工艺	60	得分=正确步骤总得分×60分/所有操作步骤总分，保留小数点后两位		
		掌握削竹式洞门的施工工艺				
		掌握施工方案编制				
3	验收总结	对他人的评价	15	根据质量检验情况判断施工是否正常。判断正确的得分，判断错误的不得分		
		自我评价与总结	15	得分=已回收设备材料数量×15分/需要回收设备材料总数量，保留小数点后两位		
合计						

综合评价表

序号	评价项目	自我评价	互相评价	教师评价	综合评价
1	学习准备				
2	引导问题填写				
3	完成质量				
4	要点掌握				
5	完成速度				
6	参与讨论主动性				
7	沟通协作				
8	总结与评价				

实作复盘

根据小组作业结果，小组讨论、分析待改进方面及预防措施。

项目五 隧道洞身施工方法

思政学堂

港珠澳大桥海底隧道

港珠澳大桥是连接香港、珠海、澳门的超大型跨海通道，集桥、岛、隧道于一体，全长 55 km，是世界上最长的跨海大桥，分别由三座通航桥、一条海底隧道、四座人工岛及连接桥隧、深浅水区非通航孔连续梁式桥和港珠澳三地陆路联络线组成。

港珠澳大桥海底隧道全长 6.7 km，是世界最长的公路沉管隧道和唯一的深埋沉管隧道，也是我国第一条外海沉管隧道。海底部分约 5 664 m，由 33 节巨型沉管和 1 个合龙段最终接头组成。沉管隧道标准管节，每一节长 180 m，排水量超过 75 000 t。港珠澳大桥海底隧道最深处在海底 48 m，而目前世界沉管隧道最深不超过 45 m。

港珠澳大桥海底隧道首创半刚性管节结构体系，这也是世界首次在深海隧道领域运用这个技术。大桥建设者采用深插式钢圆筒围护快速成岛工艺，两个 10 万平方米的人工岛在 215 天内即完成岛体成岛，创造了"当年开工，当年成岛"的工程奇迹。人工岛快速成岛工艺，比传统抛石围堰工法施工效率提高近 5 倍，走在世界前列。

此外，港珠澳大桥建设前后实施了 300 多项课题研究，发表论文逾 500 篇（其中科技论文 235 篇）、出版专著 18 部、编制标准和指南 30 项、软件著作权 11 项；创新项目超过 1 000 个、创建工法 40 多项，形成 63 份技术标准、创造 600 多项专利（中国国内专利授权 53 项）；先后攻克了人工岛快速成岛、深埋沉管结构设计、隧道复合基础等十余项世界级技术难题，带动 20 个基地和生产线的建设，形成拥有中国自主知识产权的核心技术，建立了中国跨海通道建设工业化技术体系。

问题引导

1. 隧道施工方法包括哪些类型？
2. 如何选择隧道的施工方法？
3. 什么是全断面法？该方法的施工工艺是什么？
4. 什么是台阶法？该方法的施工工艺是什么？
5. 什么是中隔壁法？该方法的施工工艺是什么？

知识目标

1. 掌握各类隧道施工方法的特点及适用条件。

2. 熟悉隧道各类开挖方法的施工工艺流程、施工要求和施工注意事项。

3. 掌握隧道洞口地段的开挖方法、施工注意事项和施工要求。

4. 掌握明洞开挖方法、施工注意事项和施工要求。

能力目标

1. 初步具备根据地形、地质条件选择隧道洞身开挖方法和洞口施工的能力。

2. 能根据隧道施工相关规范，为所选施工方法绘制施工工艺流程并组织施工。

知识导航

隧道及地下工程的施工方法是开挖和支护等工序的组合。所选施工方法必须与围岩的自稳能力和被挖除岩体的坚硬程度相适应、与工程地质条件的变化相适应、与隧道断面大小和形状以及洞室情况相适应、与施工技术水平相适应，能够满足施工安全的要求、满足作业空间的要求、满足施工速度的要求、满足施工成本控制的要求、满足工程质量的要求、满足环境保护的要求、满足施工组织和管理方面的要求。

任务一 隧道施工方法介绍

一、隧道施工方法

隧道施工方法选择

在隧道施工过程中，在地层中挖出土石，形成符合设计轮廓尺寸要求的坑道；进行必要的初期支护和砌筑最后的永久衬砌，控制坑道围岩变形，保证隧道长期的安全使用。在进行隧道施工时，必须充分考虑隧道工程的特点才能在保证施工安全的前提下快速、优质地完成隧道施工。隧道工程的特点主要包括：

（1）整个工程埋设于地下。

（2）隧道是一个狭长的建筑物，在正常情况下只有进口、出口两个工作面。相对于桥梁、线路工程来说，隧道的施工速度比较慢，工期比较长，一些长、大隧道成为控制新建铁路、公路通车的关键工程。为此，需要附加地开挖竖井、斜井、横洞等辅助工程来增加工作面，加快隧道施工速度。此外，隧道断面较小，工作场地狭长，一些施工工序只能顺序作业，而另一些工序又可以沿隧道纵向开展、平行作业。因此，要求在施工过程中加强管理、合理组织、避免相互干扰。洞内设备、管线路布置应周密考虑、妥善安排。隧道施工机械应当结构紧凑、坚固耐用。

（3）地下施工环境较差，在施工中还可能恶化施工环境，如爆破产生有害气体等。因此，在施工过程中必须采取有效措施改善施工环境，如人工通风、照明、防尘、消音、隔音、排水等，使施工场地符合卫生条件，保持足够的亮度，以保证施工人员的身体健康，提高劳动生产率。

（4）山岭隧道大多穿越崇山峻岭，因此施工工地一般都位于偏远的深山峡谷之中，远离既有交通线，运输不便、供应困难，这些也是规划隧道工程时应当考虑的问题之一。

（5）山岭隧道埋设于地下，一旦建成就难以更改，所以事先必须审慎规划和设计外，施工中还要做到不留后患。

隧道施工方法按照隧道穿越的地层可分为如图 5-1 所示的施工方法。另外，还有新意法、挪威法等施工方法。

$$
隧道施工方法
\begin{cases}
山岭隧道施工方法
\begin{cases}
矿山法(钻爆法)
\begin{cases}
传统矿山法 \\
新奥法
\end{cases} \\
掘进机法
\end{cases} \\
浅埋及软土隧道施工方法
\begin{cases}
明挖法 \\
地下连续墙法 \\
盖挖法 \\
浅埋暗挖法 \\
盾构法
\end{cases} \\
水下隧道施工方法（水下地层中）
\begin{cases}
新奥法 \\
盾构法
\end{cases} \\
水底隧道施工方法（水下河床上）：沉管法
\end{cases}
$$

图 5-1　隧道施工方法分类

（一）传统矿山法

隧道施工方法简介

矿山法因最早应用于矿石开采而得名，包括传统矿山法和新奥法。采用矿山法施工过程中，一般需要采用钻眼爆破进行开挖，故又称为钻爆法。传统矿山法是采用钻爆法开挖，以木构件或钢构件作为临时支撑，待隧道开挖成型后逐步将临时支撑撤换下来，代之以整体式厚衬砌作为永久性支护的施工方法。传统矿山法将围岩与单层衬砌之间的关系等同于地上工程的"荷载（围岩）-结构（衬砌）"力学体系，采用大量的钢支撑、木支撑和刚度较大的单层衬砌，不进行施工测量。传统矿山法作为一种维持坑道稳定的措施，容易被施工人员理解和掌握，一般应用于不便采用喷锚支护的隧道或处理坍方等，近年来，由于施工机械的发展，以及传统矿山法明显不符合岩石力学的基本原理以及该方法施工成本较高，该方法逐渐被新奥法所取代。

（二）新奥法

新奥法是奥地利隧道学家腊布西维兹教授在总结喷锚支护技术的基础上首先提出的。该方法是采用锚杆和喷射混凝土作为初期支护，控制围岩的基本稳定，待隧道开挖成形后再逐步地施作内层衬砌作为安全储备，通过监控、测量、控制围岩变形，动态修正设计参数并指导隧道工程的设计与施工。建立在新奥法施工原则基础上的矿山法仍然是国内应用最广、最成熟的隧道修建方法。施工严格按照"钻孔、装药、爆破、通风、出渣"顺序，循环开挖，并趋向大断面小分部开挖，辅以简单易行而且安全可靠的支护结构。从保护围岩的原则出发，调动和发挥围岩的自承能力。从这样一个原则出发，可以根据隧道工程具体条件灵活地选择开挖方法、爆破技术、支护形式、支护施作时机和辅助工法。控制爆破、喷锚支护、监控测量是新奥法的三大要素。新奥法的三项作业包括开挖、初期支护和二次支护。常用的方法为全断面法、台阶法、台阶分部开挖法、中隔壁法（CD法）、交叉中隔壁法（CRD法）、双侧壁导坑法等。新奥法的主要特点主要包括：

（1）充分保护围岩，减少对围岩的扰动。

由于岩体是隧道结构体系中的主要承载单元，在施工过程中必须充分保护围岩，尽量减少对围岩的扰动。

（2）充分发挥围岩的支承能力。

为了充分发挥岩体的承载能力，需要监控岩体的变形。一方面允许变形，使围岩能形成承载环；另一方面又必须限制变形，使岩体不致过度松弛而降低甚至丧失承载能力。为此，在施工过程中应采用能与围岩密贴、及时砌筑又能随时加强的支护结构，如喷锚支护等。这样就能通过调整支护结构的强度、刚度以及参与工作时间（包括底拱闭合时间）来控制岩体的变形。

（3）尽快使支护结构闭合。

为了改善支护结构的受力性能，施工中应尽快使支护结构闭合，从而成为封闭的筒形结构。另外，隧道断面形状要尽可能地圆顺，避免拐角处的应力集中。

（4）加强监测，根据监测数据指导施工。

在施工的各个阶段进行现场测量，及时提出可靠的、数量充足的测量信息，如坑道周边的位移或收敛、接触应力等，并及时反馈信息用来指导施工和修改设计。

与其他方法相比，新奥法具有的不足之处主要包括：

（1）施工工序多，相互干扰大，管理难度大。

（2）循环作业，施工速度慢。

（3）爆破掘进，超欠挖量较大，对围岩扰动大，工人劳动强度大，作业场所环境差。

（4）由于受施工速度的限制，长、大隧道工程为了保证工期，需要采用辅助坑道来增加施工作业面，增加了工程造价。

新奥法的基本原则可概括为"少扰动、早喷锚、勤测量、紧封闭"。新奥法基本原则的具体内容主要包括：

（1）少扰动是指在进行隧道开挖时，尽量减少对围岩的扰动次数、扰动强度、扰动范围和扰动持续时间。少扰动涉及的内容主要包括：

① 要求能用机械开挖的就不用钻爆法开挖。

② 采用钻爆法开挖时要严格控制爆破次数和规模。

③ 尽量采用大断面开挖，减少对围岩的扰动次数。

④ 根据围岩类别、开挖方法、支护条件选择合理的循环掘进进尺。

⑤ 自稳性差的围岩，循环掘进进尺应短一些。

⑥ 支护要尽量紧跟开挖面，缩短围岩应力松弛时间。

⑦ 隧道施工中采用大断面短进尺开挖、光面或预裂控制爆破掘进（破岩），可以减少对围岩的扰动。

（2）早锚喷是指开挖后及时施作初期喷锚支护，使围岩的变形进入受控状态。一方面是为了使围岩不致因过度变形而产生坍塌失稳，另一方面是使围岩变形适度发展以充分发挥围岩的自承能力。必要时可采取超前预支护甚至注浆加固（地层改良）措施。隧道施工中根据围岩特征采用如喷射混凝土、锚杆、钢拱架和模筑混凝土衬砌等不同类型的支护，并及时调整支护时机、支护参数，达到最佳支护效果。

（3）勤测量是指以直观、可靠的测量方法和测量数据来判断围岩（或围岩+支护）的稳定状态及动态发展趋势，评价支护的作用和效果，及时调整支护时机、支护参数、开挖方法、施工速度，确保施工安全和顺利进行。隧道施工过程中的监测不仅包括对围岩和支护的直接观察，还包括对围岩、支护变形和应力的专项测量。测量是掌握围岩动态变化过程的手段和进行工程设计、施工的依据，也是现代隧道及地下工程理论的重要标志之一。

（4）紧封闭是指采取喷射混凝土等防护措施，避免围岩尤其是易风化的软弱围岩因长时间暴露而导致强度和稳定性的衰减，更为重要的是适时对围岩施作封闭性支护，使之形成"力学意义上的封闭承载环"。紧封闭不仅可以及时阻止围岩的过度变形，保证隧道的稳定，而且可以使支护和围岩进入良好的共同工作状态，以有效地发挥支护体系的作用，对于软弱破碎围岩地段尤其重要。

（三）明挖法

明挖法是指隧道埋置较浅时将上面一定范围内覆盖的岩体及隧道内的岩体逐层分块挖除并逐次分段施作隧道衬砌结构，然后回填上覆土。明挖法多用于地下铁道、城市市政隧道、山岭隧道等埋深很浅、难以暗挖的地段。

明挖法的特点主要包括施工程序简单、明确，容易理解、便于掌握，主体结构受力条件较好，在没有地面交通和环境等限制时可以将明挖法作为首选的施工方法。浅埋明挖法按照对边坡维护方式可分为放坡明挖法、悬臂支护明挖法、围护结构加支撑明挖法。

1. 放坡明挖法

放坡明挖法是指根据隧道侧向土体边坡的稳定能力，由上向下分层放坡开挖隧道所在位置及其上方的土体至设计隧道基底标高后，再由下向上顺作隧道衬砌结构和防水层，最后施作结构外回填土并恢复地表状态。放坡明挖法主要适用于埋置特浅、边坡土体稳定性较好并且地表没有过多的限制性条件的隧道工程。

放坡明挖法开挖土方量较大并且容易受地表和地下水的影响，但是该方法可以使用大型土方机械，因此具有施工速度快、质量易得到保证、作业场所环境条件好、施工安全度较高等特点。放坡明挖法是浅埋隧道的首选施工方法，适用于地势空旷、地下水位低、土质稳定的地质条件。

2. 悬臂支护明挖法

悬臂支护明挖法是将基坑围护结构插入基底标高以下一定深度，然后在围护结构的保护下开挖基坑内的土体直到设计隧道基底标高，再由下向上顺序施作隧道主体结构和防水层，最后施作结构外回填土并恢复地表状态。悬臂支护明挖法常用的围护结构包括打入木桩、钢桩、钢筋混凝土预制桩、就地挖孔或钻孔灌注钢筋混凝土桩、钻孔灌注钢筋混凝土连续墙等。悬臂支护明挖法主要适用于埋置较浅、边坡土体稳定性较差并且地表有一定限制性要求的隧道工程。

3. 围护结构加支撑明挖法

围护结构加支撑明挖法是当基坑深度较大、围护结构的悬臂较长时，在不增加围护结构的刚度和插入深度的条件下，在围护结构的悬臂范围内架设水平支撑以加强围护结构，共同抵抗较大的外侧土压力。在主体结构由下向上顺序施作的过程中，按照要求的时序逐层分段拆除水平支撑，完成结构体系转换，最后施作结构外回填土并恢复地表状态。围护结构加支撑明挖法主要适用于埋置不太浅、边坡土体稳定性较差、外侧土压力较大并且地表有一定的限制性要求的隧道工程。

（四）岩石隧道掘进机法

岩石隧道掘进机（Tunnel Boring Machine，TBM）法是利用岩石隧道掘进机在岩石地层中暗挖隧道的一种施工方法，利用刀具一次将隧道整个断面切削成型，掘进时还兼有出渣及自动推进的功能。

隧道掘进机械一般可分为如图 5-2 所示的全断面掘进和悬臂式掘进机。全断面掘进是一种集破岩、装岩、转载、支护于一体的采用滚压式切削盘在全断面范围内破碎岩石的大型综合掘进机械，广泛应用于国外较长隧道开挖工程。全断面掘进的基本功能包括掘进、出渣、导向和支护并配置有完成这些功能的机构，还配备有如运渣运料、支护、供电、供水、排水、通风等后配套系统，总长度较大。悬臂式掘进机又称为部分断面掘进机，是一种集切削岩石、自动行走、装载石渣等多种功能于一体的高效联合作业机械。

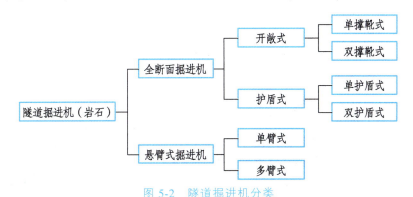

图 5-2　隧道掘进机分类

全断面掘进机开挖隧道的优点主要包括：

（1）一次成洞、洞壁光滑、施工质量好、速度快、劳动条件好的优点。

（2）对围岩的损伤小，几乎不产生松弛，掉块、崩塌的危险小，支护的工作量小。

（3）超挖小、衬砌省料。

（4）震动、噪声小，对周围的居民和结构物的影响小。

全断面掘进机开挖隧道的缺点主要包括：

（1）机械的购置费和运输、组装、拆卸等费用高，机械的设计制造时间长，初期投资高。

（2）施工过程中不能改变开挖直径。

（3）掘进机施工方式一经确定，就不可能像钻爆法施工那样可以根据具体情况实时变更施工方法，难以适应复杂的地质变化情况，断层、破碎带和软弱层的掘进困难。

（4）开挖断面的大小、形状变更困难。

（五）盾构法

盾构法是指使用盾构机在地下掘进，在护盾的保护下在机内安全地进行开挖和衬砌作业，从而构筑成隧道的施工方法。盾构法施工由稳定开挖面、盾构机挖掘和衬砌三大部分组成。

盾构机是一种具有金属外壳的筒状机械，主要用于软土隧道暗挖施工。在金属外壳的掩护下，盾构可以同步完成土体开挖、渣土排运、整机推进和管片安装等作业，将隧道一次开挖成形。盾构机头部可以安全地开挖地层，尾部可以装配预制管片或砌块，迅速地拼装成隧道永久衬砌。盾构推进主要依靠盾构内部设置的千斤顶。

法国工程师布鲁诺尔于 1818 年提出利用盾构法修建隧道；1825 年在英国泰晤士河下首次使用矩形盾构建造隧道；近代，盾构法在日本得到迅速发展，该国研制了大量新型盾构；我国于 1957 年在北京下水道工程中首次使用 2.6 m 小盾构；2008 年我国第一台具有自主知识产权的"中铁一号"盾构机，并在天津地铁 3 号线建设工程中顺利始发。截至 2022 年，国产盾构机在国内市场的占有率已经超过了 95%，全球市场份额也接近七成，先后出口到新加坡、印度、意大利、波兰、日本、韩国等 40 多个国家和地区。

盾构法适用于在松软含水地层中修建隧道以及水底隧道、地下铁道工程。采用盾构法在地表以下暗挖施工，不受地面交通、河道、航运、潮汐、季节等条件的影响。

盾构法施工的特点主要包括：

（1）除竖井施工外，施工作业均在地下进行，噪声、振动引起的公害小，既不影响地面交通，又可减少对附近居民的噪声和振动影响。

（2）盾构推进、出土、拼装衬砌等主要工序循环进行，施工易于管理，施工人员也较少，劳动强度低，生产效率高。

（3）土方量外运较少，穿越河道时不影响航运，施工不受风雨等异常气候条件影响。

（4）隧道的施工费用不受覆土量多少影响，适宜于建造覆土较深的隧道。

（5）在土质差、水位高的地方建设埋深较大的隧道，盾构法有较好的技术、成本优势。

（6）当隧道穿过河底或其他建筑物时，不影响施工。

（7）对于隧道深、地基差、土中影响施工的埋设物多等工程，盾构法无论在工程成本还是施工进度等方面都比明挖法具有更大的优势。

盾构的分类方法较多，可以按照挖掘土体方式、掘削面挡土形式、稳定掘削面的加压方式、盾构切削断面形状、盾构按照尺寸大小等方式进行分类，具体分类主要包括：

（1）按盾构按照挖掘土体方式分类。

① 手掘式盾构，即掘削和出土均靠人工操作进行的方式。

② 半机械盾构，即大部分掘削和出土作业由机械装置完成，但另一部分仍靠人工完成。

③ 机械式盾构，即掘削和出土等作业均由机械装备完成。

（2）按盾构按照掘削面挡土形式分类。

① 开放式盾构，即掘削面敞开并可直接观察掘削面的掘削方式。

② 部分开放式盾构，即掘削面不完全敞开而是部分敞开的掘削方式。

③ 封闭式盾构，即掘削面封闭不能直接观察掘削面，只能依靠各种装置间接地掌握掘削面的掘削方式。

（3）按盾构按照加压稳定掘削面的形式分类。

① 加水式盾构，即向掘削面注入高压水，通过该水压稳定掘削面。

② 泥浆式盾构，即向掘削面注入高浓度泥浆（1.4 g/cm³），依靠泥浆压力稳定掘削面。

③ 加泥式盾构，即向掘削面注入润滑性泥土，使之与掘削下来的砂卵混合，由该混合泥土对掘削面加压稳定掘削面。

（4）按盾构按照盾构切削断面形状分类。

① 圆形。

圆形盾构又可分为单圆形、半圆形、双圆搭接形、三圆搭接形等类型。

② 非圆形。

非圆形盾构又分为马蹄形、矩形（长方形、正方形、凹矩形、凸矩形）、椭圆形（纵向椭圆形、横向椭圆形）等类型。

（5）按盾构的尺寸大小分类。

盾构按尺寸大小可分为超小型、小型、中型、大型、特大型、超特大型。

（六）盖挖法

盖挖法是指在隧道浅埋时，由地面向下开挖到一定深度后施作结构顶板并恢复地面原状，其余大部分土体的挖除和主体结构的施作则在封闭的顶板掩盖下完成的一种施工方法。由于优先安排盖板施作，可以快速恢复地面原状，从而最大限度地减少施工对地面交通和生活的干扰。由于有盖板的保护，使得地下施工更为安全。盖挖法适用于城市地铁特浅埋隧道及地下工程，尤其适用于地铁车站等地下洞室建筑物。

盖挖法按照盖板下土体挖除和主体结构的施作顺序可分为盖挖顺作法和盖挖逆作法。盖挖顺作法是在盖板的保护下由上至下逐层分块挖除并逐次分段施作隧道衬砌结构的一种施工方法。盖挖逆作法是先建造地下工程的柱、梁和顶板，然后以此为支承构件，上部恢复地面交通，下部进行土体开挖及地下主体工程施工的一种施工方法。

盖挖顺作法和盖挖逆作法各自的特点主要包括：

（1）盖挖顺作法需要采用大量的大直径钢管作为临时水平支撑，但结构主体是由下而上顺序施作，墙柱混凝土施工缝易于处理，且质量容易保证。

（2）盖挖逆作法无须占用大量水平支撑，但结构主体是由上而下逆序施作，墙柱混凝土施工缝处理工艺复杂，质量不易保证，且结构受力状态不好。

（七）沉管法

沉管法是指将预制好的隧道管段浮运到隧址，沉入基槽并进行水下连接，从而形成隧道的一种施工方法。按照隧道的设计形状和尺寸，先在隧址以外的干坞中或船台上预制隧道管段，并将隧道管段的两端进行临时隔墙封闭，然后舾装好拖运、定位、沉放等设备，将其拖运至隧址位置，沉放到水中预先浚挖好的沟槽中并连接起来，最后充填基础和回填砂石将管段埋入原河床中。采用沉管法修建的隧道又称为水下隧道或沉管隧道。

沉管法的优点主要包括：

（1）对地质水文环境适应能力强。

① 由于基槽开挖较浅，基槽开挖和基础处理的施工技术比较简单。

② 由于沉管受到水的浮力，作用于地基的荷载较小。

③ 由于管段采用先预制再浮运沉放的施工工艺，避免了难度较大的水下作业，故可在深水施工，对潮差和水流速的适应能力强。

（2）可浅埋，与两岸道路衔接容易。

与埋深较大的盾构隧道相比，沉管隧道路面标高可抬高，与岸上道路隧道很容易衔接。

（3）防水性能好。

每节预制管段很长，一般约为 100 m，而盾构隧道预制管片环宽仅为 1 m，因而沉管隧道接缝数量少。

（4）沉管隧道施工工期短。

由于每节预制管段较长，一条沉管隧道只用几节预制管段就可完成，预制管段和基槽开挖可同时进行，且预制管段不在隧址，施工干扰时间短。

（5）沉管隧道造价低。

水底挖基槽土方量少，比地下挖土单价低，管段预制与盾构相比所需费用低。

（6）施工条件好。

沉管隧道施工时，预制和浮运沉放管段等主要工序大部分在水上进行，水下作业极少，除少数潜水工外，工人们都在水上作业。

（7）沉管可做成大断面多车道。

一个隧道横断面可同时容纳 4~8 条车道，而结构尺寸不限。盾构受尺寸限制，一般只能满足双车道。管段制作混凝土工艺要求严格，需保证干舷与抗浮系数；车道较多时，需增加沉管隧道高度，导致压载混凝土量、浚挖土方量与沉管隧道引道结构工程量增加。

（八）新意法

新意法即岩土控制变形分析法，是 20 世纪 70 年代中期由意大利 Pietro Lunardi 教授在研究围岩的压力拱理论和新奥法施工理论的基础上提出的。新意法是在困难地质情况下，通过对隧道掌子面前方围岩核心土进行超前支护和加固以减小或避免围岩变形，并进行全断面开挖的一种设计施工指导原则。

各类台阶法简介

（九）挪威法

挪威法即挪威隧道施工方法，简写 NMT，是对新奥法的完善、补充和发展，其特点是根据施工过程中观察和测量记录所求出的 Q 值来确定围岩分类，在支护体系上的最大特点是把一次支护作为永久衬砌，借助监测结果确定是否需加筑二次衬砌。一次支护由高质量的湿喷钢纤维混凝土和全长黏结型高拉力耐腐蚀的锚杆组成。

二、隧道施工方法的选择

隧道洞身开挖方法简介

隧道施工方法一般根据围岩工程地质条件、隧道工程结构条件、隧道工程施工条件等因素综合考虑研究后选用，在工程施工过程中根据各方面条件的变化及时调整和改变施工方法。隧道施工方法必须与围岩的自稳能力和被挖除岩体的坚硬程度相适应、与工程地质条件的变化相适应、与隧道断面形状大小以及洞室的组合情况相适应、与施工技术水平相适应，能够满足施工安全的要求、满足作业空间的要求、满足施工速度的要求、满足施工成本控制的要求、满足工程质量的要求、满足环境保护的要求、满足施工组织和管理方面的要求。选择隧道施工方法的依据主要包括：

（1）隧道所处的工程地质和水文条件。

（2）工程的重要性，一般体现在工程的规模、使用的特殊要求以及工期的缓急程度。

（3）施工技术条件和机械装备状况。

（4）施工中动力和原材料供应情况。

（5）工程投资和运营后的社会效益和经济效益。

（6）施工安全状况。

（7）有关污染、地面沉降等环境方面的要求和限制。

我国山岭隧道占比较大，且大多采用钻爆法施工。本书以钻爆法为主进行展开介绍。

隧道施工采用钻爆法施工时，根据围岩级别及断面大小等因素可选用全断面法、台阶法、中隔壁法、双侧壁导坑法等，优先选用全断面法或台阶法开挖。围岩条件以岩石为主的长隧道及特长隧道可采用掘进机法。越江、海底、城市浅埋及对周边环境控制要求高的隧道可采用盾构法。浅埋隧道具备明挖条件时可以采用明挖法施工。隧道施工方法的选择是一项"模糊"的决策过程，依赖于有关人员的学识、经验、毅力和创新精神。施工方法必须符合快速、安全、质量及环境的要求，其中环境因素有时成为选择施工方法的决定性因素。隧道钻爆法施工注意事项主要包括：

（1）隧道地质条件变化时，应及时变更设计，调整施工方法，做好工序衔接，并采用相应的工程措施。

（2）隧道开挖应根据围岩级别及其自稳能力控制循环进尺。

（3）隧道开挖后应及时喷射混凝土封闭围岩，并及早完成初期支护。采用分部开挖，初期支护设有钢架时，下部开挖后应及时安装钢架，严禁拱脚长时间悬空。

（4）对于软弱围岩隧道，初期支护应选用锁脚锚管（杆）、扩大拱脚、临时仰拱等措施，以控制围岩及初期支护变形量。

（5）当围岩地质较差、开挖掌子面不稳定时，可采用喷射混凝土或锚杆等对掌子面进行加固。

（6）采用中隔壁、双侧壁导坑法施工，临时支撑的拆除应在初期支护闭合后进行。

任务二 全断面法施工

全断面开挖方法

一、工法概况

全断面法是指采用全断面一次开挖成型的一种施工方法。全断面法的施工工序少，相互干扰相对减少，便于施工组织的管理。全断面开挖有较大的作业空间，有利于采用大型配套机械化作业，提高施工速度。全断面一次成型，对围岩的扰动次数减少，对隧道的围岩稳定有利。全断面法全称为全断面一次开挖法，即按照隧道设计断面轮廓一次开挖成型，全断面施工工序如图5-3所示。全断面法施工一般适用于Ⅰ、Ⅱ、Ⅲ级围岩，Ⅳ、Ⅴ级围岩在采用有效的超前预加固措施稳定开挖工作面后也可采用全断面法开挖。全断面开挖施工工艺循环进尺必须根据隧道断面、围岩地质条件、机械设备能力、爆破振动限制、循环作业时间等情况合理确定。

适用于隧道洞身和辅助坑道的Ⅱ～Ⅲ级围岩地段、Ⅲ级围岩单线隧道、Ⅲ级围岩双线隧道采用有效的预加固措施后，也可采用全断面开挖施工工艺。

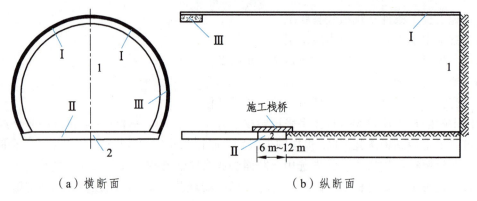

|（a）横断面|（b）纵断面|

1—开挖；2—检底；Ⅰ—初期支护；Ⅱ—铺底混凝土；Ⅲ—拱墙混凝土。

图 5-3　全断面施工工序

二、控制要点

全断面法施工的控制要点主要包括：

（1）全断面法开挖空间大、工序少，应采用大型机械化配套作业，各道工序尽可能平行交叉作业，缩短循环时间。

（2）全断面法开挖量大、爆破引起的震动较大，应按照钻爆设计要求严格控制一次同时起爆的炸药量以及炮眼的间距、深度和角度，钻眼完毕后按照炮眼布置图进行检查并做好记录，对不符合要求的炮眼应该重钻，经检查合格后方可装药。

（3）在采用手持凿岩机凿孔时，周边眼及掏槽眼应定人定岗，同时严格控制周边眼钻孔外插角。每一循环爆破后，应认真查看爆破效果，并根据超欠挖及炮眼痕迹保留率不断优化钻爆参数，改善爆破效果，减少超挖和欠挖。

（4）确定合理的循环进尺，确保两个循环的接茬位置平滑、圆顺。

（5）每一循环爆破后及时找顶，初期支护施作前应按照要求进行地质素描。

三、施工案例

（一）施工概况

某隧道Ⅲ级围岩段落采用全断面法开挖，隧道开挖断面面积为 120 m²。

（二）施工工艺与流程

1. 全断面开挖施工程序

全断面开挖施工程序主要包括测量放线、全断面开挖、初期支护、铺底及拱墙铺设防水层、施作二次衬砌、洞内路面及附属结构。

2. 全断面开挖施工工艺

全断面开挖施工工艺如图 5-4 所示。

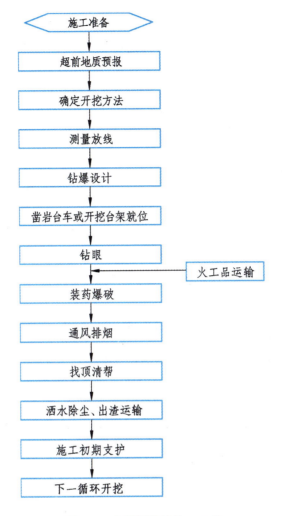

图 5-4　全断面开挖施工工艺

（三）施工要求

1. 施工测量

上一循环结束时，测量技术人员利用洞内中线控制桩点，画出工作面开挖轮廓线，并初步标记出主要钻孔位置。

2. 凿岩台车（多功能台架）就位

根据工作面的开挖轮廓线把凿岩台车（多功能台架）开到指定位置，固定台车，并调整台车的高度，便于工作。人工风钻钻孔时，将多功能台架作为施工平台。

3. 钻孔、装药

全断面法施工过程中的钻孔、装药主要包括：

（1）隧道开挖前必须根据工程地质、开挖断面、开挖方法、循环进尺、钻孔机具和爆破材料等进行钻爆设计。

（2）隧道的爆破作业应采用光面爆破。光面爆破参数应通过试验确定。

（3）根据爆破设计要求和工作面的钻孔位置，开始人工操作凿岩台车机械手（或人工利用风钻）进行钻孔，在钻进过程中要根据钻进速度、围岩软弱程度等及时调整供风量和供水量。钻孔位置和角度要准确。钻孔结束时开始装药，炸药要采用低密度、低爆速、低猛度的炸药，严格控制周边眼装药量，间隔装药。同时使药量沿钻孔全长适当分布。雷管采用毫秒微差有序起爆，一般周边眼采用导爆索起爆，以减小起爆时差。

4. 施工通风

当工作面起爆后，开始进行施工通风。

5. 出渣运输

工作面使用大功率装载机装渣，大型自卸汽车运输。首先要保证工作面的照明，便于司机操作；同时也要保证出渣机械处于良好状态，装运能力大于开挖能力并有备用；运输道路平整通畅，在关键地段设置车辆调度协调进出车辆，安全警示和标识要齐全。

（四）劳动组织

全断面法施工的劳动组织主要包括：

（1）采用架子队管理模式。

（2）以双线隧道、开挖断面为 120 m² 为例，全断面开挖劳动力组织如表 5-1 所示，采用三班制作业。

表 5-1　全断面开挖劳动力组织表

工序名称	工种名称								
	找顶工	测量工	修钻工	钻爆工	台车司机	电工	司机	班长	合计
凿岩台车开挖	1	4	2		6	3	8	1	25
人工风钻开挖	1	4	2	25		1	8	1	42

（五）材料要求

全断面法施工的材料要求主要包括：

（1）炸药采用乳化炸药。

（2）雷管采用电雷管和非电毫秒雷管。

（六）设备机具配置

全断面开挖机械设备配置原则主要包括：

（1）配置设备生产能力高于进度指标，保证即使个别设备发生故障，施工生产也不致受到影响。

（2）同类机械设备尽可能采用同一厂家设备，方便维修、配件供应和通用互换，确保机械使用率。

洞内全断面开挖主要施工机械配置参见表 5-2。

表 5-2　洞内全断面开挖机械设备配置

序号	名　称	技术条件	数量/（台/套）		备注
			凿岩台车开挖	人工风钻开挖	
1	三臂凿岩台车	21SGBC-CR	2		
2	气腿式凿岩机	YT-28		30	
3	多功能开挖台架	6 m		1	
4	轴流式通风机	SDF（C）-No11、No12.5	2		
5	装载机	侧卸式	2		
6	挖掘机	PC200	1		
7	电动空压机	4L-20/8	2		
8	自卸汽车	2～5 m³	8		

（七）质量控制及检验

全断面开挖质量控制及检验主要包括：

（1）隧道开挖断面的中线和高程必须符合施工图要求。

（2）隧道开挖必须严格控制欠挖。当围岩完整、石质坚硬时，岩石个别突出部位侵入衬砌必须小于 5 cm；拱脚和墙脚以上 1 m 内断面严禁欠挖。

（3）洞身开挖必须核对地质。每一次开挖后及时观察、描述开挖面地层的层理、节理、裂隙的结构状况、岩体的软硬程度、出水量的大小等，核对施工图地质情况，判断围岩的稳定性。

（4）根据钻爆设计图准确标示出钻孔位置。钻孔时必须按照钻爆设计要求严格控制钻孔的间距、深度和角度。掏槽眼的眼口间距和深度允许偏差为 5 cm，周边眼的间距允许偏差为 5 cm，外插角必须符合钻爆设计要求，孔底不得超出开挖断面轮廓线 15 cm。

（5）光面爆破的钻孔痕迹保存率，硬岩不小于 80%，中硬岩不小于 60%，并在开挖轮廓面上均匀分布。

（6）开挖断面允许超挖值和检验方法见表 5-3。

表 5-3　开挖断面允许超挖值和检验方法

开挖部位		围岩级别		检验方法
		I	Ⅱ～Ⅳ	
拱部	线形超挖	10 cm	15 cm	激光断面仪或全站仪测量，每一开挖循环检查一个断面
	最大超挖	20 cm	25 cm	
边墙线形超挖		10 cm	10 cm	
仰拱、隧底	线形超挖	10 cm		
	最大超挖	25 cm		

（八）施工安全

全断面开挖施工安全内容主要包括：

（1）施工前必须对施工工艺中存在的危险源进行辨识和安全风险评估，编制安全管理实施方案，制定相应的应急预案。

（2）施工机械使用、操作人员条件、检修保养、各种专用施工机具和料具选用、施工用电、特殊环境中作业等严格按照规定的操作规程执行。

（3）施工过程中必须对施工人员加强安全技术交底，特殊工种必须经考试合格后方能上岗。在推广新技术和使用新型机械设备时，应对施工人员进行再培训和安全教育。

（4）进洞人员必须戴好安全帽，洞内作业人员应佩戴防尘面具。禁止无关人员进洞。

（5）开挖作业必须保证安全。开挖时必须减少对围岩的扰动。

（6）爆破后应检查爆破和开挖面情况，清除瞎炮、残炮和危石。

（7）随时检查开挖面及未衬砌地段，及时处理险情。

（8）在确保施工安全以及减少施工干扰的前提下，合理确定开挖工作面与衬砌的距离。

（9）开挖不得危及衬砌、初期支护及施工设备的安全。

（10）施工作业地段的出渣车辆行车速度不大于 15 km/h，成洞地段的行车速度不大于25 km/h；在衬砌模板台车等狭窄地段必须设置减速和警示标识。

（11）出渣时洞内必须加强通风，保证洞内空气清新，使洞内环境符合职业健康标准。

任务三　台阶法施工

一、工法概况

台阶法开挖是指先开挖断面的上半部分，待开挖至一定长度后同时开挖（中）下部分，上（中）、下部分同时并进的一种施工工艺。台阶法灵活多变、适用性强，是最基本、运用最广泛的施工方法，也是实现其他施工方法的重要手段。台阶法开挖具有足够的作业空间和较快的施工速度，台阶有利于开挖面的稳定性，尤其是上部开挖支护后，下部作业则较为安全。

台阶法施工一般适用于Ⅲ级围岩，Ⅳ级、Ⅴ级围岩在采取必要的超前支护措施稳定开挖工作面后也可以选用台阶法。台阶法分为二台阶法、三台阶法、三台阶预留核心土法等。

二台阶法是指先开挖上半断面，待开挖到一定长度后同时开挖下半断面，上半断面和下半断面同时并进的一种施工方法。三台阶法开挖是指先开挖断面的上半部分，待开挖到一定长度后同时开挖中部和下部，上、中、下部分同时并进的一种施工工艺。三台阶预留核心土是指以弧形导坑开挖留核心土为基本模式，分上、中、下三个台阶七个开挖面，各部位的开挖与支护沿隧道纵向错开、平行推进的一种隧道施工方法。

（一）台阶法的适用情况

台阶法的适用范围主要包括：

（1）单线隧道及围岩地质条件较好的双线隧道可采用二台阶法施工。

（2）隧道断面较高、单层台阶断面尺寸较大时可采用三台阶法。

（3）当地质条件较差时，为增加掌子面自稳能力，可采用三台阶预留核心土法开挖。

（二）台阶法施工工序

二台阶法、三台阶法、三台阶预留核心土法的施工工序示意图分别见图5-5～图5-7。

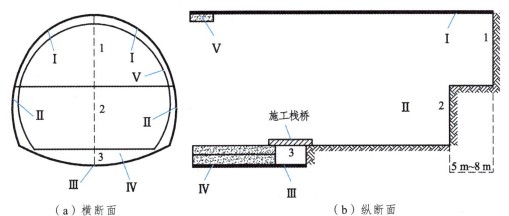

（a）横断面　　　　　　　　　　　　　　　　　　　　　　（b）纵断面

1—上台阶开挖；I—上台阶初期支护；2—下台阶开挖；II—下台阶初期支护；3—仰拱开挖；III—仰拱喷混凝土封闭；
IV—仰拱填充混凝土施工；V—拱墙混凝土施工。

图 5-5　二台阶法施工工序

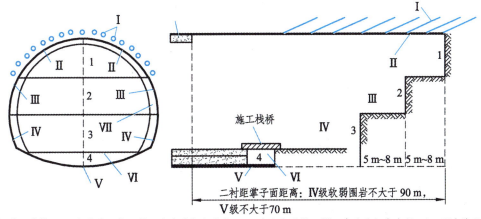

I—超前小导管；1—上台阶开挖；II—上台阶初期支护；2—中台阶开挖；III—中台阶初期支护；3—下台阶开挖；
IV—下台阶初期支护；4—仰拱开挖；V—仰拱初期支护；VI—仰拱填充混凝土；VII—拱墙混凝土施工。

图 5-6　三台阶法施工工序

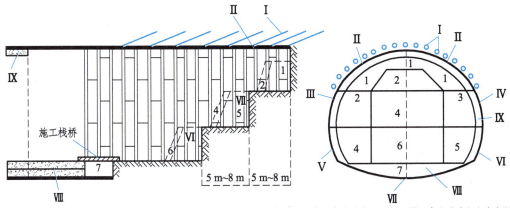

I—超前小导管；1—上台阶开挖；II—上台阶初期支护；2—上台阶核心土开挖、中台阶左侧开挖；III—中台阶左侧初期支护；
3—中台阶右侧开挖；IV—中台阶右侧初期支护；4—中台阶核心土开挖、下台阶左侧开挖；V—下台阶左侧初期支护；
5—下台阶右侧开挖；VI—下台阶右侧初期支护；6—下台阶核心土开挖；7—仰拱开挖；
VII—仰拱初期支护；VIII—仰拱填充混凝土；IX—拱墙混凝土。

图 5-7　三台阶预留核心土法施工工序

（三）台阶法施工要求

台阶法施工要求主要包括：

（1）采用台阶法开挖隧道时，根据围岩条件合理确定台阶长度和高度。台阶长度不宜过长，控制在一倍洞径以内。

三台阶七步开挖法

（2）台阶形成后，各台阶开挖、支护宜平行作业。

（3）下台阶开挖时，左右侧宜交错进行。

（4）循环进尺应根据围岩的地质条件、自稳能力和初期支护钢架间距合理确定。Ⅲ级围岩循环进尺不超过 3.0 m；Ⅳ级软弱围岩上台阶循环进尺不超过 2 榀钢架设计间距；Ⅴ、Ⅵ级围岩上台阶循环进尺不超过 1 榀钢架设计间距；Ⅳ、Ⅴ级围岩下台阶循环进尺不超过 2 榀钢架设计间距；对于初期支护设计钢架未封闭成环的隧道，仰拱一次开挖长度不大于 3 m。台阶法开挖一般是先开挖上半断面，待开挖到一定长度后同时开挖下半断面，采用上、下半断面同时并进的施工工艺。

（5）台阶长度必须根据隧道断面跨度、围岩地质条件、初期支护形成闭合断面的时间要求、上部施工所需空间大小等因素来确定。如围岩较差时台阶长度可缩短，台阶长度一般为 5 m；如采用三级台阶法，第一个台阶高度为 5 m，主要目的是便于挖掘机等设备施工。

二、施工注意事项

台阶法施工的注意事项主要包括：

（1）隧道严格按照"少扰动、早喷锚、勤测量、紧封闭"的原则组织施工，并根据不同围岩级别选择相应工法，根据监控测量结果及时施作二次衬砌，仰拱适时超前。隧道开挖采用钻爆法开挖，爆破方式采用弱爆破。

（2）隧道Ⅳ级围岩和辅助坑道Ⅳ、Ⅴ级围岩的施工，均采用台阶法开挖。台阶长度为 3～5 m，周边采用光面爆破减少对围岩的震动。上台阶风钻钻孔，挖掘机扒渣到下台阶，下台阶利用风钻钻孔。下断面出渣利用装载机装渣，自卸汽车运渣到指定的弃渣场地。为了确保施工安全需要及时进行测量。台阶法开挖先开挖上半断面，待上半断面开挖到一定长度后同时开挖下半断面。

（3）隧道正洞Ⅴ级围岩较好地段采用大拱脚台阶法。与台阶法基本一致，台阶拱脚部位加大尺寸向外扩大开挖，使拱脚初支加厚、加强，以此提高基底密实度并且加大受力基础，避免下半断面开挖时产生吊拱的危险。

（4）隧道正洞Ⅳ级围岩地段采用三台阶法。上台阶高度为 5 m，中台阶高度为 3～3.5 m，台阶长度为 3～5 m。

（5）隧道正洞Ⅴ级围岩地段采用三台阶七步流水法施工。首先进行超前支护，进行上部弧形导坑开挖、初期支护施工、中部左右侧交错开挖、边墙支护、下部左右侧交错开挖、边墙支护、核心土开挖、仰拱开挖与支护。与中部左侧同时开挖，中部核心土和下部左侧同时开挖，下部核心土在下部右侧开挖支护后开挖。施工过程中上部弧形拉开距离后各作业面可同步作业。底部仰拱开挖后进行支护并及时封闭成环。

（6）开挖过程采用弱爆破时，严格按照爆破设计要求并不断优化爆破方案，特别注意断面交界处的超欠挖和成形控制。必须及时进行测量，及时分析反馈，指导安全施工。

三、施工案例

某隧道Ⅳ级及部分Ⅴ级围岩段落采用多种台阶法开挖，隧道开挖断面为 120 m²。

（一）台阶法施工流程和工艺

1. 台阶法开挖施工流程

台阶法开挖施工流程主要包括施工测量、打掘进眼、装药、起爆、通风、初喷、出渣、设置锚杆、挂网、立拱架、复喷、下一循环等。

台阶法开挖施工流程框图如图 5-8 所示。

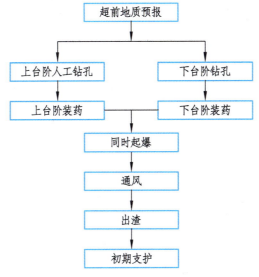

图 5-8　台阶法开挖施工流程框图

2. 台阶法开挖施工工艺

台阶法开挖支护断面结构如图 5-9 所示，台阶法开挖施工步骤如图 5-10 所示。

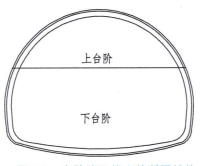

图 5-9　台阶法开挖支护断面结构

台阶法施工

113

台阶法开挖施工步骤主要包括：

（1）上部采用人工打眼，下部利用作业台架人工打眼，如图5-10（a）所示。

（2）上部和下部同时起爆，通风后初喷砼，如图5-10（b）所示。

（3）挖掘机、装载机配合自卸车出渣，进入下一循环，如图5-10（c）所示。

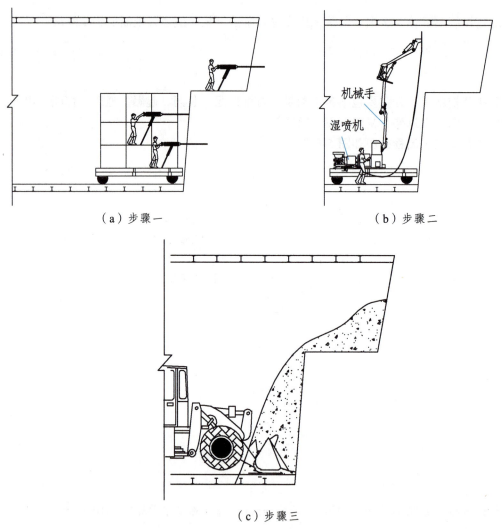

（a）步骤一　　　　　　　　　　（b）步骤二

（c）步骤三

图 5-10　台阶法开挖施工步骤

（二）大拱角台阶法施工工艺

大拱角台阶法支护断面结构如图5-11所示，大拱角台阶法施工工艺如图5-12所示。大拱角台阶法开挖施工方法如图5-13所示，其中：

（1）图5-13为Ⅴ级围岩大拱脚台阶法开挖施工方法，图中断面仅为示意。

（2）根据围岩的变化情况适当调整台阶长度，采用短进尺、弱爆破、强支护、勤测量进行安全施工。

（3）当围岩监控测量变形值增大时，立即封闭仰拱，以保证安全。

大拱角台阶法施工方法主要包括：

（1）上部采用人工打眼，下部利用作业台架人工打眼，如图 5-13（a）所示。

（2）上部和下部同时起爆，通风后初喷砼，如图 5-13（b）所示。

（3）挖掘机、装载机配合自卸车出渣，进入下一循环，如图 5-13（c）所示。

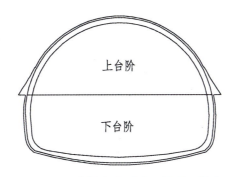

图 5-11　大拱角台阶法支护断面结构

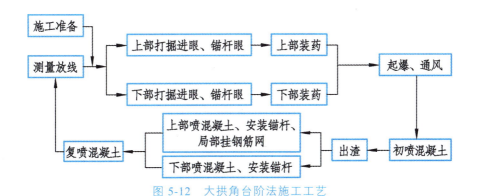

图 5-12　大拱角台阶法施工工艺

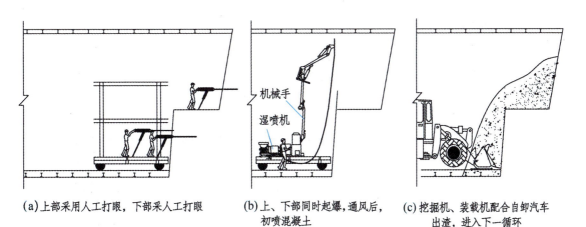

（a）上部采用人工打眼，下部采人工打眼　（b）上、下部同时起爆，通风后，初喷混凝土　（c）挖掘机、装载机配合自卸汽车出渣，进入下一循环

图 5-13　大拱角台阶法开挖施工方法

（三）三台阶法施工工艺

三台阶法施工工艺如图 5-14 所示，三台阶法开挖作业断面结构如图 5-15 所示。

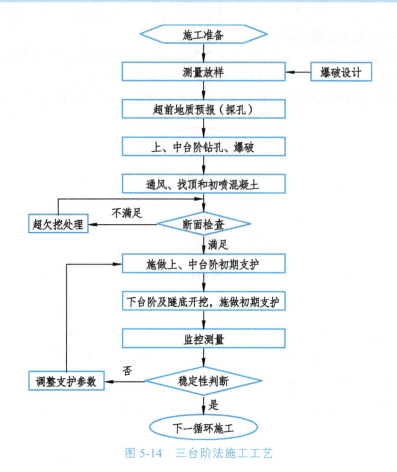

图 5-14　三台阶法施工工艺

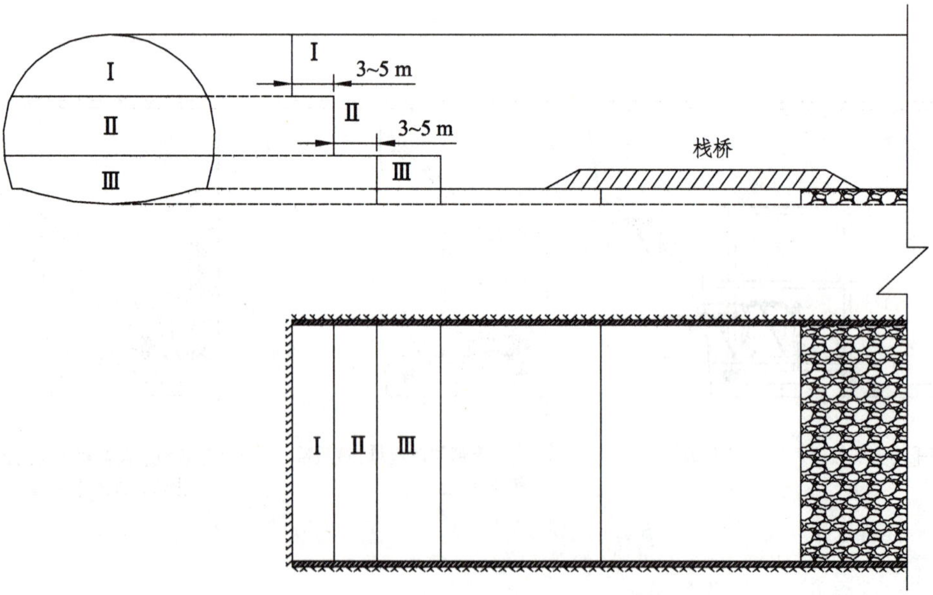

图 5-15　三台阶法开挖作业断面结构

（四）三台阶法七步法施工工艺和流程

隧道V级围岩通过断层破碎带地段或土质深埋地段时一般采用三台阶七步作业法开挖，首先进行超前支护，然后依次进行上部弧形导坑开挖、初期支护施工、中部左右侧交错开挖、边墙支护、下部左右侧交错开挖、边墙支护、核心土开挖、仰拱开挖与支护。

三台阶七步开挖法的开挖如图 5-16 所示，三台阶七步开挖法的开挖透视图如图 5-17 所示，三台阶七步开挖法的施工工序纵断面示意图如图 5-18 所示。

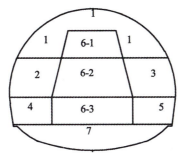

图 5-16　三台阶七步开挖法的开挖

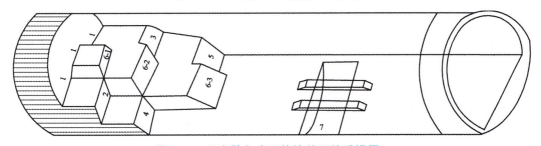

图 5-17　三台阶七步开挖法的开挖透视图

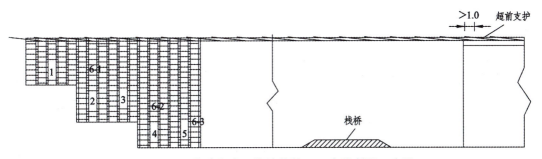

图 5-18　三台阶七步开挖法的施工工序纵断面示意图

三台阶七步开挖法的施工流程主要包括：

（1）施做超前支护后，开挖拱部弧形导坑，预留核心土，施作拱部初期支护。

（2）开挖左侧中台阶并施作初期支护。

（3）开挖右侧中台阶并施作初期支护。

（4）开挖左侧下台阶并施作初期支护。

（5）开挖右侧下台阶并施作初期支护。

（6）分别开挖上、中、下台阶核心土。

（7）开挖隧底并施作仰拱初期支护封闭成环。

上部弧形开挖超前中部 5 m，采用风钻钻孔、弱爆破方式，人工翻渣至两侧导坑内，装载机端渣；中部左侧超前右侧 5 m，左右交错进行开挖与支护，采用装载机端渣，自卸汽车运输，中部采用风钻钻孔、弱爆破；下部左侧超前右侧 5 m，左右交错进行开挖与支护，采用装载机端渣、自卸汽车运输，中部采用风钻钻孔、弱爆破。上部核心土跟中部左侧同时开挖，中部核心土和下部左侧同时开挖，下部核心土在下部右侧开挖支护后开挖。施工过程中上部弧形拉开距离后各作业面可同步作业。底部仰拱开挖后进行支护及时封闭成环。开挖过程采用弱爆破时，严格按照爆破设计要求并不断进行优化。特别注意断面交界处的超欠挖和成形控制。施工过程中及时进行测量，及时分析反馈，指导安全施工。三台阶七步流水法施工工序纵断面如图 5-19 所示，施工工序平面如图 5-20 所示。

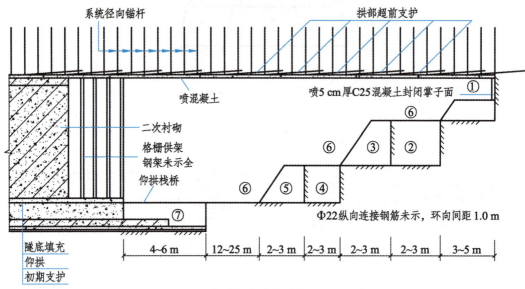

图 5-19　三台阶七步流水法施工工序纵断面

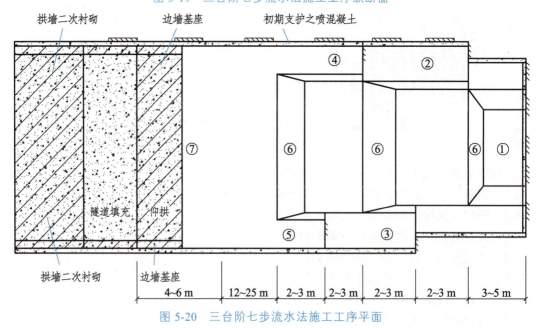

图 5-20　三台阶七步流水法施工工序平面

（五）施工要求

台阶法施工的要求主要包括：

（1）当拱部围岩条件发生较大变化时，可适当延长或缩短台阶长度，确保开挖、支护质量及施工。

（2）上台阶的底部位置应根据地质情况确定，一般情况下可在起拱线及以下。

（3）上台阶使用钢架时，可采用扩大拱脚和施作锁脚锚杆等措施，防止拱部下沉变形。

（4）台阶应在喷射混凝土达到设计强度的70%以上后开挖。当岩体不稳定时应合理缩短进尺，先施工边墙初期支护，后开挖中间土体，左右错开或先拉中槽后挖边墙，并及时施工仰拱。

（5）解决好上下部的施工干扰问题。下部施工应减少对上部围岩、支护及衬砌的扰动和破坏。

（6）工艺改进。对于较软弱围岩中采用台阶法，可以考虑与预留核心土、挖中槽等方法相结合。在上台阶开挖时预留核心土，以便快速完成拱部开挖，及时施作初期支护。在下部台阶开挖时，先拉中槽，扩大作业面，为两侧快速开挖和支护创造条件。

（六）劳动组织

台阶法施工时劳动组织内容主要包括：

（1）采用架子队管理模式。

（2）以双线隧道、开挖断面为 120 m²为例。劳动力组织内容如表 5-4 所示，采用三班制作业。

表 5-4　台阶法开挖劳动力组织

工种	找顶工	测量工	修钻工	钻爆工	电工	司机	班长	合计
人数	2	5	2	25	2	8	1	45

（七）材料要求

台阶法施工材料要求主要包括：

（1）炸药采用乳化炸药。

（2）雷管采用电雷管和非电毫秒雷管。

（八）设备机具配置

台阶法开挖施工方法的机械设备配套原则主要包括：

（1）配置设备生产能力高于进度指标，保证即使个别设备发生故障，施工生产也不致受到影响。

（2）同类机械设备尽可能采用同一厂家设备，以便于维修、配件供应和通用互换，确保机械使用率。

洞内台阶法开挖机械设备配置如表 5-5 所示。

表 5-5　洞内台阶法开挖机械设备配置

序号	名称	技术条件	数量（台/套）
1	气腿式凿岩机	YT-28	30
2	多功能作业台架	≥7.5 m	1
3	轴流式通风机	SDF（C）-No 11、No 12.5	2
4	装载机	侧卸式	4
5	挖掘机	PC200	2
6	电动空压机	4L-20/8	2
7	挖装机	ITC-312	1
8	自卸汽车	2～5 m³	6

（九）质量控制及检验

洞内台阶法的质量控制及检验方法与全断面法质量控制及检验方法相同，可参见本项目的"任务二　全断面法施工"相关内容。

任务四　环形开挖预留核心土法

一、工法概况

环形开挖预留核心土法又名弧形导坑预留核心土法，是指先开挖上部导坑成环形，并进行初期支护，再分部开挖剩余部分的一种施工方法。环形开挖预留核心土法的施工步骤如图 5-21 所示。

环形开挖预留核心土法适用于一般土质和易坍塌的软弱围、断面较大的隧道施工，常用于Ⅳ级、Ⅴ级围岩的施工。

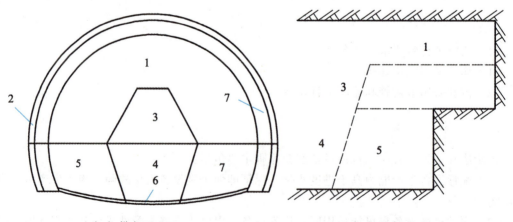

（a）横断面　　　　　　　　　　　　（b）纵断面

1—上弧形导坑开挖；2—拱部初期支护；3—预留核心土开挖；4—下台阶中部开挖；
5—下台阶侧壁部开挖；6—仰拱超前浇筑；7—全断面二次衬砌。

图 5-21　环形开挖留核心土法施工工序横断面及纵断面

二、施工控制重点

环形开挖留核心土法控制重点主要包括：

（1）将开挖断面分为上、下两部分，上下断面都预留核心土（三台阶分上、中、下三部分，均预留核心土）。核心土面积不小于整个断面面积的 50%，上部宜超前中部 3～5 m，中部超前下部 3～5 m，下部超前底部 10 m 左右。为了方便机械作业，上部开挖高度控制在 5 m 左右，中部和下部台阶高度根据具体断面高度进行划分。

（2）核心土与下台阶开挖应在上台阶支护完成、喷射混凝土强度达到设计强度的 70% 后进行。为了防止上台阶初期支护下沉、变形，可在钢支撑之间增加纵向槽钢焊接加固、扩大基础等措施进行加强。

（3）每一台阶开挖完成后，及时喷射 4 cm 厚混凝土对围岩进行封闭，设立型钢钢架及锁脚锚杆，分层复喷混凝土到设计厚度，必要时各台阶设临时仰拱加强支护，完成一个开挖循环。

（4）对于土质隧道，应以核心土为基础设立 3 根临时钢架竖撑以支撑拱顶和拱腰，核心土应根据围岩测量结果适当滞后开挖。

三、施工案例

（一）施工概况

某隧道Ⅴ级围岩通过断层破碎带地段或土质深埋地段时，采用环形开挖预留核心土方法进行开挖。首先进行超前支护，然后进行上部弧形导坑开挖、初期支护施工、下部左右侧交错开挖、下部支护、核心土开挖、仰拱开挖与支护。

（二）开挖工艺

环形开挖留核心土法施工开挖工艺主要包括：

（1）上部弧形开挖超前下部 5 m，采用风钻钻孔，弱爆破，人工翻渣至两侧导坑内，装载机端渣。

（2）下部左侧超前右侧 5 m，左右依次进行开挖与支护，采用装载机端渣，自卸汽车运输。

（3）核心土采用风钻钻孔，弱爆破。

（4）施工过程中上部弧形拉开距离后各作业面可同步作业。

（5）底部仰拱开挖后进行支护，及时封闭成环。

（三）施工要求

环形开挖留核心土法施工要求主要包括：

（1）当拱部围岩条件发生较大变化时，可适当延长或缩短台阶长度，确保开挖、支护质量及施工。

（2）上台阶的底部位置应根据地质情况确定，一般情况下可在起拱线及以下。

（3）上台阶使用钢架时，可采用扩大拱脚和施作锁脚锚杆等措施，防止拱部下沉变形。

（4）台阶应在喷射混凝土达到设计强度的 70% 以上后开挖。当岩体不稳定时应合理缩短进尺，先施工边墙初期支护，后开挖中间土体，左右错开或先拉中槽后挖边墙并及时施工仰拱。

（5）解决上部、下部的施工干扰问题。下部施工应减少对上部围岩、支护及衬砌的扰动和破坏。

（6）工艺改进。对于较软弱围岩可以采用三台阶法，考虑预留核心土、挖中槽等方法相结合。在上台阶开挖时，预留核心土以便快速完成拱部开挖，及时施作初期支护。在下部台阶开挖时，先拉中槽，扩大作业面，为两侧快速开挖和支护创造条件。

（四）劳动组织

环形开挖留核心土法施工的劳动组织主要包括：

（1）采用架子队管理模式。

（2）以双线隧道、开挖断面为 120 m² 为例。环形开挖预留核心土法开挖劳动力组织如表5-6 所示，采用三班制作业。

表 5-6　环形开挖预留核心土法开挖劳动力组织

工种	找顶工	测量工	修钻工	钻爆工	电工	司机	班长	合计
人数	2	5	2	25	2	8	1	45

（五）材料要求

环形开挖留核心土法施工的材料要求主要包括：

（1）炸药采用乳化炸药。

（2）雷管采用电雷管和非电毫秒雷管。

（六）设备机具配置

环形开挖留核心土法的机械设备配套原则主要包括：

（1）配置设备生产能力高于进度指标，保证即使个别设备发生故障时施工生产也不致受到影响。

（2）同类机械设备尽可能采用同一厂家设备，以便于维修、配件供应和通用互换，确保机械使用率。

环向开挖预留核心土法开挖机械设备配置如表 5-7 所示。

表 5-7　环向开挖预留核心土法开挖机械设备配置

序号	名称	技术条件	数量（台/套）
1	气腿式凿岩机	YT-28	30
2	多功能作业台架	≥7.5 m	1
3	轴流式通风机	SDF（C）-№11、№12.5	2
4	装载机	侧卸式	4
5	挖掘机	PC200	2
6	电动空压机	4L-20/8	2
7	挖装机	ITC-312	1
8	自卸汽车	2～5 m³	6

（七）质量控制及检验

环向开挖预留核心土法的质量控制及检验方法与全断面法质量控制及检验方法相同，可参见本项目的"任务二 全断面法施工"相关内容。

任务五 中隔壁法

一、工法概况

中隔壁法（CD法）是指将隧道分为左、右部分开挖，先在隧道一侧采用二部分层或三部分层开挖，施作初期支护和中隔壁，再分台阶开挖另一侧，并做相应支护。

二、施工工序及施工要点

中隔壁法施工工序图如图5-22所示。

中隔壁法施工 *(二维码)*

中隔壁法施工要点主要包括：

（1）做好监控测量工作，根据测量数据及时反馈指导施工。

（2）上导坑的循环进尺控制在1榀钢架间距。

（3）左右两侧开挖纵向间距不大于15 m。

（4）配备小型机械设备，提高开挖效率。

（5）中隔壁拆除滞后仰拱。

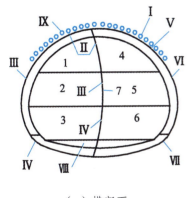

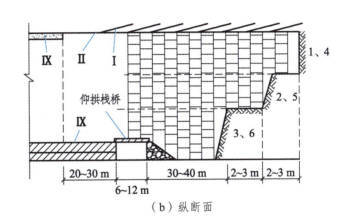

（a）横断面　　　　　　　　　　（b）纵断面

图5-22　CD法施工工序

三、施工案例

（一）工程概况

某铁路站前工程隧道Ⅴ级围岩采用中隔壁法开挖。因条件受限，采用竖井作为施工辅助坑道，竖井已施工完毕。

（二）作业准备

中隔壁法施工作业准备主要包括：

（1）熟悉施工图纸，做好各项技术交底工作。工程开工前，应向全体施工人员进行技术交底和安全交底，并做好记录。

（2）做好现场劳动力组织，准备好各种施工机具，保证施工机具的完好率，满足施工要求。

（3）根据进度预备好下一阶段施工使用的各项材料，满足施工要求。

（4）测量人员对各施工部位的平面尺寸、标高进行精确测量，并进行准确放线。

（5）正式施工前进行注浆试验，以选择合格的施工参数，认真做好各种施工机具、仪器的检测、校核工作。

（三）技术要求

中隔壁法施工的技术要求主要包括：

（1）隧道严格按"少扰动、早喷锚、勤测量、紧封闭"原则组织施工，并根据不同围岩级别选择相应工法，根据监控、测量结果，及时施作二次衬砌，仰拱适时超前。

（2）中隔壁法左右部的台阶高度应根据地质情况、隧道断面大小和施工设备确定。

（3）每侧按两部分台阶或三部分台阶开挖，开挖后应及时施作初期支护、中隔壁。

（4）两侧的先、后距离为保持 10～20 m，上、下断面的距离保持 3～5 m。

（5）各部开挖时，相邻部位的喷混凝土强度应达到设计强度的 70% 以上。

（6）先行侧的中隔壁应设置为向外鼓的弧形。

（7）中隔壁在浇筑仰拱前逐段拆除。中隔壁一次拆除长度应根据测量结果确定，不大于 15 m。临时支护拆除后应及时施作仰拱和二次衬砌。

（8）特殊情况下可将中隔壁浇筑在仰拱中，待铺设防水板时再割断。

（9）在施工过程中应不断总结经验，优化工艺。

（10）加强超前地质预测、预报，加强围岩监控、测量管理。

（11）根据测量结果，及时调整预留变形量及支护参数，适时施作二次衬砌，确保隧道安全。

（12）开挖方法的改变，要严格按程序申请设计变更。

（四）施工工艺

中隔壁法施工工艺如图 5-23 所示。

（五）施工要求

中隔壁法施工要求主要包括：

（1）注意控制先行导洞的开挖中线及水平，确保开挖断面圆顺，拱架安装位置正确。

（2）加强监控测量，做好信息反馈，及时调整施工方法。

（3）缩短开挖台阶和各开挖分部施工间隔，使初期支护尽快闭合，以控制围岩变形。

（4）由于工序较多，工序转换使得结构受力复杂。为了保证拆除中隔壁的安全，必须保证中隔壁拱架之间的连接质量。

（5）由于中隔墙为临时工程，因此支撑宜采用型钢方便拆除和倒用，接点连接推荐采用卡槽连接。

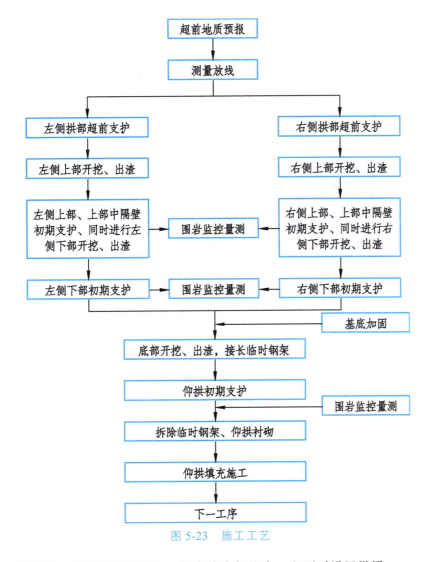

图 5-23　施工工艺

（6）未封闭前注意做好锁脚锚杆、钢支撑脚部垫实，必要时设置纵梁。

（7）各导洞开挖时，采用短台阶法施工，台阶长度为 2.0～2.5 m。上台阶施工面混凝土喷射完成后，才允许开挖下断面。下断面开挖后，及时施作初期支护，尽量减少拱脚暴露的时间。

（8）根据监测结果决定拆撑长度、模注顺序。

（9）尽早施作仰拱、封闭成环，仰拱距工作面的距离越近越好，不超过一倍洞径。

（10）隧道初支背后注浆要及时。注浆时需挂网喷射 100 mm 厚的混凝土将掌子面封闭，背后注浆压力控制在 0.5 MPa 内，注浆速度不大于 50 L/min。超前小导管如无法直接打入时，采用风钻先打眼后插入再注浆。

（11）上导坑的开挖循环进尺控制为 1 榀钢架间距（0.75～0.8 m），下导坑的开挖可依据地质情况适当加大。

（12）导坑开挖跨径及台阶高度可根据施工机具、人员等安排进行适当调整。

（13）钢架之间纵向连接钢筋应及时施作并连接牢固。

（六）劳动组织

由于隧道或地铁施工是一项特殊的专业化施工作业，要求部门与工区必须听从集中指挥和调度，各工班进行互相协作和配合。

中隔壁法施工的劳动组织安排主要包括：

（1）辅助班组主要包括运输班、运转班、机修班、测量组等辅助班组，辅助班组宜采用专业班组。

① 运输班（6~10人）：负责洞内装、运机械设备的使用与管理、轨道的铺设与出渣。

② 运转班（4~6人）：负责施工用材料的配制与运送。

③ 机修班（4~6人）：负责（除装、运机械处）机械设备的操作、使用、保养和管理。

④ 测量组（3~6人）：负责开挖断面的放样及监控测量。

（2）注浆作业班组根据注浆工作量大小设置班组，开挖、支护作业按 3 班×8 小时作业制，以作业项目来安排劳力，综合工班人员配置详见表 5-8。

表 5-8　综合工班人员配置表

作业项目	作业内容	人员配备/人
注浆作业	打孔、排管、封面、注浆	4
开挖作业	上台阶：破面、环形开挖、出渣	8
	下台阶：开挖、出渣	8
立拱挂网作业	钢架定位、联结、焊接纵向连接筋、挂钢筋网	8
锚喷作业	打设锁脚锚管，喷混凝土	6

（七）材料要求

中隔壁法施工所需材料主要包括：

（1）钢筋：根据设计图纸要求，选用符合现行国家标准的各种型号钢筋。

（2）水泥：采用强度等级为 42.5 级的普通硅酸盐水泥。水泥应有产品合格证和出厂检验报告，进场后应对强度、安定性及其他性能指标进行取样复验，水泥质量必须符合国家现行标准《通用硅酸盐水泥》（GB 175—2023）的规定。

（3）小导管：宜采用 ϕ32~42 的无缝钢管制作。

（4）砂：宜采用中粗砂。也可以采用机制砂。砂进场后应取样复检，其质量应符合国家现行标准。

（5）水：宜采用饮用水。

除此之外，隧道开挖初期支护的钢拱架，其原材料必须符合设计要求和施工规范，架立前进行试拼，连接螺栓必须拧紧，数量符合设计要求，节点板密贴对正，钢拱架连接应圆顺。喷射混凝土原材料配合比、计量、搅拌、喷射必须符合施工规范，混凝土强度必须符合设计要求。

（八）设备机具配置

中隔壁法施工的设备机具配置如表 5-9 所示。

表 5-9　机具设备配置

序号	设备名称	型号	数量	备注
1	龙门架	自行加工	1 套	竖井提升设备
2	电动葫芦	CD15-35D	3 个	
3	发电机	75~250 GF，250 kW	1 台	停电备用
4	空压机	VHP700 型低噪声电动空压机，20 m/min	1 台	施工用风
6	空压机	VY-12/7 型内燃	1 台	停电备用
7	风镐	C-10A，1.2 m³/min	8 把	土方开挖
8	风钻	YT-28	2 把	打设小导管
9	砂浆搅拌机	LG-300	1 台	水泥浆搅拌
10	双液注浆泵	KBY-50/70，11 kW	2 台	超前注浆用
11	砂浆泵	UB-3，3 m³/h	2 台	初支背后回填注浆用
12	搅拌机	JS500 型	1 台	喷浆料
13	湿喷机械手	25 m³/h	2 台	喷射混凝土
14	湿喷机	TK-500 型，5 m³/h	2 台	备用喷射混凝土
15	电焊机	BX500，15 kV·A	8 台	拱架加工、连接筋焊接
16	手推车		12 辆	上台阶倒渣
17	小型自卸车		6 辆	出渣运料
18	钢筋切断机	GJ5-40	2 台	钢筋加工
19	钢筋弯曲机		2 台	
20	钢筋调直机	GT4-14	1 台	
21	交流电焊机	BX500	3 台	
22	钢筋挤压机	YJH-25	2 台	

（九）质量控制及检验

环向开挖预留核心土法的质量控制及检验方法与全断面法质量控制及检验方法相同，可参见本项目"任务二　全断面法施工"相关内容。

任务六　交叉中隔壁法

一、工法概况

交叉中隔壁法（CRD 法）是在软弱围岩大跨度隧道中，先分部开挖隧道一侧，施作中隔壁和中隔板，再分部开挖隧道另一侧并完成中隔板施工的施方法。交叉中隔壁法施工工艺如图 5-24 所示。

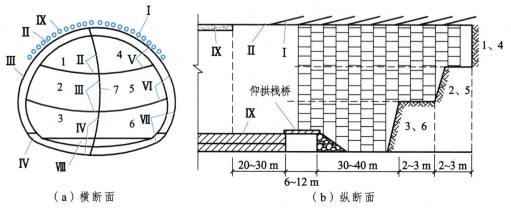

（a）横断面　　　　　　　　　　（b）纵断面

图 5-24　交叉中隔壁法施工工艺

二、施工注意事项

交叉中隔壁法施工注意事项主要包括：

（1）为了确保施工安全，上部导坑开挖循环进尺控制为 1 榀钢架间距（0.6～0.75 m），下部开挖可依据地质情况适当加大，仰拱一次开挖长度根据监控测量结果、地质情况综合确定，一般不大于 6 m。

（2）中间支护系统的拆除时间应考虑其对后续工序的影响。当围岩变形在设计允许的范围内并验证拆除后的安全性之后，方可拆除中间支护系统。中隔壁混凝土拆除时，要防止对初期支护系统形成大的振动和扰动。

（3）中隔壁的拆除时间要求同 CD 法。

（4）配备适合导坑开挖的小型机械设备，提高导坑开挖效率。

三、施工案例

某隧道 V 级围岩浅埋段长度为 35 m，该段超前支护设计为长 40 m、φ108 mm 超前管棚，开挖采用交叉中隔壁法施工。

交叉中隔壁法（CRD 法）施工工序如图 5-25 所示。

交叉中隔壁法施工工艺的施工开挖、支护顺序主要包括：

（1）左侧上部开挖。先进行掌子面超前预注浆，采用人工钻爆、弱爆破作业。人工直接开挖，开挖进尺不大于 1 m。

（2）左侧上部初期支护（包含临时支护）。开挖出渣完成后，立即进行初期支护作业。

（3）左侧中部开挖。开挖进尺控制在 1 m 以内。

（4）左侧中部初期支护（包含临时支护）。初期支护和临时支撑及时进行施工，初期支护连接紧密，横向钢支撑必须处于硬质地基上。

（5）右侧上部开挖。右侧上部断面开挖在左侧上部断面开挖支护完成 30~50 m 时进行施工，先进行掌子面超前预注浆，采用人工钻孔爆破，挖掘机扒渣，小型汽车运输。初期支护和临时支撑及时进行施工，初期支护连接紧密，横向钢支撑必须处于硬质地基上。

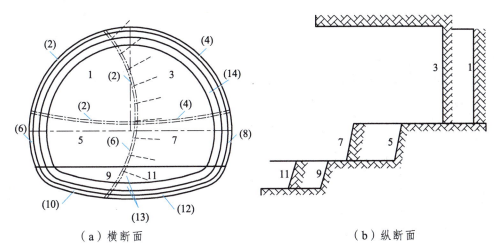

（a）横断面　　　　　　　　　　　　　　（b）纵断面

1—左侧上台阶开挖；2—左侧上台阶初期支护、中隔壁及临时仰拱；3—右侧上台阶开挖；4—右侧上台阶初期支护及临时仰拱；
5—左侧中台阶开挖；6—左侧中台阶初期支护、中隔壁；7—右侧中台阶开挖；8—右侧中台阶初期支护；
9—左侧下台阶开挖；10—左侧下台阶初期支护、中隔壁；11—右侧下台阶开挖；
12—右侧下台阶初期支护；13—仰拱及填充浇筑；14—全断面二次衬砌。

图 5-25　交叉中隔壁法（CRD 法）施工工序

（6）右侧上部初期支护。右侧上部初期支护在出渣完成后及时进行施工，超前导管、锚杆、钢架及钢筋网等设置符合设计要求。

（7）右侧中部开挖。右侧中部开挖在右侧上部开挖支护完成 15 m 时进行施工，右侧中部采用人工钻孔爆破，挖掘机扒渣，小型汽车运输。

（8）右侧中部初期支护。

（9）左侧下部开挖。采用人工钻孔爆破，挖掘机扒渣，小型汽车运输。

（10）左侧下部初期支护。仰拱和临时支撑及时进行施工，初期支护连接紧密，仰拱钢支撑必须处于硬质地基上。

（11）右侧下部开挖。采用人工钻孔爆破，挖掘机扒渣，小型汽车运输。

（12）右侧下部初期支护。仰拱钢拱架时进行施工，初期支护连接紧密，仰拱钢支撑必须处于硬质地基上。

（13）拆除临时支撑，浇筑仰拱及填充。临时支撑拆除时应先将临时支撑与主洞支护连接处的喷射混凝土敲除，采用氧气乙炔割断临时支撑钢架，再依次切断连接钢筋及钢筋网。每次拆除不大于 2 榀钢架且紧挨已浇筑的仰拱及填充，不得采用大型机械强行拆除。

（14）铺设防水层后二次衬砌整体浇筑。

一、工法概况

双侧壁导坑法又称眼镜工法，是指将断面分为左右两个侧壁和中间核心土，先分部开挖隧道两侧的导坑，并进行初期支护，再分部开挖剩余部分的一种方法。双侧壁导坑法施工工序如图 5-26 所示。

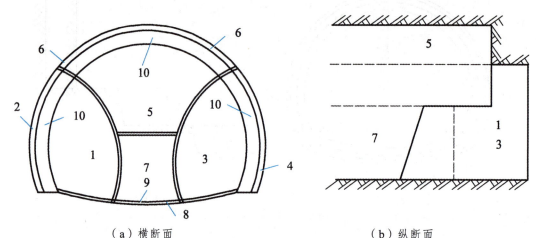

（a）横断面　　　　　　　　　　（b）纵断面

1—左（右）导坑开挖；2—左（右）导坑初期支护；3—右（左）导坑开挖；4—右（左）导坑初期支护；
5—上台阶开挖；6—上台阶初期支护、导坑隔壁拆除；7—下台阶开挖；8—仰拱初期支护；
9—仰拱超前浇筑；10—全断面二次衬砌。

图 5-26　双侧壁导坑法施工工序

二、施工要求

双侧壁导坑法施工要求主要包括：

（1）围岩开挖应尽量采用挖掘机和人工配合无爆破施工。局部需爆破施工时，宜弱爆破施工，以尽量减少对地层的扰动。

（2）开挖应严格按照规范做好监控、测量工作，随时掌握围岩及支护的变形情况，以便及时修正支护参数，改变施工方法，同时应有较准确的超前地质预报。

（3）开挖时要做好排水工作，在保证排水顺畅的同时重点对两侧临时排水沟铺砌抹面，防止钢支撑基底软化。

（4）侧壁导坑开挖后，应及时进行施工初期支护并尽早形成封闭环。

（5）侧壁导坑形状应近似于椭圆形断面，导坑跨度为整个隧道跨度的三分之一。

（6）左右导坑施工时，前后拉开距离不小于 15 m。

（7）导坑与中间土体同时施工时，导坑应超前 30～50 m。

三、施工案例

（一）工程概述

某标段隧道V级围岩浅埋段隧道采用双侧壁导坑法施工。

（二）作业准备

双侧壁导坑法的作业准备主要包括：

（1）预备好施工的各项材料，材料满足施工要求。

（2）根据施工组织设计要求，配置机械设备。

（3）作业条件及技术准备。

（4）确定卸渣场的位置和范围。

（5）汽车运输道路的引入和其他运输设施的布置。

（6）施工用风、用水和用电准备。

（三）技术要求

双侧壁导坑法的技术要求主要包括：

（1）隧道严格按"少扰动、早喷锚、勤测量、紧封闭"的原则组织施工，并根据监控测量结果，及时施作二次衬砌，仰拱适时超前。

（2）侧壁导坑、中央部上部、中央部下部错开一定距离后平行作业。侧壁导坑可采用短台阶法开挖，左右侧壁导坑施工同步进行。当测量结果表明支护体系稳定，变形很小，可适当加大循环进尺。

（3）侧壁导坑形状应近似于椭圆形断面，导坑断面宽度宜为整个断面宽度的1/3。

（4）侧壁导坑、中槽部位宜采用短台阶法开挖，各部距离应根据隧道埋深、断面大小、结构类型等选取。各部开挖后应及时进行初期支护及临时支护，并尽早封闭成环。

（5）两侧壁导坑超前中槽部位10～15 m，可独立同步开挖和支护。

（6）中槽部位采用台阶法开挖，保持平行作业。

（7）中槽开挖后，拱部钢架与两侧壁钢架的连接是难点，在两侧壁导坑施工中，钢架的位置应准确定位，确保各部架设钢架连接后在同一个垂直面内，避免钢架发生扭曲。

（8）根据监控测量信息，初期支护稳定后拆除临时支护，一次拆除长度不得大于 15 m，并加强监控、测量。

（9）临时支护拆除完成后，应及时施作仰拱及二次衬砌。

（四）施工工艺与工序

1. 施工工艺

双侧壁导坑法施工工艺如图 5-27 所示。

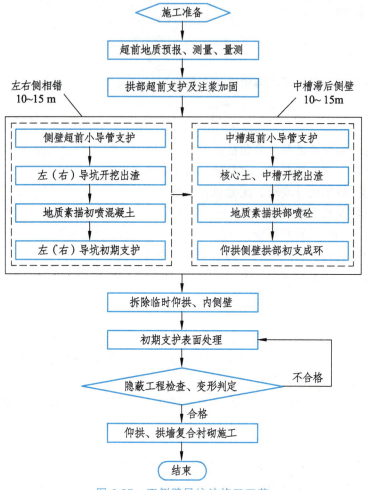

图 5-27　双侧壁导坑法施工工艺

2. 施工工序

双侧壁导坑法施工工序如图 5-28 所示，施工工序主要包括：

（1）打设超前小导管进行超前支护。

（2）开挖①，立拱架 B1、D1、B2、D2 单元和 E 单元，并喷射 C25 钢纤维混凝土。

（3）开挖②，立拱架 C1、D3 单元和 G 单元，并喷射 C25 钢纤维混凝土。

（4）开挖⑤，立拱架 C2、F 和 K 单元，并喷射 C25 钢纤维混凝土。

（5）开挖③，立拱架 B1、D1、B2、D2 单元和 E 单元，并喷射 C25 钢纤维混凝土。

（6）开挖④，立拱架 C1、D3 单元和 G 单元，并喷射 C25 钢纤维混凝土。

（7）开挖⑥，立拱架 C2、F 和 K 单元，并喷射 C25 钢纤维混凝土。

（8）环形开挖⑦，立拱架 A 单元 3 节。

（9）开挖⑧、⑨步核心土。

（10）仰拱开挖⑩，立仰拱 H 单元。

（11）初期支护背后回填注浆。

（12）仰拱施工。

（13）填充施工。

（14）下一循环。

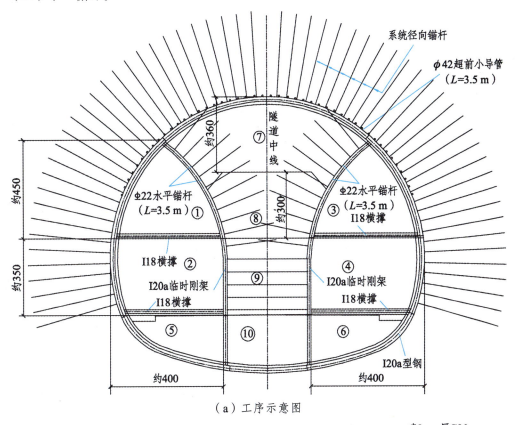

（a）工序示意图

（b）平面示意图

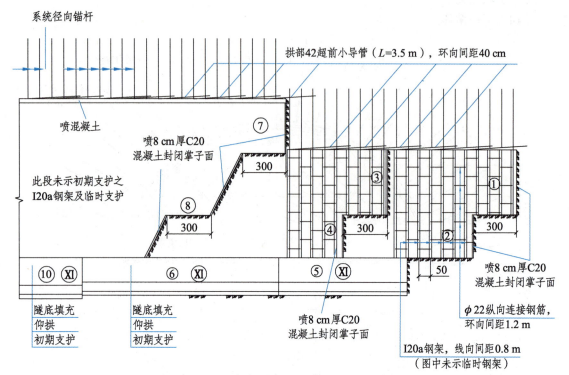

（c）纵断面示意图

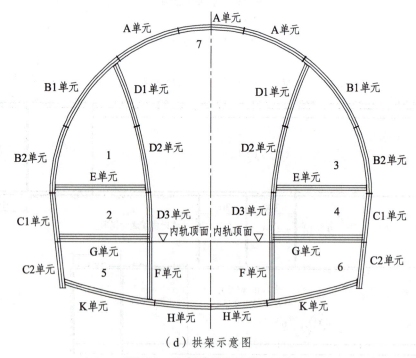

（d）拱架示意图

图 5-28　双侧壁导坑法施工工序

（五）施工要求

对于图 5-28 所示的施工工序，双侧壁导坑法的施工要求主要包括：

（1）开挖时，利用上一循环架立的钢架施做 $\phi42$ 超前小导管进行超前支护和隧道侧壁 $\phi22$ 水平锚杆超前支护，超前支护完成后先开挖侧壁导坑上台阶①部，高约 4.5 m（根据围岩情况可以分部开挖），开挖采用人工风镐方式进行。每一循环开挖 0.5～0.6 m，立一节 B1、B2、D1、D2 和 E 单元拱架，拱架纵向间距 0.5 m 每榀。正洞 B1 单元拱架与拱架 D1 单元采用螺栓连接，保证连接质量。然后施作①部导坑周边的初期支护和临时仰拱支护，并做好锁脚锚管，锁脚锚管采用 $\phi42$ 无缝钢管，长度 3.5 m。焊接完正洞拱架及临时侧壁拱架纵向连接筋、挂钢筋网，喷混凝土到设计厚度，正洞喷混凝土厚度为 27 cm，临时侧壁喷混凝土厚度为 27 cm。补正打洞相应部位系统锚杆支护，然后进行下一循环。如掌子面坍塌，则开挖①部后掌子面立即采用喷混凝土进行封闭。

（2）在滞后①部 2～3 m 左右后开始开挖②部，两侧分开施工，不得两侧同时开挖，防止上部掉拱，高度为 3.50 m。立一节 C1、D3 和 G 单元拱架，G 单元与正洞 C1 单元拱架及拱架 D3 单元采用螺栓连接，保证连接质量。然后施作②部导坑周边的初期支护和临时仰拱支护，并做好锁脚锚管。焊接完正洞拱架及临时侧壁拱架纵向连接筋、挂钢筋网，喷混凝土至设计厚度，正洞喷混凝土厚度为 27 cm，临时侧壁与临时仰拱喷混凝土厚度为 27 cm。补正打洞相应部位系统锚杆支护，然后进行下一循环。如掌子面坍塌，则开挖①部后掌子面立即采用喷混凝土进行封闭。

（3）⑤部滞后②部 2～3 m 后进行开挖支护施工，施工工序、工作内容及要求与第一步相同；先开挖正洞侧壁，每循环开挖 0.5～0.6 m，立 C2 段拱架，拱架纵向间距 0.5 m/榀，高度为 2.54 m。焊接纵向连接筋、挂钢筋网，喷混凝土至设计厚度 27 cm，补正打洞相应部位系统锚杆。正洞侧壁开挖支护完成后，立即开挖施工对侧的临时侧壁，每循环开挖 0.5～0.6 m，开挖完成后安装 C2、F 段拱架和 K 段仰拱拱架，拱架纵向间距 0.5 m/榀，临时侧壁喷混凝土厚度 27 cm，仰拱喷射混凝土 27 cm。施作③部导坑周边的初期支护和临时支护，并做好锁脚锚管。

（4）③部滞后①部 2～3 m 后开始进行开挖支护施工，施工高度、工序、工作内容及要求与第一步相同。

（5）④部滞后②部 2～3 m 后进行开挖支护施工，施工高度、工序、工作内容及要求与第二步相同。

（6）⑥部滞后⑤部 2～3 m 后进行开挖支护施工，施工高度、工序、工作内容及要求与第三步相同。

（7）滞后⑤部或⑥部的仰拱施工最慢一侧 15～20 m 后开始施工⑦部，开挖前利用上一榀拱架打设拱部 $\phi42$ 超前小导管进行超前支护，然后开挖。开挖时采用人工使用风镐环形开挖拱部，预留核心土，每循环开挖 0.5～0.6 m，根据测量组放设的中线及标高，立正洞 A 单元拱架，拱架纵向间距 0.5 m/榀，并与侧壁导坑拱架 B1、D1 段在同一垂直面上，焊接纵向连接筋、挂钢筋网，喷混凝土至设计厚度 27 cm。开挖⑦部每循环进尺一次，掌子面喷 8 cm 厚混凝土封闭。

拱架间采用螺栓连接，如拱架连接后拱顶高度不能满足测量组放设的设计标高要求，可在两段拱架间现场加焊一段同型号的工钢或加塞钢板，确保拱顶高度达到设计要求。

（8）滞后⑦部5~7 m后开始进行⑧、⑨、⑩部开挖、支护施工，每隔1~2 m开挖完后立即进行第七步施工。

（9）每完成1~2 m的⑧、⑨部开挖后，开挖仰拱⑩，然后立即用风镐拆除该段的临时侧壁喷射混凝土，并安装仰拱拱架H单元支护成环，成环后检查初支背后是否有空洞，如有空洞及时对初支背后回填注浆，然后才能施做仰拱及填充。仰拱及填充在距⑦部掌子面20~30 m后开始施作。在施作二次衬砌前拆除临时钢架。

（六）劳动组织

根据所采用的施工方法，结合隧道开挖断面大小，合理配置项目劳动力、机械设备等资源，科学组织施工。双侧壁导坑法的资源配置如表5-10所示。

表5-10　双侧壁导坑法的资源配置

施工方法	施工步骤	开挖人数/人	支护人数/人	风动凿岩机/台	作业台架/台	挖掘机/台	装载机/台	自卸汽车/台	小运输车/台	备注
双侧壁导坑法	左导上部	11	14	5	1				2	
	左导下部	11	12	5	1				2	
	右导上部	11	14	5	1	1	1		2	
	右导下部	11	12	5	1			2	2	
	中上台阶	12	18	6	1					
	中下台阶	12	12	6	1			1~2		
	小计	68	82	32	6	1	1	3~4	8	

（七）材料要求

1. 喷射混凝土

双侧壁导坑法的喷射混凝土要求主要包括：

（1）水泥：选用硅酸盐水泥或普通硅酸盐水泥，水泥强度等级应不低于42.5 MPa。

（2）细骨料：采用坚硬耐久的中砂或粗砂，细度模数大于2.5，含水率宜控制在5%~7%。

（3）粗骨料：采用坚硬耐久的碎石或卵石，喷射混凝土中的石子粒径不大于16 mm，喷射钢纤维混凝土中的石子粒径不大于10 mm，骨料级配采用连续级配。

（4）速凝剂：根据水泥品种、水灰比等，通过不同掺量的混凝土试验选择最佳掺量，使用前对速凝剂效果试验，初凝不大于5 min，终凝不大于10 min。

（5）水：水质符合工程用水的有关标准，如水的品质pH>4.5，不溶物含量<2 000 mg/L，可溶物含量<5 000 mg/L，氯化物（以Cl^-计）含量<1 000 mg/L，硫酸盐（以SO_4^{2-}计）含量<2 000 mg/L，碱含量（以当量Na_2O计）<1 500 mg/L。

（6）钢纤维：采用普通碳素钢制成，长度为20~25 mm并且要求不大于25 mm，抗拉强度不小于380 MPa，不能有油渍和明显的锈蚀。

2. 锚杆

双侧壁导坑法的锚杆要求主要包括：

（1）锚杆类型应根据地质条件、使用要求及锚固特性进行选择，可选用中空注浆锚杆、树脂锚杆、自钻式锚杆、砂浆锚杆和摩擦型锚杆等。

（2）锚杆的抗拉拔力不得小于 150 kN，锚杆的直径为 22 mm。

（3）注浆锚杆的水泥砂浆强度不得低于 20 MPa。

3. 钢筋网

钢筋网材料采用 Q235 钢，直径为 6～12 mm，网格尺寸采用 150～200 mm，搭接长度不得小于 1 个网格。

4. 钢拱架或格栅钢架

双侧壁导坑法的钢拱架或格栅钢架要求主要包括：

（1）钢拱架所用钢材的规格、型号、材质满足设计要求和国家有关标准规定。

（2）钢架不得在受力较大的拱顶及其他受力较大的部位分节。

（3）格栅钢架的主筋直径不小于 18 mm，且焊接应符合设计要求。

5. 管棚

管棚所用原材料质量必须符合《碳素结构钢》（GB/T 700—2006）规定和设计要求。管棚的直径宜为 70～127 mm，壁厚宜为 6～10 mm。

6. 超前小导管

超前小导管所用原材料质量必须符合《碳素结构钢》（GB/T 700—2006）规定和设计要求。

（八）设备机具配置

双侧壁导坑法的设备机具配置如表 5-11 所示。

表 5-11　设备机具配备表

序号	设备分类	设备名称	规格型号	数量
1	开挖设备	挖掘机	PC220	1
2		装载机	ZLC50C	2
3		自卸汽车	151-290 马力	2
4		小型运输车	1.5 T	6
5		动螺杆空压机	p950E-160 kW	2
6		手持风钻	YT28	10
7		手持风镐	G10	20
8		多功能作业台架	自制	6

序号	设备分类	设备名称	规格型号	数量
9	支护设备	湿（潮）喷浆机	TK500	1
10		混凝土喷射机	PZ-6T	3
11		搅拌机	JS750	2
12		配料机	PLD1200	2
13	通风设备	轴流通风机	55 kW×2	1
14	电力设备	电力变压器	S9-315KVA/10/0.4	2
15		发电机组	BFC-358	1
16	排水设备	抽水机	36-150/18.5	1
17	加工设备	车床	CY6140	1
18		摇臂钻床	Z3032×10	1
19		电焊机	BX-500	8
20		型钢弯曲机	H200	1
21		液压锻铆机	PYZ-12	1
22		钢筋弯曲机	G40	1
23		钢筋切断机	Q40	1
24		钢筋调直机	x12	1

（九）质量控制及检验

1. 检查要求

（1）隧道开挖断面的中线、高程必须符合设计要求。

测量仪器：激光断面仪、全站仪、水准仪。

（2）隧道不应欠挖。当围岩完整、石质坚硬时，允许岩石个别突出部分（每 1 m^2 的突出部分不大于 0.1 m^2）侵入衬砌不大于 5 cm。拱脚和墙脚以上 1 m 内断面严禁欠挖。隧道开挖断面允许超挖值应符合表 5-12 的规定。

表 5-12　隧道开挖断面允许超挖值

开挖部位	围岩级别		检验方法
	II ~ IV	V、VI	
拱部	平均线性超挖 15 cm	平均线性超挖 10 cm	激光断面仪、全站仪测量周边轮廓线，绘断面图与设计断面核对
	最大超挖值 25 cm	最大超挖值 15 cm	
边墙	平均 10 cm	平均 10 cm	
隧底	局部突出每平方米不应大于 0.1 m^2，侵入断面不大于 5 cm		

（3）钻眼作业时炮眼的深度和角度应符合设计要求，主要包括：

① 掏槽眼眼口间距误差和眼底间距误差不得大于 5 cm，辅助眼眼口排距、行距误差均不得大于 10 cm。

② 周边眼眼口位置误差不得大于 5 cm，眼底不得超出开挖轮廓线 15 cm。

2. 喷射混凝土验收要求

（1）喷射混凝土结构外形尺寸允许偏差和检验方法应符合表 5-13 的规定。

表 5-13　结构外形尺寸允许偏差和检验方法

序号	项目	允许偏差/mm	检验方法
1	边墙平面位置	±10	尺量
2	拱部高程	30	水准测量
3	边墙、拱部表面平整度	15	2 m 靠尺检查或自动断面仪测量

（2）喷射混凝土的强度必须符合设计要求，可采用喷大板切割法制取试件。在工程施工过程中，如果质疑喷射混凝土强度，可在混凝土喷射地点采用钻芯取样法随机抽取试件做强度抗压试验。

（3）喷射混凝土的厚度应符合的要求主要包括：

① 平均厚度大于设计厚度。

② 检查点数的 90% 及以上大于设计厚度。

③ 最小厚度不得小于设计厚度的 2/3。

④ 检查方法：检查控制喷层厚度的标志、凿孔测量厚度或无损检测测量厚度。

3. 喷射混凝土过程控制要求

（1）喷射方式符合设计要求，施工时应分段、分片，由上而下依次进行，混合料应随拌随喷。

检查方法：观察法。

（2）采用湿喷方式的喷射混凝土拌和物的坍落度应符合设计配合比要求。

检查方法：坍落度试验。

（3）喷射混凝土拌制前，应测定砂、石含水率，并根据测试结果与理论配合比调整材料用量，提出施工配合比。

检查方法：砂、石含水率测试。

（4）喷射混凝土表面平顺，无裂缝及掉渣现象，无锚杆头及钢筋外露。

检查方法：观察。

4. 锚杆检查要求

（1）锚杆的类型、规格、性能等应符合设计要求和国家、行业有关技术标准的规定。

检验方法：检查产品合格证、出厂检验报告并抽检进行试验。

（2）锚杆安装数量应符合设计要求。

检查方法：现场目测检查。

（3）砂浆锚杆采用的砂浆强度等级、配合比应符合设计要求。

检查方法：砂浆强度试验。

（4）锚杆孔应保持直线，与隧道衬砌法线方向垂直，锚杆内灌注砂浆应饱满密实。

检查方法：观察。

（5）锚杆安装允许偏差应符合下列规定：锚杆孔距允许偏差为 ±150 mm，锚杆孔的深度应大于锚杆长度的 100 mm。

检查方法：现场测量。

（6）锚杆用钢筋应平直、无损伤，表面无裂纹、油污、颗粒状或片状老锈。

检查方法：观察。

5. 钢筋网检查要求

（1）钢筋网所使用的钢筋品种、规格、性能等应符合设计要求和国家、行业有关技术标准的规定，应冷拉调直后使用，钢筋表面不得有裂纹、油污、颗粒状和片状锈蚀。

检查方法：观察，钢尺检查。

（2）钢筋网的制作应符合设计要求。

检查方法：观察、测量。

（3）钢筋网的网格间距应符合设计要求，网格尺寸允许偏差为 ±10 mm。

检查方法：尺量。

（4）钢筋网应与隧道断面形状相适应并与锚杆或其他固定装置连接牢固。

检查方法：观察。

（5）钢筋网搭接长度应为 1～2 个网格，允许偏差 ±50 mm。

检查方法：尺量。

6. 钢架检查要求

（1）钢架所使用的原材料必须符合设计要求以及国家现行的标准《钢筋混凝土用钢》（GB/T 1499—2017）的规定。

检查方法：根据每批质量证明文件进行相关性能试验。

（2）制作钢架的钢材品种、级别、规格和数量必须符合设计要求；钢筋、型钢等原材料应平直、无损伤，表面不得有裂纹、油污、颗粒状和片状锈蚀。

检查方法：观察，钢尺检查。

（3）格栅钢架钢筋的弯制、末端的弯钩以及型钢钢架的弯制应符合设计要求，钢架的结构尺寸允许偏差应符合设计要求，详见表 5-14。

表 5-14　钢架安装允许偏差

序号	项目	允许偏差
1	间距	±100 mm
2	横向	±50 mm
3	高程	±50 mm
4	垂直度	±20
5	保护层和表面覆盖层厚度	−5 mm

（4）钢架安装的位置、接头连接、纵向拉杆应符合设计要求，钢架安装不得侵入二次衬砌断面，脚底不得有虚渣。钢筋安装及钢筋保护层厚度允许偏差和检验方法详见表5-15。

表5-15　钢筋安装及钢筋保护层厚度允许偏差和检验方法

序号	名　　称		允许偏差/mm	检验方法
1	双排钢筋的上排钢筋和下排钢筋间距		±5	尺量两端、中间各1处
2	同一排中受力钢筋水平间距	拱部	±10	
		边墙	±20	
3	分布钢筋间距		±20	尺量连续3处
4	箍筋间距		±20	
5	钢筋保护层厚度		10、−5	尺量两端、中间各2处

（5）沿钢架外缘每隔2 m应用钢楔或混凝土预制块与围岩定紧，钢架与围岩间的间隙应用喷射混凝土喷填密实。

检查方法：观察。

（6）钢架的落底接长和钢架间的连接应符合设计要求，钢架安装允许偏差应符合下列要求：

① 钢架间距允许偏差为±100 mm。

② 钢架横向允许偏差为±50 mm。

③ 高程偏差允许偏差为±50 mm。

④ 垂直度偏差允许偏差为±2°。

⑤ 钢架保护层厚度允许偏差为10 mm、−5 mm。

检查方法：尺量。

7. 大管棚施工检查要求

（1）管棚所用原材料质量必须符合国家有关标准及设计要求。

检查方法：根据每批质量证明文件进行相关性能试验。

（2）管棚所用的品种、级别、规格和数量必须符合设计要求。

检查方法：观察，钢尺检查。

（3）管棚的搭接长度应符合设计要求。

检查方法：观察、测量。

（4）钻孔的孔位、外插角、孔径施工允许偏差应符合表5-16规定。

表5-16　管棚施工允许偏差

序号	项目	允许偏差
1	方向角	1°
2	孔口距	±30 mm
3	孔深	±50 mm

（5）管棚注浆浆液强度和配合比应符合设计要求，且浆液应充满钢管及周边的空隙。

检查方法：注浆压力、观察。

8. 超前小导管施工检查要求

（1）超前小导管所用原材料进场必须按批次抽取试件做力学性能（如屈服强度、抗拉强度和伸长率）和工艺性能（如冷弯）试验，其质量必须符合国家有关标准及设计要求。

检查方法：根据每批质量证明文件进行相关性能试验。

（2）超前小导管所用的品种、级别、规格和数量必须符合设计要求。

检查方法：观察，钢尺检查。

（3）超前小导管的搭接长度应符合设计要求。

检查方法：观察、测量。

（4）超前小导管与支撑结构的连接应符合设计要求。

检查方法：观察。

（5）超前小导管施工允许偏差应符合表 5-17 的规定。

表 5-17　超前小导管施工允许偏差

序号	项目	允许偏差
1	方向角	2°
2	孔口距	±50 mm
3	孔深	50 mm

（6）超前小导管注浆浆液强度和配合比应符合设计要求，且浆液应充满钢管及周边的空隙。

检查方法：注浆压力、观察。

任务八　非爆开挖

一、非爆开挖简介

在隧道及地下工程施工过程中，常常需要采用非爆破开挖，其原因主要包括：

（1）隧道及地下工程采用爆破开挖会引起周围地层和地表的振动。当地下或地表建（构）筑物离爆破现场的距离不能满足振动限制要求时，采用爆破开挖会危及既有建（构）筑物的安全。尤其是在城镇附近施工时，地表建（构）筑物密集，居民众多，隧道及地下工程埋深通常较浅，爆破开挖产生的振动容易造成地表房屋变形、开裂，引起居民恐慌，对社会安定产生不利影响。

（2）隧道及地下工程采用爆破开挖会产生较大的爆破声且持续时间较长，对生态环境影响大，尤其是在城镇附近，居民众多或靠近医院、学校、风景区等敏感区域，爆破开挖难以实施。

（3）当周围有易燃易爆物品时，不允许采用爆破法施工，如开挖工程位于在油罐、油库等设施附近。

二、非爆破开挖方法

目前常用的非爆破开挖方法包括静态破碎法、液压冲击锤法、铣挖法和悬臂式掘进机开挖法。

（一）静态破碎法

静态破碎法的破碎原理是利用装在炮眼中的静态破碎剂的水化反应使晶体变形，产生体积膨胀，从而缓慢地将此膨胀压力施加给炮眼壁。由于受到炮眼壁的约束，这种膨胀压力转换为拉伸应力。由于岩体的抗拉强度远远小于抗压强度，所以岩体在这种拉伸应力作用下容易引起破碎。静态破碎剂的破碎效果除了与破碎剂的性能、介质强度和破碎条件等因素有关，还取决于破裂参数和炮孔的排列。

（二）液压冲击锤法

液压冲击锤法，即采用挖掘机携带的液压冲击锤（俗称"啄木鸟"）进行分部凿岩开挖。液压冲击锤法最适用于有裂缝的和层理分明的地层。节理发育的、层理分明的、层理和节理之间存在软弱夹层的坚硬岩层，有利于使用液压冲击成功地进行隧道掘进。层理和节理之间存在软弱夹层的坚硬岩层，开挖过程中主要受控于岩块之间的结合强度，有利于在液压冲击锤上使用凿式设备进行隧道开挖。

（三）铣挖法

铣挖法将铣挖机安装在普通液压挖掘机上用来替代挖斗、破碎锤、液压钳等通用配置。铣挖法主要应用于隧道掘进及轮廓修整、渠道沟槽铣掘、建筑物拆除、沥青混凝土路面铣刨以及岩石冻土铣挖、树根铣削等多个领域。静态破碎法、铣挖法、液压冲击锤等非爆破开挖法各有优劣，单独一种非爆破开挖法很难在工程中应用、实施，因为隧道工程可能遇到复杂的地质条件，特别是岩石强度跨度很大、同一断面并不是整体，如硬岩中常常夹有软岩俘房体。

（四）悬臂式掘进机开挖法

悬臂式掘进机是一种集切割、行走、装运、喷雾灭尘等功能于一体的综合掘进设备，包含多种机构，具有多重功能。悬臂式掘进机作业线主要由主机与后配套设备组成。主机把岩石切割破落下来，转运机构把破碎的岩渣转运到机器尾部并卸下，由配套转载机、运输机运走。悬臂式掘进机的切割臂可以上下、左右自由摆动，切割任意形状的巷道断面，切割出的表面精确、平整，便于支护。履带式行走机构使机器调动灵活，便于转弯、爬坡，对复杂地质条件适应性强。悬臂式掘进机开挖方法在近年来应用比较广泛。

三、悬臂掘进机施工

（一）悬臂掘进机施工的优劣

悬臂掘进机施工与钻爆法施工相比较，悬臂掘进机施工所具有的优势主要包括：

（1）断面成型好，对围岩扰动小，施工安全。

（2）超挖和欠挖现象少。

（3）人员需求少，每班只需 2~3 人。

悬臂掘进机施工与钻爆法施工相比较，悬臂掘进机施工所具有的劣势主要包括：

（1）围岩的岩石硬度达到 f7 以上。

（2）效率低。

（3）成本高。

（二）悬臂式掘进机截割施工

1. 软岩或破碎带截割开挖施工

对于软岩或破碎带，包括局部存在夹泥层的强度不高岩体，切割容易，切割速度快，可以在掌子面底部水平截割出一条槽，为后续开挖提供临空面，然后截割头采取自下而上、左右循环截割。完成从底部开挖到顶部后，进行二次修整以达到准确的设计断面。

2. 硬岩或较完整岩体截割开挖施工

硬岩和完整岩体的截割速度相对于软岩会有部分降低，因此需要采用特殊的截割方式降低截齿的消耗：首先从底部由左向右截割，从中间部位由下向上截割出两道沟槽形成临空面；再沿着临空面从右至左、自下往上的方式或从左往右、自下而上逐步进行截割。如果遇到节理发育较好的岩石，则应选择沿岩石节理方向逐步截割。

3. 局部（超）硬岩截割开挖施工

对于掌子面局部出现的硬度强度高于 80 MPa 的区域，先截割周围软岩，使大块硬岩坠落以降低掘进难度及截齿消耗量，切不可强行切割损伤截齿。

悬臂式掘进机的截割方式是从扫底开始截割，再按 S 型或 Z 型左右循环向上的截割路线逐级截割上面的部分。

针对不同硬度的岩石可定制不同的截齿，科学合理的截齿呈螺旋线排布，确保机器有更好的截割能力并具有自洁功能。根据实际工况条件选择最佳截割头，可以提高施工效率。当局部遇有硬岩时，可以选用小直径截割头，这种切割头的截割力大、破岩能力强，可以有效地降低掘进难度、减少截齿的消耗量。

（三）施工工法

悬臂掘进机尺寸大，需要与大型设备配套进行机械化施工，施工断面太小将无法使用悬臂掘进机。为了实现机械化施工，施工现场一般采用全断面法、台阶法进行作业。

1. 全断面法施工

全断面法开挖是指掘进机从底部开挖，一次性将整个隧道断面开挖成型。

（1）适用范围。

全断面法施工的适用范围主要包括：

① 非浅埋的围岩，覆盖条件简单、岩质较均匀的岩层。

② 必须具备大型机械施工的条件。

③ 浅埋段、偏压段和洞口段不宜采用此工法。

（2）优劣。

全断面法施工的优点：施工效率高，施工速度快。

全断面法施工的缺点：单循环时间稍长。

（3）施工工序。

全断面法的施工工序主要包括：

① 测量放样。

② 周边轮廓标记。

③ 掘进机就位。

④ 掘进机开挖。

⑤ 通风除尘。

⑥ 出渣运输。

⑦ 初期支护。

⑧ 仰拱施工。

⑨ 二次衬砌。

（4）施工组织。

全断面法的悬臂开挖采取两个班组，根据围岩情况单一循环进尺为2~5 m。初期支护采用喷锚支护，分两部分进行：

① 当掘进机开挖一个循环（2~5 m）后，支护班组立即进行初喷封闭，再施工锚杆、钢筋网，连接成整体后用喷射混凝土覆盖钢筋网，掘进机继续进行开挖。

② 在掘进机尾部立钢拱架、打锁脚锚杆，将拱架与锚杆连接，喷射混凝土喷到设计厚度，形成完整的初期支护。

2. 台阶法施工

隧道高度超过悬臂掘进机一次开挖高度较多时，选择台阶法施工。施工断面分为上、下两部分，两次开挖成型。上半断面一般超前下半断面形成台阶。

（1）适用范围。

台阶法施工的适用范围主要包括：

① 适用于非浅埋岩层，也适用于土质和软弱围岩。

② 必须具备大型机械施工的条件。

③ 浅埋段、偏压段和洞口段不宜采用此工法。

（2）优劣。

台阶法施工的优点：施工效率较高，施工速度较快，上下断面干扰小。

台阶法施工的缺点：分块多，闭合时间长。

（3）施工组织。

悬臂开挖采取两个班组，上台阶单循环进尺为 2~5 m，可以根据隧道围岩情况加大或减少开挖循环进尺。下台阶随着上台阶的开挖及时跟进。初期支护采用喷锚支护，分两部分进行。

① 当掘进机开挖一个循环后，支护班组立即进行初喷封闭，之后施工锚杆、钢筋网，连接成整体后用喷射混凝土覆盖钢筋网。掘进机继续进行开挖。

② 在掘进机尾部立钢拱架、打锁脚锚杆，将拱架与锚杆连接，喷射混凝土喷至设计厚度。至此形成完整的初期支护。

悬臂掘进机开挖示意图如图 5-29 所示。

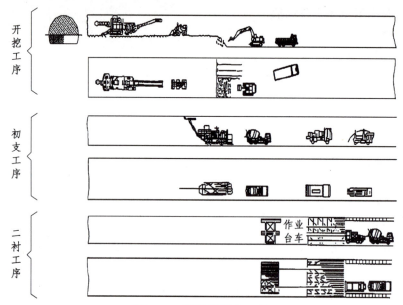

图 5-29　悬臂掘进机开挖

（四）电力配套

设备供电系统的示意图如图 5-30 所示。

图 5-30　设备供电系统示意图

1. 高压配电说明

（1）容量。

变电站为掘进机提供 700 kW 的电能，确保扣除线路电能损耗后进入变压器的功率达到

700 kW。掘进机如果出现短时过载，功率会超过 700 kW。

条件允许的情况下，变电站掘进机供电的线路最好采用专线，以免掘进机在使用过程中与线路上其他用电设备之间的互相干扰。

（2）高压保护装置。

变电站高压电出口应当配备高压馈电开关，实现通断电以及电气保护。

电气保护包括漏电保护、过载保护、过流保护、短路保护、过压保护、欠压保护等。对于过载保护、过流保护和短路保护，要求采用三段式保护：过载长延时（L）、过流短延时（S）、短路瞬时保护（I）。

2. 变压器

（1）主要参数：10 kV 转 1.2 kV，额定电压 1.14 kV，容量 800 kV·A。

（2）容量要求：变压器最小容量 800 kV·A，容量越大越好。

（3）低压端保护装置：变压器低压出口配备低压馈电开关，以便通断电以及实现电气保护。

（4）高压柜：如果高压侧配备高压馈电开关，其保护功能与低压端保护装置相同，跳闸时间的设定值应当介于上述两表之间。

3. 电缆

（1）高压电缆。

高压电缆的推荐型号：高压橡套软电缆 UGEFPT-6/10kV-3×35+3×35/3，矿用高压橡套软电缆 MYPT-6/10kV-3×35+3×16/3。

高压电缆的长度：变电站到工地变压器距离+隧道长度，考虑变压器最远移动距离。

注：高压电缆的线径、长度、类型应以当地供电局要求为准，主要注意 10 kV 电压等级、防水、防油、阻燃、耐磨、软电缆等。

（2）低压电缆。

低压电缆推荐型号：专用橡套软电缆 MCP-0.66/1.14kV-3×95+1×25+4×2.5。

注：低压电缆要注意 1.14 kV 电压等级、防水、防油、阻燃、耐磨、抗拉、软电缆等；考虑到施工方便性及线路损耗等，建议长度不超过 500 m。

4. 电压降

供电线路存在电压损失，特别是高压电缆、低压电缆和变压器。

（1）起动瞬态电压。

电机起动瞬态电压为额定电压（1 140 V）的 75%～110%，电机正常起动。

（2）正常工作电压

电机处于正常工作状态时，电压波动范围为额定电压（1 140 V）的 85%～110%。

5. 额外要求

施工现场存在一些特殊情况，如高压电网的供电电压波动较大时需要变压器厂家设置调挡功能等，因此需要与设备制造商以及电力供应公司沟通，避免掘进机在使用过程中出现问题。

6. 注意事项

在工程施工过程中，供电系统的注意事项主要包括：

（1）系统配电须同时符合当地供电局的要求，特别是高压侧的线路架设、设备安装等。

（2）高压侧和低压侧的线路架设、设备安装及日常操作维护必须由专业电工完成。

（3）电缆做线时，须把单根三相线的外黑色半导电屏蔽层剥离干净，然后用酒精擦拭；地线外橡胶护套为半导体导电层，接线时需要使用高压绝缘胶带缠绕至剥线根部；接线时要保证三相线间、相线与地线间的安全距离。

（4）日常操作（如通断电、拖拽电缆等）及保养维护时必须穿戴绝缘护具。

（五）施工技术措施

1. 轮廓控制

隧道内部装有激光制导控制系统，能够提高掘进精确和操作效率。隧道内安装多个激光制导指向仪，用于控制轮廓。每个激光制导指向仪发射 1 条红色光束，能够长距离聚焦从而及时获取精确的轮廓参考信息，确保隧道开挖的直线前进，控制隧道的超挖和欠挖。激光制导指向仪安装在初支隧道装置，从而获得需要的掘进方向。操作员按照光束掘进，能够确保掘进精确。激光制导指向仪具有小巧轻便、坚固耐用且防水、耗能低、易于安装固定、定位指向距离远的特点，在存在瓦斯的情况下仍然可以安全可靠地使用。

激光制导指向仪发出的红色光束称为即时直线，该直线的作用主要包括：

（1）指导悬臂式掘进机精确截割、定位，减少超欠挖，从而降低支护成本。

（2）提供恒定准确的参考信息，提高了施工效率。

（3）提高了掘进精确、减少了开挖量和渣土运出量，降低了施工成本。

（4）延伸了测量标桩，减少了测量时间，使得隧道定向施工更方便。

激光指向定位如图 5-31 所示。

激光指向仪光束

图 5-31　激光指向定位

2. 除尘

隧道施工效率与除尘效果密切相关。采用隧道掘进机施工时，会形成由气体尘埃组成的浑浊空气。开挖过程中必须使用除尘设备，否则会严重影响施工安全及施工效率。采用掘进机施工时必须配置除尘设备，除尘设备的处理风量根据隧道断面大小合理选择。除尘方式最好采用负压除尘（即吸出式除尘），若隧道较长可以在隧道内适当位置增加送风机。安装除尘器后，浑浊空气经由风管被输送到除尘设备的过滤器，过滤器利用水浴方式对满含粉尘的空气进行除尘，过滤器的水雾可以捕捉大粉尘和浑浊空气中的小粉尘，实现降尘的目的。

隧道通风除尘如图 5-32 所示。

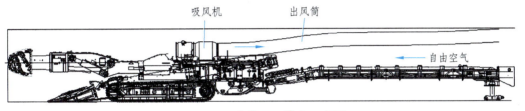

图 5-32　隧道通风除尘示意图

任务九　浅埋暗挖法

浅埋暗挖法

近年来，采用浅埋暗挖法施工的地下工程已越来越多，该方法已经成为城市地下铁道施工的主要方法之一。浅埋暗挖法是在新奥法的基础上，针对城市地下工程的特点发展起来的。

城市浅埋地下工程特点主要包括：覆土浅，地质条件差（多数是未固结的砂土、黏性土、粉细砂等），自稳能力差，承载力小，变形快，特别是初期增长快，稍有不慎极易产生坍塌或过大的下沉。在隧道附近往往有重要的地面建筑物或地下管网，给施工带来更高的要求。

浅埋暗挖法是以超前加固、处理软弱地层为前提，采用足够刚性的复合衬砌（由初期支护和二次衬砌以及中间防水层组成）作为基本支护结构的用于软土地层近地表隧道的一种暗挖施工方法。浅埋暗挖法以施工监测为手段，并以此来指导设计和施工，保证施工安全，控制地表沉降。在应用范围上，浅埋暗挖法不仅可用于区间、大跨度过渡线段、通风道、出入口和竖井的修建，而且可用于多跨、多层大型车站的修建；在结构形式上，不仅有圆拱曲墙、大跨度平拱直墙，还有平顶直墙的形式；在与其他施工方法的结合上，有浅埋暗挖法与盖挖法结合，还有与半断面插刀盾构的结合。

近年来，我国隧道工作者将浅埋暗挖法应用到一些不良地质地段以及极其困难的施工环境中，取得了宝贵的工程设计、施工经验。

一、浅埋暗挖法的特点

与其他施工方法相比，浅埋暗挖法具有的特点主要包括：

（1）适用于各种地质条件和地下水条件。

（2）可以灵活应用于各种断面形式（如单线、双线及多线、车站等）和变化断面（如过渡段、多层断面等）。

（3）通过分部开挖和辅助施工方法，可以有效地控制地表下沉和坍塌。

（4）与盾构法相比较，即使应用于较短的开挖地段也具有较大的成本优势。

（5）与明挖法相比较，极大地减轻对地面交通的干扰和对商业活动的影响，避免了工程大量的拆迁。

（6）从综合效益观点出发，是比较经济的一种施工方法。

二、浅埋暗挖施工原则

（一）施工的基本原则

根据国内外的工程实践，浅埋暗挖法的施工原则主要包括：

（1）管超前。管超前是指采用超前管棚或小导管注浆等措施先行支护，实际上就是采用超前支护的各种手段来提高掌子面的稳定性，防止围岩松动和坍塌。

（2）严注浆。严注浆是指在导管超前支护后，立即进行压注水泥浆或其他化学浆液来填充围岩空隙，使隧道周围形成一个具有一定强度的壳体，以增强围岩的自稳能力。

（3）短开挖。短开挖是指一次注浆、多次开挖，限制一次进尺的长度，减少围岩的松动。

（4）强支护。强支护是指在浅埋的松软地层中施工，初期支护必须十分牢固，具有较大的刚度，以控制开挖初期的变形。

（5）快封闭。快封闭是指在台阶法施工中，如上台阶过长，变形增加较快，为了及时控制围岩松动，必须采用临时仰拱封闭，开挖一环，封闭一环，提高初期支护的承载能力。

（6）勤测量。勤测量是指对隧道施工过程进行经常性的测量，及时掌握施工动态，及时反馈以指导设计和施工。

（二）地层预加固和预支护技术

在城市地下铁道浅埋暗挖法施工中，经常遇到砂砾土、砂性土、黏性土或强风化基岩等不稳定地层。这类地层在隧道开挖过程中自稳时间短暂，容易引起较大的地面沉降。在初期支护还未来得及施作或喷混凝土还未达到足够强度时，拱墙的局部地层已经开始坍塌。为此需要采用地层预支护和预加固方法，提高地层自稳能力，减少地表沉降。目前，国内广泛采用的预支护手段包括小导管注浆和管棚，国外广泛采用的水平旋喷预支护方法已在国内试验成功并开始应用于预切槽试验研究。

> **任务实施**
>
> 分组进行讨论，并按照问题引导进行答题。
>
> **问题引导**

隧道盖挖逆做法

某隧道工程全长 3 100 m，隧道断面面积为 110 m²，隧道宽度为 12 m，高为 10 m，双车道。隧道围岩主要信息如表 5-18 所示。

表 5-18　隧道围岩主要信息

序号	段落	长度	围岩情况	备注
1	K0+000～K0+200	200 m	（1）V级围岩，浅埋段，围岩为极软岩。 （2）隧址区泥岩富水性差，为相对隔水层，砂岩为弱透水层。 （3）地下水贫乏，隧道以渗水或滴水为主。 （4）隧道开挖后，一般无自稳能力，短期内易发生松动变形，以拱部松动破坏为主	
2	K0+200～K0+600	400 m	IV级围岩，深埋隧道。围岩裂隙发育，地下水贫乏，隧道以渗水或滴水为主	
3	K0+600～K2+600	2 000 m	III级围岩，硬岩，岩质较均匀	
4	K2+600～K2+900	300 m	IV级围岩，深埋隧道。围岩裂隙发育，局部有断裂带	
5	K2+900～K3+100	200 m	V级围岩，浅埋段，洞口段有偏压。洞顶附近有建筑物，对沉降要求高	

根据提供的资料回答下列问题：

问题 1：为 K0+000～K0+200 段施工选择一种隧道开挖方法，并说明原因。

_____

_____

_____

_____

问题 2：为 K0+200～K0+600 段施工选择一种隧道开挖方法，并说明原因。

_____

_____

_____

_____

问题 3：为 K0+600～K2+600 段施工选择一种隧道开挖方法，并说明原因。

_____

_____

_____

问题 4：为 K2+900～K3+100 段施工选择一种隧道开挖方法，并说明原因。

_____

_____

_____

_____

学生自评表

任务	完成情况记录
掌握隧道开挖方法的施工工艺	
掌握隧道开挖方法的适用范围	
掌握施工方案编制	
总结反思建议	

学生互评表

序号	评价项目	小组互评
1	掌握隧道开挖方法的施工工艺	5分□ 4分□ 3分□ 2分□ 1分□
2	掌握隧道开挖方法的适用范围	5分□ 4分□ 3分□ 2分□ 1分□
3	掌握施工方案编制	5分□ 4分□ 3分□ 2分□ 1分□
4	语言表达能力	5分□ 4分□ 3分□ 2分□ 1分□
5	积极性	5分□ 4分□ 3分□ 2分□ 1分□
6	反思总结	5分□ 4分□ 3分□ 2分□ 1分□
7	简要评述	

教师评分表

序号	工序	作业步骤	配分	评分标准	扣分	得分
1	准备工作	确定人数	10	小组点名,根据考勤情况打分。如果缺勤则个人得分为零		
2	学习状态	掌握隧道开挖方法的施工工艺	60	得分=正确步骤总得分×60 分/所有操作步骤总分,保留小数点后两位		
		掌握隧道开挖方法的适用范围				
		掌握施工方案编制				
3	验收总结	对他人的评价	15	根据质量检验情况判断施工是否正常。判断正确的得分,判断错误的不得分		
		自我评价与总结	15	得分=已回收设备材料数量×15 分/需要回收设备材料总数量,保留小数点后两位		
合计						

序号	评价项目	自我评价	互相评价	教师评价	综合评价
1	学习准备				
2	引导问题填写				
3	完成质量				
4	要点掌握				
5	完成速度				
6	参与讨论主动性				
7	沟通协作				
8	总结与评价				

实作复盘

根据小组作业结果，小组讨论、分析待改进方面及预防措施。

项目六 隧道支护施工

大柱山隧道

大柱山隧道位于中国云南省保山市境内，穿越横断山脉南段的大柱山，是大（理）-瑞（丽）铁路全线最高风险隧道，该隧道设计为单线铁路隧道，全长 14 484 m，设置"两横一平"，隧道最大埋深为 995 m。大柱山隧道融合了国内长大隧道复杂断层、涌水涌泥、软弱围岩大变形、高地热、岩爆等各类风险，地质极其复杂多变，施工难度极大，施工技术和组织难题众多，是大-保段唯一一座极高风险隧道，有着"中国隧道施工地质博物馆"之称。

大柱山隧道于 2008 年开工建设，2019 年 6 月隧道平导贯通，2020 年 4 月全隧贯通。该隧道穿过 6 条断裂带、5 处岩溶发育地段、3 条褶皱构造段、30 多种不同的围岩，被称作"极高风险隧道"及"最难掘进隧道"。

大柱山隧道采用的解决方案主要包括：

（1）采用高压动水分段引排超高压聚合注浆工艺施工。先用高压注浆设备通过极大的压力把突涌出的泥浆顶回去，同时注入水泥，实现让泥浆变成混凝土的效果，再一点点掘进。

（2）为了解决水压大问题，在出口端反坡段先后建 7 级抽水泵站，50 多台大水泵和几十台小水泵接力，基本解决反坡排水施工的难题。

（3）面对围岩问题，引入"孔内成像仪"显示孔内图像。为遏制隧道断面变形，采用硬度比较适当的碎石块回填到围岩中，隧道掘进就在支护、变形、回填等过程中进行。

（4）加强隧道内瓦斯的浓度监测和通风。装填炸药前、放炮作业前、放炮作业后都要测瓦斯浓度，24 小时连续进行瓦斯检测，加强通风，确保安全。

（5）面对缺氧难题，施工者设计了新鼓风系统，向掌子面运输新鲜空气。

问题引导

1. 隧道开挖后如何支护？
2. 隧道支护有哪些种类？
3. 喷射混凝土的施工方法有哪些？
4. 锚杆如何施工？
5. 钢筋网如何施工？
6. 钢架如何施工？

1. 了解隧道支护的种类及施工方法。
2. 了解喷射混凝土的施工方法。
3. 了解锚杆的施工方法。
4. 了解钢筋网的施工方法。
5. 了解钢架的施工方法。

能力目标

能够识读隧道支护施工图并编制施工技术文件。

知识导航

隧道支护可分为超前支护和初期支护作业。超前支护是用于洞口段、软弱围岩段，保证隧道工程开挖工作面稳定而采取的一种超前于开挖的辅助措施。隧道初期支护必须紧跟隧道开挖作业面及时施作，同时按照设计要求监控、测量相关作业，对位于不良地质地段的隧道。初期支护应及时封闭成环，保证施工安全。

隧道初期支护应采用喷锚支护。根据围岩特点、断面大小和使用条件等因素选择喷射混凝土、锚杆、钢筋网和钢架等单一或组合的支护形式。支护参数的选择，一般地段应符合设计要求；特殊岩土及不良地质段支护加强，应根据设计计算或工程类比法确定。

任务一 / 超前支护作业

一、超前支护简介

隧道初期支护简介

在浅埋软岩地段或自稳性差的软弱破碎围岩、断层破碎带、砂土层等不良地质条件下施工时，若围岩自稳时间短，不能保证安全地完成初期支护。为了确保施工安全，加快施工进度，应采用超前预支护及预加固技术进行预加固处理，使开挖作业面围岩保持稳定。超前支护作业主要包括：

（1）隧道施工前应根据设计的工程及水文地质资料，结合现场实际情况，对隧道自稳时间小于完成支护所需时间的地段，制定超前支护方案，进行超前支护。

（2）超前支护根据设计要求可选择超前锚杆、小导管超前注浆、超前管棚支护、小导管周边注浆、预注浆（全断面注浆或周边帷幕注浆）等一种或多种手段对围岩进行加固处理。

（3）超前支护施工前应选择合格的材料供应方，对进场的原材料进行检验、试验并选定配合比，选择满足施工要求的各项资源配置并进行试运行确认其有效性，确定改善作业环境的措施及人员防护方案。

（4）超前支护施工后，应清理场地和设备料具，分析检测不满足要求的项目及产生原因并制定整改措施，确保超前支护质量满足隧道开挖的要求。

（5）对于有特殊要求的超前支护方式，如旋喷桩、搅拌桩钢管桩等，可以根据设计要求参照有关规范和指南进行施工。

二、预注浆

超前注浆施工及质量检测

（一）注浆方式

目前常用的注浆方式主要有全断面封闭注浆、周边半封闭帷幕注浆、小导管注浆、局部注浆等，施工过程中应根据注浆的目的和工程地质条件等因素综合选择注浆方式。选用注浆方式的原则主要包括：

（1）对于无自然排水条件的山岭隧道，遇到岩石裂缝或断层破碎带时可采用以全断面注浆为主、局部注浆法为辅的注浆方式。

（2）对于岩石裂隙破碎带，可采用周边半封闭预注浆为主、辅以小导管注浆的注浆方式。

（3）对于断面较小的单线隧道松散岩层和断层破碎带，可采用小导管注浆同时在衬砌背后充填注浆的注浆方式。

（4）在处理塌方体时，可采用小导管超前预注浆的方式。

（5）在处理大裂隙和溶洞、溶裂集中涌水时，可采用局部注浆法。

（6）当隧道埋深不超过20 m时，可采用地表注浆方式；当隧道埋深超过20 m时，可采用开挖工作面预注浆方式。

（二）预注浆方式

预注浆施工可根据设计要求和围岩情况采用全孔一次性注浆、分段前进式注浆、分段后退式注浆三种方式。预注浆施工主要包括：

（1）对于孔深小于6 m或地层裂隙较均匀的地层，可采取全孔一次性注浆，直接将注浆管路接在孔口管上，或在孔口处设置止浆塞，利用孔口管进行全孔注浆施工。

（2）如果钻孔较深，为了适应较弱破碎围岩和裂隙不均匀地层，保证注浆质量，需要将全孔分为若干段进行注浆。根据钻孔和注浆顺序，可以选择分段前进式注浆或分段后退式注浆，选择方式主要包括：

① 对于裂隙发育或破碎并难以成孔的岩层采用分段前进式注浆方式，即全孔自孔口开始钻进一段、灌注一段，直到孔底最后一段灌注完为止。每次钻孔注浆的分段长度，根据围岩实际情况一般为1~3 m。前进式分段注浆采用止浆塞或孔口管法兰盘进行止浆。

② 对于围岩局部破碎但可以成孔的岩层采用后退式分段注浆方式，即一次钻孔钻到全孔深度后在孔内设置止浆塞，从孔底开始对一个注浆分段段长进行注浆施工。第一分段注浆完成后，后退一个分段长度进行第二分段注浆，如此循环直到整个注浆段施工完成。注浆分段长度一般为0.6~2.5 m。

（三）注浆前准备

施工前，根据注浆工艺要求配备应有的机具设备，根据实际工作条件做好注浆站的选址与布置，进行试泵与注水试验，安装注浆管路和止浆塞、止浆岩盘，进行制浆压注。

1. 注浆站的布置

注浆站应尽量靠近工作面，泵站布置不仅要考虑紧凑、操作方便，还应加强通风防尘。若场地狭窄，应采用移动式的注浆站。

继续注浆根据工程的地质情况、隧道断面大小和施工机械设备情况确定。

2. 压水试验

注浆前应进行压水试验以测定岩层的吸水性，为核实岩层的渗透性以及注浆时选取泵量、泵压及浆液配方等提供参考依据，同时冲洗钻孔，检查止浆塞效果和注浆管路是否有跑水、漏水现象。压水试验注浆管路连接示意图如图6-1所示。

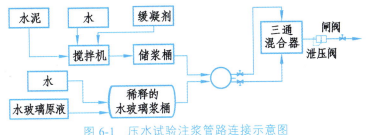

图 6-1　压水试验注浆管路连接示意图

（四）注浆材料及浆液配比

注浆材料及浆液配比应根据工程地质条件、水文地质条件、注浆目的、注浆工艺、设备和成本等因素来选择和调整，需要满足的要求主要包括：

（1）注浆材料应来源广、价格适宜，形成的浆液具有良好流动性、可灌性、凝胶时间可根据需要调节、固化时收缩小，浆液与围岩、混凝土、砂土等的黏结力强，固结体具有高强度和良好的抗渗性、稳定性、耐久性，注浆材料和固结体无毒、无污染、对人体无害，要求的注浆工艺及设备简单、操作安全方便。

（2）一般情况下应采用水泥系浆材。

（3）在淤泥质、粉质黏性土、全风化、中强风化以及断层破碎带富水和动水条件下，一般采用普通水泥——硅酸钠双液浆，在砂层中采用超细水泥——硅酸钠双液浆。

（五）注浆设备的选取

注浆设备选取应满足的要求主要包括：

（1）钻机可选用回转式、冲击式钻机及凿岩机等，注浆孔径一般为 $\phi 70 \sim 130 \ mm$，钻孔机具应满足注浆段长的要求。

（2）在灌注水泥浆时采用单液注浆泵或泥浆泵，灌注砂浆时则采用专用砂浆泵，灌注双液浆时应采用双液注浆泵，注浆泵的最大压力应达到设计压力的 $1.5 \sim 2.0$ 倍。

（3）注浆管根据设计要求选用相应规格的钢管加工或选用专用注浆管。

（六）注浆材料数量检查

注浆前检查注浆材料数量是否满足连续注浆要求。如果不能保证连续注浆要求，则需要补足数量或有运输保障供应的情况下才能注浆。

（七）注浆钻孔作业

注浆钻孔作业应满足的要求主要包括：

（1）钻孔注浆顺序宜先钻内圈孔后钻外圈孔，先钻无水孔后钻有水孔。

（2）钻孔前要按照设计将钻机就位，计算出各钻孔在工作面上的坐标，标识出注浆孔的准确位置。开孔前保持钻机前端中点与掌子面钻孔位于同一轴线上，固定钻机，保证钻杆中心线与设计注浆孔中心线一致，钻机安装应平整稳固，在钻孔过程中也应检查校正钻杆方向。超前注浆孔的孔底偏差应不大于孔深的 1/40，注浆孔和检查孔的孔底偏差应不大于孔深的 1/80，其他钻孔的孔底偏差应小于孔深的 1/60 或符合设计规定。

（3）钻孔 2 m 后安装孔口管或注浆管，测量水压力及涌水量，填写表格内容，表格记录数据主要包括孔号、进尺、起始时间、岩石裂隙发育情况、出现涌水位置、涌水量和涌水压力等。

（4）在涌水量大、压力高的地段钻孔，应先设置带闸阀的孔口管。当出现大量涌水时，拔出钻具，关闭孔口管上的闸阀，做好准备后进行注浆。当掌子面围岩破碎时，应先设置止浆墙和孔口管。孔口管埋入止浆墙深度由最大注浆压力确定。孔口管应为无缝钢管，直径不小于 $\phi 90$ mm。

（八）注浆作业要求

注浆作业应满足的要求主要包括：

（1）注浆施工前应对不同水灰比、掺加了不同掺和料和不同外加剂的浆液进行试验，选择适合的浆液和配比，按照配比准确计量，严格按照顺序加料，搅拌后的浆液必须经筛网过滤后方可进入注浆机。

（2）止浆墙可采用喷混凝土和模筑混凝土两种形式，止浆墙厚度应根据设计及地质情况和地下水及注浆压力选取。注浆前应对止浆墙或止浆岩盘进行检查，对薄弱部位进行封堵（如麻丝蘸双液浆塞紧），以免浆液从裂隙泄漏。

（3）分段注浆时应设置止浆塞，止浆塞可采用气囊、水囊或橡胶止浆塞，并能承受注浆终压的要求，也可以采用孔口止浆方式。

（4）注浆过程中应根据浆液扩散情况、注浆量、注浆压力等参数调整注浆材料和配比。

（5）注浆过程中应做好施工记录，包括孔位、孔径、孔深、浆液配比、注浆压力、注浆量、跑浆、串浆等。

（九）注浆结束标准

注浆结束标准应满足设计要求，施工时可参考的规定主要包括：

（1）单孔结束标准。

注浆压力逐步升高到设计终压，继续注浆 10 min 并且保证进浆量小于初始进浆量的 1/4、孔涌水量小于 0.2 L/min。

（2）全段注浆结束标准。

所有注浆孔均符合单孔结束条件，注浆后隧道预测涌水量小于 1 m³/d。

隧道超前长管棚
构造与施工

（十）注浆异常处理

注浆施工过程中出现异常情况时，处理要求主要包括：

（1）钻孔过程中遇见突泥情况，立即停钻，进行注浆处理。

（2）在掌子面有小裂隙漏浆时，先用水泥浸泡过的麻丝填塞裂隙，并调整浆液配比，缩短凝胶时间。如果仍然跑浆，在漏浆处用普通风钻钻浅孔注浆固结。

（3）当注浆压力突然升高时，须灌注纯水泥浆或清水，待泵压恢复正常后再进行双液注浆。如果压力仍然不能恢复正常，则停止注浆，检查管路是否堵塞。

（4）当进浆量很大、压力长时间不升高时，应调整浆液浓度及配合比，缩短凝胶时间，进行小泵量、低压力注浆，以使浆液在岩层裂隙中有相对停留时间，以便凝胶。有时也可以进行间歇式注浆，但停留时间不能超过浆液凝胶时间。

（5）注浆发生堵管时，先打开孔口泄压阀，再关闭孔口进浆阀，然后停机，查找原因，迅速进行处理。注浆结束时，先打开泄压管阀门，再关闭进浆管阀门并用清水将注浆管冲洗干净后方可停机。

（十一）隧道开挖时间

注浆结束后，经检查确认浆液固结体达到设计规定强度后才可以进行隧道开挖。

三、管　棚

（一）管棚的定义

管棚是利用钢拱架，沿着开挖轮廓线以较小的外插角向开挖面前方打入钢管，形成对开挖面前方围岩的顶支护。管棚一般由钢管和钢架组成，并辅助锚杆和喷射混凝土。管棚长度根据地质、机械设备及施工条件确定，长度一般为 10～40 m，如需设置管棚的段落过长，可分段设置。

（二）管棚适用范围

管棚适用于极破碎岩体如洞口堆积体、坍方体、砂土质地层、强膨胀性地层、裂隙发育岩体、断层破碎带等不良地质的施工。

管棚根据适用范围可分为洞口大管棚和洞内大管棚两种。

（三）洞口大管棚施工流程

洞口大管棚施工流程如图 6-2 所示。

（四）洞口大管棚施工作业要求

洞口大管棚施工各项作业的要求主要包括：

（1）先标出隧道中心线及拱顶标高，拉槽开挖预留核心土作为施工套拱和管棚施钻的工作平台，工作平台宽度为 2.5 m、高度为 2.0 m，平台两侧宽度为 1.5 m。

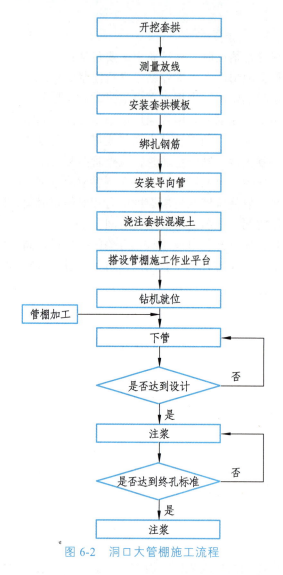

图 6-2 洞口大管棚施工流程

（2）管棚应按照设计位置施工，能成孔时钻孔到设计深度，成孔困难地段应采用套管跟进方式顶入。

（3）必须准确控制钻机立轴方向，保证钻孔的方向精准，钻进中应经常采用测斜仪测量钢管钻进的偏斜度，发现偏斜超过设计要求时及时纠正。

（4）为了改善管棚受力条件，接头应错开，隧道纵向同一截面内接头数不大于50%，相邻钢管的接头至少错开1 m。

（5）钢管接头宜采用丝扣连接，丝扣一般长为15 cm。

（6）钢管应采用热轧无缝钢管，壁厚不小于6 mm，直径应按设计要求确定。

（7）管环向间距应满足设计要求，一般不大于50 cm。

（8）管棚方向应与线路中线平行，外插角应考虑钻具下垂的影响，一般为1°～3°。

（9）钢管施工径向误差应不大于20 cm。

（10）纵向两组管棚的搭接长度不小于3.0 m。

（11）注浆压力的初压控制在 0.5 ~ 1.0 MPa，终压控制在 2.0 MPa。

（五）洞内大管棚施工流程

在洞内大管棚施工过程中，为了使导管方向正确无误，洞内采用增设管棚工作室、设置导向架的方法进行施工，洞内大管棚施工流程如图 6-3 所示。

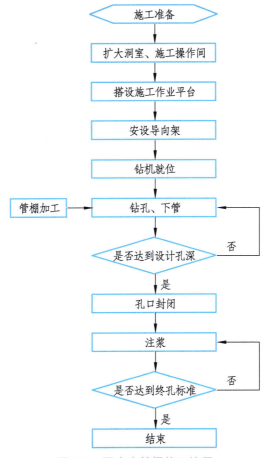

图 6-3　洞内大管棚施工流程

（六）洞内大管棚施工作业要求

洞内大管棚施工各项作业除满足有关流程外，还应满足的要求主要包括：

（1）施作工作室应比设计断面大 30 ~ 50 cm，工作室长度应满足钻机作业要求。

（2）施工导拱安装导向管，导向管长度为 2 ~ 2.5 m，管径应比管棚直径大 20 ~ 30 mm。

（3）施钻工作平台必须牢固可靠，能够承受钻机的载荷。

（七）管棚注浆准备工作

管棚在注浆前要做好各项准备工作，特别是机具设备的检修工作。要认真做好机具设备的检修工作并进行试运转，如果发现问题或故障应及时排除、予以修复，使其保持良好状态。注浆结束后要尽快卸开孔口接头，冲洗管路，以免造成管路中剩余浆液凝结、堵塞管路。

（八）管棚注浆作业注意事项

管棚注浆作业要前后配合，统一指挥，保证注浆计划的实现，达到预期的目的和效果。操作过程中必须配备专业电工，防止电路、电器设备发生故障，造成意外事故。

（九）钻机选择

洞内大管棚施工时应选择体积小、效率高、带有自动纠偏功能的钻机，以减少工作室开挖量，提高施工效率和管棚施工精度。

四、超前小导管

超前小导管注浆是在开挖掘进前先用喷混凝土封闭开挖面和隧道一定范围内的地段，然后将隧道拱部轮廓线打入带孔的钢管并向钢管内注浆，浆液由导管渗透到地层中，在隧道拱部形成固结体并加固围岩。

超前小导管施工工艺

超前小导管支护一般应用于施工断层及其影响带、浅埋地段和洞口附近，超前小导管施工流程如图 6-4 所示。

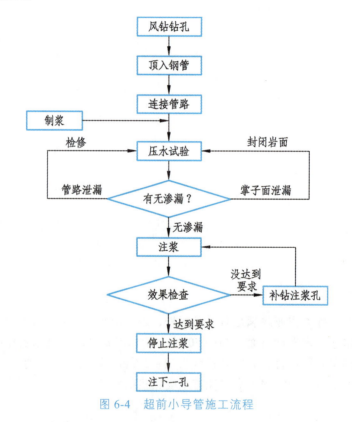

图 6-4　超前小导管施工流程

超前小导管的施工应符合的要求主要包括：

（1）钻孔。

先将小导管的孔位用红油漆标出，根据放样确定钻孔位置，钻孔的方向垂直于开挖面，钻孔的仰角为 10°～15°。采用风钻或凿岩台车成孔。钻孔时避免钻杆摆动，保证孔位顺直。

钻至设计孔深后，用吹管将碎渣吹出，避免塌孔。

（2）顶管。

顶管前，先将 ϕ42 钢管加工成钢花管。顶管施工时，在钻孔内插入 ϕ42 钢花管，在管尾后段 30 cm 处用麻丝缠绕在管壁上形成纺锤状并用胶带缠紧。开动钻机，利用钻机的冲击力将钢花管顶入围岩，孔口露出喷射混凝土面 15 cm，钢管顶进钻孔长度不小于管长的 90%。

顶管到设计孔深后，用水泥（硅酸钠胶泥）将钢花管与孔壁之间的缝隙封堵。孔口露出喷射混凝土面 15 cm，安装钢拱架后与拱架焊接在一起。

（3）注浆。

注浆前加工连接球阀用的丝扣管、变径接头。小导管注浆可采用 KBY-50/70 注浆机，自制水泥浆搅拌桶，采用球阀止浆。注浆压力达到 1.0 MPa 并且注浆量达到设计要求时即可停止注浆。停止注浆时首先停泵再关闭球阀，最后清洗管路。

五、超前锚杆

（一）超前锚杆概念

超前锚杆是沿开挖轮廓线，以一定的外插角向开挖面前方安装锚杆，形成对前方围岩的预锚固（预支护），在超前锚杆的保护下进行开挖、装渣、出渣和衬砌等作业。超前锚杆适用于围岩应力较小、地下水较少、岩体软弱破碎、开挖面有可能坍塌的隧道，与钢拱架支撑配合使用。超前砂浆锚杆施工流程如图 6-5 所示。

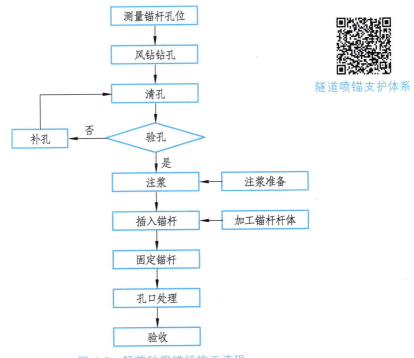

隧道喷锚支护体系

图 6-5　超前砂浆锚杆施工流程

（二）超前砂浆锚杆施工要求

超前砂浆锚杆的施工要求主要包括：

（1）锚杆制作。

按设计要求将螺纹钢筋加工成设计长度的锚杆，并在一端车丝。

（2）钻孔。

用风钻或凿岩台车引孔，钻孔前确定钻杆方向和夹角，保证锚杆夹角正确。钻孔时控制用水量，防止坍孔。

（3）注浆。

利用注浆泵往孔内注入早强水泥砂浆。注浆时，以水引路，将搅拌好的砂浆装入注浆器并充满管路。将注浆管插入孔中，使管口与孔底保持 10 cm 间隙，打开进风阀门，用高压空气将水泥砂浆压入孔眼，注浆管逐渐被砂浆向外推挤，注浆达到孔深的 2/3 以上时停止注浆，由插入的钢筋将孔内砂浆挤出填满为止。注浆过程中要始终保持罐内有足够的砂浆（达到罐总容量的 1/4 以上）。在安装锚杆尤其是最后一根锚杆时，防止高压风将孔眼中的砂浆吹掉，并确保安全。

（4）锚杆安装。

锚杆钢筋在使用前应矫直并清除污锈、用水湿润，以保证与砂浆的紧密结合；将钢筋头部加工成扁铲形，以利于减少钎阻力并增大锚固力。一般施工过程中先注浆后插入锚杆；插入钢筋时，沿孔轴线缓慢推入，如果遇到的阻力大则用锤子轻轻打入。

（5）对于较大型的锚杆或锚索，应采用先锚后注的方式，先给预应力后予注浆，以加强黏结和防护。

（三）施工流程

对浅埋、洞口地段和某些偏压地段的岩体松软破碎处，可根据设计要求采用地面砂浆锚杆进行地表预加固，施工过程必须符合设计和相关规范要求，施工流程一般包括钻孔、吹净钻孔、用灌浆管灌浆、垂直插入锚杆杆体、孔口将杆体固定。

任务二　喷射混凝土

隧道喷射混凝土

一、喷射混凝土简介

喷射混凝土是为了尽快保证开挖岩体面稳定的一种支护措施。借助于喷射机械，利用压缩空气作动力，将水泥、砂、石子、水配合的拌和料掺加速凝剂形成的集料通过高压管高速喷射到受喷面，依靠高速喷射的集料连续撞击、压密混凝土，混凝土能够在几分钟内终凝并且增加强度。喷射混凝土与其他支护措施（如锚杆、钢筋网）联

喷射混凝土施工及质量检测

合形成支护整体共同承受拉应力和剪应力，大幅度地提高了工作面岩体的承载力并快速稳定。喷射混凝土应采用自动计量拌和站生产，混凝土搅拌车运输，机械手配合喷射机施工。

二、喷射混凝土工艺

喷射混凝土工艺可分为干喷、潮喷、湿喷、混合喷四种，主要区别为：各工艺的投料程序不同，尤其是加水和速凝剂的时机不同。一般工程应优先选用湿喷。2022年，住房城乡建设部已明令限制使用干喷混凝土工艺，限制条件和范围包括不得用于大断面隧道、大型洞室、C30及以上强度等级喷射混凝土、非富水围岩地质条件。喷射混凝土工艺的具体内容主要包括：

（1）干喷。

干喷是将材料（如砂石、水泥、粉状速凝剂）按照一定比例拌和均匀装入干喷机，用压缩空气将干混料送到喷管。喷管上接有水管，干混料与水在喷管内混合，然后从喷嘴喷出，依靠喷射压力喷至受喷面形成混凝土。

（2）潮喷。

潮喷是将集料预加少量水，使之呈潮湿状，然后用强制式搅拌机将湿砂和水泥拌和，从而降低上料、拌和及喷射时的粉尘，但是仍然有大量的水在喷头处加入和从喷嘴喷出。

（3）湿喷。

湿喷是将集料、水泥和水按设计的比例拌和均匀，用湿式喷射机将拌和好的混凝土混合料压送到喷头处，再在喷头处添加液体速凝剂喷出。

（4）混合喷。

混合喷又称为水泥裹砂造壳喷射法，是将一部分砂加入水拌湿，再投入全部水泥强制拌和成以砂为核心、外裹水泥壳的球体；接着加第二次水和减水剂拌和成SEC砂浆；再将另一部分砂与石、速凝剂按配合比配料，强制搅拌成均匀的干混合料；再分别通过砂浆泵和干式喷射机，将拌和成的砂浆及干混合料由高压胶管输送到混合管混合，最后由喷头喷出。

混合喷由分次投料搅拌工艺与喷射工艺相结合而成，其关键是水泥裹砂（或砂、碎石）造壳工艺技术。混合式喷射工艺使用的主要机械设备与干喷工艺基本相同，但混凝土的质量较干喷混凝土质量好，且粉尘和回弹量大幅度降低；混合式喷射使用机械数量较多，工艺技术较复杂，机械清洗和故障处理较麻烦。因此，混合式喷射工艺一般只在喷射混凝土量大和大断面隧道工程中使用。

喷射混凝土工艺的对比如表6-1所示。

表6-1　喷射工艺对比表

性能	工艺名称			
	干喷	潮喷	湿喷	混合喷
质量	不易控制	比干喷好	质量可控	质量好，强度高
条件要求	设备小，不受限	设备小，不受限	设备大，操作困难，供料困难	设备大，操作和工艺复杂
粉尘	很大	较少	少	少
回弹率	较多	较少	少	少
故障处理	容易	较容易	困难	非常困难
清洗养护	容易	较容易	麻烦	非常麻烦

三、施工案例

（一）概况

某隧道洞口边、仰坡支护及洞身支护采用喷射混凝土，施工采用湿喷工艺。

（二）作业准备

喷射混凝土作业准备主要包括：

（1）熟悉施工图纸，做好各项技术交底。

（2）根据施工进展的要求提前准备喷射混凝土的各种原材料。

（3）根据现场材料的含水量以及现场试验确定施工配合比，根据施工配合比现场拌制喷射混凝土。

（4）检查机具设备和风、水、电等管线并试运转，确保各项作业正常进行。

（5）做好现场劳动力组织，准备好各种施工机械并保证施工机械的完好率，使其能满足施工要求。

（三）技术要求

喷射混凝土的技术要求主要包括：

（1）喷射混凝土拌和物的坍落度一般为 8～13 cm。

（2）喷射混凝土应采用湿喷工艺。混凝土一般采用自动计量配料、强制搅拌机拌和，搅拌时间不少于 1.5 min，采用混凝土搅拌运输车（轮胎式或轨行式）运输，拌和料的停放时间不大于 30 min。

（3）喷射混凝土表面质量应符合设计要求。初期支护表面应平整，无空鼓、裂缝，用 2 m 靠尺检查时表面平整度允许偏差为 100 mm。

（4）喷射混凝土的厚度应符合下列要求：

① 喷射混凝土平均厚度不小于设计厚度。

② 喷射混凝土厚度检查点数的90%以上大于设计厚度。

③ 喷射混凝土最小厚度不小于设计厚度的 2/3。

（5）喷混凝土回弹率控制在：边墙为 10%～15%，拱部为 15%～25%。

（四）施工程序与工艺

1. 施工程序

喷射混凝土施工程序主要包括施工准备、喷射混凝土生产及运输、喷射混凝土、喷射混凝土养护。

2. 施工工艺

喷射混凝土施工工艺如图 6-6 所示。

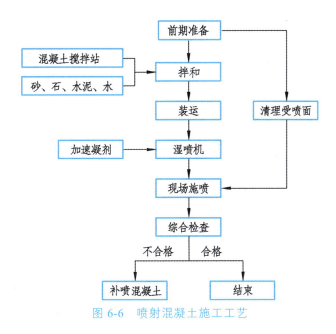

图 6-6　喷射混凝土施工工艺

（五）施工要求

1. 准备工作

喷射混凝土施工准备工作主要包括：

（1）一般岩面可用高压水冲洗受喷面上的浮尘、岩屑，当岩面遇水容易潮解、泥化时，一般采用高压风吹净岩面。

（2）对于泥、砂质岩面，一般挂设细钢筋网（网格宜不大于 20 mm×20 mm、线径小于 3 mm），用环向钢筋和锚钉或钢架固定，使其密贴受喷面以提高喷混凝土的附着力。喷混凝土前一般先喷一层水泥砂浆，待终凝后再喷射混凝土。

（3）设置控制喷射混凝土厚度的标志，每 2 m 布设混凝土厚度标志，一般采用埋设钢筋头做标志。

（4）检查机具设备以及风、水、电等管线路并试运行，选用的空压机应满足喷射机工作风压和耗风量的要求，压风进入喷射机前必须进行油水分离。输料管应能承受 0.8 MPa 以上的压力，应有良好的耐磨性能。作业区内具有良好通风和照明条件，喷射作业的环境温度不小于 5 ℃。

（5）湿喷机的性能要求主要包括：

① 密封性能良好，输料连续均匀。

② 生产率大于 6 m³/h，允许骨料最大粒径为 16 mm。

③ 混凝土输料距离：水平方向不小于 30 m，垂直方向不小于 20 m。

④ 喷射混凝土时粉尘含量不大于 2 mg/m³。

（6）对有涌水、渗水或潮湿的岩面喷射前应按不同情况进行处理，主要包括：

① 大股涌水采用注浆堵水后再喷射混凝土。

② 小股水或裂隙渗漏水采用岩面注浆或导管引排后再喷射混凝土。

③ 大面积潮湿的岩面宜采用黏结性强的混凝土，如添加外加剂、掺合料以改善混凝土的性能。

④ 当岩面有较大凹处时，应先将凹处喷平。

（7）喷射混凝土生产采用 2 台 750 L 强制式搅拌机搅拌（自动计量配料系统），运送喷射混凝土工具采用 6 m³ 的混凝土搅拌运输车。

2. 作业注意事项

混凝土喷射作业注意事项主要包括：

（1）喷射人员必须佩戴安全防护用具。

（2）初喷混凝土厚度不小于 4 cm。喷射作业应分段、分片、分层、由下而上进行，分段长度不宜大于 6 m。

（3）分层喷射时，后一层喷射应在前一层混凝土终凝后进行。若终凝 1 h 后再进行喷射，应先用风、水吹洗喷层表面。

（4）喷射混凝土的一次喷射厚度按照喷射部位和设计要求厚度确定，或按表 6-2 选用。

表 6-2　喷射混凝土一次喷射厚度

喷射部位	掺速凝剂（中性）时的喷射厚度/mm	不掺速凝剂时的喷射厚度/mm
边墙	70～100	50～70
拱部	50～60	30～40

（5）在开挖后及时进行初喷混凝土，复喷应根据掌子面的地质情况以及一次爆破药量分层、分时段进行喷射作业，以确保喷射混凝土的支护能力和喷层厚度。喷射混凝土终凝后 3 h 内不得进行爆破作业。

（6）喷射混凝土拌和物的停放时间不大于 30 min。

（7）喷嘴与喷射面垂直，其间距为 0.6～1.8 m；喷嘴应连续、缓慢地做横向环形移动，喷层厚度均匀。若有钢架或钢筋时，喷嘴与受喷面呈 45°。

（8）喷射在岩面的混凝土表面应无滑移下坠现象。当表面有松动、开裂、下坠、滑移等现象时，应及时清除重喷。

（9）喷射过程中应及时检查回弹率大小及速凝剂掺量。侧壁的回弹率不大于 15%，拱部的回弹率不大于 25%。

（10）喷射完成后应检查喷射混凝土与岩面黏结情况。可用锤敲击检查，当存在空鼓、脱壳时应及时凿除，冲洗干净后再进行重喷；或者采用压浆法充填。

3. 表面质量要求

喷射混凝土表面质量要求主要包括：

（1）初期支护表面应平整，无空鼓、裂缝。

（2）用 2 m 靠尺检查时，表面平整度允许偏差为 100 mm。

4. 厚度要求

喷射混凝土的厚度要求主要包括：

（1）喷射混凝土的平均厚度不小于设计厚度。

（2）喷射混凝土检查点数的 90% 及以上的厚度应大于设计厚度。

（3）喷射混凝土最小厚度不小于设计厚度的 2/3。

5. 施工要求

钢纤维喷射混凝土施工要求主要包括：

（1）钢纤维喷射混凝土各种原材料应符合设计要求，钢纤维喷射混凝土的原材料中加入硅粉或粉煤灰等活性掺合料。

（2）钢纤维喷射混凝土的搅拌应符合的要求主要包括：

① 一次搅拌量不大于额定搅拌量的 80%。

② 搅拌工艺应确保钢纤维在拌和物中分散均匀，不产生结团。

③ 优先采用将钢纤维、水泥、粗细骨料先干拌后加水湿拌的方法，且干拌时间不得少于1.5 min；或者采用先投放水泥、粗细骨料和水，在拌和过程中分散加入钢纤维的方法。

④ 必要时钢纤维采用播料机均匀地分散到混合料中，不得成团。

⑤ 各种材料的称量误差应符合表 6-3 规定。

表 6-3　材料称量的允许误差

材料名称	钢纤维	水泥、混合材	粗细骨料	水	外加剂
允许偏差/%	±2	±2	±3	±1	±2

（3）钢纤维混凝土的搅拌时间应较普通混凝土规定的搅拌时间长 1~2 min。采用先干拌后加水的搅拌方式时，干拌时间不宜少于 1.5 min，搅拌时间不宜小于 3 min。

（4）在钢纤维喷射混凝土的表面再喷射一层厚度为 10 mm 的水泥砂浆，其强度等级不应低于钢纤维喷射混凝土的强度，可以避免外露钢纤维将结构防水层刮破。

6. 养护要求

喷射混凝土的养护要求主要包括：

（1）喷射混凝土终凝 2 h 后应喷水养护，时间不得少于 14 天。

（2）气温低于 5 ℃时不得喷水养护。

7. 冬季施工要求

喷射混凝土冬期施工要求主要包括：

（1）洞口喷射混凝土的作业场合应有防冻保暖措施。

（2）在结冰的层面不得进行喷射混凝土作业。

（3）作业区的气温和混合料进入喷射机的温度不低于 5 ℃。

（4）混凝土强度未达到 6 MPa 前，不得受冻。

（六）劳动力组织

喷射混凝土施工劳动力配备如表 6-4 所示，施工步骤如表 6-5 所示。

表 6-4　施工每班劳动力配备表

工序名称 ＼ 工种名称	喷射混凝土施工人员/人	拌和站/人	电工/人	运输司机/人	班长/人	普工/人	合计/人
喷射混凝土施工	10	3	1	2	1	3	20

表 6-5　施工步骤表

序号	步骤（分工序、作业班组）	紧前工序	平行工序	人员组成	人员数量	备注
1	施工准备			技工、普工	6	每工班
2	喷射混凝土搅拌	施工准备	喷射混凝土运输，喷射混凝土喷射作业	搅拌机司机	3	
3	喷射混凝土运输	喷射混凝土搅拌	喷射混凝土搅拌，喷射混凝土喷射作业	运输司机	2	
4	喷射混凝土喷射作业	喷射混凝土运输	喷射混凝土搅拌，喷射混凝土运输	技工、普工	9	
5	混凝土养护	喷射混凝土喷射作业	喷射混凝土搅拌，喷射混凝土运输，喷射混凝土喷射作业	普工	2	

（七）材料要求

1. 水泥

水泥应符合的要求主要包括：

（1）优先采用硅酸盐水泥或普通硅酸盐水泥（不低于 P.O32.5），必要时采用特种水泥。

（2）水泥的安定性、凝结时间均应合格。

（3）当有抗冻、抗渗要求时，应采用 P.O42.5 水泥。

（4）当喷射混凝土时遇到含有较高可溶性硫酸盐的地层或地下水地段，应按侵蚀类型和侵蚀程度采用相应的抗硫酸盐水泥。

（5）当骨料与水泥中的碱可能发生反应时，应选用低碱水泥。

（6）当需要喷混凝土有较高的早期强度时，可选用硫铝酸盐水泥或其他早强水泥。

2. 粗细骨料

粗细骨料应符合的要求主要包括：

（1）粗骨料应采用坚硬耐久的碎石、卵石（豆石）、碎石和卵石的混合物，严禁选用具有潜在碱活性的骨料。当使用碱性速凝剂时，不得使用含有活性二氧化硅的石料。喷射混凝土中石子最大粒径不大于 15 mm，骨料级配应该采用连续级配。按质量计含泥量不大于 1%，泥块含量不大于 0.25%。

（2）细骨料应采用坚硬耐久的中砂或粗砂，细度模数大于 2.5，含水率控制在 5%～7%。砂中小于 0.075 mm 的颗粒不大于 20%，含泥量不大于 3%，泥块含量不大于 1%。

（3）喷射混凝土用的骨料级配宜控制在设计规定的范围内。

3. 外加剂

外加剂应符合的要求主要包括：

（1）对混凝土的强度以及与围岩的黏结力基本无影响。

（2）对混凝土和钢材无腐蚀作用。

（3）对混凝土的凝结时间影响不大（除速凝剂和缓凝剂外）。

（4）吸湿性差，易于保存。

（5）不污染环境，对人体无害。

4. 速凝剂

喷射混凝土宜采用液体速凝剂，其掺量不大于水泥用量的 5%。在使用速凝剂前，应做与水泥的相容性试验及水泥净浆凝结效果试验，严格控制掺量，并要求初凝时间不大于 5 min，终凝时间不大于 10 min。

采用其他类型的外加剂或几种外加剂复合使用时，也应做相应的性能试验和使用效果试验。

5. 水

水质应符合工程用水的有关标准。水中不应含有影响水泥正常凝结与硬化的有害杂质，不得使用污水、海水、pH 小于 4 的酸性水、硫酸盐含量按硫酸根离子计超过水重 1% 的水。

6. 钢纤维

钢纤维内不得有明显的锈蚀、油脂以及其他妨碍钢纤维与水泥黏结的杂质，其中因加工不良造成的黏连片、铁屑及杂质不应超过钢纤维质量的 1%。

7. 胶凝材料

喷射混凝土胶凝材料用量不宜小于 400 kg/m³。

（八）设备机具配置

喷射混凝土机械设备配置如表 6-6 所示。

表 6-6　喷射混凝土施工机械配备表

序号	名称	规格型号	数量（台/套）
1	多功能作业台架	自制	1
2	喷浆机（湿喷）	TK-500	3
4	混凝土搅拌机	750 L	2
5	混凝土搅拌运输车	6 m³	3
6	装载机	ZL50C	1
7	空压机	20 m³	3

（九）质量控制及检验

喷射混凝土的质量控制及检测主要包括：

（1）喷射混凝土的性能、回弹率、粉尘浓度应符合设计要求，初期强度满足施工要求，即 3 h 强度达到 1.5 MPa，24 h 强度达到 10.0 MPa。

（2）喷射混凝土的原材料、配合比、拌和、运输、喷射、质量检查等应符合设计要求。喷射混凝土因施工方法及环境条件的不同而要求其性能不同，应以试验确认。可供选择的数据主要包括：

① 灰骨比为 1∶4～1∶5。

② 水灰比为 0.4～0.5。

③ 砂率为 45%～60%。

（3）用于喷射混凝土强度的试件一般采用大板切割法制取，切割成标准尺寸试块进行抗压试验。喷射混凝土拌和物的坍落度为 8～13 cm。

（4）按照施工工艺施工，严格执行操作规程。

（5）邀请湿喷机厂家进行现场培训、指导，严格执行湿喷机操作方法。

（6）原材料进货时，由试验部门进行进场前试验，不合格材料一律不得进场。

（7）制定质量保证体系，监控每一环节、每一步骤，并责任到人、狠抓落实。

（8）喷射作业前，做好人员、机具、物资、技术、测量、试验、运输等准备工作。

（9）施工技术人员认真检查喷射作业各个环节，包括喷层厚度、喷层与受喷面黏结情况、喷射作业中各种参数。

（10）喷射混凝土作业检验方法及检验标准如表 6-7 所示。

表 6-7　喷射混凝土作业检验方法及检验标准

序号	质量控制项目	质量标准和要求	检验方法
1	喷射混凝土原材料	符合施工质量验收标准要求	按批试验检测验收
2	喷射混凝土施工配合比	测定砂、石含水率，确定施工配合比	砂、石含水率试验
3	喷射混凝土厚度	按设计厚度施工。平均厚度不小于设计厚度；超过 80% 的监测点厚度大于设计厚度；最小厚度不小于设计厚度的 2/3。每个断面自拱顶每 2 m 设立一个检查点	尺量检查控制喷层厚度的钢筋头和锚杆
4	超挖处理	隧道超挖部分喷射混凝土与周边补平，个别严重超挖处挂钢筋网分层补喷	观察
5	断面测量	初期支护后每 10 m 测量一个断面复核，保证二衬厚度不小于设计值	自动断面仪测量
6	喷射混凝土施工	喷射分段进行，喷射顺序自下而上，分段长度不大于 6 m；分层喷射时，后一层喷射在前一层混凝土终凝时进行，终凝时间不大于 10 min。一次最大喷射厚度：拱部为 10 cm，边墙为 15 cm	尺量
7	喷射混凝土与岩面黏结	黏结密实	锤击检验
8	喷射混凝土坍落度	符合设计配合比要求	坍落度试验
9	初期支护表面质量	表面平整，无空鼓、裂缝、松酥，个别松散部位凿除补喷，并用混凝土或砂浆对基面找平处理。平整度允许偏差：侧壁 5 cm，拱部 7 cm	2 米直尺检查平整度
10	喷射混凝土强度	在 28 天内强度满足设计要求	标准养护试件抗压试验

（十）注意事项

喷射混凝土的注意事项主要包括：

（1）喷射作业前检查周边是否有危石或明显的开裂，若有则及时处理再进行喷射作业。喷射作业前检查风、水、电线路是否处于安全状态。检查台架是否安全，作业台架要牢固并且周边设置不低于 1.2 m 的护栏。

（2）喷射混凝土时，所有操作工人必须穿戴安全帽、护目镜、防尘口罩、防尘工作服、雨靴、橡胶手套。

（3）喷射作业要控制好风压、喷射距离，避免回弹骨料伤人。喷嘴头不得对着作业人员。

（4）严格执行"一机、一闸、一漏"原则，开关应装在固定闸刀盒内。

（5）液态速凝剂放置在安全地段，液态速凝剂容器不得开裂或损坏，避免渗漏伤人。若液态速凝剂飞溅到眼睛，立即利用清水冲洗眼睛，尽快到医务室处理。

（6）安全员随时观察地质变化情况，发现有松动滑块时立即组织所有人员撤离工作面。

（7）喷射混凝土结束后应清洗喷射机及管路，及时清理现场，做到工完场地清。

（8）加强作业区域照明、通风、排水管理，为现场创造安全的工作环境。

任务三　锚杆

一、锚　杆

锚杆（索）是喷锚支护中的一个重要组成部分，是用金属或其他高抗拉性能的材料制作的一种杆状构件，在喷锚联合支护中起着主要作用。锚杆除了与喷射混凝土联合使用外，也可以单独使用。在隧道开挖过程中，锚杆是一种简便的保证施工安全的临时支护。在一些小跨度隧道中，为了简化施工工序、节省材料，也常常单独采用锚杆来支护。为了防止两根锚杆之间的岩块掉落，可以铺设铁丝网、横梁、背板等。隧道工程坑道开挖后，应尽快安设锚杆，以确保隧道围岩的稳定和施工的安全。

锚杆的支护机理主要包括：

（1）悬吊效果。

把隧道洞壁上由于爆破开挖而松动的岩块用锚杆固定在深层坚固稳定的岩体上，防止掉落，起到悬吊效应。

（2）组合效应。

锚杆可将隧道周边的层状岩体或节理发育的岩体串联在一起，形成组合梁效应，可以阻止岩层的滑移和坍塌。

（3）加固（内压、拱）效应。

按一定间距在隧道周边呈放射状布置的系统锚杆，可以使一定厚度范围内有节理、裂隙的破裂岩体或软弱岩体紧压在一起形成连续压缩带。

（4）锚杆的种类。

锚杆种类很多，按锚杆与被支护体的锚固形式可分为如表 6-8 所示的各类型。在隧道工程中常用的锚杆主要包括砂浆锚杆、药卷锚杆和中空注浆锚杆。

表 6-8　锚杆的种类

序号	锚固形式	锚杆种类	说明
1	机械式 （端头锚固式）	胀壳式锚杆 楔缝式锚杆	端部锚固在围岩中。杆体易锈蚀，锚头易松动，常用作临时支护
2	黏结式	水泥浆全黏结式锚杆 水泥砂浆全黏结式锚杆 （砂浆锚杆） 树脂全黏结式锚杆	采用水泥砂浆（或树脂）作为填充黏结料，具有较强的长期锚固能力，有利于约束围岩位移。其安装简便，可大量用于初期支护和永久支护。隧道工程中，常用作系统锚杆和超前锚杆
3	摩擦式	楔管式锚杆 缝管式锚杆	杆体易锈蚀，临时支护
4	混合式	先张拉后灌浆预应力锚杆 先灌浆后张拉预应力锚杆	既施加预应力，又全长黏结，锚固效果好。安装施工较复杂

二、锚杆布置

锚杆布置分为局部布置和系统布置，具体内容包括：

（1）局部布置。

局部布置可以加固不稳块体，隧道拱顶受拉破坏区为重点加固区域。

（2）系统布置。

系统布置是指在破碎和软弱围岩中，一般采用系统布置的锚杆，对围岩起到整体加固作用。

① 在隧道横断面布置锚杆时，锚杆应垂直于隧道周边轮廓。

② 在岩面上锚杆一般成菱形排列。

③ 锚杆间距不大于锚杆长度的 1/2。

锚杆施工及质量检测

三、施工案例

（一）施工概况

某隧道洞口边的仰坡支护采用砂浆锚杆，洞内径向支护采用中空注浆锚杆。

（二）作业准备

1. 材料

作业需要准备的材料主要包括水泥、细砂、$\phi 22$ 螺纹钢、$\phi 22$ 组合中空锚杆、$\phi 25$ 中空锚杆、厚度为 6 mm 的钢板、螺母、钻杆、钻头等。

2. 设备机具配置

作业需要准备的设备机具主要包括风机、空压机、作业台架、锻钎机、砂轮机、注浆机、搅拌机、钢筋切断机、摇臂钻床等。

3. 作业条件及技术准备

（1）作业条件。

工程施工的作业条件主要包括：

① 现场劳动力组织，各种施工机械、各项材料和构（配）件已准备就绪。上道工序已经完成并经监理单位验收合格后再进入本道工序施工。

② 破碎围岩地层须初喷后施作锚杆，岩石裸露地段必须清除危石后才可进行施作，作业台架要牢固。

（2）技术准备。

施工方案已编制完成并上报审批通过，已进行技术交底及技术培训（如安全培训），使用材料均已完成试验、检验。

（三）技术要求

拱部系统锚杆采用中空注浆锚杆，边墙采用普通砂浆锚杆。锚杆长度及间距、排距根据不同级别围岩，按照图纸和相关规范要求进行施工。

（四）施工程序与工艺流程

1. 施工程序

锚杆施工程序主要包括材料准备、钻孔、清孔、注浆、锚杆安装、锚杆检验。

2. 施工工艺与施工程序

锚杆施工工艺和施工程序分别如图 6-7、图 6-8 所示。

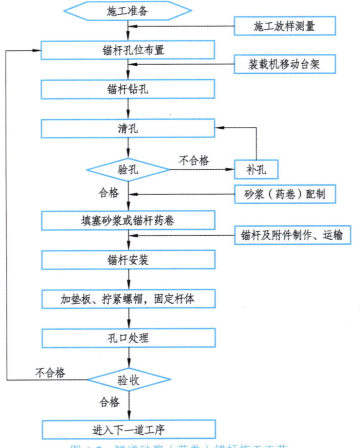

图 6-7　隧道砂浆（药卷）锚杆施工工艺

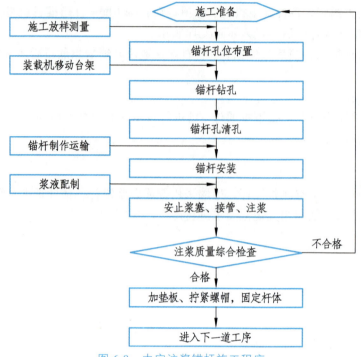

图 6-8　中空注浆锚杆施工程序

（五）施工要求

1. 施工准备

锚杆施工准备主要包括：

（1）对风、水、电设备管线进行检查并试运行，确保其处于正常状态。

（2）现场锚杆应符合设计要求，螺纹钢端部要求车丝（与螺栓匹配），中空锚杆需附件齐全，锚杆类型、长度等参数满足设计要求，锚杆体无锈蚀、弯折现象。

（3）作业人员必须佩戴个人防护用品。施工前对围岩进行检查，检查有无掉块、开裂现象，确保施工安全。

2. 测量定位

测量人员根据施工部位锚杆环向和纵向设计参数进行布眼，并用红油漆标记，同时放置隧道中线作为施钻角度的控制依据。孔位允许偏差为 ±150 mm。

3. 钻孔、清孔、验孔

（1）钻孔。

钻孔机具根据锚杆类型、规格进行选择，成孔与围岩面或所在部位岩层的主要结构面垂直，直径与杆体相匹配。钻孔深度大于锚杆长度 10 cm。

（2）清孔。

钻孔完成后，施钻人员采用专用工具进行清孔，利用高压风将孔内残渣或积水吹出。必须逐孔进行清孔，保证每个孔内不留残渣。

（3）验孔。

验孔主要包括验收孔间距、孔深、孔径、角度等。孔深大于锚杆设计长度 10 cm，深度误

差不大于 ± 50 mm，直径大于杆体直径 15 mm，孔位允许偏差 ± 150 mm。角度尽可能与岩层主要结构面垂直，如果产状杂乱，尽可能径向布置。

4. 注浆

（1）砂浆锚杆注浆。

砂浆锚杆注浆是先将注浆管插至距孔眼底 5～10 cm 处，用高压风将砂浆不断压入孔眼底，注浆管缓慢地退出眼孔，并始终保持注浆管口埋在砂浆内。注浆管全部抽出后，立即把锚杆插入眼孔，然后用木楔堵塞孔眼口，防止砂浆流失。药包锚杆是把药包装入锚杆孔后，在药包水泥初凝前将锚杆送入。锚杆在送进过程中与浸水后的药包充分搅拌，使锚杆获得良好的锚固性。自进式锚杆或中空锚杆在锚杆杆体安装后使用锚杆杆体注浆。

（2）中空锚杆注浆。

配制浆液时，操作工人戴胶手套、护目镜，穿长筒胶鞋。注浆料由杆体中孔灌入，上仰孔应按要求设置止浆塞和排气孔，根据技术要求控制注浆压力。注浆应交错、间隔进行，注浆结束后检查其效果，不合格注浆需要补浆。

（3）注浆注意事项。

注浆过程中，作业工人不准站在注浆口附近，锚杆孔内砂浆、药包必须饱满密实。

5. 锚杆安装

锚杆安装过程中的注意事项主要包括：

（1）砂浆锚杆或药卷锚杆在砂浆注入或药包装入孔内后再插入杆体，杆体插入时要求不断旋转，使砂浆或药卷二次搅拌，增强杆体与砂浆、砂浆与孔壁之间的握裹力。

（2）中空锚杆在成孔后直接将杆体插入孔内，对孔口周边夹塞密封。

（3）锚杆体插入孔内长度不小于设计规定的 95%。

（4）不得敲打安装好的锚杆或在锚杆上悬挂重物。

6. 安装垫板、锚固

完成锚杆杆体安装并且砂浆或水泥浆达到设计要求强度时安设垫板，拧紧螺母，使得锚杆垫板与喷混凝土面密贴，保证锚杆受力良好。

（六）劳动组织

根据现场施工组织安排，每一循环施工两环砂浆锚杆共需施工 35 根，需要的劳动力配备情况如表 6-9 所示。

表 6-9　每循环主要劳动力配备表

序号	步骤	紧前工序	平行工序	人员组成	数量	备注
1	施工准备			司钻工	4	
2	测量布眼			测工	3	主管 1 人
3	锚杆钻眼	施工准备	测量布眼，清孔，验孔，孔内注浆	司钻工	10	
4	清孔	锚杆钻眼	测量布眼，锚杆钻眼	司钻工	2	
5	验孔	清孔	测量布眼，锚杆钻眼，清孔	技术员	1	

序号	步骤	紧前工序	平行工序	人员组成	数量	备注
6	孔内注浆	验孔	测量布眼，锚杆钻眼，清孔，验孔，安装锚杆	注浆工	8	
7	安装锚杆	验孔，孔内注浆	测量布眼，锚杆钻眼，清孔，验孔，孔内注浆	钢筋工	2	实体 6 中空 5
8	安装垫板	安装锚杆		钢筋工	2	

（七）材料要求

必须全面检查锚杆杆体材料，按批次抽取试件并做屈服强度、抗拉强度、伸长率和冷弯试验，锚杆质量必须符合设计要求。

（八）设备机具配置

锚杆施工所需设备机具配置如表 6-10 所示。

表 6-10　锚杆施工主要施工机械配备表

序号	名称	规格型号	数量（台/套）
1	多功能作业台架		1
2	钢筋切割机		1
3	风钻	YT-28	10
4	注浆泵		3
5	灰浆搅拌机		1

注：表中未列出供电、供水、供风、运输等系统的设备。

（九）质量控制及检验

锚杆施工的质量控制及检验主要包括：

（1）锚杆安装允许偏差和检验方法必须符合表 6-11 的规定。

表 6-11　锚杆施工允许偏差表

序号	项目	允许偏差	检验方法
1	锚杆孔的孔径	符合设计要求	全部检查现场测量、观察
2	锚杆孔的深度	>锚杆长度 10 cm	
3	锚杆孔的间距	± 15 cm	
4	锚杆孔的位置	居中	

（2）锚杆安装的数量必须符合设计要求。检验数量：逐根清点。检验方法：采用现场目测检查。

（3）锚杆注浆的注浆管直径不小于 16 mm，孔内灌注砂浆必须饱满、密实。检验数量：全验。检验方法：采用尺量检查，现场目测检查，检查施工记录。

（4）锚杆孔应保持直线，一般情况下应保持与隧道轴线方向垂直。当隧道内岩层结构面出露明显时，锚杆孔一般与岩层主要结构面垂直。检查数量：全部检查。检验方法：观察。

（十）注意事项

锚杆施工的注意事项主要包括：

（1）进入作业面时，须清除掌子面及待作业的隧道周边轮廓的松动围岩或危石。

（2）施工区域应设警示标志，悬挂安全警示牌，无关人员不得进入作业区内。

（3）作业台架或脚手架须搭设牢固，四周设防护栏。在施钻过程中，作业台架下不得站人，避免石块掉落伤人。

（4）各项作业过程中，必须注意各种机械设备的用电安全，所有带电设备必须严格按要求做好保护，电路由专职电工检查和负责使用。

（5）加强作业区域照明、通风管理，给现场创造安全的作业环境。

（6）配制浆液时，操作工人戴胶手套、护目镜以及穿长筒胶鞋。

任务四 钢筋网

一、钢筋网

在喷射混凝土中增设钢筋网，通常与锚杆或钢架焊接成一体，可以防止受喷面由于承受喷射力过大而塌落，减少回弹量、喷射混凝土层的开裂，增强初期支护的整体作用。钢筋网材料宜采用 HPB300 钢筋，钢筋材质、规格、性能应满足设计要求。钢筋直径为 6~12 mm，网格边长尺寸为 200~250 mm，搭接长度为 1~2 个网格边长。钢筋网使用前应除锈，在洞外分片制作，用汽车运至洞内。

钢筋网铺设应符合的要求主要包括：

（1）钢筋网宜在初喷混凝土后铺挂，使其与喷射混凝土形成一体。底层喷射混凝土的厚度不小于 4 cm。

（2）砂土层地段应先铺挂钢筋网，沿环向压紧后再喷混凝土。

（3）采用双层钢筋网时，第二层钢筋网应在第一层钢筋网被混凝土覆盖后再进行铺设，其覆盖厚度不小于 3 cm。

（4）钢筋网可以利用风钻气腿顶撑，以便贴近岩面，钢筋网应与锚杆或其他固定装置连接牢固；钢筋网与钢架绑扎时，应绑扎在靠近岩面一侧。

（5）喷射混凝土时应调整喷头与受喷面的距离、喷射角度，以减少钢筋振动，降低回弹力。

（6）喷射混凝土时如果有脱落的石块或混凝土块被钢筋网卡住时，应及时清除。钢筋网混凝土保护层厚度不小于 4 cm。

二、钢筋网基本要求

钢筋网的基本要求主要包括：

（1）钢筋经试验检测合格，使用前必须除锈，在洞外分片制作，制作尺寸按施工方法及循环进尺确定，安装时搭接长度不小于一个网格。

（2）人工铺设贴近岩面，与锚杆和钢架绑扎连接（或点焊焊接）牢固。钢筋网和钢架绑扎时应绑在靠近岩面一侧，确保整体结构受力平衡。

（3）喷混凝土时减小喷头至受喷面的距离并控制风压，以减少钢筋网振动，降低回弹力。

三、施工案例

（一）设计概况

某隧道Ⅲa初期支护钢筋网：$\phi 6$圆钢加工，单层钢筋网，网格尺寸为25 cm×25 cm，每延米的质量为38.12 kg。

（二）施工方法

钢筋网的施工工艺如图6-9所示。

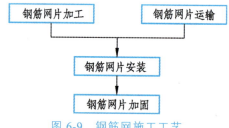

图 6-9　钢筋网施工工艺

1. 钢筋网片加工

钢筋网片采用$\phi 6$圆钢，在钢筋加工场内集中加工。首先利用钢筋调直机把钢筋调直，再截成长钢筋条，钢筋表面不得有裂纹、油污、颗粒及片状锈蚀。

钢筋网片加工尺寸应综合考虑钢架间距、网片之间搭接长度、每一循环开挖进尺等因素。在施工过程中如果需要变更加工尺寸，网格搭接要求及预留部分必须满足设计的搭接要求。

2. 钢筋网片运输

钢筋网片加工成型并经检查合格后，搬运到合格品堆放场地。在搬运过程中应轻抬轻放钢筋网片，避免碰撞、扭曲变形。存放时要下垫上盖，避免受潮锈蚀。

3. 钢筋网片安装

安装钢筋网前应清理初喷面。钢筋网片安装时应随初喷面的起伏铺设，与初喷面保持一定距离。钢筋网片搭接长度为1~2个网格，网片之间应连接牢固。钢筋网的安装应与锚杆、钢架等固定装置连接牢固，防止在喷射混凝土时产生晃动。

（三）质量验收要求

钢筋网的质量验收要求主要包括：

（1）所用材料、规格、尺寸等应符合设计要求。

（2）采用双层钢筋网时，第二层钢筋网应在第一层钢筋网被混凝土覆盖后铺设。

（3）钢筋网支护实测项目如表6-12所示。

表 6-12　钢筋网支护实测项目

项次	检查项目	规定值或允许偏差	检查方法和频率
1	网格尺寸/mm	± 10	尺量：每 50 m² 检查 2 个网眼
2	钢筋保护层厚/mm	≥10	凿孔检查：检查 5 点
3	与受喷岩面的间隙/mm	≤30	尺量：检查 10 点
4	网的长、宽/mm	± 10	尺量

（四）质量控制要点

钢筋网的质量控制要点主要包括：

（1）钢筋网片的大小是否适合。

（2）网眼间距是否符合设计要求。

（3）现场安装的钢筋网是否紧贴岩面。

（4）钢筋网与锚杆焊接固定牢固。

任务五　钢架

一、钢架简介

在初期支护过程中，当围岩软弱破碎严重、自稳性差，开挖后又要求早期支护具有较大的刚度，以阻止围岩的过度变形和承受部分松弛荷载，可以采用钢架、喷射混凝土、锚杆作为联合支护。

钢架的最大特点是架设后立即受力，并且强度和刚度均较大，可以承受开挖时引起的松动压力。但是，钢架的质量较大，现场施工时需要采用人工配合机械的方式进行安装。钢架可分为型钢钢架和格栅钢架两种类型。

隧道钢拱架
类型及施工

（一）型钢钢架

工程上采用的型钢钢架材料主要包括工字钢、H 型钢、槽钢、U 形钢及钢管等，需要专用设备进行集中加工制作。钢架可以提供较大的早期支护刚度，但与喷混凝土结合不良、黏结力较小，与围岩的接触面之间不易保证喷混凝土充填密实。

（二）格栅钢架

格栅钢架又称"花拱架"，其特点主要包括：

（1）质量轻，现场加工制作容易，安装架设方便，对隧道断面变化的适应性好。

（2）可以很好地与锚杆、钢筋网、喷射混凝土相结合，构成联合支护，增强支护的有效性，并且受力条件好。

（3）易与超前锚杆、小导管形成整体，进一步增强支护作用。

（4）格栅钢架的制作耗工、费时，影响整体质量的因素较多。钢架的纵向间距应根据所支护的围岩而定，一般为 0.5 ~ 1.2 m。相邻钢架之间焊接钢筋作为纵向拉杆，增加整体性。

二、施工案例

（一）施工概况

某隧道正线及附属坑道Ⅳ级围岩设计为格栅钢架，Ⅴ级围岩地段设计为型钢钢架。

（二）作业准备

钢架的作业准备主要包括：

（1）开工前组织技术人员认真学习实施性施工组织设计，阅读、审核图纸，澄清有关技术标准，熟悉规范和技术要求，制定施工安全应急预案；对施工人员进行技术交底和上岗前技术培训，考核合格后持证上岗。

（2）做好现场劳动力组织，准备好各种施工机械，保证施工机械的完好率，满足施工要求。

（3）钢架原材料必须满足设计要求，所有材料试验检测均满足设计要求。

（4）现场钢筋加工场地以及施工机械、人员配置满足施工需要。

（三）技术要求

钢架的技术要求主要包括：

（1）按照开挖情况分段、分单元制作加工钢架。在钢筋加工场地按 1∶1 放样，严格按照设计图加工（考虑预留变形量）。格栅采用胎模焊接，焊接不得有假焊，焊缝表面不得有裂纹、焊瘤等缺陷，焊接时采用焊条满足设计要求。

（2）钢架按照设计尺寸在洞外下料并分节焊接制作，严格按设计图纸制作，保证每节的弧度与尺寸均符合设计要求。每节两端均焊连接板，节点间通过连接板用螺栓连接牢靠。加工后必须进行试拼检查，严禁不合格品进场。

（3）钢架应在初喷混凝土后及时架设。

（4）钢架使用钢材的规格、型号、材质满足设计要求。钢架不宜在受力较大的拱顶及其他受力较大的部位分节。格栅钢架的主筋直径不小于 18 mm，且焊接应符合设计要求。

（5）钢架安装应符合的条件主要包括：

① 安装前应清除底脚的虚渣及杂物。

② 安装允许偏差：横向和高程为 ±5 cm，垂直度为 ±2°，间距为 ±10 cm。

③ 各节钢架间应以螺栓连接，连接板应密切，连接板局部缝隙不超过 2 mm。

④ 沿钢架外缘每隔 2 m 应用钢楔或混凝土预制块楔紧。

⑤ 钢架之间一般采用焊接 $\phi22$ mm 钢筋的方式进行连接，环向间距符合设计要求。

（四）施工程序与工艺流程

1. 施工程序

钢架施工程序主要包括施工准备、测量定位、岩面处理、钢架（钢筋网）加工运输、钢架（钢筋网）安装、钢架（钢筋网）加固、钢架（钢筋网）验收、转序等工序。

2. 施工工艺

格栅钢架、型钢钢架施工工艺如图 6-10 所示。

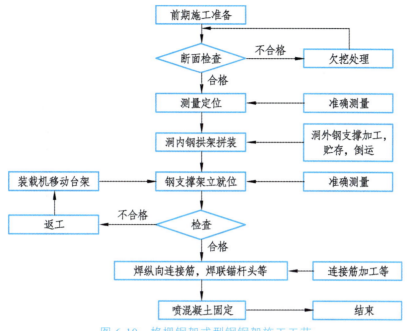

图 6-10　格栅钢架或型钢钢架施工工艺

（五）施工要求

1. 断面检查

施工断面检查要求主要包括：

（1）隧道各部开挖完成后测量组进行断面检查，主要检查断面是否欠挖。

（2）断面有欠挖则进行处理，合格后初喷混凝土。

（3）断面检查合格，再进入下一步工序。

2. 测量定位

初喷混凝土后，测量钢筋网片铺挂范围，测量定位出钢架安设准确位置及标高。

3. 钢架加工

（1）型钢钢架加工。

型钢钢架采用冷弯成型，在平铺钢板放样，在节两端焊两块定位直立带孔钢板（焊在平铺钢板上），将连接板用螺栓固定于直立带孔钢板上，再将型钢卡在连接板中间放样线中，将连接板焊接于型钢端部。钢架加工弧度根据隧道开挖设计轮廓线及预留变形量确定。

焊接好的节段，用红油漆注明编号，若节段自身不对称时，要在两端标明上或下。

加工场地用混凝土硬化，精确抹平，在混凝土面上放出 1:1 的大样。将焊好的节段进行试拼，螺栓要上紧，要求沿隧道周边轮廓误差不大于 3 cm，平面翘曲小于 2 cm。

钢架加工的焊接部位不得有假焊、漏焊现象，焊缝表面不得有裂纹、焊瘤等缺陷。

（2）格栅钢架加工。

格栅钢架在现场设计的工装台上加工。工作台由 20 mm 的钢板制成，其上根据不同断面的钢架主筋轮廓放样成钢筋弯曲模型。钢架的焊接在胎模内焊接，控制变形。

拱部和边墙等各单元钢架分别加工。

按设计要求加工好各单元格栅钢架后，组织试拼，检查钢架尺寸及轮廓是否合格。

加工允许误差：沿隧道周边轮廓误差不大于±3 cm，平面翘曲应小于2 cm，主筋全长±10 mm，弯折位置20 mm，箍筋内净尺寸±3 mm。

焊缝长度不小于搭接长度，焊缝高度符合规范及设计要求。

加工好的型钢钢架或格栅钢架各单元必须明确标准类型和单元号，并分单元堆放在上部遮雨、下部垫空的库房内，堆码高度不得大于1 m。

连接板或角钢螺栓孔眼中心间距公差不超过±0.5 mm。

4. 钢架安装

（1）架设钢架时由测量组精确定出拱架所在里程点的中线、法线和高程，以保证进洞方向的准确性。

（2）钢架原材料必须符合设计要求和施工规范要求。现场加工钢拱架应分批次进行验收，合格后方可用于施工。

（3）钢拱架用于工程前应进行试拼，架立应符合设计要求，连接螺栓必须拧紧，数量符合设计，节点板密贴对正，钢拱架连接应圆顺。

（4）拱脚下松渣或虚渣必须清除，地层松软时应加设垫板或垫托梁，必要时可用混凝土加固地基，以垫实拱脚。

（5）相邻拱架之间按设计要求用钢筋进行纵向连接并焊接牢固。

（6）架立钢拱架时，在每侧拱脚处按要求施作锁角锚杆，锚杆长度为3.5 m，锚杆头露出岩面10 cm，锚杆与钢架焊接牢固稳靠。

（7）架设完成采用纵向连接钢筋和定位系筋将钢架固定。

5. 验收

钢架安装允许偏差：钢架间距±10 cm，横向位置和高程±5 cm，垂直度±2°，连接筋、锁脚锚杆等不得有假焊、漏焊现象；钢架的混凝土保护层厚度允许偏差−5 mm。

（六）劳动组织

根据现场实际情况一般采用平行流水作业组织，见表6-13。

表6-13　施工步骤劳动配置表

序号	步骤（分工序、作业班组）	紧前工序	平行工序	人员组成	数量	备注
1	钢筋网加工（加工班）		钢筋网运输，挂网	钢筋工	4	
2	钢筋网运输（运输班）	钢筋网加工	钢筋网加工	司机	2	
3	挂网（立拱班）	钢筋网运输	钢筋网运输	普工、焊工	8	
5	钢架加工（加工班）		钢架架立，钢架运输，焊接纵向连接筋	钢筋工	6	
6	钢架运输（运输班）	钢架加工	钢架加工，钢架架立，焊接纵向连接筋	司机	2	
7	钢架架立（立拱班）	钢架运输	钢架加工，钢架运输，焊接纵向连接筋	普工、焊工	10	
8	焊接纵向连接筋（立拱班）	钢架架立	钢架加工，钢架架立，钢架运输	焊工	2	

现场每班劳动力配备见表6-14。

表6-14　格栅钢架、型钢钢架及钢筋网施工每班劳动力配备表

工序名称	工种名称						
	钢筋工	电焊工	电工	运输司机	班长	普工	合计
钢架、钢筋网施工	3	8	2	2	2	6	23
备注	根据现场需用量大小配备人数量不同						

（七）材料要求

材料要求主要包括：

（1）钢架用钢材的规格、型号、材质满足设计要求和国家有关现有技术标准的规定。钢架不宜在受力较大的拱顶及其他受力较大的部位分节。格栅钢架的主筋直径满足设计要求，且焊接应符合设计要求。

（2）钢筋品种、级别、规格和数量必须符合设计要求，并经检验合格。

（3）钢筋进场时，必须按批抽取试件做力学性能（如屈服强度、抗拉强度和伸长率）和工艺性能（如冷弯）试验，其质量必须符合现行国家标准的规定和设计要求。

（4）钢架及钢筋的表面应洁净，使用前须将表面油渍、污迹、锈皮、鳞锈等清除干净。

（5）钢筋应平直，无局部弯折，钢筋中心线偏差不能超过其全长的1%。

（八）设备机具配置

根据现场情况，钢架施工机械配备见表6-15。

表6-15　施工机械配备表

序号	机具	数量	备注
1	焊机	6	
2	钢筋切割机	1	
3	钢筋调直机	1	
4	钢筋弯曲机	1	
5	冷弯机	1	
6	挖掘机	1	
7	装载机	1	
8	风镐	4	
9	手风钻	6	

（九）质量控制及检验

质量控制及检验要求主要包括：

（1）制作钢架的钢材品种、级别、规格和数量必须符合设计要求。

（2）格栅钢架钢筋的弯制和末端的弯钩及型钢钢架的弯制应符合设计要求。钢架的结构尺寸应符合设计要求。

（3）钢架安装的位置、接头连接、纵向拉杆应符合设计要求，钢架安装不得侵入二次衬砌断面，脚底不得有虚渣。

（4）沿钢架外缘每隔 2 m 必须用钢楔或混凝土预制块与围岩顶紧，钢架与围岩间的间隙应采用喷射混凝土喷填密实。

（5）钢筋、型钢、钢轨等材料应平直、无损伤，表面不得有裂纹、油污、颗粒状或片状锈蚀。

（6）钢架安装允许偏差必须符合表 6-16 的规定。

表 6-16　钢架安装允许偏差

序号	名　称	允许偏差	检验方法	检验数量
1	钢架间距/mm	± 100	尺量	施工单位每榀钢架检查一次
2	钢架横向/mm	± 50		
3	高程偏差/mm	± 50		
4	垂直度偏差/°	± 2		
5	钢架保护层厚度/mm	−5		

任务实施

分组进行讨论，并按照问题引导进行答题。

问题引导

某隧道工程 V 级围岩，隧道断面面积为 110 m²，隧道宽度为 12 m，高度为 10 m，双车道。围岩支护参数如表 6-17 所示。

表 6-17　围岩支护参数表

序号	支护类型	长度	支护参数	备注
1	φ42 小导管超前支护+注浆	4 m	拱顶 120° 范围内，环向间距 40 cm，外插角 10°～15°	
2	φ25 中空注浆锚杆	3 m	间距：120 cm（环向）×60 cm（纵向）	
3	φ8 钢筋网		单层、网格间距：20 cm×20 cm	
4	I20 钢拱架		纵向间距 50 cm	
5	C25 喷射混凝土		厚度 26 cm	

根据提供的资料回答下列问题：

问题 1：超前支护采用哪种施工工艺？简要写出施工过程。

_____

_____

_____

_____

问题 3：钢拱架的施工工艺是什么？简要写出施工过程。

_____

_____

_____

_____

问题 4：喷射混凝土采用哪种施工工艺？简要写出施工过程。

_____

_____

_____

_____

评价反馈

学生自评表

任务	完成情况记录
掌握隧道超前支护的施工工艺	
掌握隧道锚杆的施工工艺	
掌握隧道钢拱架的施工工艺	
掌握隧道喷射混凝土的施工工艺	
总结反思建议	

学生互评表

序号	评价项目	小组互评
1	掌握隧道超前支护的施工工艺	5分□　4分□　3分□　2分□　1分□
2	掌握隧道锚杆、钢拱架的施工工艺	5分□　4分□　3分□　2分□　1分□
3	掌握隧道喷射混凝土的施工工艺	5分□　4分□　3分□　2分□　1分□
4	语言表达能力	5分□　4分□　3分□　2分□　1分□
5	积极性	5分□　4分□　3分□　2分□　1分□
6	反思总结	5分□　4分□　3分□　2分□　1分□
7	简要评述	

序号	工序	作业步骤	配分	评分标准	扣分	得分
1	准备工作	确定人数	10	小组点名，根据考勤情况打分。如果缺勤则个人得分为零		
2	学习状态	掌握相关工序的施工工艺 掌握隧道施工工艺的适用范围 掌握施工方案编制	60	得分=正确步骤总得分×60分/所有操作步骤总分，保留小数点后两位		
3	验收总结	对他人的评价	15	根据质量检验情况判断施工是否正常。判断正确的得分，判断错误的不得分		
		自我评价与总结	15	得分=已回收设备材料数量×15分/需要回收设备材料总数量，保留小数点后两位		
合计						

综合评价表

序号	评价项目	自我评价	互相评价	教师评价	综合评价
1	学习准备				
2	引导问题填写				
3	完成质量				
4	要点掌握				
5	完成速度				
6	参与讨论主动性				
7	沟通协作				
8	总结与评价				

实作复盘

根据小组作业结果，小组讨论、分析待改进方面及预防措施。

项目七 隧道施工防排水

登天之梯——新关角隧道

新关角隧道位于青海天峻县，是西宁-格尔木铁路段二线工程的控制性工程，全长 32.645 km，平均海拔超过 3 600 m，于 2007 年 11 月开工，2014 年 4 月隧道全线贯通。隧道开通后火车翻越关角山的时间缩短近 2 h，提高青藏铁路的运力。

在新关角隧道 2 标施工过程中，中铁隧道局针对高原特长隧道的突出特点，在出砟通风、断层破碎带施工等方面开展科技攻关，破解高原特长隧道施工难题，取得 3 项科研成果，发表相关学术论文 25 篇，有效指导和推进了工程建设，为高原长大隧道建设积累了宝贵经验。

针对新关角隧道 9 号斜井的 8 个二级断层，90%以上的四级围岩，特别是长达 2 355 m 的区域性深大断裂带的复杂地质情况，中铁隧道局提出了"高原高寒地区特长铁路隧道施工关键技术研究"的科研课题，以解决软弱围岩施工容易产生大变形和坍塌的技术难题。

针对新关角隧道管段工程存在的连续砂层段、长大段岩溶、断层以及地下涌水量大的地质条件，隧道施工在进口段共分成 7 个斜井和 1 个进口正洞作业区，最长斜井 2 808 m，平均坡度 11%。结合出水特点，灵活运用帷幕注浆、径向注浆、顶水注浆等施工工艺并采用了马丽散、高分子材料、水泥浆、水玻璃、氯化钙等材料，合理控制浆液凝固时间、严格控制注浆范围，确保了注浆止水效果。另外，采用五台阶+扩大拱脚与临时横支撑方案施工，开挖后立即铺设孔隙为 1.5 mm 的筛子网片，防止贫水区风积砂的滑溜；超前支护采用管棚+导管注浆支护，并严格控制安全步距。

问题引导

1. 隧道防排水包含哪些设施？
2. 隧道防排水的原则和要求是什么？
3. 隧道防水板如何施工？
4. 隧道土工布如何施工？
5. 隧道变形缝如何加强防水措施？

知识目标

1. 了解隧道防排水原则和一般要求，熟悉隧道防水设施采用的材料。
2. 了解隧道防水板和变形缝的防水。

3. 了解隧道防排水设施的种类和隧道防排水系统的结构组成。

1. 能进行隧道排水设施的施工管理。
2. 能识读隧道防排水系统图。
3. 能进行防排水系统施工质量控制。

隧道防排水是指为了保证隧道构筑物不会因渗漏水造成病害，危及行车安全，腐蚀洞内设备，降低结构使用寿命而采取的一种防水及排水措施。隧道防排水是一项涉及地形、气候、工程地层和水文地质、结构方案、施工方法和材料性质等因素的综合性工作，以预防为主。

任务一　隧道防排水设施

隧道防排水体系

一、隧道防排水设计原则

针对隧道的防排水要求以及隧道普遍存在的渗漏水情况，隧道防排水应遵循"防、排、截、堵结合，因地制宜，综合治理"的原则，保证隧道结构物和运营设备的正常使用和行车安全。隧道防排水遵循的原理具体包括：

（1）"防"。

"防"是指采取防水混凝土或附加防水层等措施，使隧道工程具有一定防止地下水渗入的能力，防止地下水透过防水层、衬砌结构渗入洞内。隧道工程设计时应优先考虑采用防水混凝土提高隧道结构的自防水能力。

（2）"排"。

"排"是指对已经渗入隧道区域的地下水采取自流排水或机械排水的方式排出隧道区域，以减小渗水压力，防止积水和冻害发生，创造良好的防水环境和隧道运营环境。

（3）"截"。

"截"是指采用截水沟、截水导坑等措施，截断流向隧道区域的水流，即把所有可能流向隧道的地表水、地下水的通道截断，减轻隧道防排水压力。

（4）"堵"。

"堵"是指采用注浆或嵌填等措施对隧道围岩裂隙、隧道结构本身存在的渗漏水路径进行封堵。

防、排、截、堵应有机结合，达到排水通畅、防水可靠、经济合理、不留后患的防水目的。

进行隧道防排水设计时，对于地表水主要采用截排和封堵措施，即对地表水进行截流和疏导，尽量使地表水不进入隧道区域，同时，对于地表存在的坑洼、钻孔、裂隙等容易使地表水下渗的通道进行填平封闭。对于地下水，按照新奥法设计施工的隧道一般都采用复合式衬砌结构。复合式衬砌结构的防排水体系具有典型的圈层构造，可用"一堵、两排、两防"来概括，即一圈围岩注浆堵水，喷射混凝土与防水层间、防水层与衬砌间两圈排水，专用防水层和衬砌混凝土两层防水。

二、隧道防水工程设施

（一）喷射混凝土防渗

对于暴露在有侵蚀性物质的地下水环境，喷射混凝土作为防水层必须采取特殊措施，如添加硅粉或钢纤维、采用低水化热水泥等才能提高喷射混凝土的防渗性能。

（二）防水层防水

山岭隧道复合式衬砌中的防水层是隧道防排水技术的核心，是保证隧道防水功能的重要措施。防水层为不透水表面光滑的高分子防水卷材，不仅起到将地层渗水拒于二次衬砌之外的防水作用，而且对初期支护与二次衬砌还起到隔离与润滑作用，使初期支护喷射混凝土对二次衬砌模筑混凝土的约束应力减少，从而避免二次衬砌产生裂缝，提高了二次衬砌的防水抗渗能力。防水层通常由缓冲垫层与防水板两部分组成，缓冲垫层直接安设在基层上作为防止静力穿刺的保护层，也提供一定的排水能力。防水层施工实景图如图 7-1 所示。

图 7-1　防水层施工

（三）施工缝、变形缝防水

施工缝、变形缝防水是隧道工程防水的重点。施工缝是由于隧道衬砌混凝土施工所产生的接缝，是防水薄弱环节之一，也是隧道中最容易发生渗漏的地方。隧道衬砌施工缝处理不好，不仅会造成衬砌混凝土裂缝及洞内漏水，严重影响隧道正常使用和行车安全，而且还会降低结构的强度和耐久性。为了防止由于衬砌不均匀下沉而引起裂损，在地质条件变化显著、衬砌受力不均匀地段应设置沉降缝；为了防止由于温度变化剧烈或混凝土凝结时的收缩引起衬砌开裂，应设置伸缩缝。这两种结构统称为变形缝，变形缝应采用柔性材料做防水处理。

（四）防水混凝土

防水混凝土是隧道防水的最后防线。隧道二次衬砌混凝土既是外力的承载结构，也是防水的最后一道防线。因此要求衬砌既要有足够的强度，还要有一定的抗渗性。防水混凝土是以水泥、砂、石为原料，通过规定的级配、掺入少量的外加剂以及调整配合比，达到抑制或减少空隙率以及改变空隙特征、增加各原材料界面间密实性的目的。配制成的防水混凝土具有一定的抗渗能力。

模筑混凝土本身就具有一定的抗渗阻水性能，但普通混凝土的抗渗性较差，尤其是在施工质量不高的情况下，如振捣不密实，施工缝、沉降缝、伸缩缝处理不好，配比不当等，更容易形成水的渗漏、漫流。当地下水有侵蚀性时，对混凝土的腐蚀就更为严重。如果能保证混凝土衬砌的抗渗防水性能，则不需要另外增加其他防水、堵水措施。因此，充分利用混凝土衬砌的防水性能，是经济合算的、最基本的防水措施。工程中，改善混凝土衬砌的抗渗防水性能，可以从以下两个方面来考虑：

（1）防水混凝土的抗渗标号及抗压强度应满足设计要求，配合比选择的注意事项主要包括：

① 水灰比不得大于 0.6。

② 水泥用量不得少于 280 kg/m³。

③ 砂率应适当提高，并不得低于 35%。

（2）防水混凝土衬砌施工必须采用机械振捣。施工缝、沉降缝及伸缩缝则可以采用中埋式塑料或橡胶止水带，或采用背贴塑料止水带止水。

三、隧道排水工程设施

隧道排水设施主要包括衬砌背后环向和纵向盲管、衬砌表面上设置的横向盲管以及隧道内纵向排水沟和中心水沟等排水设施。水从围岩裂隙进入衬砌或防水板背后的盲沟，盲沟下接泄水孔，水从泄水孔泄出后进入隧道内的纵向排水沟，并经纵向排水沟排出洞外。

（一）盲沟（管）

盲沟（管）是安装在防水板背后的透水管道，其施工注意事项主要包括：

（1）安装时，应将盲沟与喷层或岩壁尽量密贴固定，并将盲沟接入泄水孔安装牢固，然后再覆盖塑料防水板。

（2）环向盲沟的布置间距应按照实际的渗漏水情形来确定。渗漏点多、量大的范围应加密布置，其他按设计要求布置。

（二）泄水孔

泄水孔是将水从盲沟导入洞内排水沟的通道，一般要求在立边墙模板时就安设泄水管，泄水管的里端必须与盲沟接通，泄水管的外端穿过模板。常用的泄水管是 PVC（聚氯乙烯）塑料管材。有时为了方便立模和混凝土施工，不在边模上打孔，只将泄水管顶住边模，待模筑边墙混凝土拆模后，再根据记录的位置钻通泄水孔。

（三）排水沟（管）

隧道内的排水沟（管）是一条承接泄水孔泄出的水并将其排出隧道的纵向排水沟。隧道内的排水沟可分为单侧、双侧、中心式三种布置形式。排水沟的布置形式、截面尺寸和纵向坡度是根据水量大小、线路坡度、路面构造要求等因素确定的，排水沟通常是与底板混凝土同时模筑。设计有仰拱时，则与隧道底部填充混凝土同时施作，以保证排水沟的整体性，防止水下渗影响地基。隧道排水沟实景图如图7-2所示。

图 7-2 隧道排水沟

四、隧道防排水一般要求

隧道防排水的一般要求主要包括：

（1）高速公路、一级公路、二级公路隧道防排水应做到拱部、边墙、路面、设备箱洞不渗水；有冻害地段的隧道衬砌背后不积水，排水沟不冻结；车行横洞、人行横洞等服务通道拱部不滴水，边墙不淌水。

（2）三级公路、四级公路隧道应做到拱部、边墙不滴水，路面不积水，设备箱洞不渗水；有冻害地段的隧道衬砌背后不积水，排水沟不冻结。

（3）高速铁路隧道防排水施工应采取防、堵、截、排综合治理措施，满足环境保护和设计要求。

（4）按照工程防水等级，根据工程规划、结构设计、工程地质状况、地表水和地下水条件以及由于隧道修建可能引起的附近水文地质环境改变的影响等因素，隧道工程应设置由地表处理、围岩防渗处理、衬砌结构防水等部分构成的隧道防水系统。

（5）隧道首先应当设计完善的地表及洞口排水管沟，使隧道具有一个良好的水流外排环境。

（6）采用复合式衬砌的隧道，应当设计完善的排水系统：环向排水盲管→纵向排水管，横向排水管→路面排水沟（或路基中央排水管）→洞外。

（7）对于具有明显渗水裂隙、渗水点的隧道，在喷射混凝土初期支护之前应采用Ω形弹簧排水管或软管引排渗水，减轻防水压力。

（8）对于被防水层封堵的地下水，应采用环向盲管、土工布垫层等措施将其通畅地排入隧道排水系统。

（9）对于透过隧道防水层，被衬砌混凝土及止水带封堵的渗水，应采用可排水的止水带等将水引排到隧道排水系统，以避免水压力的升高。

（10）隧道排水系统不同位置的排水能力应根据水力情况进行计算确定。排水管沟应设置必要的沉砂井、检查井，便于检查、维修和疏通。寒冷地区隧道的排水出口应做好防寒抗冻措施。

隧道防排水系统如图 7-3 所示，隧道防排水系统正面如图 7-4 所示。

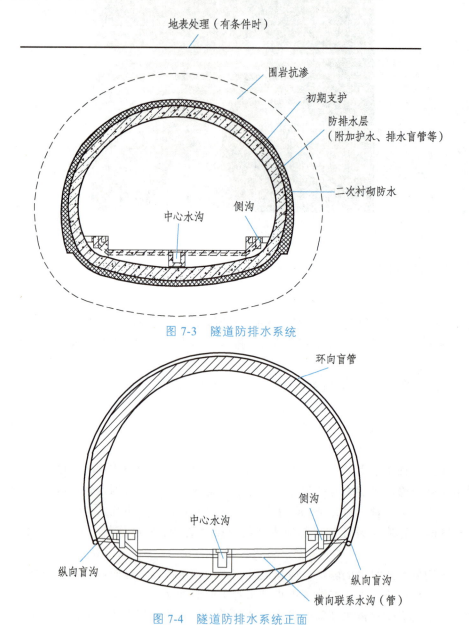

图 7-3　隧道防排水系统

图 7-4　隧道防排水系统正面

五、一般山岭隧道防水

隧道防水设计应根据地下水的渗流路径层层设防，在不同的位置进行不同的防水设计，越靠近渗水上游的防水措施越重要，有效地防止上游渗水，对于减少地下水排泄、减轻下游防水压力有着重要意义。下游防水措施是对上游防水措施的有效补充和预防。一般山岭隧道防水的注意事项主要包括：

（1）在隧道地表，对洞顶的坑洼地区进行整平、充填或开挖排水沟槽，使洞顶不积水；对洞顶存在的塌穴、地裂缝、钻孔等地表水下渗通道进行充填和封闭，防止地表水下渗。

（2）对围岩破碎地段、断层破碎带、涌水易坍塌地段等地下水丰富区段，应首先选用注浆堵水，防止地下水过度排泄，破坏环境，影响施工。注浆堵水可在开挖后向隧道围岩压注浆液，必要时也可以通过洞内超前注浆或地表注浆等方法进行顶注浆加固。

（3）隧道开挖后，采用喷射防水混凝土的方法封闭围岩表面，减小渗水压力，为隧道防水创造有利条件。如隧道围岩存在较集中的裂隙渗水，可先用Ω形弹簧排水管排水，以免混凝土在水压力作用下开裂。

（4）在隧道初期支护与二次衬砌之间全断面设置专用防水层进行隧道防水。

（5）采用满足结构抗渗要求的混凝土进行隧道二次衬砌，寒冷地区冻害地段和严寒地区所采用混凝土的抗渗等级不低于S8，其余地区不宜低于S6。

隧道防水板施工
与质量检测

任务二　结构防排水施工

一、隧道结构防排水

隧道结构防排水包括防水板、纵环向排水盲管、止水带和止水条、检查井、洞内排水沟的安装作业等。

国内用于隧道复合式衬砌中的防水层多为各类塑料防水板，包括PVC（聚氯乙烯）、ECB（乙烯、醋酸乙烯与沥青混合物）、EVA（乙烯醋酸乙烯共聚物）、LDPE（低密度乙烯）以及HDPE（高密度乙烯）类或其他性能相近的材料，用作缓冲层的一般为不小于4 mm的聚乙烯（PE）和质量介于300～400 g/m的无纺布。

环向排水盲管一般是采用10号铁丝缠成直径为5～8 m的圆形弹簧或采用硬质又具有弹性的塑料丝缠成半圆形弹簧，或采用带孔塑料管，作为过水通道的骨架。安装时外覆塑料薄膜和铁窗纱，从渗流水处开始沿环向铺设并接入纵向排水管。

纵向排水盲管是沿纵向设置在衬砌底部防水板与初期支护之间的透水盲管，目前常用的纵向排水管选择不小于80 mm的打孔波纹管或带孔透水管，纵向盲管按8～12 m分段，盲管设置反滤层。纵向排水管可以汇聚环向排水管等排过来的水并通过泄水孔流到侧沟或中央排水管（沟）。

止水带可分为中埋式止水带、背贴式止水带和钢边止水带三种，如图7-5所示。

（a）中埋式止水带

（b）背贴式止水带

（c）钢边止水带

图7-5　止水带类型

止水条又名遇水膨胀橡胶止水条，遇水膨胀、失水收缩，如图 7-6 所示。

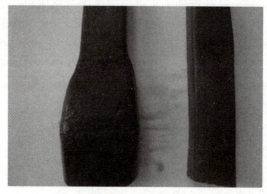

图 7-6　止水条

二、施工案例

（一）施工概况

某隧道防排水采用土工布+防水板、纵环向排水盲管、止水带和止水条、检查井、洞内排水沟等。

（二）作业准备

防排水作业准备主要包括：

（1）熟悉施工图纸，做好各项技术交底。

（2）做好现场劳动力组织，准备好各种施工机械，并保证施工机械的完好率，使其能满足施工要求。

（3）预备好施工使用的各项材料，使其满足施工要求。

（三）技术要求

防排水作业的技术要求主要包括：

（1）衬砌背后设置的排水盲管应结合衬砌一次施工，施工中应防止混凝土或压浆浆液浸入盲管堵塞水路。

（2）铺设防水板的基面应坚实、平整、圆顺，无漏水现象；阴阳角处应做成圆弧形。防水板的铺设应与基层固定牢固，不得有绷紧和破损现象。防水板的搭接宽度不小于 15 cm，允许偏差为 − 10 mm。防水板搭接缝与施工缝错开距离不小于 100 cm，允许偏差为 − 5 cm。

（3）止水带施工应符合的规定主要包括：

① 止水带接头的连接应符合设计要求，采用热焊，不得叠接，接缝平整、牢固，不得有裂口和脱胶现象。

② 止水带安装位置符合设计要求，中心线位置应与施工缝中心重合，止水带固定牢固、平直，不得有扭曲现象。

（4）检查混凝土结构表面应密实平整、颜色均匀，不得有露筋、蜂窝、孔洞、疏松、麻面和缺棱掉角等缺陷。

（四）施工程序与施工工艺

结构防排水施工程序如图 7-7 所示，隧道防水板施工工艺如图 7-8 所示。

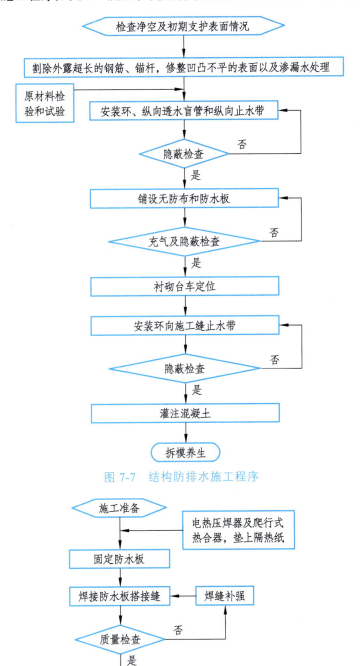

图 7-7　结构防排水施工程序

图 7-8　隧道防水板施工工艺

（五）施工要求

1. 排水盲管

排水盲管的施工要求主要包括：

（1）排水盲管施工工艺流程：钻孔定位→安装锚栓→捆绑盲管→盲管纵向环向连接。

（2）环向排水盲管施作方法：隧道拱墙必须设置 ϕ50 单壁打孔波纹管，环向盲管必须每隔 8~10 m 设置 1 道，每隔 8~12 m 在水沟外侧留泄水孔并采用三通接盲管与纵向盲管相连。

（3）纵向排水盲管施作方法：纵向排水盲管必须沿纵向布设于左、右墙角水沟底上方，为两条 ϕ80 单壁打孔波纹管盲沟。纵向排水盲管按照设计规定划线，以使盲管位置准确合理，盲管安设的坡度与线路坡度一致。排水管采用钻孔定位，定位孔间距为 30~50 cm。将膨胀锚栓打入定位孔或利用锚固剂将钢筋头预埋在定位孔中，固定钉安置在盲管的两端。用无纺布包住盲管，用扎丝捆好，用卡子卡住盲管，然后固定在膨胀螺栓上。采用三通与环向透水管、连接盲管相连。

（4）边墙泄水管施作方法：模板架立后开始施作边墙泄水管，在模板对应于泄水管的位置开设与泄水管直径相同的孔。泄水管一端安装在模板的预留孔上，另一端安装在纵向排水管上，泄水管与纵向排水管用三通连接时必须设置固定措施。

（5）排水盲管施工控制要点：纵向贯通排水盲沟的安装应按照设计规定划线，以使盲管位置准确合理，划线时注意盲管尽可能经过基面的低凹处或有出水点的位置。盲管与支护的间距不大于 5 cm。集中出水点沿水源方向钻孔，然后将单根集中引水盲管插入其中，并用速凝砂浆将周围封堵，以使地下水从管中集中引出。盲管上接头用无纺布的渗水材料包裹，防止混凝土或杂物进入堵塞管道。

2. 防水板施工

（1）施工准备。

① 洞外准备：检验防水板质量，用铅笔画焊接线及拱顶分中线，按每一循环设计长度截取，对称卷起备用。

② 洞内准备：铺设台架行走轨道。施工时采用两个作业台架，一个用于基面处理，一个用于挂防水板，基面处理超前防水板两个循环。

③ 断面测量：测量断面，对隧道净空进行测量检查，对个别欠挖部位进行处理，以满足净空要求，同时准确测放拱顶分中线。

④ 基面处理：局部漏水采用注浆堵水或埋设排水管直接排水到边；钢筋网等凸出部分先切断，后用锤铆平，抹砂浆素灰，如图 7-9 所示；有凸出的管道时，用砂浆抹平，如图 7-10 所示；锚杆有凸出部位时，螺头顶预留 5 mm 切断后，用塑料帽处理，如图 7-11 所示。

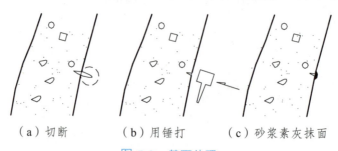

（a）切断　　　（b）用锤打　　　（c）砂浆素灰抹面

图 7-9　基面处理

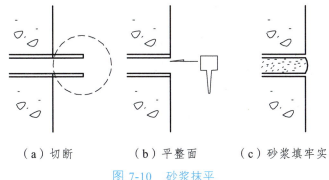

（a）切断　　　　　（b）平整面　　　　（c）砂浆填牢实

图 7-10　砂浆抹平

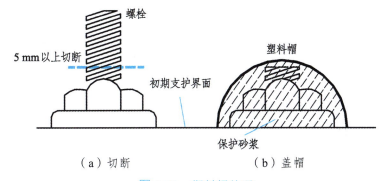

（a）切断　　　　　　　　　（b）盖帽

图 7-11　塑料帽处理

⑤ 初期支护应无空鼓、裂缝、松酥，表面应平顺，凹凸量不得超过±5 cm，如图 7-12 所示。

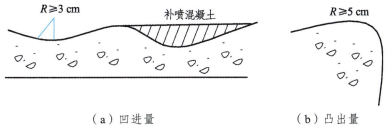

（a）凹进量　　　　　　　　　（b）凸出量

图 7-12　初期支护凹凸量

（2）铺设防水板。

防水板超前二次衬砌施工，EVA 防水板用自动爬行热焊机进行焊接，其他根据设计和材料要铺设专用台车进行。铺设防水板的施工要求主要包括：

① 铺设前进行精确放样，弹出标准线进行试铺后确定防水板一环的尺寸，尽量减少接头。

② 分离式防水板采用从下向上的顺序铺设，松紧应适度并留有余量（实铺长度与弧长的比值为 10∶8），检查时要保证防水板全部面积均能抵到围岩。

③ 分离式防水板铺挂前应用带热塑性圆垫圈的射钉将缓冲层平整顺直地固定在基层上（如图 7-13 所示），缓冲层搭接宽度为 50 mm，可用热风焊枪点焊，每幅防水板布置适当排数的垫圈，每排垫圈距防水板边缘为 40 cm。垫圈间距：侧壁为 80 cm，2～3 个垫圈/m²；顶部为 40 cm，3～4 个垫圈/m²。

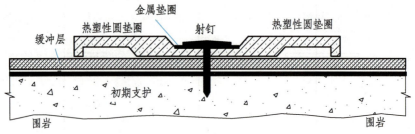

图 7-13　暗钉圈固定缓冲层示意图

④ 两幅防水板的搭接宽度不小于 150 mm。

⑤ 环向铺设时，下部防水板应压住上部防水板。

⑥ 防水板之间的搭接缝应采用双焊缝、调温、调速热楔式的自动爬行式热合机热熔焊接，细部处理或修补采用手持焊枪，单条焊缝的有效焊接宽度不小于 15 mm，焊接严密，不得焊焦焊穿。

⑦ 防水板纵向搭接与环向搭接处，除按正常施工外，再覆盖一层同类材料的防水板材，用热焊焊接。

⑧ 三层以上塑料防水板的搭接形式必须是"T"形接头。

⑨ 分段铺设的卷材边缘部位预留至少 60 cm 的搭接余量并且对预留部分边缘部位进行有效的保护。

⑩ 绑扎或焊接钢筋时，采取措施避免对卷材造成破坏。

⑪ 混凝土振捣时，振捣棒不得接触防水板，避免防水板受到损伤。

⑫ 防水板的搭接缝焊接质量可以采用充气法进行检查，将 5 号注射针与压力表相接，用打气筒进行充气，当压力表达到 0.25 MPa 时停止充气，保持 15 min，压力下降值保持在 10%以内说明焊缝合格，如果压力下降过快则说明焊缝不合格。对于不合格的焊缝，可以用肥皂水涂抹在焊缝上，有气泡的地方说明焊缝漏气需要重新补焊，直到不漏气为止。

⑬ 防水板搭接缝错开衬砌施工缝的间距不小于 100 cm。

（3）防水板施工控制要点。

防水板施工控制要点主要包括：

① 防水板表面平顺，无褶皱、无气泡、无破损等现象。

② 当基面轮廓凸凹不平时要预留足够的松散系数，使其留有余量，并在断面变化处增加悬挂点，保证缓冲面与混凝土表面密贴。

③ 防水板搭接采用热焊器进行焊接，接缝为双焊缝，焊接温度及焊接速度由现场试验确定（可参考数据：焊接温度控制在 200～270 ℃，焊接速度控制在 0.1～0.15 m/min）。焊接速度太快会导致焊缝不牢固，焊接速度太慢则焊缝容易焊穿、烤焦。

④ 焊缝若有漏焊、假焊应进行补焊；若存在烤焦、焊穿以及外露的固定点，则必须用塑料片进行焊接覆盖。

⑤ 焊接钢筋时在其周围用石棉水泥板进行遮挡，避免溅出的火花烧坏防水层。灌注二衬混凝土时输送泵管不得直接对着防水板，避免混凝土冲击防水板引起防水板被带滑脱，防水板下滑。

⑥ 所有防水材料必须采用厂家生产的定型、合格产品，所有产品必须有出厂合格证和质量检验证明。

⑦ 详细记录各种防水材料的安放部位，做到可追溯性。

⑧ 防水材料在使用前应做好相应的试验、检验工作，委托有相应资质的机构对防水材料进行检测。

（4）止水带及止水条施工。

二次衬砌的变形缝、施工缝是隧道施工的薄弱环节，也是隧道工程防水的重点，在施工中要高度重视。

① 止水带施工。

止水带施工工艺：挡头模板钻钢筋孔→穿钢筋卡→放置止水带→下一环节止水带定位→灌注混凝土→拆挡头板→止水带定位。

止水带施作方法：沿衬砌轴线每隔不大于 0.5 m 钻一个 $\phi 12$ 的钢筋孔，将制成的钢筋卡由待灌混凝土侧向另一侧穿过挡头模板，内侧卡进止水带一半，另一半止水带平靠在挡头板上。待混凝土凝固后拆除挡头板，将止水带拉直，然后弯曲钢筋卡卡紧止水带。

② 止水带施工控制要点。

a. 按断面环向长度截取止水带，使每个施工缝用一整条止水带，止水带尽量不要搭接。除了材料长度原因外只允许左右两侧边基上部存在接头，接头搭接长度不小于 10 cm，并且要求将搭接位置设置在大跨以下或起拱线以下边墙位置。

b. 止水带对称安装，伸入模内和外露部分的宽度相等，沿环向每 0.5 m 设置两根 $\phi 6$ mm 短钢筋夹住，以保证止水带在整个施工过程中位置的正确。止水带处混凝土表面质量应达到宽度均匀、环向贯通、填塞密实，外表光洁。

c. 浇筑混凝土时，注意在止水带附近振捣密实，但不得碰止水带，防止止水带走位。止水带施工中利用泡沫塑料对止水带进行定位，避免其在混凝土浇筑中发生移位。

③ 止水条施工。

止水条施工工艺：制作专用端头模板→浇筑先浇衬砌段时形成预留槽→浇筑下一段衬砌混凝土前安装止水条。

止水条施作方法：纵向施工缝在混凝土初凝后、终凝前根据止水条的规格在混凝土端面中间压磨出一条平直、光滑的槽。环向施工缝采用在端头模板中间固定木条或金属构件等，在混凝土浇筑后就可以形成凹槽。凹槽的深度为止水条厚度的一半，宽度与止水条宽度一致。清洗后，在下一次灌注混凝土之前将止水条粘贴在槽中。

④ 止水条施工控制要点。

a. 二衬混凝土初凝后拆除端头模板，将凹槽压平、抹光。凹槽的宽度略大于止水条的宽度。

b. 止水条安放前应该将已浇筑混凝土端部充分凿毛、清洗干净。

c. 止水条在衬砌台车移动前 4 h 安装，安装前先在凹槽内涂抹一层氯丁胶黏剂，止水条沿凹槽方向拉紧嵌入，确保止水条与槽底密贴，并用水泥钉固定牢固，同时在端部混凝土面上涂抹一层界面剂。

d. 止水条若有搭接，可将止水条切成对口三角形，用氯丁胶水黏结。接口处不得有空隙。

e. 在二衬混凝土浇筑前，先在水平施工缝基面铺设厚度为 25～30 mm 的与浇筑混凝土同标号的水泥砂浆，经均匀、充分振捣后使基面与新浇筑混凝土有 25～30 mm 厚的水泥砂浆，使得新老混凝土接合牢固。

⑤ 注浆施工控制要点。

a. 浆液配合比设计、注浆防水范围、注浆效果、每延米每昼夜出水量应符合设计要求。

b. 注浆结束后，应及时将注浆孔和检查孔封填密实。

c. 注浆压力、注浆量、进浆速度等注浆参数以及注浆孔数量、布置、间距、孔深及角度应符合设计要求。初期支护背后注浆应在初期支护混凝土强度达到设计强度的 100% 后进行。

（六）劳动组织

根据现场实际情况一般采用分段平行流水作业，即结构防排水施工采用分段平行流水作业，从安装排、堵水系统到混凝土施工。防排水施工的劳动组织如表 7-1 所示。

表 7-1　劳动组织

序号	步骤（分工序、作业班组）	人员组成	数量	备注
1	基面清理	修错工	2	
2	排水管路安装	管路工	3	
3	防水板安装	铺装工	5	
4	防水系统检测	检测员	2	
5	电工	电工	1	
6	架子工	架子工	2	

（七）材料要求

1. 井盖

井盖的规格、强度符合设计要求，井盖应铺设齐全平衡。

2. 止水带、止水条

施工缝所用止水带、止水条的品种、规格和性能等必须符合设计要求。止水带的宽度和厚度应符合设计要求，厚度不得有负偏差。止水带的表面不得有开裂、缺胶和海绵状等影响使用的缺陷。止水条的宽度、厚度和直径应符合设计要求，表面不得有开裂、缺胶等缺陷。

3. 防水板、土工复合材料

防水板、土工复合材料的材质、性能和规格必须符合设计要求。

（八）设备机具配置

结构防排水施工具有综合性的特点，所需施工机械包含的种类较多。结构防排水一个作业面所需的施工机械和工艺装备如表 7-2 所示。

表 7-2　结构防排水主要施工机械和工艺装备表

序号	名　称	规格型号	数量/（台/套）
1	简易吊装设备	自制	1
2	射钉枪或铁锤	可调节	4
3	简易台架	自制	2
4	自动爬行热合器		3
5	热风枪		4
6	冲击电钻		4

（九）质量控制及检验

结构防排水的质量控制及检查主要包括：

（1）盲管的铺设位置和范围、盲管接头的连接、纵向和环向盲管之间的连接、纵向盲管与排水沟的连接、盲管的综合排水效果等必须符合设计要求。衬砌背后设置的排水盲管应结合衬砌一次施工，施工中应防止混凝土或压浆浆液浸入盲管堵塞水路。

（2）铺设防水板的基面应坚实、平整、圆顺，无漏水现象，阴阳角处应做成圆弧形。防水板的铺设应与基层固定牢固，不得有绷紧和破损现象。防水板的搭接宽度不小于 15 cm，允许偏差为 −10 mm。防水板搭接缝与施工缝错开间距不小于 50 cm，允许偏差为 −5 cm。

（3）止水带施工应符合下列规定。

① 止水带接头连接应符合设计要求，应采用热焊，不得叠接，接缝平整、牢固不允许存在裂口和脱胶现象。

② 止水带安装位置符合设计要求，中心线位置应与施工缝中心重合，止水带固定牢固、平直不允许出现扭曲现象。

③ 背贴式止水带与防水板的连接方式应符合设计要求。

（4）止水条施工应符合下列规定。

① 止水条不得受潮，安装前应进行检查。

② 止水条安装位置、接头连接应符合设计要求。

（5）隧道施工缝浇筑混凝土前应将表面的浮浆和杂物清理干净，施工缝的处理应符合设计要求。纵向施工缝和横向施工缝交界部位的处理应符合设计要求。

（6）变形缝填塞前应清理干净，保持干燥，不得有杂物和积水。变形缝的表面质量应缝宽均匀、缝身竖直、环向贯通、填塞密实、外表光洁。密封材料嵌填严密，黏结牢固，无开裂、鼓包、下塌现象。

（7）纵向坡度应符合设计要求。中心深埋水沟平面位置允许偏差为 ±20 mm，高程允许偏差为 ±10 mm。

（8）检查井的尺寸、井底高程、平面位置的允许偏差和检验方法应符合表 7-3 的规定。混凝土结构表面应密实平整、颜色均匀，不得有露筋、蜂窝、孔洞、疏松、麻面和缺棱掉角等缺陷。

表 7-3　检查井的允许偏差和检验方法

序号	项　目	允许偏差/mm	检验方法	检验数量
1	断面尺寸	±20	尺　量	
2	平面位置（纵、横向）	±50	仪器测量	施工单位全部检查
3	井底高程	±20		

（十）安全及环境保护

1. 施工安全

结构防排水施工安全主要包括：

（1）施工机械使用、操作人员资格、检修保养、各种专用施工机具和料具、施工用电、特殊环境中作业、既有线施工等应严格执行设计要求。

（2）施工过程中必须对施工人员加强安全技术交底，特殊工种须考试合格后方能上岗。在推广新技术和使用新型机械设备时，应对员工进行再培训和安全教育。

（3）防水作业人员必须经过培训上岗，技术人员应加强现场指导，严把质量关。

（4）对设计采用的注浆防水等措施，严格按照设计要求执行。

（5）施工缝垂直设置，不留斜缝，确保止水条形成全封闭的防水圈。

（6）防水混凝土拌和前应加强对原材料的检验，合格的材料方能用于施工。在浇筑过程中应加强振捣，确保混凝土的密实性。

（7）施工作业人员必须正确使用个人防护用品和安全防护措施。进入施工现场必须戴好安全帽、扣好帽带，严禁赤脚或穿三鞋（拖鞋、硬底鞋、高跟鞋）。

（8）在没有任何防护设施的高空、悬崖和陡坡施工，必须系好安全带。上下交叉作业的出入口要有防护棚或其他隔离设施。高处作业（高度距基准不小于 2 m）要有防护栏杆、挡板或安全网。安全帽、安全带、安全网要定期检查，不符合要求的严禁使用。

（9）铺设防水板等易燃材料时严禁带火作业和高温作业，否则需要上报审批并指定专人监管。

2. 环境保护

结构防排水施工的环境保护主要包括：

（1）严禁乱扔施工废弃的土工材料，必须统一回收，按照规定进行处理；不得焚烧，不得掩埋。

（2）施工治水应以"堵"为主，减少对自然水系的破坏。

任务三　施工防排水设施施工

一、隧道施工排水

隧道截水是将可能进入隧道的水通过截水沟等方式截留并排至洞外排水系统中。一般在洞口开挖前完成洞口边坡和仰坡上的天沟和排水系统，其位置、形式正确；浆砌片石内砂浆饱满，勾缝规则，岩面平整；砂浆或混凝土强度满足设计要求；洞口段开挖至隧底高程后及时施作排水侧沟及出水口，并与洞外排水系统协调连通。

隧道开挖时，经常会有地下水进入坑道，施工用水也会产生废水，这些水都应及时排出到洞外。施工排水主要分为顺坡施工排水和反坡施工排水，向洞内开挖是上坡则为顺坡施工排水，向洞内开挖是下坡则为反坡施工排水。

顺坡施工排水在隧道一侧修建临时水沟即可。反坡施工排水可分为分段开挖反坡水沟和隔开较长距离开挖集水坑两种方式，如图7-14所示。

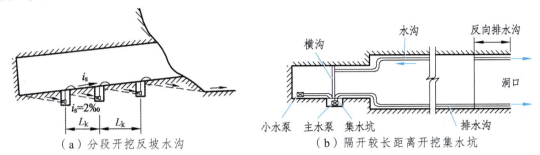

（a）分段开挖反坡水沟　　　　（b）隔开较长距离开挖集水坑

图7-14　反坡施工排水的形式

（一）分段开挖反坡水沟

在分段处挖集水坑，每个集水坑安设一台抽水机，把水抽到后一段集水坑，逐个接力排水将水排出洞外。

优点：工作面无积水，抽水机位置固定，亦不需要水管。

缺点：抽水机多，而且要开挖反坡水沟。

适用范围：隧道较短和坡度较小时采用。

（二）隔开较长距离开挖集水坑

优点：所需抽水机数量少。

缺点：安装水管，抽水机随着坑道的掘进而拆迁前移。

适用范围：隧道较长、水量较大时采用。

二、施工案例

（一）施工概况

某隧道施工排水有反坡排水和顺坡排水两种方式。

（二）作业准备

隧道施工排水作业准备主要包括：

（1）调查了解隧道周边水文情况以及天气状况。

（2）熟悉施工图纸，做好各种施工防排水方案设计和技术交底。

（3）做好现场劳动力组织，准备好各种施工机械并保证施工机械的完好率，使其能满足施工要求。

（4）预备好施工使用的各项材料，使其满足施工要求。

（5）选择排水系统位置，认真查看地表、洞内情况，选择合适的截水沟、排水沟、管路、设备安装位置，不留后患。

（6）完成隧道施工水源调查分析。

（三）技术要求

隧道施工排水技术要求主要包括：

（1）排截流根据具体情况采用具体措施，如明沟、明溪采用改沟或过水管涵等方式处理，雨水采用截流、遮挡等方式处理，孔洞采用回填等方式处理。排水沟槽截面尺寸和坡度符合流量要求。

（2）隧道内涌水量的计算和水泵的选择。涌水量采用径流模量法与地下水动力学法综合计算隧道可能的最大总涌水量，反坡排水采用的水泵型号依据隧道的最大可能涌水量和施工用水量进行选型，施工用水单口掘进速度一般为 30 m³/h。

（3）洞内反坡排水方式可以根据坡度、水量和设备情况布置管路和泵站，一次或分段接力排出洞外。集水坑的容量应按照实际排水量确定，确定集水坑的位置时必须考虑减少对施工的干扰。抽水机的排水能力必须大于洞内总排水量的 20% 以上，并且必须备用数台抽水机。

（四）施工程序与施工工艺

1. 施工程序

隧道防排水施工程序：地面排截水的施作→洞内管沟设置→洞内横向排水及集水坑设置→洞内水泵安装→洞内出水情况监测→洞内排水系统维修。

2. 施工工艺

隧道施工防排水工艺如图 7-15 所示。

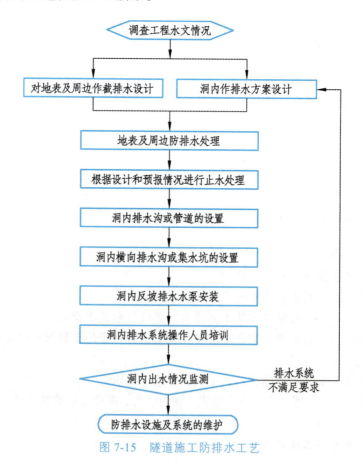

图 7-15　隧道施工防排水工艺

（五）施工要求

1. 地面排截水的施作

地面排截水的施作要求主要包括：

（1）在雨季前完成地面排截水的施作以及边坡和仰坡的开挖。通过地面的排水系统或阻水系统防止地表水流入或渗入洞内，影响洞内结构安全。

（2）排截流根据具体情况采用具体措施，如明沟、明溪采用改沟或过水管涵等方式处理，雨水采用截流、遮挡等方式处理，孔洞采用回填等方式处理。排水沟槽截面尺寸和坡度符合流量要求。

2. 洞内管沟设置

洞内管沟设置的要求主要包括：

（1）洞内管沟位置必须满足安全、文明施工的要求，避免对施工造成干扰。

（2）洞内管沟铺设应顺直，保证排水畅通。

（3）管径、沟槽断面尺寸应根据地勘资料、施工情况并结合工程施工经验进行确定。

3. 洞内横向排水及集水坑设置

洞内横向排水及集水坑设置要求主要包括：

（1）由于隧道内变坡、结构变化、施工设备会影响排水畅通，应该设置横向排水沟，确保排水畅通。

（2）集水坑应根据水泵功率、隧道围岩状况、结构物状况进行布置。集水坑不能影响结构物安全，减少对施工的干扰。

（3）排水管沟、集水坑的大小应根据隧道开挖后出水量大小、施工废水排放情况进行确定。

（4）排水沟、集水坑铺砌应根据具体位置确定，采用合理的铺砌材料保证洞内安全。必须做好集水坑、排水沟的防护工作。

4. 洞内水泵安装

洞内水泵安装满足要求主要包括：

（1）隧道内涌水量采用径流模量法与地下水动力学法综合计算隧道的最大总涌水量，用于反坡排水的水泵依据计算所得的隧道最大涌水量和施工用水量进行选型，施工用水单口掘进速度一般为 30 m^3/h。

（2）洞内水泵的数量和功率应根据工作面的数量、出水情况进行计算确定，一般采用移动式水泵、固定式水泵。

（3）在安装固定水泵站时，应安装水泵自动启停装置。当集水坑的水达到一定高度时水泵自动启动，水位降低到一定高度时水泵自动停止；当一台水泵出现故障时自动切断电源，另一台水泵自动投入工作。

（4）掌子面一般采用小型移动潜水泵将积水抽到相邻的泵站或直接排到洞外污水处理站，经过污水处理站处理合格后再排放。

5. 洞内出水情况监测

洞内出水情况监测的内容主要包括：

（1）在隧道施工过程中，随时监测雨后地表排水、渗水情况，避免雨水直接渗入隧道。

（2）在隧道开挖过程中，随时监测隧道围岩出水情况，结合地勘以及超前地质预报工作预计涌水量，有针对性地提前调整排水系统方案。

（3）在进行前方富水地段开挖时，提前做好防渗水处理，防止意外事故发生。

6. 洞内排水系统维修

洞内排水系统维修的内容主要包括：

（1）作业人员须严格进行班前、班后交接，每次班组长须进行班前、班中、班后培训。

（2）集水坑和排水管必须定期进行清洗、检修，以保证设备的正常运转以及排水系统的畅通。

（3）水泵、供电线路、控制系统必须定期进行检修、保养，确保设备完好。

（六）劳动组织

根据现场实际情况一般采用分段平行流水作业组织，即施工排水采用分段平行流水作业，且该模式贯穿于整个施工过程。施工劳动组织如表7-4所示。

表7-4　劳动力组织

序号	分工序、作业班组	人员组成	数量	备注
1	水文情况调查分析	地质工程师	1	
2	抽水	抽水工	3	可兼职
3	供电	电工	3	可与其他班组共用
4	修理	修理工	1	

（七）材料要求

沟槽、管路材料根据用途、用量以及实际情况进行比选采用。

（八）设备机具配置

隧道施工排水设备及配套管路等根据现场实际情况进行配置，以满足现场需要为宜。

（九）质量控制及检验

隧道施工防排水质量控制及检验内容主要包括：

（1）洞内顺坡排水水沟断面应能满足隧道中渗漏水和施工废水的排出需要。在膨胀岩、土质地层、围岩松软地段，可根据需要加强水沟铺砌或用管槽代替。排水沟应经常清理。

（2）施工期间，隧道内设施不应阻塞隧底水流，设置横向截水沟并汇入两侧的排水沟。

（3）洞内反坡排水方式可以根据坡度、水量和设备情况布置管路和泵站，一次或分段接力排到洞外。集水坑的容量应按照实际排水量确定，其位置尽量避免对施工造成干扰。配备抽水机的排水能力必须大于洞内总排水量的20%以上，并且必须备用数台抽水机。

（4）利用辅助坑道排泄正洞水流时，应根据流量的大小与实际情况设置排水沟槽，保证排水畅通，避免坑道内积水和漫流。

（5）洞内采用井点降水时，根据降水要求选择降水形式、降水设备，编制降水施工方案。

降水水位线必须在隧道底开挖线以下。抽水时设置水位观测井，及时测量动水位，调整降水参数，保证降水效果。在进行井点降水时，制定监控、回灌措施，防止地表超限下沉。

（6）施工场地范围内应做到无泥浆、无积水。

（十）安全及环境保护

隧道防排水施工安全主要包括：

（1）施工机械使用、操作人员资格、检修保养、各种专用施工机具和料具、施工用电、特殊环境中作业、既有线路施工等应严格执行设计要求。

（2）施工过程中必须对施工人员加强安全技术交底，特殊工种必须经考试合格以后方能上岗。在推广新技术和使用新型机械设备时，应对员工进行再培训和安全教育。

（3）对泵站设置防护设施，确保行人、行车的安全。

（4）对设备应设置操作规程和明显的安全提醒标志。

（5）设置集水坑的位置必须对开挖面进行防护，防止坍塌。

（6）现场的高压、低压电力线路及变压器和通信线路必须按照设计要求统一布置、及早建设。

（7）对地表土质疏松的位置进行必要的处理，防止雨水渗入给隧道施工带来危害。

任务实施

分组进行讨论，并按照问题引导进行答题。

问题引导

某隧道工程断面面积为 110 m²，隧道宽度为 12 m、高度为 10 m，双车道。防排水设施参数表如表 7-5 所示。

表 7-5 隧道工程防排水设施参数表

序号	类型	规格	支护参数	备注
1	环向排水管	ϕ50 HDPE 单壁打孔波纹管	每 10 m 或每施工缝设置一道，富水段落根据需要进行加密	
2	纵向排水管	ϕ100 HDPE 双壁打孔波纹管	左右边墙背后各设置一道，外裹无纺布	
3	横向排水管	ϕ100 HDPE 无孔单壁波纹管	每隔 25 m 设置一道，富水区可根据需要进行加密	
4	中心排水管	ϕ300 C30 混凝土预制管	隧道底中部基线以下 1.3 m 设置，全隧道通长设置	
5	防水板	1.2 mm EVA 防水板+350 g/m² 无纺布	除仰拱外全隧道设置	
6	背贴式橡胶止水带	宽 30 cm，厚 0.8 cm	沉降缝处加设	
7	中埋式橡胶止水带	宽 30 cm，厚 1 cm	沉降缝处加设	

根据提供的资料回答下列问题：

问题1：纵向排水管、横向排水管和环向排水管的施工工艺包括哪些内容？

_____

_____

_____

问题2：防水板的施工工艺包括哪些内容？

_____

_____

_____

问题3：背贴式止水带和中埋式止水带的施工工艺包括哪些内容？

_____

_____

_____

问题4：结合该隧道的防排水设计，简述该隧道防排水的主要施工方案。

_____

_____

_____

_____

评价反馈

学生自评表

任务	完成情况记录
掌握隧道排水管的类型和施工工艺	
掌握隧道止水带的类型和适用范围	
掌握防排水施工方案编制	
总结反思建议	

学生互评表

序号	评价项目	小组互评				
1	掌握隧道排水管的类型和施工工艺	5分□	4分□	3分□	2分□	1分□
2	掌握隧道止水带的类型和适用范围	5分□	4分□	3分□	2分□	1分□
3	掌握防排水施工方案编制	5分□	4分□	3分□	2分□	1分□
4	语言表达能力	5分□	4分□	3分□	2分□	1分□
5	积极性	5分□	4分□	3分□	2分□	1分□
6	反思总结	5分□	4分□	3分□	2分□	1分□
7	简要评述					

工序	作业步骤	配分	评分标准	扣分	得分
准备工作	确定人数	10	小组点名，根据考勤情况打分。如果缺勤则个人得分为零		
学习状态	掌握隧道排水管的类型和施工工艺	60	得分=正确步骤总得分×60分/所有操作步骤总分，保留小数点后两位		
	掌握隧道止水带的类型和适用范围				
	掌握防排水施工方案编制				
验收总结	对他人的评价	15	根据质量检验情况判断施工是否正常。判断正确的得分，判断错误的不得分		
	自我评价与总结	15	得分=已回收设备材料数量×15分/需要回收设备材料总数量，保留小数点后两位		
合计					

综合评价表

序号	评价项目	自我评价	互相评价	教师评价	综合评价
1	学习准备				
2	引导问题填写				
3	完成质量				
4	要点掌握				
5	完成速度				
6	参与讨论主动性				
7	沟通协作				
8	总结与评价				

实作复盘

根据小组作业结果，小组讨论、分析待改进方面及预防措施。

项目八 二次衬砌施工

思政学堂

横卧"基建禁区"——雪山一号隧道

青海花久高速公路雪山一号隧道，双洞总长 9 065 m，平均海拔超过 4 400 m，施工最高海拔达 4 800 多米，是目前世界上海拔最高、环境最恶劣的高速公路隧道。雪山一号隧道是世界上海拔最高的高速公路隧道。

雪山一号隧道穿越大面积的季节性冻土层和永久冻土层，属于冰川融化后石块和泥土的堆积物，如何保持冻土的稳定，不让山体随着气温的变化而融化或者塌陷，并且不破坏高原脆弱的生态环境，是冻土隧道建设面临的世界性难题；施工现场高寒缺氧，生态环境极其脆弱，空气中的含氧量仅有平原地区的 60%。

2013 年 7 月，中铁十八局三公司和中铁五局的团队在阿尼玛卿雪山脚下开始施工建设雪山一号隧道。建设者们在海拔 4 600 m 的高寒地区施工，经过 1 200 多个日夜的奋战，中国的工程人员克服冻土问题，贯通了雪山一号隧道，将公路修进"基建禁区"。

问题引导

1. 隧道为什么要做二次衬砌？
2. 隧道衬砌有哪些类型？
3. 隧道二次衬砌需要哪些材料？
4. 隧道二次衬砌如何施工？
5. 如何保证隧道二次衬砌的施工质量？

知识目标

1. 了解隧道二次衬砌的作用。
2. 了解隧道二次衬砌的材料和设备。
3. 了解隧道二次衬砌的施工工艺。

能力目标

1. 能识读隧道二次衬砌图纸。
2. 能进行隧道二次衬砌技术管理。
3. 能进行隧道二次衬砌施工质量控制。

隧道二衬施工质量检测　　　隧道二衬施工

一、隧道二次衬砌简介

在隧道工程中，洞身支护结构通常分为初期支护（一次支护）和永久支护（二次支护、二次衬砌）。初期支护紧贴围岩并支撑着坑道围岩，其目的是保证施工的安全，是为了加固岩体和阻止围岩的坍塌而设置的支护措施，常用的形式包括钢拱架支撑、格栅钢拱架支撑、喷锚支护等。二次支护从外部支撑着坑道围岩，是为了保证隧道使用的净空和结构的安全而设置的永久性衬砌结构，常用的永久性衬砌形式包括喷锚衬砌、整体式衬砌、拼装式衬砌和复合式衬砌。

目前隧道支护通常采用复合式衬砌，由初期支护和二次衬砌组成。初期支护有助于围岩在施工期间的初步稳定，二次衬砌则是提供安全储备或承受后期围岩压力。初期支护按照主要承载结构设计，二次衬砌按照安全储备或承受后期围岩压力设计，均应满足构造要求。因此，对提供安全储备的二次衬砌，应在围岩或围岩加初期支护稳定后施作；对于要求承载的二次衬砌，则应根据测量数据及时施作。

隧道二次衬砌施工大多采用模板台车完成拱墙一次浇筑，墙、拱整体浇筑由下至上地修筑。如果衬砌有仰拱则仰拱超前拱墙衬砌，衬砌在浇筑前按照设计要求做好防水处理。二次衬砌混凝土应采用具有自动计量装置的拌和站集中拌和、混凝土输送罐车运输、轨道自动行走液压起臂整体模板衬砌台车、混凝土输送泵车灌注的方法进行。由于隧道施工条件和施工环境的限制，隧道内的混凝土施工比露天的混凝土施工具有更高的难度，但也有其特点。拱部混凝土浇筑和捣固，衬砌背后空洞的回填是施工重点。隧道二次衬砌要做到"内实外美"，其使用性、可靠性及耐久性都要满足设计要求。严格按照施工工艺施工，是混凝土衬砌质量的重要保证，需要仔细研究混凝土的运输、浇筑、捣固、养护等各个作业环节。

二、施工案例

（一）适用范围

某隧道衬砌设计为复合式衬砌，二次衬砌为钢筋混凝土。

（二）作业准备

隧道二次衬砌的作业准备主要包括：

（1）内业技术准备。

在开工之前组织技术人员认真学习实施性施工组织设计，阅读、审核施工图纸，澄清有关技术问题，熟悉规范和技术标准，制定施工安全保证措施，提出应急预案。对施工人员进行技术交底，对参加施工人员进行施工前技术培训，考核合格后上岗。

（2）外业技术准备。

收集施工作业层中涉及的各项外部技术数据，做好劳动力组织，准备好各种施工机械，检查施工机械的完好率，满足施工要求。修建生活房屋，配齐生活、办公设施，满足管理人员、技术人员及施工作业人员进场的生活、办公需要。

（3）预备好施工所需要的各种原材料，满足施工需要。

（三）技术要求

隧道二次衬砌施工的技术要求主要包括：

（1）模板台车净空要预留 5 cm 的施工误差，以保证二衬净空。

（2）二衬施工在台车底部加设小边模，从而无需施工小边基，但是要预留 5～8 cm 的空隙，以适应填充顶面标高的施工误差。

（3）铺设防水板时要根据岩面情况预留一定的富余量，使二次衬砌浇筑完成后防水板与初期支护表面自然密贴，防止混凝土挤压拉破防水板。

（4）拱墙衬砌钢筋连接不得采用焊接方式，应采用机械连接方式，在采用机械连接前必须进行相应的工艺试验。

（5）混凝土在运输过程中不应发生离析、漏浆、严重积水及坍落度损失过多等现象。当运到浇筑点发生离析现象时，应在浇筑前进行二次搅拌，但严禁再次加水。

（6）混凝土浇筑过程中要注意浇筑速度不能过快，防止浇筑过快造成侧压力过大，损坏台车模板及主体构件。

（7）灌注混凝土时左右对称分层进行，确保两侧混凝土灌注面等高、同步，用振捣器捣固，大跨以下部分用高频低幅振捣器捣固，捣固工作要操作到位，避免混凝土出现翻砂、漏骨现象。

（8）在混凝土浇筑时应尽量连续进行浇筑，如果因不可抗拒因素中断，则按照施工缝进行处理。

（9）混凝土浇筑后，应进行养护。

（四）施工程序与施工工艺

1. 施工程序

隧道二次衬砌施工程序：材料准备→安设二次衬砌钢筋（有筋段）→衬砌模板台车定位→安设预埋件、止水带及堵头→混凝土拌制→混凝土运输→混凝土泵送（浇筑）→衬砌模板台车脱模→混凝土养护→衬砌背后压浆。

2. 施工工艺

隧道二次衬砌施工工艺如图 8-1 所示。

（五）施工要求

1. 仰拱及填充混凝土施工

仰拱应超前二次衬砌 2～3 倍的循环长度。仰拱采用仰拱栈桥全幅施工，在施工前测量组应放线，工程部进行技术交底，严格按照技术交底施作。班组自检合格后通知质检工程师检查，并提前通知监理工程师检查后方可隐蔽施作。

2. 防水板的施工

按照设计要求施作防水板。

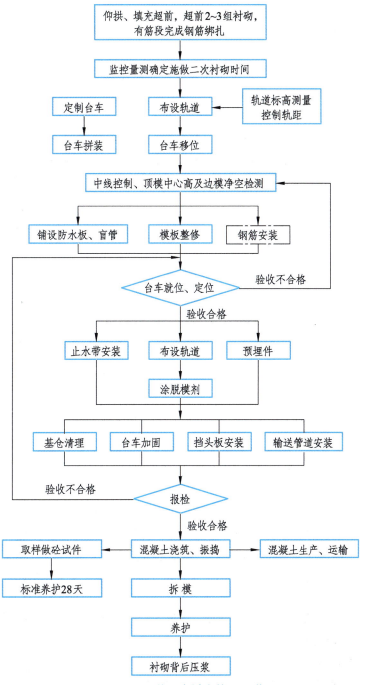

图 8-1　隧道二次衬砌施工工艺

3. 拱墙混凝土施工

（1）拱墙混凝土施工注意事项。

① 正常段拱墙衬砌一般采用输送泵配合模板台车施工。

② 混凝土浇筑过程中严格按照设计要求进行振捣，并在拱顶处留有排气孔，防止在浇筑顶拱混凝土时出现气囊。

③ 保证衬砌混凝土达到不渗、不漏、不裂。

④ 混凝土在脱模之后如果出现一些外观缺陷，必须及时进行修饰，确保整体色泽一致，衬砌轮廓线条直顺，曲面光滑。

⑤ 在每个循环段按照设计要求预留注浆孔，注浆孔间距一般为 3～5 m，在隧道纵向贯通衬砌混凝土强度达到设计强度后采用地质雷达监测衬砌质量，对衬砌背后的不密实及时采取压浆回填。

⑥ 模板台车安装就位准确，锁定牢固，接头密贴上一循环，保持衔接和衬砌轮廓的正确。由测量人员精确定出模板位置、质检工程师检查衬砌厚度以确保达到设计要求。

⑦ 各种预埋管件安装准确无误。

（2）混凝土的拌制。

采用大型强制式搅拌机集中拌和。

（3）混凝土的运输。

混凝土应采用混凝土罐车进行运输。

① 混凝土在运输过程中不应该发生离析、漏浆、严重泌水及坍落度损失过多等现象。如果运到浇筑点时发生离析现象，应在浇筑前进行二次搅拌但严禁再次加水。

② 用混凝土搅拌运输车运输混凝土应符合的规定包括：在运输已拌制好的混凝土时，一般以 2～4 r/min 的转速搅动，严禁高速旋转。卸料前应以常速再次搅拌。在运输中同时拌制混凝土，那么混凝土加水到混凝土全部卸出所经过的时间不大于 90 min。车体内壁应平整光滑，不吸水，不漏水。每天使用完毕后应及时清洗混凝土搅拌运输车上黏附的混凝土。

（4）混凝土的浇筑。

① 在浇筑混凝土前，确认基底无虚渣、积水及其他杂物（当有钢筋时还要检查钢筋情况）。在台车定位前应对防排水系统进行详细检查，发现问题及时整改，完成后走行台车并定位。

② 浇筑混凝土前及浇筑过程中应对模板、支架、钢筋骨架、预埋件等加以检查。发现问题及时处理。检查的内容主要包括：模板的高程、位置及截面尺寸；模板、支架、支撑等结构的可靠程度；预埋件的安装位置和高程；钢筋的安装位置；脱模剂涂刷情况。

③ 混凝土浇筑时的自由倾落高度不大于 2 m，大于 2 m 时应采用滑槽、串筒、漏斗等器具浇筑。

④ 浇筑混凝土应分层进行，分层厚度（指捣实后的厚度）不大于振捣器作用部分长度的1.25 倍，控制在 30 cm 内。

（5）混凝土的振捣。

① 用插入式振捣器振捣混凝土时，应符合下列规定：

a. 移动间距不大于振捣器作用半径的 1.5 倍。

b. 插入下层混凝土内的深度一般为 5～10 cm，以保证上层和下层结合良好。

c. 振捣器应尽可能垂直地插入混凝土中。如果条件困难，可略带倾斜插入，但与水平面夹角不小于 45°。

d. 振捣棒捣固时应快插、慢拔，在每一孔位的振捣时间以混凝土不再显著下沉、水分和气泡不再逸出并开始泛浆为准，振捣时间一般为 20～30 s。

e. 振捣时不得碰撞模板、钢筋和预埋管件，距离模板的垂直距离不小于振捣器有效半径的 1/2。

f. 混凝土必须振捣密实，无漏振及过振现象。

② 在混凝土浇筑振捣过程中，要有专人负责，防止发生跑模和漏浆现象。

③ 混凝土浇筑应尽量连续进行。

④ 混凝土浇筑允许间歇时间如表 8-1 所示。当允许间歇时间超过规定值时，应中断浇筑，同时留置施工缝。施工缝处应埋入适量的钢筋或型钢，使其体积为露出前层混凝土外一半左右。

表 8-1　混凝土浇筑允许间歇时间表

混凝土浇筑时的气温/℃	允许间歇时间/min	备注
20～30	90	如添加外加剂、混合料及其他特殊施工措施时由试验确实
10～20	135	
5～10	195	

⑤ 在混凝土施工缝处续浇筑新混凝土时，应符合的规定主要包括：

a. 浅层混凝土的强度不小于 1.2 MPa。

b. 清除施工缝处的水泥砂浆薄膜、松动石子或松弱混凝土层并用水冲净、湿润，使其表面形成一个新鲜清洁并且有一定石子外露、起伏不平的麻面。

c. 重新浇筑混凝土前，在横向施工缝处先铺置一层厚度为 15 mm 并与混凝土灰砂比相同、水灰比略小的水泥砂浆（竖向施工缝处可刷一层水灰比为 0.3 左右的薄水泥浆），或铺置一层厚度为 30 cm 的混凝土，其粗骨料比新浇筑混凝土减少 10%，然后再继续浇筑新层混凝土。

d. 施工缝处的新层混凝土应振捣密实。

4. 拆模

拆模的注意事项主要包括：

（1）拆模时混凝土的强度应满足设计要求。当设计未提出要求时，侧模应在混凝土强度达到 8 MPa 以上并且其表面及棱角不因拆模而受损时方可拆除。

（2）拆除模板时不得影响混凝土的养护工作。

（3）每一循环拆除模板时，安排两个施工人员在模板被拆除后立即修整混凝土，对混凝土出现的一些蜂窝、麻面、翻砂等进行修整。修整前将白水泥和黑水泥按照一定的比例进行配合，并将配合好的水泥浆与已衬砌的颜色对比，调整配比，以保证修整颜色与混凝土原有颜色一致。利用配制好的水泥浆对两个施工循环之间的错台进行顺接，然后用砂轮机切割打磨。

5. 混凝土养护

混凝土养护的注意事项主要包括：

（1）混凝土浇筑、拆模后及时进行养护，养护过程中不得污染和损伤混凝土。

（2）当日平均气温低于 5 ℃时应采取保温养护措施，不得对混凝土洒水养护。

（3）混凝土养护时间不宜少于 14 天，洒水次数应根据混凝土表面保持适当湿润状态来确定。

（4）养护用水应与拌制用水相同。

6. 衬砌段长期稳定性评价

衬砌施工完成后，根据设计要求布设沉降观测桩，布设间距参照设计要求。观测桩布设完成后进行观测，观测频次有所不同，一般观测时间不少于 3 个月。观测时利用设计交付的CPⅡ桩点加密水准桩点，利用水准仪加测微器和铟钢尺进行精密水准测量，观测完成后进行曲线分析，并形成观测评估报告，报监理单位和建设单位审核批准通过后方可进行下道工序。

7. 季节性施工要求

（1）雨季施工。

① 雨季施工技术质量保证措施。

材料做好遮盖防水工作，避免材料、产品、半成品浸泡淋湿；钢筋存放于料棚内，防止雨淋；机电设备的电闸箱采取防雨、防潮等措施，并安装好接地保护装置。

② 雨季施工安全措施。

a. 雨季施工前应对职工进行安全教育，做好雨季相关安全交底，配备安全防护和劳动保护用品。

b. 加强雨季施工劳动保护工作，做好防滑、夏季防暑工作。大风雨后，洞外作业及时检查脚手架，防止高空坠落事故的发生。

c. 用电设备必须由电工负责安装、维护和管理，严禁非电工人员随意拆改。电线铺设必须按照规范要求进行，防止受雨水的浸泡。大风雨天气后，应对供电线路进行检查，防止断线造成触电事故。

（2）冬季施工。

① 冬季来临，加强施工便道的养护，防止冰雪封山，同时提前做好物资储备。

② 冬季条件下灌注的混凝土，在遭受冻结之前的强度（如临界抗冻强度）不低于设计标号强度的 30%，也不低于 5 MPa。在充水冻融条件下使用的混凝土，开始受冻时的强度不低于设计标号强度的 70%。

③ 冬季施工工程，焊接钢筋一般在室内进行。在室外焊接时环境温度不低于 –20 ℃，采取措施减小焊件温度的梯度以及防止焊接后接头立刻接触到冰雪。

④ 防冻混凝土掺入外加剂时按设计要求掺入。钢筋混凝土严禁掺入含氯化钠成分的外加剂。

⑤ 冬季混凝土运输时间尽量缩短，混凝土运输车加防寒棉套，做好防寒保温措施。

⑥ 冬季施工，健全气象、测温、工程试验、外加剂掺量等原始记录。

（六）劳动组织

根据现场实际情况，衬砌作业采用分段平行流水作业组织，即基面处理，盲管安设，土工布、防水板铺设，二衬钢筋安设，衬砌混凝土施工，衬砌背后压浆以及长期稳定性观测。衬砌作业的劳动力组织如表 8-2 所示。

表 8-2　劳动力组织表

序号	步骤	紧前工序	人员组成	数量	备注
1	基面处理		技术员、工人	2	
2	防排水施作	基面处理	领工员、工人	6	
3	二衬钢筋	防排水施作	领工员、工人	6	
4	混凝土浇筑	基面、防排水完成	领工员、工人	6	有筋段钢筋安设需完成
5	衬砌背后压浆	二衬强度达标	领工员、工人	5	
6	沉降观测	二衬主体全部完成	测量工	4	

（七）材料要求

隧道衬砌的材料要求主要包括：

（1）混凝土生产所需的水泥、粗细骨料、外加剂及水要求符合设计要求。

（2）所需原材料的数量满足本循环施工用量，原材料已经检测并合格。

（3）试验室开具施工配合比并签字。根据试验室开具的施工配合比通知单录入拌和站的计量系统，经试验人员复核合格。

（4）防排水材料

① 防水板以及土工复合材料的材质、性能和规格必须符合设计要求，每 10 000 m² 检验一次，对其厚度、密度、抗拉强度、断裂延伸率和土工复合材料单位面积的质量等性能指标进行试验，合格后才能使用。

② 盲管材质应符合设计要求，须对其透水率、抗变形、有效孔径进行试验，合格后才能使用。

③ 止水带、界面剂等材料均应按照设计要求进行相应的检验、试验，合格后才能使用。

（八）设备机具配置

隧道衬砌施工所需的主要施工机械如表 8-3 所示。

表 8-3　衬砌施工主要机械设备配置表（单工作面）

序号	名称	规格	数量/（台/套）	备注
1	混凝土生产设备	—	—	
2	衬砌模板台车	12 m/9 m	1	为满足二衬安全距离要求，每个掘进工作面至少配置 1 台模板台车；明洞段采用整体式衬砌模板台车，若遇异型洞门，则明洞可与洞门共同作完成
3	混凝土运输车	≥6 m³	3	根据混凝土运输距离远近可适当调节
4	混凝土输送泵	60 m³/h	1	
5	捣固棒	—	6	1~2 个备用
6	电锯	—	2	
7	模板砂轮机	—	3	
8	手动打磨机	—	6	
9	钢筋连接挤压设备	YJ-3240 型	2	备用 1 套
10	洒水器	—	1	

（九）质量控制及检验

隧道衬砌施工的质量控制允许偏差及检验方法主要包括：

（1）衬砌模板安装允许偏差和检验方法必须符合表 8-4 的规定。

表 8-4　模板安装允许偏差和检验方法

序　号	项　　目	允许偏差/mm	检验方法
1	边墙脚平面位置及高程	±15	尺量
2	起拱线高程	±10	
3	拱顶高程	0～10	水准测量
4	模板表面平整度	5	2 m 靠尺和塞尺
5	相邻浇筑段表面高低差	±10	尺量

（2）预留件和预留孔洞的设置允许偏差和检验方法必须符合表 8-5 的规定。

表 8-5　预埋件和预留孔洞的允许偏差和检验方法

序　号	项　　目		允许偏差/mm	检验方法
1	预留孔位	中心线位置	10	尺量
2		尺　寸	0～10	
3	预埋件中心位置		3	

（3）钢筋安装和保护层厚度允许偏差和检验方法必须符合表 8-6 的规定。

表 8-6　钢筋安装和保护层厚度允许偏差和检验方法

序号	名　　称		允许偏差/mm	检验方法
1	双排钢筋的上排钢筋与下排钢筋间距		±5	尺量两端、中间各 1 处
2	同排受力钢筋水平间距	拱部	±10	
		边墙	±20	
3	分布钢筋间距		±20	尺量连续 3 处
4	箍筋间距		±20	
5	钢筋保护层厚度		−5～10	尺量两端、中间各 2 处

（4）钢筋加工允许偏差和检验方法必须符合表 8-7 的规定。

表 8-7　钢筋加工允许偏差和检验方法

序号	名　　称	允许偏差/mm	检验方法
1	受力钢筋顺长度方向的全长	±10	尺量
2	弯起钢筋的弯折位置	20	
3	箍筋内净尺寸	±3	

（5）混凝土结构外形尺寸允许偏差和检验方法必须符合表8-8的规定。

表8-8　混凝土结构外形尺寸允许偏差和检验方法

序号	名　　称	允许偏差/mm	检验方法
1	边墙平面位置	±10	尺量
2	拱部高程	30	水准测量
3	边墙、拱部表面平整度	8	2 m靠尺检查或自动断面仪测量

（十）安全及环境保护

隧道衬砌施工安全主要包括：

（1）台架、脚手架等的承载质量不得超过设计要求，施工现场必须挂牌标明。

（2）作业台架上必须使用36 V的安全电压。

（3）工作平台上的铺板应铺设严密，搭板的端头必须搭在支点上，不得外挑悬空，铺钉平整牢固，跳板设置防滑条，梯子应安装牢固，不得有钉子露头和突出尖角。高于2 m的工作平台上必须设置不低于1 m的栏杆。

（4）隧道内作业地段倾卸材料时，人员与车辆必须避让。车辆通过作业台架前必须减速行驶并鸣笛通知施工作业人员注意安全，车辆通过作业台架的速度不得大于5 km/h。

（5）台架下的净空应保证运输车辆能顺利通行，并悬挂明显的缓行标志。

（6）钢筋必须绑扎牢固。在完全成型之前，应对已绑扎钢筋加设牢固可靠的支撑，防止钢筋绑扎过程中塌落伤人。

（7）施工过程中，应检查机械设备是否安全可靠，设备、电缆线有无漏电现象。

（8）电气设备挂牌标识并且配置接地装置，采用一机、一闸、一漏、一箱等保护设施，作业台架上设置漏电保护器。

（9）隧道施工通风机开、关应协调指挥，防止无关人员开启风机伤到台架上作业人员。

任务实施

分组进行讨论，并按照问题引导进行答题。

问题引导

某隧道工程长为1 200 m，隧道宽度为12 m，高度为10 m，双车道。围岩支护参数如表8-9所示。

表8-9　围岩支护参数表

序号	衬砌类型	厚度	设计情况	备注
1	V级	45 cm	C30钢筋混凝土	
2	IV级	35 cm	C30钢筋混凝土	

根据提供的资料回答下列问题：

问题 1：请给出本项目的衬砌混凝土的工艺流程。

_____

_____

_____

_____

_____

问题 2：本项目的衬砌采用哪种施工方法？

_____

_____

_____

_____

问题 3：简述衬砌的施工方案？

_____

_____

_____

_____

_____

评价反馈

学生自评表

任务	完成情况记录
掌握隧道衬砌的施工工艺	
掌握隧道衬砌的施工方法	
掌握隧道衬砌施工方案编制	
总结反思建议	

学生互评表

序号	评价项目	小组互评
1	掌握隧道衬砌的施工工艺	5分□ 4分□ 3分□ 2分□ 1分□
2	掌握隧道衬砌的施工方法	5分□ 4分□ 3分□ 2分□ 1分□
3	掌握隧道衬砌施工方案编制	5分□ 4分□ 3分□ 2分□ 1分□
4	语言表达能力	5分□ 4分□ 3分□ 2分□ 1分□
5	积极性	5分□ 4分□ 3分□ 2分□ 1分□
6	反思总结	5分□ 4分□ 3分□ 2分□ 1分□
7	简要评述	

工序	作业步骤	配分	评分标准	扣分	得分
准备工作	确定人数	10	小组点名，根据考勤情况打分。如果缺勤则个人得分为零		
学习状态	掌握隧道衬砌的施工工艺	60	得分=正确步骤总得分×60 分/所有操作步骤总分，保留小数点后两位		
学习状态	掌握隧道衬砌的施工方法	60	得分=正确步骤总得分×60 分/所有操作步骤总分，保留小数点后两位		
学习状态	掌握隧道衬砌施工方案编制	60	得分=正确步骤总得分×60 分/所有操作步骤总分，保留小数点后两位		
验收总结	对他人的评价	15	根据质量检验情况判断施工是否正常。判断正确的得分，判断错误的不得分		
验收总结	自我评价与总结	15	得分=已回收设备材料数量×15 分/需要回收设备材料总数量，保留小数点后两位		
合计					

综合评价表

序号	评价项目	自我评价	互相评价	教师评价	综合评价
1	学习准备				
2	引导问题填写				
3	完成质量				
4	要点掌握				
5	完成速度				
6	参与讨论主动性				
7	沟通协作				
8	总结与评价				

实作复盘

根据小组作业结果，小组讨论、分析待改进方面及预防措施。

项目九 凿岩与爆破

思政学堂

豆腐渣里打隧道——木寨岭隧道

木寨岭隧道位于漳县、岷县交界处，是渭源—武都高速公路的重点控制性工程，左线全长 15 226 m，右线全长 15 168 m，设计为分离式双向四车道高速公路隧道，设计速度 80 km/h。木寨岭隧道于 2016 年 5 月开工建设，2023 年 7 月全线贯通，2024 年 1 月建成通车。

木寨岭隧道采用了分段式纵向通风设计，并配备有照明、消防、电视电话及监控报警设施；采用分离式设计，隧道进口设计为削竹式洞门，出口设计成端墙式洞门。全隧共设 3 处斜井，均作为永久性通风斜井。

木寨岭隧道位于四大地质构造板块交界地带，具有地质构造复杂、地应力高度集中、岩体软弱破碎、褶皱带活动强烈、围岩大变形等特点。在工程施工过程中，木寨岭隧道软岩大变形情况严重，挤压变形速率快、变形历时长、变形量大，隧道单边最大变形量超过 2 000 mm。为了解决工程施工的技术难题，根据实际情况对地质因素、围岩状况进行调研研究，创新性提出隧道场解重构理论，在核心扰动区主动重构围岩刚度，诱导应力调整的隧道施工场变控制方法，以提高围岩刚度的主动控制代替拱架支护的被动约束。最终形成了新型软岩隧道大变形治理技术与方法，即通过网状的锚索系统，将松散易碎的岩体压实，形成拱形承载结构，提高了岩体的稳定性，在保障安全和质量的前提下完成了隧道建设任务。

问题引导

1. 隧道凿岩需要哪些设备？
2. 隧道凿岩的施工工艺是什么？
3. 隧道爆破选择哪种炸药？
4. 隧道需要哪几种炮眼？分别有什么作用？
5. 如何保证隧道爆破的爆破效果？

知识目标

1. 了解凿岩作业施工程序与工艺流程。
2. 了解爆破作业炸药种类和性能。
3. 了解隧道钻孔的施工方法。
4. 了解隧道钻爆设计的内容。

能力目标

1. 具备初步选择凿岩机械的能力。
2. 具备绘制炮眼布置图的能力。
3. 具备初步选择爆破方法的能力。

知识背景

隧道开挖的方法应根据地质条件、断面大小、结构形式、机械配备、周围环境的需要、综合经济效益等因素确定。隧道开挖作业应满足条件主要包括：

（1）开挖断面尺寸应符合设计要求，开挖轮廓线应采用有效的测量方法进行控制。

（2）开挖作业必须保证安全。开挖时宜减少对围岩的扰动，应随时检查开挖面及未衬砌地段，遇到险情应及时处理。开挖工作面与衬砌的距离应在确保施工安全并力求减少施工干扰的原则下合理选定。

（3）开挖不得危及衬砌、初期支护及施工设备的安全。

（4）开挖工作面不能自稳时，根据具体地质条件进行超前支护和预加固处理。

（5）施工期间应做好测量、地质核对和描述工作，并根据实际情况提出变更意见，修改开挖方法和参数。

隧道开挖断面应以衬砌设计轮廓线为基准，考虑预留变形量、施工误差等因素适当放大。隧道洞身钻爆开挖应采用光面爆破，并做出爆破设计。施工中应根据爆破效果及测量报告调整爆破参数，在施工过程中不断进行优化。隧道开挖应严格控制超欠挖，并按设计要求进行断面检测，以满足过程质量验收的需要。当两个相对开挖工作面接近贯通时，两端施工应加强联系、统一指挥。当两个开挖工作面的间距不超过 20 m 时，应从一端开挖贯通。

任务一　凿岩作业

隧道开挖设备介绍

一、凿岩设备

凿岩设备可分为风动凿岩机、液压凿岩机和凿岩台车三种类型。

（一）风动凿岩机

风动凿岩机俗称风钻，以压缩空气为驱动力，具有结构简单、制造维修方便、操作灵活、使用安全等优点，但是具有压缩空气的供应设备比较复杂、机械效率低、能耗大、噪声大、凿岩速度比液压凿岩机低的缺点。风动凿岩机需要将作业台架作为施工平台。

（二）液压凿岩机

液压凿岩机是以电力带动高压油泵，通过改变油路使活塞往复运动，实现冲击作用。液压凿岩机与风动凿岩机相比较，液压凿岩机具有的主要特点包括：

（1）动力消耗少，能量利用率高。液压凿岩机动力消耗仅为风动凿岩机的 1/3 ~ 1/2；液压的能量利用率可达 30% ~ 40%，风动的能量利用率仅为 15%。

（2）凿岩速度快。液压凿岩机比风动凿岩机的凿岩速度快 50%～150%，在花岗岩中的钻进速度可达 170～200 cm/min。

（3）液压凿岩机的液压系统设计配套合理，能自动调节冲击频率、扭矩、转速和推力等参数，可适应于不同性质的岩石，提高凿岩功效，润滑条件好，主要零件使用寿命长。

（4）环境保护较好。液压钻噪声比风钻噪声降低了 10～15 dB；液压钻无须像风钻一样排气，因此工作面没有雾气，空气较清新。目前，液压钻已广泛应用于隧道工程。

（5）液压凿岩机构造复杂，造价较高，质量大，附属装置较多，多安装在台车上使用。

（三）凿岩台车

将多台液压凿岩机安装在一个专门的移动设备上，可实现多机同时作业，该移动设备被称为凿岩台车。凿岩台车按走行方式可分为轨道走行式、轮胎走行式和履带走行式凿岩台车；按结构形式可分为实腹式和门架式凿岩台车。工程中应用较多的是实腹结构轮胎走行的全液压凿岩台车。

实腹式凿岩台车通常为轮胎走行，可以安装 1～4 台凿岩车及一支工作平台臂，立定工作范围可以达到宽 10～15 m、高 7～12 m，可适用于不同断面的隧道施工。由于实腹式凿岩台车占用坑道空间较大，需与出渣运输车辆交会避让，占用循环时间较长，尤其是在隧道断面不大时机械避让占用的非工作时间更长，故实腹式凿岩台车多应用于断面较大的隧道施工。

门架式凿岩台车的腹部可以通行出渣运输车辆，能够大量减少机械避让时间。门架式凿岩台车通常为轨道走行，安装 2～3 台凿岩机，多用于中等断面（20～80 m²）的隧道开挖，开挖断面过小或过大时一般不采用。

轨道走行式和轮胎走行式凿岩台车可打 3.9 m、5.15 m 炮眼，炮眼直径为 48 mm，大、中空孔眼径为 102 mm。国外台车也在不断发展，多臂有 5～6 个臂，炮眼直径 48 mm、63 mm、76 mm、102 mm、152 mm 不等。可在不同位置打起不同作用的炮眼。

凿岩台车按其控制的自动化程度可分为人工控制、电脑控制、电脑导向三种。人工控制是由人工控制操纵杆来实现钻机的定位、定向和钻进的，钻眼位置由工程师标出，钻眼方向则由操作手按经验目测确定；电脑控制凿岩台车的所有动作都在电脑的控制下进行，必要时可由操作手进行干预；电脑导向凿岩台车不仅具有电脑控制功能，而且可以在隧道定位（导向）激光束的帮助下进行自动定位和定向，因此能进一步缩短钻眼作业时间，提高钻眼精度，减少超欠挖量。

二、钻杆钻头

钻头直接连接在钻杆前端（整体式）或套装在钻杆前端（组合式），钻杆尾则套装在凿岩机的机头上，钻头前端镶入硬质高强耐磨合金钢凿刃。

凿刃起着直接破碎岩石的作用，它的形状、结构、材质、加工工艺是否合理都直接影响凿岩效率及其本身的磨损。凿刃按照形状可分为片状连续刃和柱齿刃（不连续）两类。片状连续刃又可分为一字形、十字形等布置形式，柱齿刃则可分为球齿、锥形齿、楔形齿等形状。

一字形片状连续刃钻头的制造和修磨简单，对岩性的适应能力较强，适用于功率较小的风动凿岩机，主要适用于中硬以下岩石中钻眼。该类钻头的钻眼速度较慢，在节理裂隙发育的岩石中容易卡钻。

十字形片状连续刃钻头和柱齿刃钻头的制造和修磨较复杂，适用于功率较大、冲击频率较高的重型风动或液压凿岩机在各种岩石中钻眼，尤其在高硬度岩石中或节理裂隙发育的岩石中钻眼效果良好，速度也快。

常用钻头的钻孔直径有 38 mm、40 mm、42 mm、45 mm、48 mm 等，用于钻中空孔眼的钻头直径可达 102 mm 甚至更大。钻头和钻杆均有射水孔，压力水即通过此孔清洗岩粉。

钻眼速度受冲击频率、冲击功、钻头形式、钻孔直径、钻孔深度及岩石质量等因素的影响。另外，钻头与钻杆、钻杆与机头的套装紧密程度和钻杆的质量、粗细则影响冲击功的传递。若套装不紧密、钻杆轴线与机头轴线重合不好或钻杆硬度小、钻杆较粗，都会损耗冲击功，从而降低钻眼速度。

三、施工案例

某隧道为三车道大断面隧道，采用凿岩台车钻孔。

（一）施工程序

该隧道凿岩施工程序：施工准备→围岩处理→测量放样→凿岩台车就位→孔位定位→台车钻孔及清孔→下道工序。

（二）施工工艺

该隧道凿岩台车开挖施工工艺如图 9-1 所示。

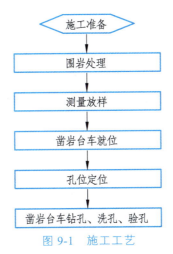

图 9-1　施工工艺

（三）施工要求

1. 施工准备

（1）技术准备。

① 审查设计图纸，熟悉相关资料。

② 做好钻爆设计。

（2）施工现场准备。

① 建立测量控制网点。按照总平面图要求布置测量点，设置永久坐标桩及水平桩、组成测量控制网。

② 搞好"三通一平"。修建场区主要运输干道，接通用电线路，布置生产供水管网和现场排水系统。

③ 做好钻头钻杆、炸药、雷管等物资计划工作，保证施工材料供给。

2. 测量放样

测量技术人员利用洞内中线控制桩点，画出工作面开挖轮廓线，并初步标记出主要钻孔位置。

3. 凿岩台车就位

根据工作面的开挖轮廓线把凿岩台车开到指定位置，固定台车，接好风、水、电，并调整台车的高度，便于工作。

4. 孔位定位

按照测定好的钻孔范围、平面位置，对每个孔进行编号。

5. 凿岩台车钻孔、清孔、验孔

（1）钻孔。

钻孔由高孔位向低孔位进行。开钻时应低速低压，钻进过程中产生坍孔、卡钻时则补注浆后再钻进。钻进过程中经常测量钢管钻机的偏斜度，如果偏斜度超过设计要求要及时纠正，钻孔完毕后偏斜度仍超过设计要求则补浆封孔后于原位置重新钻孔。在施钻进程中及时记录和绘制孔位布置图。钻机用电符合要求。钻机作业时注意人身安全、防碰、防止机械伤害。

钻孔注意事项主要包括：

① 钻孔前，必须由专人检查开挖作业面安全状况和作业人员安全防护情况，及时消除各种安全隐患。

② 钻孔作业过程中，必须采用湿式钻孔，严禁在残孔中继续钻孔。

③ 钻孔作业过程中应注意观察开挖工作面有无异常漏水、气体喷出、围岩变化等情况。

④ 凿岩台车工作前必须检查泵、空压机等，保证其处于正常状态。检查管路与接头无漏油、漏水和漏气现象，确认操作杆、控制装置及仪表处于正常状态。

⑤ 凿岩台车行走前操作司机应查看凿岩台车周围，确认前后、左右无人及障碍物后按照引导人员的指示信号操作。行走时要平稳，避免紧急操作发生意外事故。

⑥ 凿岩台车钻孔完成后应停放在安全场所。

⑦ 在围岩地质复杂地段对凿岩台车重要部位采取加固措施并设置特殊的防护装置。

（2）清孔。

用地质岩芯钻杆配合钻头进行反复扫孔、清除浮渣，确保孔径、孔深符合设计要求，防止堵孔。一般采用高压风从孔底向孔口清理钻渣。

（3）验孔。

管棚不得侵入隧道开挖线内，相邻的钻孔不得相撞和立交。检查钻孔的间距、直径、深度等参数，方向角误差为 1°，孔口距误差为 ± 50 mm，孔深误差为 ± 50 mm。

6. 凿岩台车养护

凿岩台车养护内容主要包括：

（1）检查有无漏油。在每个班组工作前，检查所有部件，如果螺栓有松动则紧固螺丝。

（2）清洗台车尤其是凿岩机、推进梁部分。

（3）检查所有油（如液压油、发动机机油、柴油、润滑油、空压机油等）的油位。

（4）整车尤其是推进梁大臂、凿岩机部分涂抹黄油。

（5）检查推进梁上面的两个转杆的橡胶导套，如果过大就必须更换。

（6）经常检查进水滤网，如果太脏、杂物堵塞网孔则清洗或更换滤网。

（7）每个班在启动发动机前必须给油箱放水，必要时更换液压油。

（8）检查电气部分线路有无松动。

（9）检查电压、电流以及液压表的数据有无异常。

任务二　爆破作业

隧道爆破施工

一、隧道工程常用的炸药

在隧道爆破施工中使用最广泛的是硝铵类炸药。硝铵类炸药品种极多，其主要成分都是硝酸铵，占60%以上；其次是梯恩梯或硝酸钠（钾），占10%～15%。在无瓦斯坑道中使用的铵梯炸药简称为岩石炸药，2号岩石炸药就是最常用的一种；在有瓦斯坑道中使用的炸药简称为煤矿安全炸药。隧道爆破使用的炸药一般由厂制或现场加工成药卷型式，药卷直径一般为 32 mm、35 mm、40 mm 等，长度为 150 mm，而周边光爆炸药药卷直径一般为22 mm、25 mm，长度为200～600 mm，可按爆破设计要求的炸药品种、装药结构和用药量来选择使用。

隧道工程常用炸药介绍

（一）常用炸药

1. 铵梯炸药

铵梯炸药适用于一般岩石爆破、煤矿爆破（加消焰剂防瓦斯），主要成分是硝酸铵与梯恩梯的混合物。

2. 浆状炸药和水胶炸药

浆状炸药和水胶炸药适用于露天或水下深孔爆破，浆状炸药主要由硝酸铵等炸药、水、敏化剂、胶凝剂等构成，水胶炸药主要由浆状炸药、交联技术构成。这两种炸药具有含水量较大、抗水性强、密度较高、爆温较低、威力较大、原料广、成本低和安全度高的特点。

3. 乳化（乳胶）炸药

乳化（乳胶）炸药是指硝酸铵、硝酸钠水溶液与碳质燃料通过乳化作用形成的一种乳脂状混合炸药，可广泛应用于硬岩爆破。该类炸药具有抗水性强、原料来源广、生产成本低、安全度高、环境污染小、爆炸稳定性好、爆破效率比浆状及水胶炸药更高的特点。

4. 硝化甘油炸药

硝化甘油炸药主要成分是硝化甘油或硝化甘油与二硝化乙二醇的混合物，一般应用于水下、硬岩爆破。该类炸药具有抗水性强、密度高、威力大、猛度高的特点，但是也具有机械感度高、安全性差、价格昂贵、保存期短、容易老化而性能降低甚至失去爆炸性能的缺点。

（二）炸药的性能

1. 感度

感度是指炸药在外界起爆能作用下发生爆炸反应的难易程度，也就是炸药爆炸对外能的需要程度。根据外能形式的不同，炸药感度表现为热敏感度、火焰感度、机械感度和爆轰感度。

2. 爆速

爆速是指炸药爆炸时的化学反应速度，一般密度越大的炸药其爆速也越高。

3. 威力

威力是指炸药爆炸时对周围介质做功的能力，炸药的威力越大造成的破坏也越大。

4. 猛度

猛度是指炸药爆炸后对与之接触的局部固体介质的破碎程度，这种局部破坏表现为固体介质的粉碎性破坏程度和破坏范围的大小。

5. 爆炸稳定性

爆炸稳定性是指炸药起爆后能否连续、完全爆炸的能力。

6. 最佳密度

最佳密度是指炸药稳定爆炸且爆速最大时的装药密度。为了保证装药能稳定爆炸而不发生断爆或拒爆，在施工现场加工药卷时应注意使药卷密度保持在最佳密度范围内。

7. 临界直径

临界直径是指在柱状装药时被动药卷能发生殉爆的最小直径，临界直径越小则爆炸稳定性越好。

8. 殉爆距离

殉爆距离是指在钻孔柱状装药中，主动药卷（装入起爆雷管的药卷）爆炸后能引起临近的药卷（称为被动药卷）爆炸的最大距离。当主动药卷和被动药卷采用同性质炸药、等直径药卷时，则用被动药卷能发生殉爆的最大距离来表示被动药卷的殉爆能力。

（三）起爆材料

起爆材料包括实施爆破时激发炸药所需要的一系列起爆和传爆材料，如导火索、雷管、导爆索、继爆管、塑料导爆管等。常用的起爆方法包括导火索与火雷管、导电线与电雷管、塑料导爆管与非电雷管、导爆索与继爆管、电子雷管等。

1. 导火索与火雷管

导火索是用来点燃火雷管的配套材料，它能以较稳定的速度连续传递火焰给火雷管，并使火雷管在火焰作用下发生爆炸。通过导火索燃烧后喷出火星引爆的雷管称为火雷管。火雷管是最简单的一种雷管。

雷管按其起爆能量的大小分为十个等级，称为雷管号数。雷管号数越大则起爆能力越强。装药较多时，应选用大号数雷管。隧道工程中常用的是 6 号雷管和 8 号雷管。

2. 导电线与电雷管

电雷管是在火雷管中加设电发火装置而成的，它是用导电线传输电流使装在雷管中的电阻丝发热而引起雷管爆炸。电雷管可分为即发电雷管和迟发电雷管。

3. 塑料导爆管与非电雷管

（1）塑料导爆管。

塑料导爆管是用来传递微弱爆轰波给非电雷管使雷管爆炸的传爆材料之一。塑料导爆管具有的特点主要包括：

① 抗电、抗火、抗冲击性能好。

② 起爆传爆性能稳定，甚至扭结、180°对折、局部断药、管端对接仍能正常传爆。

③ 安装简单，使用方便，价格便宜。

④ 运输和使用过程中抗破坏能力强，可作为非危险品运输等优点。

⑤ 因而在隧道工程中被广泛应用，尤其是在有电条件和炮眼数较多时。

（2）非电雷管。

非电雷管是在一根导爆管的两端分别装配雷管。将两端按要求分别接入两个节点，只要起爆任意一端，起爆端雷管爆炸后爆轰波经反传引爆导爆管将另一端雷管引爆。

塑料导爆管不能直接起爆炸药，应与非电毫秒雷管配合使用。

4. 导爆索与继爆管

导爆索又称传爆线，索芯用高烈性炸药（黑索金或太安）制成，经雷管起爆后可以直接引爆炸药。导爆索的传爆速度一般为 6 800 ~ 7 200 m/s，外表涂成红色或红黄相间颜色。

继爆管是一种专门与导爆索配合使用的具有毫秒延期作用的起爆器材。

5. 电子雷管

电子雷管又称数码雷管或数码智能雷管，是一种采用电子控制模块对起爆过程进行控制的电雷管。电子雷管的电子控制模块是指置于数码电子雷管内部，具备雷管起爆延期时间控制、起爆能量控制功能，内置雷管身份信息码和起爆密码，能对自身功能、性能以及雷管点火元件的电性能进行测试，并能与起爆控制器以及其他外部控制设备进行通信的专用电路模块。电子雷管的基本原理与传统延期药雷管相同，可以视为由传统瞬发雷管外挂电子电路构成。与传统电雷管相比较，电子雷管除受电控制外，还受到一个微型控制器的控制，在起爆网络中该微型控制器只接受起爆器发送的数字信号。

电子雷管起爆系统一般由雷管、编码器及起爆器三部分组成。编码器的功能是在爆破现场对每发雷管设定所需的延期时间。起爆器控制整个爆破网络编程与触发起爆。起爆器与编码器连接，爆破人员在安全区域对起爆器进行编程，然后触发整个爆破网络。

二、钻爆设计

（一）基本知识

1. 炮眼的种类

（1）掏槽眼。

掏槽眼增加临空面，提高爆破效果。掏槽眼如图 9-2 中 1~4 号。

（2）辅助眼。

辅助眼扩大掏槽眼炸出的槽腔，为周边眼爆破创造临空面。

（3）周边眼。

周边眼炸出较平整的隧道断面轮廓。在工程实践中，把底部的一排炮眼称为底板眼。图 9-2 中 19 为周边眼，21 为底板眼。

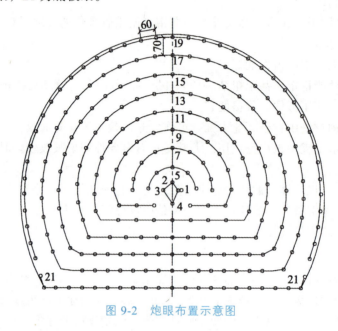

图 9-2　炮眼布置示意图

2. 炮眼的布置原则

炮眼的布置原则主要包括：

（1）先布置掏槽眼，其次是周边眼，最后是辅助眼。

（2）掏槽眼布置在中央偏下位置，比其他炮眼深 15～20 cm。

（3）周边眼严格按照设计要求开挖轮廓，尽量布置均匀。周边眼开眼位置位于硬岩的轮廓线上，软岩可向内偏移 5～10 cm。底眼和掏槽眼同深。

（4）在掏槽眼、周边眼之间布置辅助眼，满足 E/W=0.6～0.8。

3. 掏槽眼的种类

掏槽眼可分为斜眼掏槽和直眼掏槽两种形式，一般根据现场实际情况选择适合的掏槽方式。

隧道炮眼的种类
及掏槽方式

（1）斜眼掏槽。

斜眼掏槽的掏槽眼与开挖面斜交，斜眼掏槽的形式如图 9-3 所示。

斜眼掏槽的优点：可以按岩层的实际情况选择掏槽方式和掏槽角度，容易把石渣抛出，掏槽眼的个数较少。

斜眼掏槽的缺点：眼深受到坑道断面尺寸的限制。不便于多台钻机同时钻眼。钻眼方向不够准确。

（2）直眼掏槽。

直眼掏槽的掏槽眼垂直于开挖面。直眼掏槽多采用大直径的空眼作为临空面，周边的掏槽眼装药起爆后能取得较好的掏槽效果。直眼掏槽形式如图 9-4 所示。

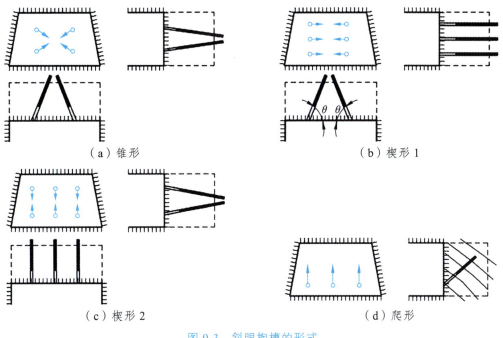

（a）锥形 （b）楔形 1

（c）楔形 2 （d）爬形

图 9-3　斜眼掏槽的形式

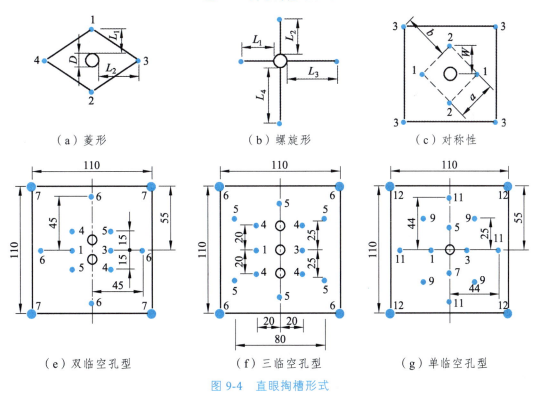

（a）菱形 （b）螺旋形 （c）对称性

（e）双临空孔型 （f）三临空孔型 （g）单临空孔型

图 9-4　直眼掏槽形式

直眼掏槽的优点：便于多机同时钻眼，不受断面尺寸对爆破进尺的限制，可以采用深孔爆破，石渣抛掷距离较短。

直眼掏槽的缺点：炮眼个数较多，炸药单耗值较大。

233

（二）主要内容

钻爆设计的内容主要包括：

（1）钻爆设计应根据工程地质条件、开挖断面、开挖方法、掘进循环进尺、钻眼机具、爆破材料和出渣能力等因素综合考虑。

钻爆设计参数包括：炮眼（如掏槽眼、辅助眼、周边眼）的布置、数量、深度和角度，装药量和装药结构、起爆方法和爆破顺序等。

设计图包括：炮眼布置图、周边眼装药结构图、钻爆参数表、主要技术经济指标及必要的说明。

（2）硬岩宜采用光面爆破，软岩宜采用预裂爆破，分部开挖时可采用预留光面层光面爆破。

（3）采用光面爆破时，应满足以下技术要求：

① 根据围岩特点合理选择周边眼间距及周边眼的最小抵抗线。

② 严格控制周边眼的装药量，使药量沿炮眼全长合理分布。

③ 周边眼宜采用小直径药卷和低爆速炸药，可借助传爆线以实现空气间隔装药。

④ 采用毫秒雷管微差顺序起爆，应使周边爆破时产生临空面。周边眼同段的雷管起爆时差应尽可能小。

⑤ 各光面爆破参数如周边眼间距（E）、最小抗线（V）、相对距（E/V）和装药集中度（q）等，应采用工程类比或根据爆破漏斗及成缝试验确定。在无条件试验时，可按表 9-1 选用。

表 9-1　光面爆破参数

岩石类别	饱和单轴抗压限强度 R_b/MPa	装药不耦系数 D	周边眼间距 E/cm	周边眼最小抵抗 V/cm	相对距 E/V	周边眼药集中度 q/（kg/m）
硬　岩	>60	1.2～51.5	55～70	70～85	0.8～1.0	0.30～0.35
中硬岩	30～60	1.50～2.00	45～60	60～75	0.8～1.0	0.20～0.30
软　岩	≤30	2.00～2.50	30～50	40～60	0.5～0.8	0.07～0.15

注：① 软岩隧道光面爆破的相对距宜取小值。

　　② 装药集中度按 2 号岩石硝铵炸药考虑，当采用其他炸药时，应进行换算。换算指标主要是猛度和爆力（平均值）。换算系数 K 可表示为

$$K = \frac{1}{2}\left(\frac{2\text{号岩石炸药猛度}}{\text{换算炸药猛度}} + \frac{2\text{号岩石炸药爆力}}{\text{换算炸药爆力}}\right) \tag{9-1}$$

（4）预裂爆破参数可在现场由爆破成缝试验获得，在无条件试验时可按表 9-2 选用。预留光面层光面爆破参数可按表 9-3 选用。

表 9-2　预裂爆破参数

岩石种类	饱和单轴抗压限强度 R_b/MPa	装药不耦合系数 D	周边眼间距 E/cm	周边眼最小抵抗 V/cm	相对距 E/V
硬　岩	>60	1.2～1.3	40～50	40	0.35～0.40
中硬岩	30～60	1.3～1.4	40～45	40	0.25～0.35
软　岩	≤30	1.4～1.5	30～40	40	0.09～0.19

表 9-3 预留光面层光面爆破诸参数

岩石种类	饱和单轴抗压限强度 R_b/MPa	装药不耦合系数 D	周边眼间距 E/cm	周边眼最小抵抗 V/cm	相对距 E/V	周边眼药集中度 q/（kg/m）
硬 岩	>60	1.2～51.5.	60～70	70～80	0.7～1.0	0.20～0.30
中硬岩	30～60	1.50～2.00	40～50	50～60	0.8～1.0	0.10～0.15
软 岩	≤30	2.00～2.50	40～50	50～60	0.7～0.9	0.07～0.12

注：① 适用范围：炮眼深度为 1.0～3.5 m，炮眼直径为 40～50 mm，药卷直径为 20～32 mm。

② 炸药换算系数按公式（9-1）计算。

（5）周边眼参数的选用原则主要包括：

① 当断面较小或围岩软弱、破碎或在曲线和折线处开挖成形要求高时，周边眼间距 E 应取较最小值。

② 抵抗线 V 应大于周边眼间距。软岩在取较小的周边眼间距时抵抗线应适当增大。

③ 对于软岩或破碎性围岩，周边眼的相对距 E/V 应取最小值。

（6）爆破开挖一次进尺应根据围岩条件确定。开挖软弱围岩时应控制在 1～2 m 之内；开挖坚硬完整的围岩时应根据周边炮眼的外插角及允许超挖量确定。

硬岩隧道采用全断面开挖，眼深为 3～3.5 m 的深眼进行爆破时，单位体积岩石耗药量为 3～3.5 mg/m³；采用半断面或台阶法开挖，眼深为 1.0～3.0 m 的浅眼进行爆破时，单位耗药量为 0.4～0.8 mg/m³。

（7）炮眼布置应符合的要求主要包括：

① 掏槽炮眼布置在开挖断面的中央稍靠下部，以使底部岩石破碎，减少飞石。

② 周边炮眼应沿设计开挖轮廓线布置。

③ 辅助炮眼应交错均匀地布置在周边眼与掏槽眼之间，并垂直于开挖面打眼，力求爆下的石渣块体大小适合装渣的要求。

④ 开挖断面底面两隅处应合理布置辅助眼，适当增加药量，消除爆破死角。断面顶部应控制药量，防止出现超挖。

⑤ 采用直眼掏槽，眼深小于 2 m 时可用斜眼掏槽，两个掏槽炮眼间距不小于 20 cm。

⑥ 斜眼掏槽的方向，在岩层层理或节理发育时不得与其平行，应呈一定角度并尽量与其垂直。

⑦ 周边炮眼与辅助的眼底应在同一垂直面上，保证开挖面平整。但掏槽炮眼应比辅助炮眼眼底深 10 cm。

⑧ 掏槽中空孔的孔数、布置形式及其与装药眼间距应根据中空孔和装药眼的直径、深度、地质条件和装药眼起爆顺序等来确定。当中空孔孔径为 10 cm 时，深眼爆破可采用三中空孔型式或双中空孔型式；浅眼爆破可采取单中空孔型式。

⑨ 装药型式应按掏槽眼孔径 r_h 与药卷径 r_c 的比值 D（不耦合系数）来确定，也可按两者的体积之比 D 来确定。D 的取值范围为 4～6，此处 D 可取 2。

选用小直径药卷时应防止爆炸中断现象，岩石很软时可采用爆管装药型式。眼深小于 2 m 时可采用空气柱装药型式。硬岩炮眼较深时眼底可装一节加强药包，以保证爆破效果。

⑩ 采用全断面开挖或台阶开挖时，应采用导爆管、毫秒雷管起爆周边眼，不得采用火花起爆。开挖断面一次起爆时如毫秒雷管的间隔时间小，周边眼的雷管应与内圈炮眼的雷管跳

段起爆，各段炮眼之间的起爆时差为 50～100 ms。

⑪ 对内圈岩的爆破参数应加以严格控制，防止围岩过度龟裂。

⑫ 导坑或局部开挖时宜采用浅眼爆破，防止振动对支撑结构产生不良影响。

⑬ 当钻爆设计与围岩条件不相适应时，应及时调整使其合理。

三、光面爆破

光面爆破是指通过一系列措施对开挖部位的周边实行正确
的钻孔和爆破并使周边眼最后起爆的一种爆破方法。光面爆破的
标准：开挖轮廓成形规则，岩面平整；围岩壁上保存有 50% 以上

隧道控制爆破技术概览

的半面炮眼痕迹；无明显的爆破裂缝；超欠挖符合规定要求，围岩壁上无危石等。

光面爆破起爆顺序为先起爆掏槽眼，然后是辅助眼，最后是周边眼。光面爆破对围岩的
扰动小，符合新奥法中"少扰动"的特点，同时爆破后的成型较好，在隧道中得到广泛应用。

为了更好地进行光面爆破，应采取的技术措施主要包括：

（1）合理布置周边眼。周边眼布置参数包括眼距 E 和最小抵抗线 V，两者既相互独立又
相互联系。E 值与岩石的性质有关，一般为 40～70 cm，层节理发育、不稳定的松软岩层中应
取较小值。V 值与 E 值相关，两者的比值 m（$m=E/V$）称为周边炮眼密集系数，隧道中称为相
对距离，一般为 0.8～1.0，软岩时取小值，硬岩和断面大时取大值。

（2）合理选择装药参数。根据经验，周边眼的装药量约为普通装药量的 1/3～2/3，并采
用小直径药卷、低密度、低爆速炸药。装药结构采用不耦合装药或空气柱装药。小直径药卷
在孔内可连续装填，也可用导爆索连接、分段装药。

（3）精心实施钻爆作业。炮眼应相互平行且垂直于工作面，眼底要落在同一平面，开孔
位置准确，都落在设计掘进断面轮廓线上。炮眼偏斜角度不超过 5°。内圈眼与周边眼应采用
相同的斜率钻眼。

（4）采取一些特殊的措施和新技术，如切槽法、聚能药包法、缝管法等。

四、钻爆作业

钻爆作业主要包括：

（1）钻爆作业必须按照钻爆设计要求进行钻眼、装药、按线和引爆。

（2）钻眼前应定出开挖断面中线、水平线和断面轮廓，标出炮眼位置，经检查符合设计
要求后方可钻眼。

（3）炮眼的深度、角度、间距应按设计要求确定，并应符合下列精度要求：

① 掏槽眼：眼口间距误差和眼底间距误差不大于 5 cm。

② 辅助眼：眼口排距、行距误差均不大于 5 cm。

③ 周边眼：沿隧道设计断面轮廓线上的间距误差不大于 5 cm，周边眼外斜率不大于 5 cm，
眼底不超出开挖断面轮廓线 10 cm，最大不超过 15 cm。

④ 内圈炮眼至周边眼的排距误差不大于 5 cm，炮眼深度超过 2.5 m 时内圈炮眼与周边
眼宜采用相同的斜率。

⑤ 当开挖面凸凹较大时，应按实际情况调整炮眼深度并相应调整药量，力求除掏槽眼外的所有炮眼底在同一垂直面上。

（4）根据钻爆设计要求选择钻眼效率高的钻眼机械。当采用液压式多臂凿岩台车作业时应密切注意钻眼石屑的排除情况，保护好钻头。

（5）钻眼完成后应按炮眼布置图进行检查并做好记录，不符合要求的炮眼应重钻，经检查合格后才能装药爆破。

（6）装药前应将炮眼内泥浆、石屑冲洗干净，已装药的炮眼应及时用炮泥堵塞密封，周边眼的堵塞长度不小于 20 cm。采用预裂爆破时应从药卷顶端进行堵塞，不得只堵塞在眼口。

（7）如果采用电力起爆时，除应按现行的国家标准《土方与爆破工程施工及验收规范》（GB 50201—2012）有关规定执行外，还应该遵守的规定主要包括：

① 装药前电灯及电线应撤离开挖面，装药时可用投光灯、矿灯、风灯照明。

② 起爆主导线应敷设在电线和管路的对侧，必须设置在同一侧时与钢轨、管道等导电体的间距必须大于 1.0 m 并悬空架设。

③ 多工序掘进依次放炮时应检查主线的连接，确认起爆顺序无误后方可起爆。

④ 在地下水较多的地段所用爆炸材料应能防水，连接线应采用塑料导线，敷设爆破网络时接头不得浸在水中，如不可避免时应加强接头的防水与绝缘处理。

（8）周边眼宜一次同时起爆。对爆破区加以控制时，周边眼可根据地质条件分组起爆。

（9）爆破后，开挖断面应进行检查并应符合以下要求：

① 欠挖或超挖量应符合：严格控制欠挖，当岩层完整、岩石抗压强度大于 30 MPa 并确认不影响衬砌结构稳定和强度时，允许岩石个别突出部分（每 1 m² 内不大于 0.1 m²）欠挖，但其隆超量不得大于 5 cm。拱、墙脚以上 1 m 内断面严禁欠挖。尽量减少超挖，不同围岩地质条件下的允许超挖值规定见表 9-4。当采用特殊方法支护时，允许超挖量应适当降低。

表 9-4　允许超挖值

开挖部位	围岩		
	硬岩，一般相当于 Ⅵ类围岩	中硬岩、软岩、相当于 Ⅴ～Ⅲ类围岩	破碎松散岩石及土质，相当于 Ⅱ～Ⅰ类围岩（一般不需爆破开挖）
拱 部	平均 10 cm	平均 15 cm	平均 10 cm
	最大 20 cm	最大 25 cm	最大 15 cm
边墙、仰拱、隧底	平均 10 cm	平均 10 cm	平均 10 cm

注：a. 硬岩是指岩石抗压极限强度 R_b 大于 60 MPa，中硬岩的 R_b 取值范围 30～60 MPa，软岩的 R_b 小于 30 MPa。

　　b. 最大超挖值系指最大超挖处至设计开挖轮廓切线的垂直距离。

　　c. 表列数值不包括测量贯通误差、施工误差。如采用预留支撑沉落量时不应再计超挖值。

② 周边炮眼痕迹保存率随岩质不同而不同，即应满足：硬岩≥80%，中硬岩≥70%，软岩≥50%。周边炮眼痕迹应在开挖轮廓面上均匀分布。

③ 两茬炮衔接时出现的台阶形误差不大于 15 cm。

（10）开挖过程中应监测围岩爆破扰动深度以及爆破震动对周围其他结构物的破坏程度。监测爆破震动应注意的事项主要包括：

① 综合考虑爆破方法、药量、距离、地质条件等因素确定爆破最大振幅和频率。

② 监测爆破对地面的震动影响，在铅垂方向及相正交的两个水平方向（其中一方向为爆破点方向）上同时进行监测。

③ 监测爆破震动值的空间衰减情况时至少应设置3个测点。

（11）钻爆机械和其他电动机械应按有关规定进行使用、管理、维修和保养，遵守的规定主要包括：

① 机械运转不得超过其最大负荷强度。

② 燃料、润滑油脂和用水应符合有关规定。

③ 严禁对机械及零部件乱拆乱卸，互换装用。

④ 新型机械使用前应对操作人员进行技术培训，使其熟悉机械性能，掌握机械的安全操作规程。

（12）爆破时所有人员应撤至安全地点，爆破后必须待有害气体完全排出后方可进入开挖面工作。

五、施工注意事项

爆破作业施工注意事项主要包括：

（1）掏槽眼宜布置在开挖断面的中央稍靠下部，以使底部岩石破碎，减少飞石。

（2）周边眼应沿设计开挖轮廓线布置。

（3）辅助眼应交错布置在周边眼与掏槽眼之间，并垂直于开挖面。

（4）开挖断面底面两隅处应合理布置辅助眼，适当增加药量，消除爆破死角。断面顶面应控制药量。

（5）斜眼掏槽的炮眼方向，在岩层层理或节理发育时应尽量与岩层层理平面垂直。

（6）周边眼与辅助眼的眼底应在同一垂直面上，保证开挖面平整。掏槽眼应比辅助眼眼底深200 mm。

（7）爆破作业人员必须熟知并严格执行国家有关安全生产法规和现场有关安全规定。爆破作业人员必须持证上岗，严格穿戴劳保用品，禁止穿拖鞋、带钉鞋、化纤衣服等。

（8）爆破作业前爆破设计人员应制定安全技术措施并向作业人员进行交底，起爆前4 h通知相邻的作业单位和作业部位。

（9）各种爆破作业必须使用符合国家标准或部颁标准的爆破器材，使用前应严格按规定进行检测。

（10）爆破器材运输时严禁雷管、炸药混装，严禁与人员混装。起爆器材应分类放进防爆箱内，运输车辆必须配备消除尾气明火装置和灭火器材等。运输车辆不得搭乘无关人员，司乘人员不得携带火种。运输车辆应有明显标志，车况保持完好。

（11）进入施工部位前，应对环境进行检查，检查掌子面是否安全，道路是否满足要求，有无杂散电流影响，有无明火，有无闲杂人员，等。确认安全后爆破器材方可进入施工部位，同时设置爆破警戒线和警示牌。

分组进行讨论，并按照问题引导进行答题。

问题引导

某隧道工程长 1 200 m，隧道宽 12 m，高 10 m，双车道。设备采用凿岩台车，爆破采用光面爆破。根据提供的资料回答下列问题：

问题 1：请给出本项目光面爆破的起爆顺序。

_____

_____

_____

_____

问题 2：为本项目选取一种合适的起爆方法。

_____

_____

_____

_____

问题 3：以全断面开挖设计一个简单的钻爆设计。

_____

_____

_____

_____

_____

评价反馈

学生自评表

任务	完成情况记录
掌握隧道光面爆破的施工工艺	
掌握隧道常用的起爆方法	
掌握隧道钻爆设计的编制方法	
总结反思建议	

序号	评价项目	小组互评				
1	掌握隧道光面爆破的施工工艺	5分☐	4分☐	3分☐	2分☐	1分☐
2	掌握隧道常用的起爆方法	5分☐	4分☐	3分☐	2分☐	1分☐
3	掌握隧道钻爆设计的编制方法	5分☐	4分☐	3分☐	2分☐	1分☐
4	语言表达能力	5分☐	4分☐	3分☐	2分☐	1分☐
5	积极性	5分☐	4分☐	3分☐	2分☐	1分☐
6	反思总结	5分☐	4分☐	3分☐	2分☐	1分☐
7	简要评述					

教师评分表

工序	作业步骤	配分	评分标准	扣分	得分
准备工作	确定人数	10	小组点名，根据考勤情况打分。如果缺勤则个人得分为零		
学习状态	掌握隧道光面爆破的施工工艺 掌握隧道常用的起爆方法 掌握隧道钻爆设计的编制方法	60	得分=正确步骤总得分×60分/所有操作步骤总分，保留小数点后两位		
验收总结	对他人的评价	15	根据质量检验情况判断施工是否正常。判断正确的得分，判断错误的不得分		
	自我评价与总结	15	得分=已回收设备材料数量×15分/需要回收设备材料总数量，保留小数点后两位		
合计					

综合评价表

序号	评价项目	自我评价	互相评价	教师评价	综合评价
1	学习准备				
2	引导问题填写				
3	完成质量				
4	要点掌握				
5	完成速度				
6	参与讨论主动性				
7	沟通协作				
8	总结与评价				

实作复盘

根据小组作业结果，小组讨论、分析待改进方面及预防措施。

项目十 装渣运输

用冰块铸就传奇——双碑隧道

重庆双碑隧道,全长 4 373 m,于 2010 年开工,2013 年贯通,是当时国内最长双向六车道市政隧道。双碑隧道穿越的中梁地表水库,泉眼、鱼塘密布,地下水资源丰富,隧道内温度很高。

2012 年 3 月 28 日,隧道出现岩溶涌水,每天涌水量达 2 万多立方,水温高达 37 ℃,洞内温度高达 40 ℃,湿度达到 95%。为了保证施工作业,四川路桥的施工者们将一车一车的冰块拉到施工区域降温,同时增加通风设备,降低洞内湿度。

该工程成功解决了最大日涌热水量 32 870 m³ 的世界级难题。

问题引导

1. 隧道装渣运输有哪些内容?
2. 隧道装渣运输有哪些方式?
3. 隧道装渣运输如何选择合适的设备?
4. 隧道二次衬砌如何施工?
5. 如何保证隧道二次衬砌的施工质量?

知识目标

1. 了解隧道施工装渣运输的基本方法及常用机具。
2. 了解渣量的计算方法和卸渣的几种方式。

能力目标

对装渣运输工作有深刻体会,具备初步设计隧道装渣、运输、卸渣的能力。

知识背景

坑道开挖后要把开挖的石渣运出洞外,还要把支护材料运进洞内,这种运输工作叫装渣运输。装渣运输是隧道施工的重要工序,在整个掘进循环中所占总工作量的比重相当大,一般为 35% ~ 50%。为了提高隧道施工速度,必须压缩各工序的时间,其中装渣运输作业成为重中之重。因此,提高装渣效率,缩短装渣时间,加强运输管理及调度工作,对提高隧道施工进度有着重大意义。为了提高装渣效率，可根据施工条件选择高效率的装渣运输机具，合理组织和妥善安排装渣运输作业，优化装渣运输作业与其他作业的时间配比。

任务一 隧道装渣运输机具

隧道装渣运输

隧道工程中的装渣运输方式

装渣运输可分为装渣、运渣、卸渣三个环节。装渣运输工作按其采用的装渣运输机具和设备的不同可分为：

（1）有轨装渣有轨运输。

有轨装渣有轨运输是指在坑道内靠近工作面一段用轨行式装渣机将石渣装在车辆内编列成组，再用牵引机车沿着轨道运到洞外卸渣场。有轨装渣有轨运输是传统的装渣运输形式，污染小，不受隧道长短、断面大小的限制。但是工程施工过程各工种干扰大，机械效率低，掘进速度较慢，在中长隧道及短隧道施工中基本不再使用这种装渣运输方式。

（2）无轨装渣无轨运输。

无轨装渣无轨运输是指在隧道施工中不铺设轨道，装渣采用铲斗轮胎式或履带式装岩机械，将石渣装在翻斗汽车内运到洞外卸渣场。无轨装渣无轨运输不存在轨道铺设及工作面轨道延伸问题，运输管理及调度工作也较为简单，装运效率高、干扰小。如用内燃装渣机及翻斗汽车装运时排出废气量大，污染洞内空气，需要很好地解决洞内通风问题。目前，这种方式在中长隧道及短隧道施工中使用较多。

（3）无轨装渣有轨运输。

无轨装渣有轨运输是指在离工作面 20 ~ 30 m 范围内不铺设轨道，装渣机械常用履带式，如斗容量为 1.4 m³ 的 CAF953 型装渣机或 9HK 型立爪装岩机，运输车辆多采用 1.4 m³ 以上梭式矿车或 4 m³ 以上侧卸斗车，采用质量为 16 t 蓄电池车牵引沿着洞身轨道运出洞外卸渣场。

无轨装渣有轨运输实际是上述第一类、第二类装渣运输方式的综合，综合了第一类、第二类装渣运输方式的优点并克服其缺点，因而此种方法在隧道施工中有发展的趋势。无轨装渣有轨运输要特别注意的是应做到轻车、重车各行其道，防止交叉，轨道尽量接近掌子面，以加快装渣速度。目前，在特长隧道及长隧道施工中常使用这种方式。

除了上述三种装渣运输方法外，还有采用皮带传输的装渣运输方式，皮带长度达 2 ~ 3 km，将石渣铲装在皮带运输机上，经由皮带运输到洞外石渣仓，再以重型翻斗车运至指定的卸渣场所。有的甚至采用装运卸联合机实现装、运、卸联动化、自动化。

隧道施工应进行施工机械配置方案设计，纳入隧道实施性施工组织设计。隧道施工机械配置与施工方法配套、工期相适应，配套生产能力大于均衡生产能力，最大限度地发挥机械设备总体效率。瓦斯隧道施工机械的配置应符合现行的标准《铁路瓦斯隧道技术规范》（TB 10120—2019）的有关规定。施工机械配置应符合现行的标准《铁路隧道施工抢险救援指南》（Q/CR 9219—2015）的有关要求。施工机械应根据进场计划和施工进度要求及时进场。

隧道施工机械的使用、管理、维修和保养应严格按照设计要求，保证机械使用安全、正常运转，防止发生机械事故。隧道施工爆破后应及时清除开挖作业面石渣。独头掘进较长的隧道，根据经济技术比选及弃渣条件可采用转渣倒运方式。隧道施工装渣运输方式应根据断面大小、施工方法、机械设备及施工进度等要求综合考虑，可选择汽车运输、轨道运输或皮带运输方式。隧道运输应建立运输调度，根据施工进度编制运输计划，协调组织、统一指挥，提高运输效率。

隧道运输应设置警示标志标牌及声光信号。施工中仰拱填充、铺底应适时跟进开挖作业面，改善洞内运输路面条件。隧道仰拱、防水板、拱墙衬砌等的施工设备应适应隧道运输情况，设置信号标志予以警示。

隧道内爆下的岩渣要装入车辆内，然后用牵引机车拖出洞外卸掉，因此装运机具有装渣机械、牵引机车、运输车辆等。装渣机械的装载能力应满足循环作业所规定的时间要求，在装载开挖中设计最大岩石块度的需要，最好选用连续型装岩机。

一、隧道装渣机具

（一）有轨装岩机

目前，有轨装渣应用得越来越少，故本任务简略介绍翻斗式、耙斗式轨行装岩机。

1. 翻斗式装岩机

翻斗式装岩机又称铲斗后卸式装岩机(简称装岩机)，后卸式不带转载设备的称为装岩机，带转载设备的称为装载机。

直接装车式装岩机如图 10-1 所示，它是利用机体前方的铲斗铲起石渣，经机体上方将石渣投入机后的车斗内。装完一个斗车后要把重车推出，把另一个空车推进才能继续装渣，该类装岩机属于非连续型装岩机械。该机具有构造简单、操作方便的特点，但装载宽度受到限制，一般只有 1.7 ~ 2.2 m。此类机具已经停产，但工地上仍然大量使用。

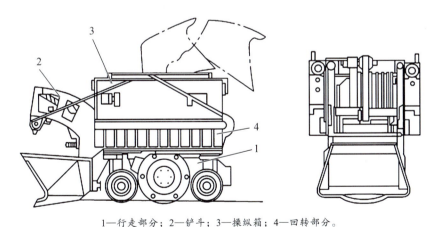

1—行走部分；2—铲斗；3—操纵箱；4—回转部分。

图 10-1　直接装车式装岩机

转载式装岩机如图 10-2 所示，其本身附有皮带运输机，一次可连续装几个斗车，减少了调车时间，称为连续型装岩机。

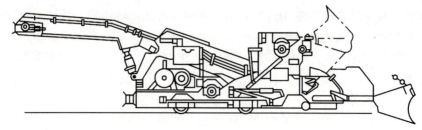

图 10-2　转载式装岩机

2. 耙斗式装岩机

耙斗式装岩机简称扒渣机，其机体主要结构如图 10-3 所示。该类装岩机具有结构简单、制造容易、维修方便、装渣效率高的特点，可以将坑道齐头的石渣先行扒出而起到翻渣作用，便于与钻眼工序平行作业，因此应用较广。

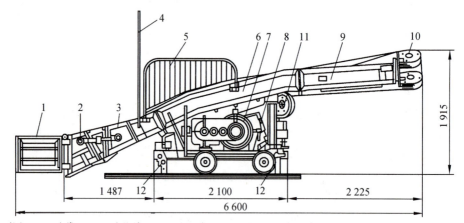

1—挡板；2—簸箕口；3—连接槽；4—保护立杆；5—栏杆；6—中间槽；7—绞车；8—台车；9—卸料槽；
10—导绳轮；11—架绳轮；12—卡轨器。

图 10-3　扒渣机

为了提高效率，扒渣机在装渣作业时应保持一定的作业距离，其长度应按照扒渣机距工作面（包括渣堆）的距离、扒渣机长度、一列空车长度（包括机车长）、两副道岔长度等因素综合确定。

（二）无轨装岩机

无轨装岩机一般称装载机，按行走部分可分为履带式和轮胎式两种，履带式又分为立爪式和蟹爪式。

1. 立爪式装岩机

立爪式装岩机由履带行走架、链条刮板式输送机以及爪臂三大部分组成。工作时爪臂将石渣扒进输送链板上，然后链板输送机将石渣输送到运输车辆上。输送链板是可以升降的，以适应不同高度的接载运输车。机械的三大部分可以分解为独立的单元，以便在坑道中运输和升降高度。

立爪式装岩机的工作特点是扒渣、运渣、卸渣连续而平稳地运行且无冲击，生产效率也较高，利用装渣板还可以对隧道进行清道。但是立爪式装岩机不管是采用压缩空气还是电力都要拖着一根风管或电缆,这对较长距离的移动非常不方便。由于立爪只能水平挖掘,往链板上堆装石渣达到一定高度时作业会受到影响,爪齿也容易损坏,因此只适用于小断面坑道。

2. 蟹爪式装岩机

蟹爪式装岩机是一种连续装渣机械,在前端装有倾斜接料盘,其上装有一对蟹爪(也称双臂),如图 10-4 所示。装渣时全机向前低速推进,将接料盘插入渣堆,两个蟹爪连续交错扒取石渣,经皮带(或链条)输送机将石渣装入车辆。

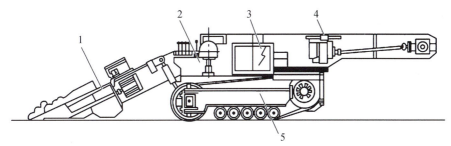

1—机头;2—液压系统;3—电气系统;4—运输;5—行走部分。

图 10-4　蟹爪式装岩机

蟹爪式装岩机装渣效率高,耗工较少,能够连续装载;工作方式较为合理,简化了铲斗后卸式的铲装、扬斗、卸渣、返回以及前进、后退等繁复循环动作。如果配以大容积运输车辆进行装运,可以提高运渣效率。该类机具多为电动履带式,也有轮胎式和轨道式。

3. 轮胎式装岩机

轮胎式装岩机如图 10-5 所示。

图 10-5　轮胎式装岩机

（三）牵引车辆

有轨运输方式需要用牵引机车将铲装在斗车内的石渣拖出洞外，因此牵引机车是隧道内轨行式牵引车辆的动力，在同一洞口应尽可能选配同型号的牵引机车，可以方便使用、管理和维修。

牵引机车一般分为蓄电池车和内燃机车两种，最常用的是蓄电池车。内燃机车由于废气净化处理尚不够完善，隧道施工很少使用。

二、运输机具

（一）有轨运输车辆

轨行式运输车辆有斗车、梭式矿车等。

1. 斗车

国产斗车种类很多，按其断面形状可分为 V 形、U 形、箱形及箕斗形等；按其卸渣方法可分为侧倾、前倾及三方向倾等。

隧道施工中为了配合高效率的大铲斗装岩机和减少单个斗车的调车时间，一般采用大容量的斗车如 4.25 m³、6 m³乃至 30 m³的大斗车。

2. 梭式矿车

梭式矿车是放在两个转向架上的大斗车，车底设置有链板式或刮板式输送带，石渣从前端接入，依靠传送机传递到后端，石渣就可布满整个矿车的底部。输送机的动力有气动和电动两种形式。单个梭式矿车的容积为 5～15 m³，这种矿车可单个使用，也可以成列使用，即梭车与梭车之间设置了可以搭接部分，前车的卸渣端伸入后车的接渣端车厢内。前车装满石渣后连续开动运输机，将石渣从前车转送至后车。梭式矿车可以正向卸渣，也可以侧向卸渣，由机车牵引，可应用于全断面开挖或分部开挖的隧道施工。梭式矿车的特点是结构合理、制造简单、容积较大、操作简单、劳动强度低，如图 10-6 所示。

图 10-6　梭式矿车

（二）无轨运输机械

在无轨运输施工中，石渣一般由自卸汽车运输。自卸汽车如图 10-7 所示。

图 10-7　自卸式汽车

任务二　装渣作业

装渣作业是隧道掘进循环中占用时间最多，又与其他作业干扰较大的一项作业。为了迅速、及时地将洞内的石渣装运出去，需要充分利用和发挥机械设备的作用和效率。根据渣量选择合适的装岩机，还要尽量缩短装渣作业线长度，合理调车，减少辅助作业时间，保证作业安全，实现快装、快运、快卸的目的。

一、渣量计算

装渣数量的计算式为

$$Z = K \cdot \varDelta \cdot d \cdot S \tag{10-1}$$

式中　Z——石渣数量（m³）；

K——土石松胀系数，指开挖后体积增大的系数，见表 10-1；

$\varDelta$——超挖系数，一般取 1.15～1.25；

d——单个循环的开挖进尺（m）；

S——开挖断面面积（m³）。

需要的装渣生产率，按坑道掘进月进度计划要求的平均装渣生产率计算，其计算式为

$$A_{b} = \frac{K \cdot \varDelta \cdot D \cdot S}{720 \cdot R \cdot \lambda} \tag{10-2}$$

式中　A_b——需要的装渣生产率（m³/h）；

　　　K——土石松胀系数，指开挖后体积增大的系数，见表 10-1；

　　　D——坑道月计划进度[m/（30 d）]；

　　　R——掘进循环率，$R = \dfrac{\text{计划全月的循环次数}}{\text{本月日历工天应有的循环次数}}$；

　　　λ——装渣时间占掘进时间的百分比；

　　　S——开挖断面面积（m³）。

表 10-1　土石松胀系数

围岩级别	土石名称	松胀系数
Ⅰ	石质	1.90
Ⅱ	石质	1.80
Ⅲ	石质	1.70
Ⅳ	石质	1.60
V	硬黏土	1.35
V	砂夹卵石	1.30
Ⅵ	黏性土	1.25
Ⅵ	砂砾	1.15

　　按照式（10-2）计算出理论装渣生产率后，选择实际装渣生产率略大于理论装渣生产率的装岩机。由于理论装渣生产率是基于装岩机不停工作的前提下确定的，而实际施工中装岩机的装渣能力受到不同因素的影响而有所下降，故装岩机的实际装渣生产率仅为理论装渣生产率的 1/5 ~ 1/3。

二、装渣机选择

　　装渣机的装载能力应满足循环作业所规定的时间要求，能够装载开挖中设计最大岩石块度的需要，最好选用连续型装渣机。

　　装渣与运输机械选型应符合挖装、运输机械能力协调配套的要求，运输机械配置能力不应小于挖装能力的 1.2 倍。采用汽车运输方式时，装渣一般采用不小于 2 m³ 的装载机或 150 ~ 250 m³/h 的大型挖装机；扒渣一般采用挖掘机；自卸汽车额定载重量大于 15 t。斜井及平行导坑断面较小时，装运设备的选型应与辅助坑道断面相适应。

　　正洞及平行导坑采用轨道运输方式时，装渣可采用 150 ~ 250 m³/h 的大型挖装机或扒渣机，牵引车一般采用电瓶车，运渣一般采用容量不小于 16 m³ 的梭式矿车或容量不小于 6 m³ 的侧卸式矿车。

　　斜井的坡度 i 介于 13% ~ 27% 时可以采用皮带运输机运输或轨道运输。采用轨道运输时，装渣一般选用履带式挖装机、扒渣机，运渣应配置滚筒直径不小于 2.0 m 的提升机；斜井的坡度 i 介于 27% ~ 47% 时，运渣应配置滚筒直径不小于 2.5 m 的提升机。

竖井井身装渣一般选用抓岩机，根据井深和出渣量可选用提升机、吊车等提升设备，配以罐笼、吊桶或箕斗出渣。

任务三 运输作业

运输是指运出石渣、运进临时支护和衬砌材料等工作。本任务重点讲述有轨运输轨道铺设的要求、运输轨道布置和运输组织调度等方面的内容。

一、有轨运输

（一）轨道铺设要求

运输作业的轨道铺设要求主要包括：

（1）坡度：洞内轨道坡度与隧道设计坡度相同；洞外轨道坡度不超过 2%。

（2）曲线半径：洞内曲线半径不小于机车或车辆轴距的 7 倍，洞外应不小于 10 倍。

（3）线间距：双道的线间距应保证两列车间净距大于 20 cm，在错车线上应保证两列车间净距大于 40 cm。

（4）道岔标准：道岔不得小于 6 号（辙叉角 α 的余切值为道岔号）。

（5）钢轨类型：钢轨一般采用不小于 38 kg/m 型号的钢轨。

（6）道床：道床一般利用不易风化的隧道石渣作为道渣，道渣层厚度不小于 20 cm。

（7）轨距及轨缝允许误差：轨距为 600 mm 或 762 mm，轨距允许误差为 6 mm、− 4 mm。曲线地段应按规定加宽和超高，必要时加设轨距拉杆。轨缝不大于 5 mm，相邻轨头高低差小于 2 mm，左右错开小于 2 mm。轨缝应位于两枕木之间，连接配件应齐全牢固。

（8）车辆至坑道壁或支撑边缘的净距不小于 20 cm。单道旁的人行道宽不小于 70 cm。

（二）洞内轨道布置

洞内轨道布置应根据隧道长度、工期要求及地质条件等合理选择单车道或双车道。

1. 单车道

单车道主要用于地质条件较差的短隧道，运输能力较低。在导坑地段，每隔 20 ~ 30 m 设置临时错车岔线，能容纳 1 ~ 2 辆斗车。在成洞地段，每 80 ~ 100 m 设置错车线（接通原临时错车岔线而成），其有效长度应能容纳一列列车，一般为 25 ~ 50 m，如图 10-8 所示。

2. 双车道

轨道运输一般铺设双车道，列车出入各占一股道，具有互不干扰、调车灵活、车辆周转快的优点。轨道随掘进延伸，一次铺成。

双车道布置如图 10-9 所示，每隔 100 ~ 200 m 设置一渡线，每隔 2 ~ 3 渡线铺设一反向渡线。在施工地段，为了方便施工作业，在轨道正式渡线布置间增设临时渡线（即在其间加设一组道岔）以缩短调车时间。

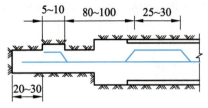

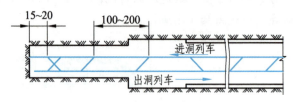

图 10-8　单车道（单位：m）　　　　　图 10-9　双车道（单位：m）

3. 有平行导坑的轨道布置

平行导坑内轨道一般为单道，每隔 2～3 个横通道设一处会让车及列车编组所用的编组站，站线有效长度一般为 50～60 m。横通道内一般铺设单道，成洞后可拆除或留作存车线。正洞的施工地段，一般铺设双道，其轨道布置如图 10-10 所示。

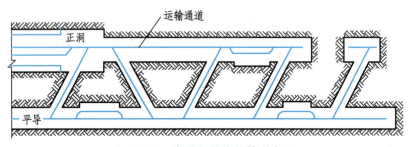

图 10-10　有平行导坑的轨道布置

（三）运输组织

隧道施工工序很多，每个工序之间关系非常密切，加强运输组织工作非常重要。如果运输工作组织不好，就会造成施工混乱，堵塞轨道，积压车辆，石渣运不出去、材料运不进来，直接影响各道工序的正常施工。运输组织工作具有两个重要环节：一个是编好列车运行图，加强运输工作的组织计划性；另一个是要建立健全调度制度，加强日常的运输管理。

1. 列车运行图

列车运行图是根据隧道的施工方法、各工序的进度、轨道布置、机车车辆配备以及运距等情况来确定列车数量，列车在工作面装车和调车、编组、运行、错车、卸车、列车解体编组等所需的时间。

图 10-11 表示一座隧道的出渣列车运行图，横坐标表示时间，纵坐标表示距离；斜线表示处于列车运行状态，水平线表示列车处于停车、装渣、卸渣状态。该座隧道洞内设有会让站一个，洞外设有编组站一个；共有三组出渣列车，每列车编成重车时间为 10 min，重车在区间运行时间为 20 min，卸渣时间为 10 min，空车返回编组站时间为 5 min，在编组站停留时间为 5 min，运行时间为 10 min，错车时间为 5 min，再运行时间为 5 min，空车解体时间为 5 min，因此每列车往返一次所需要的时间共计 75 min。

在实际的隧道施工过程中，运行图中列车状态所需要的时间应根据实测数据来确定，因为随着隧道施工的不断向前推进和卸渣线的不断向前延伸，运输距离越来越长，列车所处状态的时间会不断变化，因此需要定期修正列车运行图。

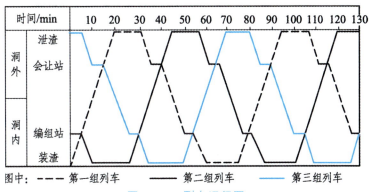

图 10-11　列车运行图

2. 运输调度制度

制定运输调度制度是为了建立健全调度指挥系统,负责隧道施工中日常运输工作的指挥、管理以及处理出现的问题。如及时调配车辆,及时消除运输障碍,以及运行图被打乱时统一指挥列车运行等。

3. 轨道运输线路铺设要求及施工安全要求

轨道运输应根据需要在洞外设置调车、编组、卸渣、进料、设备维修等线路。线路铺设应符合的要求主要包括:

（1）钢轨类型:一般采用 38 kg/m 或 43 kg/m 型号的钢轨。

（2）道岔型号:一般采用小于 6 号的道岔,并安装转辙器。

（3）轨枕:间距不大于 0.7 m。

（4）道床:厚度不小于 20 cm。

（5）使用大型轨行式机械时,线路铺设标准应符合机械规格、性能的要求。

（6）轨道运输为单道时,每间隔 300 m 设置一个会车道。

（7）采用轨行式机械装渣时,轨道应紧跟开挖面;调车线路及时前移。

运输线路应设置专人负责维修和养护,使其处于良好状态,线路两侧的废渣和杂物应及时清除。轨道运输车在洞内施工地段、视线不良的曲线上以及通过道岔和洞口平交道等处时,其运行速度不大于 10 km/h;其他地段在采取有效的安全措施后运行速度不大于 20 km/h。轨道运输应根据卸渣场地形条件、弃渣利用情况、车辆类型,妥善布置卸渣线和卸渣设备,提高卸渣速度。轨道运输作业应符合的安全要求主要包括:

（1）车辆装载高度不高于渣车顶面 50 cm,宽度不大于车宽。

（2）列车连接应良好,在机车摘挂后调车、编组和停留时应设置防溜车措施。

（3）两组列车在同方向行驶时,间距不小于 100 m。

（4）轨道旁临时堆放的材料,距钢轨外缘不小于 80 cm,高度不大于 100 cm。

（5）卸渣场线路应设安全线并设置 1%～3%的上坡道,卸渣码头应搭设牢固并设有挂钩、栏杆及车挡装置,防止溜车。

（6）车辆在洞内行驶时,应鸣笛并注意瞭望。严禁非专职人员开车、调车;严禁在行驶中进行摘挂作业。

（7）列车载人作业时,应制定针对搭乘人员安全的措施。

二、无轨运输

目前隧道施工方法已逐步由分部法向断面法发展，每一掘进循环作业的石渣量增多，装渣运输工作量加大，但因工序简化、工作面宽敞，因而为大型轮胎式装运机械提供了使用条件。双线隧道的独头掘进长度在 3 000 m 以下时可以采用无轨运输；单线隧道长度在 1 000 m 以下时可以采用无轨运输，长度大于 1 500 m 时可以采用有轨运输。

无轨运输一般用铲斗为 2～5 m³ 的三向倾斜式装载机，将石渣铲装在后卸式矿山型自卸汽车内运出洞外卸掉。自卸汽车容量一般按装载机斗容量的 3 倍考虑，如斗容量为 2.5～3 m³ 的装载机则可配用 8～9 m³ 即载重为 15～20 t 的矿山型自卸汽车。

对于短距离（一般在 300 m 以内）的无轨运输，可采用一种斗容量为 6～8 m³ 的 LHD（装载、运输、倾卸）型装运卸机，主要应用于地下工程，装渣后即行驶至洞外卸渣。

无轨运输车在洞内施工作业段、视线不良的曲线以及通过岔道和洞口平交道等处时，行车速度不大于 10 km/h，其他地段在采取有效安全措施后行车速度不大于 20 km/h。有轨运输施工作业地段的行车速度不大于 15 km/h，成洞地段不大于 25 km/h。

无轨运输的主要优点是免除轨道铺设、减少装运设备、简化运输管理组织与调度、减少干扰、使用方便、进度快、效率高。无轨运输的缺点是多采用内燃机械，内燃机械的废气中含有一氧化碳及氮氧化合物对人体有害，必须安装废气净化装置，同时需配备强大的通风机械才能使空气中有害成分的含量符合卫生标准要求；另外，装载机和自卸汽车多采用轮胎式，轮胎磨损严重，轮胎耗费占机械维修费比重很大，需要正确选择轮胎以适应装渣生产率；洞内积水容易破坏隧道底面并影响运输效率，会给运营期间的铁路轨道构造造成很大影响，因此必须注意洞内防水。

无轨运输的经济性与距离有关，如果运距较长则可以采用无轨装渣与有轨运输相配合的方式。

（一）汽车运输

运输车辆应定期检查制动、转向系统和安全装置的完好性，大型自卸汽车应设置示宽灯或标志。斜井内长距离坡道运输系统应在适当位置设置应急避险设施。

运输车在工作面装车时的主要事项主要包括：

（1）待进入装车位置的汽车应停在挖掘机最大回转半径范围之外。

（2）正在装车的汽车应停在挖掘机尾部回转半径之外。

（3）正在装载的运输车应制动，司机不得将身体的任何部位伸出驾驶室外，严禁其他人员上、下车和检查、维修车辆。

（4）运输车应在挖装机械发出信号后方可进入或驶出装车地点。

（5）等待装车时，车与车之间应保持一定的安全距离。

汽车运输时的主要事项主要包括：

（1）施工作业地段的行车速度不大于 15 km/h，成洞地段的速度不得大于 25 km/h。

（2）单线隧道可结合避车洞位置，间隔 150～300 m 设置汽车调头位置。

（3）自卸汽车卸渣时应将车辆停稳制动，不得边卸渣边行驶。

（4）不得在坑洼、松软、倾斜的地面卸渣。

（5）卸渣后应及时使车厢复位，严禁举升车厢行驶。

（6）严禁汽油机械进洞，内燃机械应有尾气净化装置。

自卸汽车卸渣如图 10-12 所示。

图 10-12　自卸汽车卸渣

（二）皮带运输

皮带运输方式应根据施工方法、隧道长度、断面大小、挖装设备、施工进度等因素进行方案设计，选择带式输送机，确定转渣地点及支架布设等。皮带运输出渣方式应同时制定进洞物资的运输方案。

布设带式输送机应符合的要求主要包括：

（1）机架安装应横向平、纵向直，结构牢固。

（2）全部滚筒和托轮应与输送带的传动方向成直角。

（3）设置防止输送带跑偏、驱动滚筒打滑、纵向撕裂和溜槽堵塞等保护装置。

（4）上行带式输送机应设置防止输送带逆转的安全保护装置，下行带式输送机应设置防止超速的安全保护装置。

（5）带式输送机沿线应设紧急联锁停车装置。

（6）驱动、传动和自动拉紧装置的旋转部件周围应设置防护装置。

（7）皮带两侧应加设挡板或栅栏等防护装置。

（8）带式输送机下面的过人地点应设置安全保护设施。

（9）倾斜带式输送机人行道应防滑，并设置扶手栏杆。

带式输送机使用应符合的要求主要包括：

（1）启动带式输送机前应发出声光警示。

（2）运输带应保持清洁并经常清理。

（3）设置专人检查皮带跑偏情况并及时调整。

（4）停机后应关闭电源。

（5）严禁用运渣带式输送机运送工具、材料、设备和人员。

（6）输送带与滚筒打滑时，严禁在输送带与滚筒间楔木板和缠绕杂物。

（7）采用绞车拉紧的带式输送机应配备可靠的测力计。

（8）严禁人员攀越输送带。

任务四　卸渣

　　洞内的石渣运到洞外渣场卸掉称为卸渣。卸渣工作主要考虑石渣如何处理、卸渣场地或者转运场地的布置以及弃渣场地的选择。从隧道挖出来的石渣多数可以用作填料，用于填筑路基及洞外工作场地。有些符合混凝土粗骨料质量标准要求的岩块石渣则可以加工成碎石，用作衬砌混凝土骨料。对于多余的石渣，应弃之于适合的山谷、凹地。

　　隧道弃渣应充分利用，弃渣场应综合自然环境、人文景观、运输条件、弃渣利用等因素进行规划。弃渣应做到先挡后弃，并做好防护、排水、绿化等配套工程。弃渣应按照设计要求的位置和容量弃土。如果现场与设计不符，应按照程序进行变更设计。避免在路堑上方弃土，严禁在膨胀土、黄土路堑边坡上方弃土。严禁在不良地质体、不稳定斜坡、软弱地基上弃土。严禁在村庄等人员居住区及铁路上游沟槽内弃土。弃渣场周边应设置完善的截水、排水系统。当弃渣场规模较大时，应在顶面设置排水沟，坡面采取植被防护。在隧道洞口，要根据地形特点考虑弃渣的利用和处理，进行全面的规划，合理安排卸渣。注意节约用地，不占或少占农田。洞口有桥涵而又必须弃渣时，事先制定可靠措施，避免对洞口、桥墩台造成偏压而使之移位、变形；沿河弃渣，要注意避免堵塞河道。

　　根据洞口地形布置的卸渣线路要短，堆渣场地势要低。尽量避免弃渣二次倒运，充分考虑卸渣场地的延伸。对于可利用洞内弃渣作路基及衬砌材料的卸渣场地，还要考虑到取用时的便利。如果洞口附近地势平坦，弃渣困难，可根据机械设备情况采用绞车牵引至高台卸渣或远运。卸渣码头的设置应不少于两个，码头要搭设牢固并备有挂钩、栏杆、车挡等。弃渣场及防护分别如图10-13、图10-14所示。

图10-13　某项目弃渣场　　　　　　　　　图10-14　弃渣场防护

　　卸渣方式可根据不同的地形条件、机具设备及材料情况来确定。

一、延伸轨道侧式卸渣

　　延伸轨道侧式卸渣是指沿地形等高线或傍山较陡山坡、沟坎铺设卸渣线路，逐段卸渣，亦可填筑傍山路堤。码头边缘（即外侧路肩）宜采用片石砌成适当高度的陡坎。卸渣轨道可一次铺设，亦可逐段延长。成列车辆可以同时卸渣，不须拨道，易于保持码头及轨道的良好状态。

二、横移扩展侧式卸渣

横移扩展侧式卸渣是指在渣堆上铺设卸渣轨道,随渣堆的扩展、拨道使卸渣线位于渣堆边缘,用于凹地弃渣场。在地形陡窄的洞口,需要利用弃渣堆作为洞外工作场地,一般采用横移扩展侧式卸渣。由于需要扒平轨道旁余渣,并且轨道不容易保持良好状态,因此拨道时对卸渣有干扰。

三、换装码头卸渣

换装码头卸渣是指弃渣需要远运、利用或废弃时,采用换装码头。此种码头多为固定式,其构造视地形条件、卸渣方式及接运车辆等因素而定,可分为倒装平台、漏斗棚架、立交桥、推土装载机换装场等。选择前三种换装码头位置时,应考虑为造成换装码头处卸渣线与转运线间的高差而需进行的展线及有关洞口的布置。码头设施的构造及数量应适应掘进速度和出渣量,并留有延伸余地。如果接通尽头线为闭合线,则扩大汽车调车场,加长或增设平台、棚架、梭槽及漏斗等。推土装载机换装场应考虑堆渣、装渣及汽车回旋余地,卸渣轨道高于集渣场,翻卸侧的路肩需要砌筑使线路尽量靠近坎边,减少清、扒工作。

任务实施

分组进行讨论,并按照问题引导进行答题。

问题引导

某公路隧道工程长为 1 200 m,双线隧道,隧道宽度为 12 m,高为 10 m,双车道。隧道采用钻爆法施工,洞口段场地狭窄,无法大量存放弃渣。根据提供的资料回答下列问题:

问题 1:装渣运输有哪几种方式?

问题 2:常见的装岩机械、牵引机车及运输车辆各有哪些种类?

问题 3:为本任务编制一个装渣运输方案。

学生自评表

任务	完成情况记录
掌握隧道装渣运输方式	
掌握隧道装渣运输的设备	
掌握隧道装渣运输方案的编制方法	
总结反思建议	

学生互评表

序号	评价项目	小组互评
1	掌握隧道装渣运输方式	5分☐ 4分☐ 3分☐ 2分☐ 1分☐
2	掌握隧道装渣运输的设备	5分☐ 4分☐ 3分☐ 2分☐ 1分☐
3	掌握隧道装渣运输方案的编制方法	5分☐ 4分☐ 3分☐ 2分☐ 1分☐
4	语言表达能力	5分☐ 4分☐ 3分☐ 2分☐ 1分☐
5	积极性	5分☐ 4分☐ 3分☐ 2分☐ 1分☐
6	反思总结	5分☐ 4分☐ 3分☐ 2分☐ 1分☐
7	简要评述	

教师评分表

工序	作业步骤	配分	评分标准	扣分	得分
准备工作	确定人数	10	小组点名，根据考勤情况打分。如果缺勤则个人得分为零		
学习状态	掌握隧道装渣运输方式	60	得分=正确步骤总得分×60 分/所有操作步骤总分，保留小数点后两位		
	掌握隧道装渣运输的设备				
	掌握隧道装渣运输方案的编制方法				
验收总结	对他人的评价	15	根据质量检验情况判断施工是否正常。判断正确的得分，判断错误的不得分		
	自我评价与总结	15	得分=已回收设备材料数量×15 分/需要回收设备材料总数量，保留小数点后两位		
合计					

序号	评价项目	自我评价	互相评价	教师评价	综合评价
1	学习准备				
2	引导问题填写				
3	完成质量				
4	要点掌握				
5	完成速度				
6	参与讨论主动性				
7	沟通协作				
8	总结与评价				

实作复盘

根据小组作业结果，小组讨论、分析待改进方面及预防措施。

项目十一　隧道施工辅助作业

思政学堂

工程技术创新典型实例——高黎贡山隧道

高黎贡山隧道位于中国云南省保山市境内，属大瑞铁路保山至瑞丽段，全长 34 538 m，最大埋深为 1 155 m，设计速度为 140 km/h，隧道进口（里程 D1K192+302）紧邻怒江特大桥，怒江车站部分进入隧道进口段，出口（里程 D1K226+840）位于龙陵县，龙陵车站部分进入隧道出口段。

高黎贡山隧道工程地质特征：工程地质条件差，不良地质及特殊岩土发育，具有"三高"（高地热、高地应力和高地震烈度）、"四活跃"（活跃的新构造运动、活跃的地热水环境、活跃的外动力地质条件和活跃的岸坡浅表改造过程）的特征。

工程主要技术创新：

（1）隧道高地热环境施工关键技术。

（2）复杂地质条件新型 TBM 研制及应用。

（3）铁路隧道超深竖井施工关键技术。

（4）深埋特长隧道高地温地段混凝土技术。

工程进口工点于 2014 年 12 月 29 日开工，1#斜井、1#竖井、2#竖井及出口工点于 2015 年 12 月 1 日开工。一期计划于 2022 年 5 月 30 日竣工，工期为 89 个月；二期平导扩挖计划 2018 年 10 月 14 日开始，2025 年 11 月 30 日竣工，总工期 131 个月。

问题引导

1. 隧道施工辅助有哪些？
2. 隧道通风方式有哪些？如何选择？
3. 隧道供水有哪些方式？如何选择？
4. 隧道供电如何布置？如何通过计算来验证？
5. 隧道的线路如何布置？

知识目标

1. 了解隧道通风方式的选择和隧道通风的计算内容。
2. 了解隧道供水方式。
3. 了解隧道供电线路的布置并了解电量的计算和电线路的布置。

能力目标

1. 能够进行隧道空压机站生产能力的确定和高压风管选定。
2. 能够进行隧道供电线路的布置。
3. 能够进行隧道内管线路布置。

知识导航

为了保证隧道施工顺利进行，施工中尚需许多施工辅助作业，如通风、排水、照明、压缩空气供应等。隧道施工中，钻爆、出渣、支护、衬砌等称为基本作业。为基本作业提供必要的施工条件并直接为基本作业服务的作业称为辅助作业。

任务一　供风、通风、防尘

一、供风

（一）施工操作工艺

供风的施工操作工艺包括：计算空压机站的供风能力→空压机的选择→空压机站的布置风管的选择→管道的安装。

隧道施工风水电供应

（二）施工操作步骤及方法

1. 计算空压机的供风能力

空压机的供风能力取决于耗风量的大小，并考虑一定的备用系数。耗风量包括隧道内同时工作的各种风动机具的生产耗风量和由储气筒到风动机具沿途的损失。空压机站的供风能力 Q 可表示为

$$Q = (1 + K_{备})(\sum qK + q_{漏})k_{m} \qquad (11\text{-}1)$$

式中　$K_{备}$——空压机的备用系数，一般采用 75% ~ 90%；

　　　$\sum q$——风动机具所需风量（m³/min），可查阅风动机具性能表；

　　　K——同时工作系数，见表 11-1；

　　　k_{m}——空压机所处海拔高度对空压机供风能力的影响系数，见表 11-2；

　　　$q_{漏}$——管路及附件的漏耗损失，其值为

$$q_{漏} = \alpha \sum L \qquad (11\text{-}2)$$

其中：α——每千米漏风量（m³/min），平均值为 1.15 ~ 2.0；

　　　L——管路总长（km）。

表 11-1　同时工作系数

机具类型	凿岩机		装渣机		锻钎机	
同时工作台数	1 ~ 10	11 ~ 30	1 ~ 2	3 ~ 4	1 ~ 2	3 ~ 4
K	1.00 ~ 0.85	0.85 ~ 0.75	1.0 ~ 0.75	0.70 ~ 0.50	1.0 ~ 0.75	0.65 ~ 0.50

表 11-2 海拔高度影响系数

海拔高度/m	0	305	610	914	1219	1524	1829	2134	2438	2743	3048	3658	4572
影响系数 k_m	1.00	1.03	1.07	1.10	1.14	1.17	1.20	1.23	1.26	1.29	1.32	1.37	1.43

2. 空压机的选择

根据式（11-1）确定的空压机站供风能力选择合适的空压机和适当容量的贮风筒。当一台空压机不能满足供风需要时，可选择多台空压机组成空压机组。为了方便操作和维修，一般采用同类型的空压机。考虑到在施工中风量负荷的不均匀，为了避免空压机的回风空转，可选择一台小容量（一般为其他空压机容量的一半）的空压机进行组合。空压机一般分为电力和内燃两类。一般短隧道采用内燃空压机，长隧道采用电动空压机。当施工初期电力缺乏时，长隧道也可采用内燃空压机过渡。

3. 空压机站的布置

空压机站应设置在空气洁净、通风良好、地基稳固且便于设备搬运之处，并且尽量靠近洞口以缩短管路，减少管道漏风损耗。当有多个洞口需集中供风时，应选择适当的位置安置空压机站，以最大化地减少管路损耗。

4. 风管的选择

风管的选择应满足工作风压不小于 0.5 MPa 的要求。为了保证工作风压，钢管终端的风压不小于 0.6 MPa，通过胶皮风管输送到风动机具的工作风压不小于 0.5 MPa。空压机生产的压缩空气在输送过程中，由于管壁摩擦、接头、阀门等产生阻力，其压力会损失，尤其是连接钢管与风动机具的胶皮风管，其压力损失较大，一般应尽量缩短其长度。根据达西公式可计算钢管的风压损失，计算后所得的终端风压符合上述要求即可。

5. 管道的安装

管道的安装应符合的要求主要包括：

（1）管道敷设应平顺、接头严密、防止漏风，不能使用存在裂纹、创伤、凹陷等现象的钢管。

（2）在洞外地段，风管长度超过 300 m、温度变化较大时，宜安装伸缩器；靠近空压机150 m 以内，风管的法兰盘接头宜用耐热材料制成垫片，如石棉衬垫等。

（3）压风管道在总输出管道上必须安装总闸阀，以便控制和维修管道；主管上每隔 300～500 m 应分装闸阀；按照施工要求，在适当地段（一般每隔 60 m）加设一个三通接头备用；管道前端至开挖面距离宜保持在 30 m 左右，并用高压软管接分风器；分部开挖法通往各工作面的软管长度不大于 50 m，与分风器联结的胶皮软管长度不大于 10 m。

（4）主管长度大于 1 000 m 时应在管道最低处设置油水分离器，定期放出管中聚积的油水，以保持管内清洁与干燥。

（5）安装管道前应检查管道，钢管内不得有残杂物和其他脏物；各种闸阀在安装前应拆开清洗并进行水压强度试验，合格者方能使用。

（6）管道在洞内应敷设在电缆、电线的另一侧，并与运输轨道保持一定距离，管道高度一般不超过运输轨道的轨面。如果管道的管径较大并且超过轨面，应该适当增大与轨道之间的距离。如果与水沟同侧时，不应影响水沟排水。

（7）高压风管、水管在安装前应进行检查，存在裂纹、创伤、凹陷等现象时不得使用，管内不得保留有残余物和其他脏物。

二、通风

（一）施工操作工艺

通风系统施工操作工艺主要包括：通风方式选择与布置→风量计算→风压计算→选择通风设备→设备布置安装→质量检查。

（二）施工操作步骤及方法

1. 通风方式选择与布置

通风方式的选择与布置应根据施工方法、设备条件、掘进长度、开挖面积以及污染物质的含量及种类等确定。

通风机通风系统按照基本布置形式可分为送风式、排风式和混合式三种。单一的送风式或排风式通风适用于中、短隧道；混合式通风适用于长、特长隧道。以排风式管路作为通风主管道，送风式管路作为局部通风管道。隧道采用有轨运输时，宜采用排风式或混合式通风；隧道采用无轨运输时，采用送风式通风或者送排风两用式风机；隧道设有辅助坑道时，则可利用辅助坑道作为通风巷道。

通风机通风系统基本布置形式如图 11-1 所示。

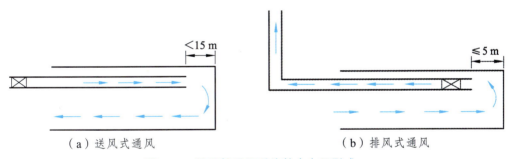

（a）送风式通风　　　　　　　　　　（b）排风式通风

图 11-1　通风机通风系统基本布置形式

2. 风量计算

在计算洞内施工所需通风量时所依据的条件主要包括：

（1）洞内同时工作的最多人数所需要的空气量。

（2）将同一时间爆破的最多炸药用量产生的有害气体降低到允许浓度所需要的空气量。

（3）将洞内作业的柴油机产生的有害气体稀释到允许浓度所需要的空气量。

（4）满足洞内允许最小风速要求。

根据洞内施工所需最大通风量选择通风设备。施工所需最大通风量的计算主要包括：

（1）按洞内同时工作的最多人数计算风量。

$$Q = qmK \qquad\qquad （11-3）$$

式中 Q——计算风量（m³/min）；

$\quad\quad q$——洞内每人每分钟所需新鲜空气量（m³/min），每人所需量一般为 3 m³（当围岩溢出有害气体时每人所需量为 4 m³）；

$\quad\quad m$——洞内同时工作的最多人数；

$\quad\quad K$——风量备用系数，取 1.10 ~ 1.15。

（2）按满足洞内允许最小风速要求计算风量。

$$Q = 60Sv \tag{11-4}$$

式中 S——坑道断面面积（m²）；

$\quad\quad v$——允许最小风速，导坑不小于 0.25 m/s，全断面开挖时不小于 0.15 m/s，但均不应大于 6 m/s。

（3）按洞内同一时间内爆破使用的最多炸药用量计算风量。

① 风管式通风。

a. 送风式通风。

采用送风式风管通风时，洞内同一时间内爆破使用的最多炸药用量所需计算风量可表示为

$$Q = \frac{7.8}{t}\sqrt[3]{A(SL)^2} \tag{11-5}$$

式中 t——通风时间（min）；

$\quad\quad A$——一次爆破的炸药用量（kg）；

$\quad\quad S$——坑道断面面积（m²）；

$\quad\quad L$——通风区段长度（m）。

b. 排风式通风。

采用排风式风管通风时，洞内同一时间内爆破使用的最多炸药用量所需计算风量可表示为

$$Q = \frac{15}{t}\sqrt{A \cdot S \cdot L_{抛}} \tag{11-6}$$

式中 $L_{抛}$——炮烟抛掷带长度（m），其中火雷管起爆：$L_{抛} = 15 + A/m$，电雷管起爆：$L_{抛} = 15 + A/(5m)$；

$\quad\quad A$——一次爆破的炸药用量（kg）；

$\quad\quad S$——坑道断面面积（m²）；

$\quad\quad t$——通风时间（min）。

c. 混合式通风。

$$Q_{混送} = \frac{7.8}{t}\sqrt[3]{AV_L^2} \tag{11-7}$$

$$Q_{混排} = (1.2 \sim 1.3)Q_{混送} \tag{11-8}$$

式中 V_L——吸风管口至工作面整段坑道的容积（m³），$V_L = L_V \times S$，L_V 为吸风管口至工作面的距离（m），一般取 22 ~ 25 m；

$\quad\quad A$——一次爆破的炸药用量（kg）；

$\quad\quad t$——通风时间（min）。

② 巷道式通风。

采用巷道式通风时，洞内同一时间内爆破使用的最多炸药用量所需计算风量可表示为

$$Q = \frac{5Ab}{t} \tag{11-9}$$

式中　A——同时爆炸的炸药用量（kg）；

　　　b——每千克炸药爆破时所产生的一氧化碳体积（L），见表 11-3，一般取 $b=40$ L；

　　　t——通风时间（min）。

表 11-3　每千克炸药产生有害气体统计表

气体名称	防水硝铵炸药		2#岩石硝铵炸药		1#粒状硝化甘油		2#粒状硝化甘油	
CO	9.8	13.43	14.03	8.16	36.40	43.50	44.47	56.07
NO	2.97	3.04	3.57	3.89	0.73	0.37	0.49	0.69
共计（换算为 CO）	29.11	33.19	37.24	33.45	41.50	45.41	47.66	50.56
平均	31.15		35.35		43.71		54.11	

注：有害气体统一换算成 CO，1 L 的 NO 换算成 6.5 L 的 CO。

（4）按照爆破后稀释一氧化碳（CO）到许可最高浓度的计算风量。

$$Q = \frac{5}{6} \times \frac{10 \cdot A \cdot K}{t} \times 60 \tag{11-10}$$

式中　t——通风时间（min）；

　　　A——一次爆破的炸药用量（kg）；

　　　K——风量备用系数，K 一般取 1.10。

（5）按洞内使用内燃机的废气污染计算风量。

$$Q = \frac{q \cdot c}{y} \cdot \eta = q \cdot \delta \cdot \eta \tag{11-11}$$

式中　q——柴油机废气排量（m³/min）；

　　　c——废气中有害气体浓度（%）；

　　　y——有害气体最大允许浓度（%）；

　　　δ——稀释系数；

　　　η——安全系数，一般取 1.5～2.5。

其中

$$q = \frac{V \times n}{2} \times \beta \tag{11-12}$$

式中　V——气缸的工作容积（m³）；

　　　n——柴油机的转速（r/min）；

　　　β——吸气系数，自然吸气时取 1，齿轮增压时取 1.2。

柴油机废气排量也可以用式（11-13）计算。

$$q = \frac{N \times K \times \alpha}{60} \tag{11-13}$$

其中　N——柴油机功率（kW）；

K——单位耗油量[kg/（kW·h）]；

α——1 kg柴油燃烧所需的空气量（m³/kg），一般取20.83 m³/kg。

柴油废气排量取式（11-12）、式（11-13）计算值的最大值。

$$\delta = \frac{c}{y} \tag{11-14}$$

式中　c——废气中有害气体浓度（%）；

y——有害气体最大允许浓度（%）。

（6）高海拔地区的修正风量。

由于高海拔地区的大气压力降低，对总风量的修正可表示为

$$Q_{高} = \frac{760}{P_{高}} Q \tag{11-15}$$

式中　$P_{高}$——高海拔地区大气压力，见表11-4；

Q——正常条件下计算的风量。

表11-4　海拔高度与大气压力的关系表

海拔高度/m	1 600	2 000	2 600	3 000	3 200	3 400	3 600	3 800	4 000	4 400	5 000
大气压力 $P_{高}$/kPa	6.119	5.845	5.423	5.158	5.031	4.903	4.776	4.648	4.531	4.305	3.972

（7）竖井掘进计算风量。

竖井爆破后的通风主要采用送风。当竖井深度超过300 m时应采用混合式通风。

$$Q = \frac{7.8}{t} \phi \sqrt[3]{A(SL)^2 K} \tag{11-16}$$

式中　t——通风时间（min）；

A——一次爆破的炸药用量（kg）；

S——竖井断面面积（m²）；

L——竖井深度（m）；

K——竖井淋水使炮烟浓度降低的系数，见表11-5；

ϕ——风管漏风系数，见表11-6。

表11-5　竖井内炮烟浓度降低系数

级别	巷道特征	系数 K
1	工作面涌水在1 m³/h以下的各种深度的干燥井筒以及深度不大于200 m的含水井筒。巷道全长均穿过干燥岩石的井下倾斜巷道和水平巷道	0.8
2	深度大于200 m，有淋水，工作面涌水量在6 m³/h以下的含水井筒。巷道局部穿过含水岩石的井下倾斜巷道和水平巷道	0.6
3	深度大于200 m的含水井筒，工作面涌水量介于6~15 m³/h。巷道全长均穿过含水岩石或是采用水幕的倾斜巷道和水平巷道	0.3
4	深度大于200 m的含水井筒，工作面总涌水量大于15 m³/h	0.15

表 11-6　竖井风管的漏风系数

竖井深度	风管直径/mm					
	500	600	700	800	900	1 000
300	1.32	1.21	1.17	1.13	1.12	1.07
400	1.51	1.35	1.28	1.20	1.19	1.11
500	2.07	1.53	1.40	1.29	1.28	1.16
600	—	1.69	1.54	1.39	1.36	1.20
700	—	2.0	1.71	1.50	1.46	1.27
800	—	2.16	1.89	1.64	1.57	1.34
900	—	—	2.12	1.80	1.42	1.42
1 000		—	2.34	1.96	1.82	1.46

（8）漏风计算。

按照上述公式计算的风量均未考虑漏风而损失的风量，故洞内实际所需总风量 $Q_需$ 可表示为

$$Q_需 = PQ \tag{11-17}$$

式中　P——漏风系数；

　　　Q——计算风量（m³/min）。

① 风管的漏风。

在管道通风中，漏风系数 P 值与风管接头安装是否严密有关。长度和直径不同的金属风管的漏风系数，可参考表 11-7 取值。

表 11-7　金属风管漏风系数 P 参考值

风管长度/m	单个接头漏风系数 P	风管每节为 3 m 及下列直径时的漏风系数 P				风管每节为 4 m 及下列直径时的漏风系数 P			
		0.5 m	0.6 m	0.7 m	0.8 m	0.5 m	0.6 m	0.7 m	0.8 m
100	0.001	1.02	1.01	1.01	1.01	1.02	1.01	1.01	1.008
	0.003	1.09	1.06	1.04	1.03	1.06	1.04	1.03	1.02
200	0.001	1.08	1.06	1.05	1.03	1.06	1.04	1.02	1.02
	0.003	1.27	1.21	1.16	1.16	1.19	1.15	1.11	1.06
300	0.001	1.16	1.12	1.09	1.06	1.10	1.08	1.06	1.04
	0.003	1.51	1.38	1.29	1.18	1.37	1.28	1.22	1.12
400	0.001	1.25	1.19	1.15	1.10	1.16	1.12	1.10	1.06
	0.003	1.82	1.60	1.46	1.32	1.61	1.45	1.34	1.23
500	0.001	1.36	1.27	1.21	1.14	1.25	1.18	1.14	1.08
	0.003	2.25	1.90	1.62	1.45	1.88	1.65	1.51	1.32
600	0.001	1.49	1.36	1.28	1.19	1.27	1.25	1.18	1.12
	0.003	2.76	2.25	1.93	1.57	2.22	1.87	1.66	1.45

风管长度 /m	单个接头漏风系数 P	风管每节为 3 m 及下列直径时的漏风系数 P				风管每节为 4 m 及下列直径时的漏风系数 P			
		0.5 m	0.6 m	0.7 m	0.8 m	0.5 m	0.6 m	0.7 m	0.8 m
700	0.001	1.63	1.47	1.36	1.27	1.48	1.32	1.28	1.16
	0.003	3.44	2.75	2.20	1.79	2.60	2.17	1.85	1.56
800	0.001	—	1.58	1.45	1.33	—	1.41	1.30	1.22
	0.003	—	3.35	2.63	2.05	—	2.57	2.13	1.74
900	0.001	—	1.72	1.54	1.36	—	1.57	1.39	1.25
	0.003	—	3.65	2.89	2.25	—	2.74	2.28	1.87
1 000	0.001	—	—	1.65	1.50	—	—	1.46	1.28
	0.003	—	—	3.42	2.52	—	—	2.62	2.07

注：表中同格内上行值为风管接头用橡皮或油封衬垫密封，螺栓完全拧紧。下行值为风管接头用马粪纸或麻绳密封，螺栓完全拧紧。

胶皮风管漏风视接头漏风情况可以概略计算，即在前 20 节风管内每个接头漏风约为 1%，而 20 节风管后每个接头漏风则为 0.5%。胶皮风管，每节长 20 m，在安装符合标准并处于良好状态的情况下，其漏风系数可参考表 11-8。

表 11-8 胶皮风管漏风系数 P 值

风管长度/m	50	100	150	200	250	300	400	500	600	700	800
漏风系数 P	1.04	1.08	1.11	1.14	1.16	1.19	1.25	1.30	1.35	1.38	1.43

塑料风管，每节长 10 m，在安装符合标准的情况下，其漏风系数可参考表 11-9。

表 11-9 聚氯乙烯塑料风管漏风系数 P 值

直径/m	风管长度/m									
	100	200	300	400	500	600	700	800	900	1 000
0.5	1.019	1.045	1.091	1.045	1.157	1.230	1.230	—	—	—
0.6	1.014	1.036	1.071	1.112	1.130	1.180	1.261	1.330	—	—
0.7	1.010	1.028	1.053	1.080	1.108	1.145	1.188	1.237	1.288	1.345
0.8	1.008	1.022	1.040	1.067	1.090	1.260	1.153	1.195	1.229	1.251

注：本表中单个接头漏风系数 P=0.003。

风管百米漏风率可表示为

$$P_{漏100} = \frac{Q_扇 - Q_末}{Q_扇 \times L} \times 100\% \tag{11-18}$$

式中　$P_{漏100}$——100 m 长风管的漏风率；

　　　L——风管全长（m）；

　　　$Q_扇$——局部通风风量（m³/s）；

$Q_{末}$——局部通风末端风量（m³/s）。

一般要求风管百米漏风率不得大于 10%。

② 风门（风墙）的漏风。

风门漏风量 $Q_{漏}$ 可表示为

$$Q_{漏} = K\sqrt{hS} \tag{11-19}$$

式中　h——风门所承受压差（Pa）；

　　　S——风门面积（m²）；

　　　K——当风流为层流时 $K=1$，当风流为紊流时 $K=2$，当风流为混合流时 $K=1\sim2$。

风门的漏风量，主要在于风门结构是否严密，不同的风门质量，漏风系数可参考表 11-10。

表 11-10　风门漏风系数

类　　　型	漏　风　系　数
砖墙包铁皮风门，边缘是毛毡或胶皮垫	0.015～0.04　平均 0.03
砖墙木门（普通）	0.03～0.054 5　平均 0.04
板条墙（二面抹灰浆）普通木门	平均 0.03
板条墙（二面抹黏土）普通木门	0.059～0.09　平均 0.06

3. 风压计算

通风机的风压用来克服沿途所受到的阻力，在数值上等于风道（或风管）的沿途摩擦阻力和局部阻力之和。

（1）摩擦阻力计算。

无漏风的摩擦阻力可表示为

$$h_{摩} = RQ_{扇}^2 \tag{11-20}$$

有漏风的摩擦阻力可表示为

$$h_{摩} = PRQ_{末}^2 \tag{11-21}$$

式中　$h_{摩}$——摩擦阻力损失（Pa）；

　　　P——漏风系数；

　　　$Q_{扇}$——风管始端风量（或风机风量）（m³/s）；

　　　$Q_{末}$——风管末端风量（或工作面的风量）（m³/s）；

　　　R——风阻值（kμ）。

对巷道风阻值可表示为

$$R = \alpha\frac{L\rho}{S^3} \tag{11-22}$$

其中　α——摩阻力系数或风阻系数见表 11-11 及表 11-12，巷道阻力见表 11-13；

　　　L——风管（巷道）长度（m）；

　　　ρ——巷道断面圆周界（m）；

　　　S——断面面积（m²）。

对圆管风阻值可表示为

$$R = 6.5\frac{\alpha L}{d^3} \tag{11-23}$$

其中 d——风管直径（m）。

表 11-11　风管摩擦阻力系数 α 值及 1 m 长风阻率 γ

风管类型		风管直径/mm					
		500	600	700	800	900	1 000
金属风管	α	0.000 35	0.000 32	0.000 3	0.000 25	0.000 23	0.000 23
	γ	0.073	0.026	0.011 6	0.004 9	0.002 4	0.001 6
塑料风管	α	0.000 16	0.000 15	0.000 13	0.000 13	—	—
	γ	0.033 30	0.015 24	0.005	0.002 58	—	—

表 11-12　胶皮风管的风阻系数 α 值

直径/mm	长度/m												
	50	100	150	200	250	300	400	500	600	700	800	900	1 000
500	5.2	10.7	15.5	20.3	25.5	30.9	41.2	51.6	63.4	73.1	83.7	94.2	107.2
600	2.1	4.3	6.1	7.9	9.9	11.9	16.3	19.9	21.3	27.6	31.9	36.2	40.7

表 11-13　巷道阻力系数 α 值

项别	施工地段及其支护特征	α 值
1	成洞，用混凝土砌筑	0.000 4 ~ 0.000 45
	成洞，用块石砌筑，带有角面	0.000 6 ~ 0.000 8
2	用木料支撑的全断面开挖隧道	0.001 2
3	用金属拱架木模板支护的隧道	0.001 ~ 0.001 2
4	上导坑，有支撑	0.002 5
5	下导坑，有支撑，但中间没有加强支柱	0.002 0 ~ 0.002 5
	下导坑，双道中间有支柱	0.030 ~ 0.004 0
	下导坑，没有支撑	0.001 1 ~ 0.002 0
6	用木料框架支撑的漏渣孔	0.002 6
7	拱部扩大	0.005 5 ~ 0.006 0
8	完成拱部衬砌，马口未开挖	0.001 0 ~ 0.001 2
9	挖底	0.001 0
10	风道	0.004 0

（2）局部阻力损失计算。

局部阻力损失，是由于影响风流的各种局部原因所引起的，如风道缩小、扩大、转弯等。局部阻力损失可表示为

$$h_{局} = \xi_{局} \frac{\gamma}{2g} v^2 \qquad\qquad (11\text{-}24)$$

式中 $h_{局}$——局部阻力损失（Pa）；

$\xi_{局}$——对于每一种独立形式的局部阻力系数，参考表 11-14；

v——风流经过局部断面形状变化后的速度（m/s）；

γ——空气比重，$\gamma = 1.2$ kg/m³；

g——标准重力加速度，$g = 9.81$ m/s²。

表 11-14 局部阻力系数

项别	局阻发生的地点	图示	ξ 值或 C 值				
1	风流由洞口进入成洞	—	$\xi = 0.60$				
2	由成洞进入扩大及下导坑由扩大至上导坑	—	$\xi = 0.46$				
3	风流由上导坑进入漏斗	—	$\xi = 0.70$				
4	风流由漏斗进入导坑	—	$\xi = 7.20$				
5	风流由导坑单道进入双道断面	—	$\xi = 1.70$				
6	风流欲导坑双道进入单道断面	—	$\xi = 1.00$				
7	风流由平行导坑进入风道	—	$\xi = 0.50$				
8	下导坑转 135º 进入通道	135°	$C = 0.28$				
9	通道转 45º～60º 进入平行导坑	45°~60°	$C = 0.04$				
10	圆转角 30º～120º	β R d	R/d	β			
				30	45	60	90	120
			1.5	0.08	0.11	0.14	0.175	0.20
			2.0	0.07	0.10	0.12	0.15	0.17
11	折拐 10º～170º	β	β	10	30	60	90	100
			ξ	0.018	0.164	0.654	1.471	1.800
			β	110	120	130	150	170
			ξ	2.13	2.62	2.854	3.6	5.07

项别	局阻发生的地点	图 示	ζ值或 C 值				

项别 12: 之字形拐弯 30°～60°

β	L/d			
	4	6	8	10
30	0.2	0.2	0.2	0.2
45	0.75	0.75	0.75	0.75
60	1.6	1.63	1.64	1.64

项别 13: 各种风管突然扩大或突然缩小的值（S_1、S_2 为风管断面）

S_1/S_2	1	0.9	0.8	0.7	0.6	0.5	0.4	0.3	0.2	0.1
$S_1 \rightarrow V_1 S_2$	0	0.01	0.04	0.09	0.16	0.25	0.36	0.49	0.64	0.81
$V_2 \rightarrow S_1, S_2$	0	0.05	0.10	0.15	0.20	0.25	0.30	0.35	0.40	0.45

（3）其他局部阻力 $h_{其他}$ 计算。

在巷道通风中，考虑施工中如开挖马口、中槽等其他因素增加的阻力，$h_{其他}$ 应适当增加 20%～30%。使用风管通风时，$h_{其他}$ 一般可考虑增加 5%～10%。

（4）总阻力计算。

$$h_{总}=h_{摩总}+h_{局总}+h_{其他} \tag{11-25}$$

式中　　$h_{总}$——总阻力损失；

　　　　$h_{摩总}$——摩擦阻力损失之和；

　　　　$h_{局总}$——局部阻力损失之和。

4. 选择通风设备

（1）通风管。

通风管直径应根据坑道断面、通风量和风管长度综合确定，长距离送风宜选用大直径风管。当受坑道净空限制而采用较小直径并且风管阻力损失过大时，可用间隔串联风机的办法来满足风压的要求。直径为 600 mm 及以下的风管多用在导坑等小断面开挖。全断面开挖的长大隧道一般采用直径为 800～1 000 mm 的风管。压风管多采用软质橡胶管，吸风管应采用硬质金属管或玻璃钢管。

选择风管，除了考虑技术上可行性外，还要考虑经济的合理性。风管直径小，成本低，但耗电量大。风管直径大，成本高，但单机送风距离长，耗电量小。根据工程实际情况，尽量选用大直径、风阻低的风管。

（2）风门。

巷道式通风一般应在平导口处和横通道内设置风门，用以切断风流避免形成通风回路。

在平导口处一般设置供行人和车辆通行的自动风门，在横通道内一般设置人力开启的行人木制风门。

（3）通风机。

通风机的选择应符合的要求主要包括：

① 根据计算风量 Q 和风压 $h_{总}$，结合通风方式及布置选择风机的类型，一般多选用轴流式风机。

② 根据网络（阻力）特性曲线以及产品样本相关的风机性能曲线或性能表确定风机的型号及工况点。

③ 为了使风机运转平稳，轴流式风机选用的最大风压不超过其性能曲线峰点处最大压力的 0.9 倍，且须位于驼峰的右侧。

④ 选择风机时须与风管直径的选择相结合。一般风机的直径不大于风管的直径。

⑤ 风管长距离送风时，为了满足风压的要求可采用相同型号风机等距离间隔串联方式。这样既便于施工，又能减小风流对风管壁的压力，有利于风管的轻型化。

⑥ 为了满足风量的要求，可采用两台同型号风机并联。此时，可采用单路大直径风管送风，也可采用两路较小直径的风管送风，但需要综合比较后确定。

⑦ 通风机应有适当的备用量，一般为计算能力的 50%。

电动机功率的计算公式可表示为

$$N = \frac{Qh}{102 \times \eta_1 \times \eta_2} \times B \quad\quad (11\text{-}26)$$

式中　Q——风机工况点风量（m³/s）；

h——坑道总负压（风机工况点风压）（Pa）；

η_1——与风机工况点对应的效率（静压效率）（查风机性能曲线图）；

η_2——机械效率，皮带转动时为 0.9～0.97，计算时一般取 0.95；

B——电机容量贮备系数，见表 11-15。

表 11-15　电机容量储备系数

电机容量	B 值
小于 1.0 kW	1.5
不小于 1.0 kW 但小于 2.0 kW	1.4
不小于 2.0 kW 但小于 5.0 kW	1.3
不小于 5.0 kW	1.2

5. 设备布置安装

（1）通风机。

通风机布置安装注意事项主要包括：

① 按设计要求安装主风机。洞内主风机应安装在新鲜风流中。

② 风机安装时支承风机本体的结构强度（包括基础螺栓与锚杆）应为实有荷重的 15 倍以上。基础螺栓或锚杆在风机安装前应做载荷试验或拉拔试验。

③ 通风机应装有保险装置，当发生故障时能自动停机。

（2）通风管。

通风管布置安装注意事项主要包括：

① 通风管靠近开挖面的距离应根据具体情况决定，压入式通风管的送风口距开挖面不大于 15 m，排风式风管吸风口不大于 5 m。

② 送风式的进风管口或集中排风管口应设置在洞外，并做成烟囱式，防止污染空气回流进洞。

③ 采用混合式通风方式时，当一组风机向前移动，另一组风机的管路应相应接长，并始终保持两组管道相邻端交错 20~30 m。局部通风时，排风式风管的出风口应引入主风流循环的回风流中。

④ 通风管的安装应做到平顺、接头严密、弯管半径不小于风管直径的 3 倍。柔性风管应尽量采用反边连接、罗圈连接、贴胶连接方式。条件许可时采用刚性接头、拉链等密封性好、坚固耐用的连接方式。

⑤ 通风管的连接要用过度接头，避免断面突然变化。

（3）风门。

① 木制风门的门扇厚度不小于 50 mm，由两层直交或斜交的木板组成，木板中间垫上一层油毛毡。安装时要求门扇与垂线成 5º 的倾角，偏向顺风一侧。

② 自动风门由两个门扇成三角形布置，门扇为 2~4 mm 厚的钢板，门扇框架用角钢焊接，门框用槽钢，门扇与门框用轴连接。

6. 质量检查

通风系统质量检查主要包括：

（1）风管吊挂平直，拉紧吊牢，不出现褶皱。

（2）发现风管破损应及时修补或更换。

（3）定期测试通风量、风速、风压，检查通风设备的供风能力和动力消耗。

三、防尘

在隧道施工中，由于钻眼、装卸渣、粗细管料运输、混凝土拌和、喷射混凝土等原因，在洞内空气中飘浮着大量的粉尘。这些粉尘对施工人员的身体健康危害极大，特别是粒径小于 10 PM 的粉尘，极易被人吸入沉积于支气管或肺泡表面。隧道施工人员常见的矽肺病就是因此而形成的，此病极难治愈，病情严重时会使肺功能完全丧失而死亡。此外易燃易爆的粉尘还可导致爆炸事故。因而，防尘工作是十分重要的。

（一）防尘措施

目前，在隧道施工中采取湿式凿岩、机械通风、喷雾洒水和个人防护结合等综合性防尘措施。

1. 湿式凿岩

湿式凿岩是在钻眼过程中利用高压水湿润粉尘，使其成为泥浆流出炮眼，防止了岩粉的飞扬。根据现场测定，湿式凿岩可以降低 80%粉尘量。目前，国内生产并使用的各类风钻都有给水装置，使用方便。

（1）钻孔防尘。

钻孔作业全部采用隔离操作的钻孔凿岩台车进行湿式钻孔，钻孔过程中的供水水压不低于 0.3 MPa，保证钻孔过程中孔内充满水。为了提高对微细尘粒的吸附能力，在水中添加少量湿润剂可以降低水的表面张力，湿润剂的一般用量为 0.05% ~ 0.5%。其他地段需要钻孔时，也必须采用风水联动装置，杜绝干打眼。

（2）爆破防尘。

采用水封爆破进行降尘，即用聚氯乙烯、聚乙烯等薄膜加工的塑料袋装水充当炮泥放在炮孔中封堵炸药，可降低 50% ~ 80% 的 1~5 μm 粉尘，同时能减少爆破所产生的有害气体。爆破时采用高压喷雾器进行喷雾降尘。为了加速湿润粉尘的沉降，在距离掘进工作面 20~30 m 处利用喷雾器设置粗雾粒净化水幕。

（3）出渣防尘。

放炮后出渣前，用水枪在掘进工作面自里向外逐步洗刷隧洞顶板及两侧。水枪距工作面 15~20 m，水压一般为 0.3~0.5 MPa。装渣前向渣堆不断洒水，直到渣堆湿透，可以防止装渣过程中扬尘。

（4）喷混凝土防尘。

隧洞内全部采用湿喷混凝土机进行喷射作业，从根本上降低喷混凝土作业时产生的粉尘量。在喷混凝土作业面布设局部通风机进行吸尘，可以改善作业面的工作环境。

2. 机械通风

机械通风可以稀释隧道内的有害气体浓度，为施工人员提供足够的新鲜空气，同时也是防尘的基本方法。因此，除爆破后需要通风外，还应经常性地保持隧道内通风，有助于消除装渣运输中产生的粉尘。

3. 喷雾洒水

喷雾一般是爆破时实施的，主要是消除爆破中产生的大量粉尘。喷雾器可分为风水混合喷雾器和单一水力作用喷雾器两大类。风水混合喷雾器是利用高压风将流入喷雾器中的水吹散而形成雾粒，更适合于爆破作业时使用；单一水力作用喷雾器无须高压风，只需一定的水压即可喷雾，这种喷雾器便于安装、使用方便，可安装于装渣机上，故适合于装渣作业时使用。

洒水是降低粉尘浓度的简单有效措施。即使在通风较好的情况下，仍然需要洒水降尘，因为单纯加强通风还会吹干湿润的粉尘导致重新扬尘。对渣堆洒水必须分层洒透，一般每吨岩石洒水量为 10~20 L。如果岩石湿度较大，洒水量可适当减少。

4. 个人防护

为了更好地保护施工人员的健康，需要给隧洞施工人员配发防尘口罩、压风呼吸机、防尘安全帽、定期体检、设浴室、太阳灯房等防护设施，最大限度地做好防尘工作。

（二）防尘技术要求

隧道施工防尘技术要求主要包括：

（1）隧道施工必须采用综合防尘措施，并定期监测粉尘和有害气体浓度。

（2）为了保证工人正常工作和预防职业病，作业环境符合的卫生标准主要包括：

① 坑道中氧气含量按体积计不小于 20%。

② 作业环境允许的粉尘浓度为每立方米空气中粉尘含量不超过 10%，游离二氧化硅的粉尘不超过 2%。

③ 有害气体最高允许浓度：一氧化碳为 30 mg/m³，特殊情况下工作人员可以进入浓度为 100 mg/m³ 的工作面，但工作时间不超过 0.5 h；二氧化碳按体积计不大于 0.5%；氮氧化物（换算成 NO_2）不超过 5 mg/m³。

④ 环境温度一般不超过 28 ℃。

⑤ 噪声不大于 90 dB。

（3）凿岩和装渣时要做好防尘工作，主要包括：

① 凿岩机钻眼时先送水后送风，严禁干式凿岩。

② 放炮后必须进行喷雾、洒水。

③ 出渣前应用水淋湿渣堆和附近岩面。

④ 在压入式风管口应设置喷雾器。

⑤ 进洞人员必须戴防尘口罩。

（4）钻眼作业必须采用湿式凿岩。在水源缺乏、容易冻结或岩石性质不适于湿式凿岩的区域，可采用带有捕尘设备的干式凿岩。但所采用的防尘措施不能达到规定的粉尘浓度标准时，严禁干式凿岩。

（5）严禁在洞内进行熬沥青等产生有害气体的作业。

（6）凡有矽尘的作业场所，每月至少测定粉尘浓度一次。洞内空气每月至少做一次取样分析。

（7）工地应设置浴池、太阳灯房和烤衣房，定期给职工进行身体检查。发现职业病及早治疗，保障工人健康。

任务二　供水

隧道施工期间生产用水和生活用水主要包括：凿岩机用水、喷雾洒水防尘用水、衬砌施工用水、混凝土养护施工用水、空压机冷却用水、施工人员的生活用水等。因此，需要设计相应的给排水设施，保持洞内施工现场拥有一个良好的施工环境，洞内施工所产生的废水、地下渗漏水等必须及时排到洞外。

一、供水施工工艺

供水施工工艺主要包括：估算用水量→选择水源→确定供水方式→修筑（安装）供水设备→水管的选择与布置。

二、操作步骤及方法

（一）估算用水量

总用水量包括施工、生活、消防所耗水量。供用水应满足的要求主要包括：

（1）水源的水量应能满足工程用水和生活用水的需要，采用高山自然水源设蓄水池，主要优点是利用高差，保证洞内最高用水点的水压。

（2）水池容积根据用水量确定，通常为 50～150 m³。

（3）凡不含有害物质、没有污染、没有臭味的天然水均可作施工用水，但仍应做好水质化验工作。对拌制混凝土，要求硫酸盐含量不大于 1 500 mg/L，pH 不小于 4 且无油、糖、酸等杂质。作为防尘用水，大肠菌指数每升中不超过 3 个。

（4）生活用水要求清洁，符合国家卫生标准的生活用水，也可作为工程用水。

1. 施工用水

施工用水与工程规模、机械化程度、施工进度、人员数量和气候条件等有关，因此耗水量的变化幅度较大，很难估计精确。施工用水量可参考表 11-16 估算一昼夜的总用水量。

表 11-16　隧道施工用水量估算表

用　　途	单　　位	耗水量	说　　明
凿岩机用水	t/（h·台）	0.20	
喷雾洒水用水	t/（min·台）	0.03	按每次放炮后喷雾 30 min
衬砌用水	t/h	1.50	包括混凝土拌和、养生和洗石等用水
空压机用水	t/（d·台）	5.00	其中大部分可考虑循环使用

2. 生活用水

生活用水量一般可按如下参考指标估算：生产工人平均用水量为 0.1～0.15 m³/d；非生产工人平均用水量为 0.08～0.12 m³/d。

3. 消防用水

由于施工工地住房为临时住房，住房建设标准相应较低。除按消防要求在设计、施工及临房布置等方面做好防火工作外，还应按临时房屋每 3 000 m² 的消防耗水量 15～20 L/s、灭火时间为 0.5～1 h 计算消防用水量。

（二）选择水源

供水施工首先要做好水源调查工作。施工中必须有充足的水量满足工程和生活需要，同时还需要考虑水质和水压的要求（主要满足凿岩机用水压力要求）。隧道开挖前必须认真细致做好水源地调查工作。

水源调查重点主要包括：

（1）选用的水源，其水量在最枯旱季节应能满足施工和生活的需要。施工中经常选用的水源包括山上自流水、泉水、河水或钻井抽水。河水作水源时，应向当地水文站取得该河的流量，洪水位和枯水位资料，据此推算施工期间的流量和水位。地下水作水源时，调查流量时可利用浅井做抽水试验。沟渠、山溪水作水源时，视流量大小可采用三角堰等测定其流量。

（2）水源宜选在洞口附近的较高位置，以节约引水管路和抽水设备，并能满足洞内用水的水压要求。

（3）如需使用附近农田灌溉用的水库或池塘蓄水时，必须查明其蓄水量能满足农灌和隧道施工两者用水的最大需要，并取得有关方面的同意。

（4）无地表水可以利用的地区，应调查地下水源。

（5）地表水源位于隧道附近时要分析地表水和地下水的补排关系，预计隧道开挖后地表水是否有可能向开挖坑道下渗流失。

（三）确定供水方式

供水方式主要根据水源情况而定。在选择水源时，根据当地季节变化要求有充足的水量以保证不间断供水。一般利用自流水源，以减少抽水机械设备。利用水管或抽水机把山上流水、泉水、河水、地下水（打井）引流或扬升到修建于山顶的蓄水池中，然后利用地形高度差形成一定水压通过管路送达使用地点。

蓄水池一般为开口式，水池容量根据最大计算用水量、水源及抽水机等情况而定。为防止抽水机发生故障或偶尔停电，还应考虑备用水量。

蓄水池位置应选在基底坚固的山坡上，避开隧道洞顶，以防水池下沉开裂后漏水渗入隧道造成山体滑动或洞内塌方。

水从水池出水口到达隧道开挖面，其水压不小于 0.3 MPa。由于 10 m 高的水柱可以产生 0.1 MPa 的水压，所以水池与隧道开挖面间应有一定的高差值，即

$$H \geqslant 1.2(30 + h_{损})   \tag{11-27}$$

式中　1.2——水压储备系数；

$h_{损}$——管路全部水头损失，其值为 $h_{损} = h_{摩} + h_{局}$，其中 $h_{摩}$ 为管路摩擦损失，$h_{局}$ 为管路局部损失。

隧道施工供水方案的选择及设备的配置应符合的规定主要包括：

（1）水源的水量应能满足工程和生活用水的需要。有高山自然水源时，应蓄水利用。水池高度应能保证洞内最高用水点的水压要求。

（2）水池的容量应有一定的储备量，满足洞内外集中用水的需要。采用机械抽水站供水时，应有备用的抽水机。充分利用洞内地下水源，通过高压水箱输送到工作面。

（3）工程和生活用水使用前必须经过水质鉴定，合格者才可使用。隧道工作面使用水压不应小于 0.3 MPa。水管的直径应根据最大的供水量、管路长度、弯头、闸阀等条件计算确定。

（四）修筑（安装）供水设备

1. 贮水池

贮水池一般修建在洞口附近上方，但应避免设在隧道顶上或其他可危及隧道安全的部位，其高差应能保证最高用水点的水压要求。当采用机械或部分机械提升时，应备有抽水机。水池结构应尽量简单，确保不漏水，一般采用石砌，根据地形条件采用埋置式或半埋置式。当地形条件受到限制不能埋置时，也可采用修建水塔或用钢板焊接水箱等方式。水池的容积大小应与抽水设备、集中用水量相配合，并应有一定的储备量，以满足施工的需要。

水池位置至配水点的高差 H 可表示为

$$H \geqslant 1.2h + \alpha \cdot h_f   \tag{11-28}$$

式中　h——配水点要求水头高度（m），如湿式凿岩需要水压为 0.3 MPa，则 $h=30$ m；

α——水头损失系数（按管道水头损失 5%～10%计算），一般取 1.05～1.10；

h_f——管道内水头损失（m），确定用水量后（一般按 m³/h 计）选用钢管内径，按钢管水力计算而得。

利用高山自流水供水，水源流量大于用水高峰流量时，水池容积一般为 20～30 m³；如水源流量小于用水量，则需要根据每班最大用水量并考虑必要贮备来计算水池容积。

$$V = 24\,\alpha C\,(Q_C + Q_S) \tag{11-29}$$

式中　V——水池容积（m³）；

α——调节系数，一般取 1.10～1.20；

C——贮水系数，C=水池容量/昼夜用水量。如果昼夜用水量小于 1 000 m³，则贮水系数为 1/4～1/6；昼夜用水量介于 1 000～2 000 m³时，则贮水系数为 1/6～1/8；

Q_C——生产用水量（m³/h）；

Q_S——生活用水量（m³/h）。

2. 水泵和泵水房

（1）水泵扬程。

水泵扬程的计算公式可表示为

$$H = h' + \alpha\,h_f \tag{11-30}$$

式中　h'——水池与水源之间的高差（m）；

α——调节系数，一般取 1.10～1.20；

h_f——管道内水头损失（m），确定用水量后（一般按 m³/h 计）选用钢管内径，按钢管水力计算而得。

根据扬程及选用的钢管直径可选择合适的水泵。

（2）泵房。

临时抽水泵房的要求可按照临时房屋的有关规定处理。水泵在安装前，应按照图纸要求检查基础的位置，预留管道孔洞等各部分尺寸是否符合要求。水泵底座位置经校核后，方能灌注水泥砂浆并固定地脚螺栓。

3. 水管的选择与布置

（1）供水管道的管径。

供水管道管径的计算公式可表示为

$$D = \sqrt{\frac{4Q}{\pi V}} \approx 1.13\sqrt{\frac{Q}{V}} \tag{11-31}$$

式中　Q——用水点总用水量（m³/s）；

V——管道内水的流速，一般不大于 3 m³/s 并且不小于 0.5 m³/s。

（2）供水管道的布置。

供水管道布置应符合的要求主要包括：

① 管道敷设要求平顺、短直且弯头少，干路管径尽可能一致，接头严密不漏水。

② 管道沿山顺坡敷设悬空跨距大时，应根据计算来设立支柱承托，支撑点与水管之间加木垫；严寒地区应采用埋置或包扎等防冻措施，以防水管冻裂。

③ 水池的输出管应设总闸阀，干路管道每隔 300～500 m 安装一个闸阀，以便维修和控制管道。布置管道闸阀时还必须考虑到一旦管道发生故障（如断管）则临时由水池或水泵房供水的布置方案。

④ 给水管道应安设在供电线路一侧，不应妨碍运输和行人，设置专人负责检查养护（可与压风管道共同组织一个维修、养护工班）。

⑤ 管道前端到开挖面的距离一般保持为 30 m，用直径 50 mm 的高压软管接分水器，中间预留异径三通，到其他工作面的供水线路使用软管连接，软管长度不超过 50 m。

⑥ 如果利用高山水池供水，其自然压头超过所需水压时应进行减压，一般是在管路中段设置中间水池作为过渡站，也可直接利用减压阀来降低管道中水流的压力。

4. 高压水管的安装和使用

高压水管的安装和使用应符合的规定主要包括：

（1）管路应敷设平顺，不漏水，接头严密。

（2）洞内水管前端到开挖面的距离一般保持为 30 m，并用高压软管连接分水器。洞内软管的长度不大于 50 m；分水器与岩机间连接的胶皮管长度不大于 15 m。

（3）洞内水管管道应敷设在电缆、电线相对的另一侧，不得妨碍运输；当与水沟同侧时不得影响排水。

（4）管道使用中应有专人负责检查、养护。冬季应注意管道保温。

高压水管的安装和使用需要根据多年施工经验总结制定。关于高压水管的长度限制，是由于高压软管的阻力大，压力容易损失，需要限制高压水管的长度。基于安全因素，洞内高压水管管路一般敷设在电缆电线的另一侧。针对国产的各种轻型风动凿，隧道开挖面水压不小于 0.3 MPa。

任务三 供电及照明

随着隧道施工机械化程度的提高，隧道施工的耗电量越来越大，负荷也越来越集中。为了保证施工质量和施工安全，对隧道施工供电的可靠性要求也越来越高，因而施工供电显得越来越重要。

一、施工工艺

供电及照明的施工工艺主要包括：估算施工总用电量→选择供电方式→供电线路布置及导线选择→施工照明。

二、操作步骤及方法

（一）估算施工总用电量

在施工现场，电力供应应先确定总用电量，以便选择合适的发电机、变压器、各类开关设备和线路导线，做到安全、可靠地供电，并且节约资源，提高效益。在实际生产中，并非所有设备都同时工作，处于工作状态的用电设备也不一定就处于额定工作状态。因此，确定供电负荷的大小时不能简单地将所有用电设备的容量相加，需要经过计算确定。

1. 施工现场的动力和照明估算

施工现场的施工总用电量可表示为

$$S_{总} = K\left(\frac{\sum P_1 \cdot K_1}{\eta \cdot \cos\varphi} \cdot K_2 + \sum P_2 \cdot K_3\right)$$（11-32）

式中　$S_{总}$——施工总用电量（kW）；

　　　K——备用系数，一般取 1.05 ~ 1.10；

　　　P_1——整个工地动力设备的额定输出功率总和（kW）；

　　　P_2——整个工地照明用电量总和（kW）；

　　　η——动力设备的平均系数，取值范围为 0.83 ~ 0.88，通常取 0.85；

　　　$\cos\varphi$——平均功率因数，采用 0.5 ~ 0.7；

　　　K_1——动力设备同时使用系数，通风机取 0.8 ~ 0.9，电动机械取 0.65 ~ 0.75；

　　　K_2——动力负荷系数，一般取 0.75 ~ 1.0；

　　　K_3——照明设备同时使用系数，一般取 0.6 ~ 0.9。

2. 动力用电量和总用电量估算

当照明用电相对于动力用电所占比例较少时，为简化计算，可在动力用电量基础上再增加 10%~20% 的用电量作为总用电量。动力用电量和总用电量可分别表示为

$$S_{动} = \frac{\sum P_1}{\eta \cdot \cos\varphi} \cdot K_1 \cdot K_2$$（11-33）

$$S_{总} = (1.1\text{~}1.2)\, S_{动}$$（11-34）

式中　$S_{动}$——现场动力设备所需的用电量；

　　　η——动力设备的平均系数，取值范围 0.83 ~ 0.88，一般取 0.85；

　　　$\cos\varphi$——平均功率因数，一般取 0.5 ~ 0.7；

　　　K_1——动力设备同时使用系数，通风机取 0.8 ~ 0.9，电动机械取 0.65 ~ 0.75，大型用电设备取 1.0；

　　　K_2——动力负荷系数，一般取 0.75 ~ 1.0。

（二）选择供电方式

供电方式可采用自设发电站供电或利用地方电网供电。一般在地方供电不能满足施工用电需要或者施工现场距离地方电网太远时才采用自设发电站供电。根据估算的施工总用电量选择变压器，变压器容量应等于或稍大于施工总用电量。在实际应用过程中，变压器承受的用电负荷达到额定容量的 60% 为佳。变压器应设置在便于运输、运行、检修和地基稳固、安全可靠的地方。变压器的具体布置应满足的要求主要包括：

（1）隧道洞外变电站一般设置在洞口附近，并且靠近负荷集中地点和设在电源来线同一侧。

（2）变电站（变压器）应选择在高压线附近。

（3）变压器应安设在供电范围的负荷中心，使其投入运行时线路损耗最小，并且满足电压要求。当配电电压在 380 V 时，供电半径不大于 700 m，一般供电半径应为 500 m。高压变电站之间的距离一般为 1 000 m 左右。

（4）洞内变压器应安设在干燥的避车洞或不用的横向通道处，变压器与周围、上下洞壁的距离不小于 30 cm，并按规定设置安全防护。

（三）供电线路布置及导线选择

1. 线路电压等级

隧道供电电压，一般采用三相四线 400/230 V。长大隧道可采用 6～10 kV 供电，动力机械的标准电压为 380 V；成洞地段照明采用 220 V 电源，工作地段照明和手持电动工具按规定选择安全电压供电。

2. 导线选择

当供电线路中有电流时，由于导线具有阻抗会产生电压降，使线路末端电压低于首端电压。根据施工规则要求，选用导线的截面面积应使末端电压降不超过额定电压的 10%以及国家对经济电流密度的规定。

3. 供电线路布置

在成洞地段使用 400/230 V 供电线路，一般采用塑料绝缘铝芯线或橡皮绝缘铝芯线架设；开挖、未衬砌地段以及手提灯应使用铜芯橡皮绝缘电缆。布置线路的注意事项主要包括：

（1）输电干线或动力、照明线路安装在同一侧时，必须分层架设。供电线路布置的原则：高压在上，低压在下；干线在上，直线在下；动力线在上，照明线在下；应架设在风、水管路相对的一侧。

（2）输电干线内配电线路分低压进洞和高压进洞两种。一般隧道长度小于 1 000 m（独头掘进）时采用低压进洞，电压为 400 V，配电变压器设在洞外；隧道长度超过 1 000 m 时采用高压进洞，以保证线路终端电压不致过低。高压进洞电压一般为 10 kV，配电变压器设在洞内。

（3）根据隧道作业特点，电线线路架设分两次进行。在进洞初期，先用橡胶套装设置临时线路。随着工作面的推进，在成洞地段用橡胶皮绝缘线架设固定线路，换下电缆供继续前进的工作面使用。

（4）洞内敷设的高压电缆，在洞外与架设的高压线连接时应安装一组相同电压等级的阀型避雷器。

（5）不容许将通电的多余电缆盘绕堆放，以免电缆过热发生燃烧和增加线路电压。

（6）低压进路导线敷设方式可分为垂直、水平两种。水平排列方式占空间较大，影响大型施工机械通过，故一般采用垂直排列方式。垂直排列方式采用针式绝缘子固定，线间距为 0.2 m，下部导线离地面不小于 3 m，横担间距一般为 10 m。高压进洞电缆一般采用明敷设方式，即将电缆线架设在明处，根据不同地段的具体条件可分别用金属托架、挂钩、木耳子或帆布带等固定。电缆离地面距离不小于 3.5 m，横担间距一般为 3～5 m。

（7）线路需要分支时，分支至所接设备的连接应采用橡套电缆，并且每一分支线应在接头与所接设备之间安装开关和熔断器；照明线路仅在总分支接头处设置开关和熔断器。分支接头应按规定搭接，并用绝缘胶布包裹。

4. 隧道供电安全规定

1）一般规定

（1）每一隧道应有两回路电源线路，当任一回路因发生故障停止供电时，另一回路应能担负全部一类负荷。

（2）井下中央变电站的供电线路不得少于两回路，当任一回路停止供电时其余回路应能担负全部一类负荷。

（3）井下配电变压器禁止中性点接地。禁止由地面上中性点接地的变压器或发电机直接向井下供电。

（4）洞内不得带电检修、搬迁电气设备，包括电缆或电线。

（5）操作洞内电气设备，必须遵守的规定主要包括：

① 非值班电气人员不得擅自操作电气设备。

② 操作高压电气设备主回路时，操作人员必须戴绝缘手套，穿绝缘靴或站在绝缘台上。

③ 一切容易碰到的、裸露的电气设备必须装设遮栏，遮栏高度不低于 1.7 m。

④ 洞内高压停送电应实行操作票制度。

⑤ 低压停送电应严格执行谁停电、谁送电的停送电制度。

2）机电设备洞室

机电设备洞室必须遵守的规定主要包括：

（1）井下中央变电站的洞室必须确保无落石可能，不得渗水，地面标高应比出口处井底面高出 0.5 m。

（2）洞室内应设置灭火器和砂箱，并在出口通道处设置向外开的铁门。

（3）当变配电所与水泵房相毗邻时，两洞室间应设置带门的隔墙，各自应有一个单独的出口。

（4）独立设置的变（配）电所洞室，当长度超过 10 m 时应在洞室的两端各设一个出口。

3）电气设备通道和警示标示

（1）装有带油的电气设备洞室禁止设集油坑。

（2）洞室内各项设备与墙壁之间应留出 0.5 m 以上的通道，设备与设备之间应留出 0.8 m 以上的通道，如果不需要从两侧或后面进行检修的设备可以不留通道。

（3）井下变配电所高压开关柜按单列布置时，其正面维护通道宽度不小于 1.5 m；按双列布置时，其正面维护通道宽度不小于 2.0 m。

（4）洞室入口处应悬挂"非工作人员禁止入内"标示牌；洞室内有高压电气设备时，入口处和室内都应在明显位置加挂"高压危险"标示牌。

（5）洞室其他变配电点可利用隧道避人洞或避车洞作为机电设备洞室，但需要设置防护遮栏，遮栏高度不低于 1.7 m 并悬挂"高压危险"标示牌。

4）电气设备的保护

（1）继电保护。

① 洞内高压电动机、动力变压器高压侧等应设置短路、过负荷保护和无压释放保护装置；

其余配电点引出的馈电线，必须装设短路和过负荷保护装置或至少应装设短路保护装置；低压电动机应具备短路、过负荷、单相断线保护装置。

② 手持式用电设备必须装设漏电保护装置。

③ 直接向洞内供电的馈电线严禁装设自动重合闸装置。手动合闸时，必须先与洞内用电责任人联系。

（2）防雷保护。

向洞内供电的地面变电站高压母线上有架空进（出）线时，应在洞内有高压电动机的变（配）电所母线上装设磁吹式避雷器和电容器。

（3）保护接地。

① 36 V 以上的和由于绝缘损坏可能带有危险电压的电气设备的金属外壳、构架等，都必须有保护接地。

② 所有电气设备的保护接地装置（包括电缆的铠装、铅皮、接地芯线）和局部接地装置，都应同主接地极相连接以形成一个总接地网。

③ 应设置局部接地极的主要包括：

a. 每个装有电气设备的洞室。

b. 每个单独装设的高压电气设备。

c. 每个低压配电点。

d. 连接动力铠装电缆的接线盒。

（4）接地网上任一保护接地点的接地电阻值不超过 2 Ω，如果条件困难时接地电阻值允许不超过 4 Ω。每一移动设备到总接地网或最近接地极之间的接地线的电阻不超过 1 Ω。

5）电气设备的维护和修理

（1）电气设备的检修、维护、修理和调整工作必须由专职的或临时指派的电气维修工进行，高压设备的修理和调整工作应实行工作票制度。

（2）检修洞内电气设备时必须停电，验电确认无电后应立即将检修设备接地并三相短路，然后将电气设备闭锁好，挂上"禁止合闸，有人工作"的标示牌后由两人以上执行，其中级别较高的应为监护人。

（3）电气设备应进行定期检查、维护。每季度进行一次配电系统继电保护装置的检查整定。

① 每月进行一次主要电气设备的绝缘电阻检查。当电气设备连续停用 48 h 以上，在使用前应进行绝缘电阻测定。

② 新安装电气设备在投入运行前，必须检查该电气设备的绝缘电阻和接地电阻。

③ 电气设备的保护接地，每个作业班应由当班工作人员进行一次外观检查。

（4）油断路器经三次切断短路故障后，其绝缘油应加试一次电压耐压试验并检查有无游离碳。

6）电缆的选用

（1）电缆实际敷设地点的水平差应与电缆规定的允许敷设水平差适应。

（2）敷设高压电缆应采用钢丝（钢带）铠装电缆。

（3）移动变（配）电站和手持式电气设备应采用专用橡套电缆。

（4）固定敷设的低压电缆应采用铠装电缆或橡胶电缆。

（5）低压电缆不宜采用铝芯，开挖面禁止采用铝芯。

7）电缆的敷设

（1）电缆必须悬挂。正洞中的电缆应用吊钩悬挂。夹持装置应能承担电缆质量，不应损坏电缆。

（2）正洞中悬挂的电缆应有适当弛度，电缆、接线盒以及终端盒在敷设和运行中都不应承受较大的拉力。如果未衬砌地段长度超过300 m，则在该段敷设的电缆应预留6～10 m的长度，以便通过模板台车。

（3）正洞电缆的悬挂高度不低于2.5 m，正洞电缆的悬挂点间距不超过3 m。

（4）电缆同胶皮风管等易燃物品应分挂在洞内两侧。如果电缆与风管、水管在洞内同一侧敷设时，电缆必须敷设在风管、水管的上方并保持0.3 m以上的距离。

（5）洞内的电话电缆、信号电缆应与电力电缆分挂在洞内的两侧。如果电力电缆与电话电缆、信号电缆在洞内同一侧敷设时，电话电缆、信号电缆必须敷设在电力电缆的上方并保持0.3 m以上的距离。

（6）由地面发电站或变电站送往洞内变（配）电所的两条10 kV电源电缆若敷设在洞内同一侧时，其间距离应大于0.3 m；其余的电力电缆敷设在洞内同一侧时高、低电缆间的距离应大于0.1 m；相同电压等级电缆之间的距离不小于0.05 m。

（7）不同类型的电缆之间不应直接连接，必须经过符合要求的接线盒、连接器或母线盒进行连接。

（8）相同类型电缆之间可以直接连接，但必须遵守的规定主要包括：

① 纸绝缘电缆必须使用符合要求的接线盒连接，高压纸绝缘电缆接线盒必须灌注绝缘充填物。

② 橡胶电缆连接（包括已损坏的橡胶电缆的修补）必须使用硫化热补或同热补有同等效能的冷补，热补或冷补后的橡胶电缆必须经过浸水耐压试验检验合格后方能使用。

③ 塑料电缆连接处的机械强度以及电气、防潮密封、老化等性能应符合该型电缆的技术标准的要求。

（9）电缆芯线必须使用齿形压线板（卡爪）或线鼻子与电气设备进行连接。

（10）固定敷设的电缆不应遭受淋水或滴水。严禁在电缆上悬挂任何物件。盘圈或盘8字形的电缆不应带电。

（11）电缆敷设的环境温度及电缆或钢管的弯曲半径等应满足要求。

8）电缆的维护

（1）电缆应定期进行巡查，巡查的内容主要包括：

① 电缆外护层是否有放电烧损现象。

② 电缆及终端是否有漏电现象。

③ 终端瓷套是否清洁、接地线有无松动断股等现象。

④ 电缆挂钩、夹子、卡箍等有无松动或锈烂现象。

⑤ 每周巡查1～2次。

（2）电缆温度每月至少检查一次，测量电缆温度应在负荷最大时进行。

（3）用配电盘电流表或钳形电流表在有代表性的时间里测定电缆电流。

三、施工照明

（一）一般规定

施工照明的一般规定主要包括：

（1）在坑、洞、井内作业以及夜间施工或厂房、道路、仓库、办公室、食堂、宿舍、料具堆放场、自然采光差等场所，应设置一般照明、局部照明或混合照明。在一个工作场所内，不能只设置局部照明。停电后，操作人员应及时撤离施工现场，施工现场必须装设自备电源的应急照明。

（2）现场照明应采用高光效、长寿命的照明光源。大面积场所应采用高压汞灯、压钠灯或混光用的卤钨灯等。

照明分为对直接作业地点的暂时的、局部的照明以及无作业通道的长期、大范围照明。照明器具和器材的质量应符合国家现行有关强制性标准，不得使用绝缘老化或破损的器具和器材。无自然采光的地下大空间施工场所，应编制单项照明用电方案。

（二）照明亮度

照明亮度根据作业地点的状况、作业内容、通道的状态以及车辆运行密度来确定。掌子面等地点的直接照明，为了保证安全而有效地进行作业，必须确保充足的照明亮度，亮度超过 70 lx。在进行清理浮石、挑顶等作业时，要增设移动式照明，以增加亮度。通道区间内，为了确保作业人员通行的安全，要有足够的亮度，最暗部位的亮度必须超过 10 lx，通常 40 W 的日光灯每 10 m 设置一个。此外，作业人员经常作业地点的照明必须符合安全卫生规则。

为了确保作业所需的亮度，可以采用固定照明和移动照明相协调的方式。为了维持环境所需的亮度必须进行环境的维护及通风等管理。

（三）照明器具

照明器具可分为白炽灯、探照灯、日光灯、水银灯及钠灯等，根据应用环境、施工方法等选定最合适的照明器具。

1. 照明器具的选定

选定隧道内的照明器具时要注意的事项主要包括：

（1）必须确保安全作业所需的亮度，即不妨碍通道正常通行的照明，保持轨道维护、车辆调车、摘挂作业所需的照明。

（2）采用明暗对比不显著，而且不会晃眼的方法。

（3）设置、移动要方便。

（4）维修管理要容易。

（5）选用破损少而且灯泡破损或放热不会使可燃物燃烧的器具。

为了节约能源，可采用其他新光源照明，如荧光灯、高压钠灯、低压钠灯、卤钨灯等。新光源具有照明效果好、节约能源、使用寿命长等特点，在长大隧道中得到广泛应用。新光源洞内外照明布置要求见表 11-17。

表 11-17　新光源洞内外照明布置

工作地段	照明布置
开挖面后 40 m 以内的作业段	两侧用 36 V/500 W 卤钨灯各 2 盏（或 300 W 卤钨灯 7 盏，以不少于 2 000 W 为准），灯泡与隧道底面距离超过 4 m
开挖面后 40～100 m 区段	安设 2 盏 400 W 高压钠灯和 2 盏 400 W 钠铊铟灯，灯与灯的间距为 15 m，灯泡与隧道底面的间距为 5 m
开挖面后的 100 m 到成洞末端	每隔 40 m，左右侧各设计 400 W 高压钠灯 1 盏
模板台车衬砌作业段	台车前台 10～15 m 处增设 400 W 高压钠灯各 1 盏，台车上亮度不足时增设 36 V/300 W 或 500 W 卤钨灯
成洞地段	每隔 40 m 安装 400 W 高压钠灯 1 盏
斜井、竖井井身掌子面及喷混凝土作业面	使用 36 V/500 W 卤钨灯，已施工井身部分选用小功率 110 V 高压钠灯。混合井每 30 m 安装 1 盏，主副井每 25 m 安装 1 盏
洞外场地	每隔 200 m 安装高压钠灯 1 盏

2. 照明器具和光源的维护

照明器具和光源容易受到粉尘的污染，维持长时间照明较为困难。一般来说，照明器具受到污染会使光束损失，尤其在隧道内光束损失会加大。为了充分照亮施工现场，在适当时间对光源、照明器具进行更换或清扫，注意事项主要包括：

（1）发现破损或不合适的照明器具要迅速更换。

（2）照明器具、光源要定期清扫。

（3）作业地点要保持适宜的亮度，配置时不要产生阴影、不要晃眼等。

3. 照明器具的工作环境

选择照明器具所依据的工作环境条件主要包括：

（1）正常湿度时一般场所可以选用开启式照明器。

（2）潮湿或特别潮湿场所可以选用密闭型防水照明器或配有防水灯头的开启式照明器。

（3）含有大量粉尘但无爆炸和火灾危险的场所可以选用防尘型照明器。

（4）有爆炸和火灾危险的场所按危险场所等级可以选用防爆型照明器。

（5）存在较强振动的场所可以选用防振型照明器。

（6）有酸碱等强腐蚀介质的场所可以选用耐酸碱型照明器。

在隧道施工过程中，为了改善隧道内的作业环境、确保施工安全和提高作业效率，应为隧道提供照明。不仅在进行直接作业的掌子面，而且在衬砌已经完成地段也要确保足够的照明，力求防止灾害的发生。

（四）照明安全变压器

作业地段照明必须使用照明安全变压器。照明安全变压器的容量不宜过大，输入电压为 220 V，输出电压可分为 36 V、32 V、24 V、12 V 四个等级，以便按工作面的安全因素要求选用照明电压，并应装有按电源电压下降而能调整的插头。照明安全变压器容量不大，故输电线路长度一般不大于 100 m。

（五）事故照明设施

在主要通道、竖井、斜井、涌水较大的抽水站、高压变电站等重要地点，应设事故照明装置以确保安全。

四、质量标准

（一）隧道供电电压标准

隧道供电电压应符合的要求主要包括：

（1）隧道应采用 400/230 V 三相四线系统供电。

（2）动力设备应采用三相 380 V。

（3）成洞地段和不作业地段的供电电压为 220 V，瓦斯地段的供电电压不超过 110 V，一般作业地段的供电电压不大于 36 V，手提作业灯的供电电压为 12～24 V。

（4）选用导线截面应保证线路末端电压降不大于 10%；36 V 及 24 V 线路末端电压降不大于 5%。

（二）隧道各种工作地段照明标准

隧道各种工作地段的照明标准和要求见表 11-18。

表 11-18　照明标准

工作地段		灯头距离/m	悬挂高度/m	照度标准/lx	灯泡容量/W
施工作业面		不少于 15 W/m²（断面较大可适当采用投光灯）			
开挖地段和作业地段		4	2～2.5	10	60
运输巷道		5	2.5～3	6	60
特殊作业地段或不安全因素较多地段		2～3	3～5	15	100
成洞地段	用白炽灯	8～10	4～5	4	60
	用日光灯照明	20～30	4～5		40
竖井内		3		8	60

注：① 直线段灯头距离采用表中最大数，曲线段灯头距离采用表中较小数。
　　② 有水地段采用胶皮电线，工作面附近采用防水灯头。
　　③ 按照法定计量单位规定，照明应用"光照度 E"，其计量符号为勒克斯（lx）。

任务实施

分组进行讨论，并按照问题引导进行答题。

问题引导

某公路隧道工程长 1 200 m，双线隧道，隧道宽度 12 m，高 10 m，双车道。隧道采用钻爆法施工，根据提供的资料回答下列问题：

问题1：隧道通风有哪几种方式？针对本隧道，你建议采用哪种方式，为什么？

_____

_____

_____

_____

问题2：本隧道洞内同时工作的人数为65人，请计算下风量？

_____

_____

_____

_____

问题3：为本项目草拟一个简单的洞内风、水、电线路布置方案。

_____

_____

_____

_____

_____

评价反馈

学生自评表

任务	完成情况记录
掌握隧道通风方式	
掌握隧道通风计算	
掌握隧道线路布置方案的编制方法	
总结反思建议	

学生互评表

序号	评价项目	小组互评
1	掌握隧道通风方式	5分☐　4分☐　3分☐　2分☐　1分☐
2	掌握隧道通风计算	5分☐　4分☐　3分☐　2分☐　1分☐
3	掌握隧道线路布置方案的编制方法	5分☐　4分☐　3分☐　2分☐　1分☐
4	语言表达能力	5分☐　4分☐　3分☐　2分☐　1分☐
5	积极性	5分☐　4分☐　3分☐　2分☐　1分☐
6	反思总结	5分☐　4分☐　3分☐　2分☐　1分☐
7	简要评述	

工序	作业步骤	配分	评分标准	扣分	得分
准备工作	确定人数	10	小组点名，根据考勤情况打分。如果缺勤则个人得分为零		
学习状态	掌握隧道通风方式	60	得分＝正确步骤总得分×60 分/所有操作步骤总分，保留小数点后两位		
	掌握隧道通风计算				
	掌握隧道线路布置方案的编制方法				
验收总结	对他人的评价	15	根据质量检验情况判断施工是否正常。判断正确的得分，判断错误的不得分		
	自我评价与总结	15	得分＝已回收设备材料数量×15 分/需要回收设备材料总数量，保留小数点后两位		
合计					

综合评价表

序号	评价项目	自我评价	互相评价	教师评价	综合评价
1	学习准备				
2	引导问题填写				
3	完成质量				
4	要点掌握				
5	完成速度				
6	参与讨论主动性				
7	沟通协作				
8	总结与评价				

实作复盘

根据小组作业结果，小组讨论、分析待改进方面及预防措施。

项目十二 特殊隧道施工

承载几代人梦想的海底隧道——厦门翔安海底隧道

厦门翔安海底隧道起点位于翔安区新店镇西滨村，终点位于湖里区县后村，长 6.05 km，跨越海域宽 4.2 km，最深在海平面下 70 m。厦门翔安海底隧道是我国第一座海底隧道，是国家"863"计划专题项目的重点工程，由中国自主设计、施工建设。

隧道建设历时 4 年多。在施工过程中，建设者们克服了无数难题。施工中面临的技术难关主要包括：

（1）陆域全强风化地段大断面浅埋暗挖施工。

（2）浅滩段透水砂层施工。

（3）海底风化深槽施工。

（4）拥有数项世界罕见难题——世界上覆盖层最浅的海底隧道，最薄处 5.7 m。

（5）行车主洞开挖断面面积达 170.7 m²，在世界海底隧道建设史上尚属首例。

（6）软弱围岩（俗称烂泥巴）、富水砂层、风化槽群（囊）这些不良地质段规模之大世界罕见。

为了攻克这些世界级难题，建设者们依靠科技创新，加强地质超前预报，采用钻爆法暗挖方案修建的该工程，从翔安海底隧道中开挖、弃运土石方约 235 万平方米，隧道支护用的锚杆、钢架、钢筋网、衬砌钢筋等钢材约 5 万吨。翔安隧道设计为单向三车道，行车主洞开挖断面面积世界最大，达到 170.7 m³。

翔安隧道这一宏伟工程的胜利建成，不仅圆了厦门人期待百年的穿越海底抵达彼岸的梦想，更是具有里程碑意义的国内第一条海底隧道、迄今为止世界上断面最大的钻爆法公路海底隧道，其必将永远载入中国交通的建设史册，也必将在世界海底隧道建设史上留下辉煌的一笔。

问题引导

1. 对隧道施工而言，哪些属于特殊隧道？

2. 膨胀性围岩特点有哪些？对施工有哪些危害？

3. 黄土隧道总体施工原则是什么？

4. 瓦斯的特点是什么？如何根据瓦斯的特点避免瓦斯爆炸？

5. 隧道塌方的原因有哪些？

知识目标

1. 了解膨胀土围岩对隧道施工的危害。
2. 了解黄土隧道施工的原则。
3. 了解各类特殊隧道常用的施工要点。

能力目标

1. 能够掌握溶洞地段隧道施工处理技术。
2. 能够掌握高地温地段隧道施工措施。
3. 能够进行瓦斯隧道内的防爆设施的设置。
4. 能够排除导致塌方的各种因素。

知识导航

隧道通过松散地层、断层、溶洞、膨胀性岩层、岩爆等不良地段时，在隧道开挖、支护、衬砌过程中都有可能发生大量坍塌、坑道挤压变形、破坏衬砌结构从而严重影响工程施工进度、安全、质量。因此，针对不良地质情况需要正确选择施工方法、做好地质调查与预报工作，贯彻"先排水、短开挖、弱爆破、强支护、快衬砌、勤检查"的防治措施。在松软地层中，主要减少对围岩的扰动，做到"先护后挖、密闭支撑、边挖边封闭"。

任务一 膨胀土围岩隧道施工

膨胀土是指土中黏土矿物成分主要由亲水性矿物组成，同时具有吸水显著膨胀软化和失水收缩硬裂两种特性，并且具有湿胀干缩、往复变形的高塑性黏性土的特性，决定膨胀土特性的亲水矿物主要是蒙脱石黏土矿物。我国是世界上膨胀性围岩分布面积最广的国家之一，现已发现存在膨胀性围岩发育的地区包括 20 余个省、自治区、直辖市，遍及西南、西北、东北、长江与黄河中下游、东南沿海地区。

一、膨胀性围岩的特性

隧道不良地质

隧道穿过膨胀性围岩地层，开挖后经常发现围岩因开挖而产生变形、因浸水而膨胀、因风化而开裂等现象，主要表现为坑道的顶部及两侧向内挤入、底部鼓起，随着时间的推移导致围岩失稳、支护和衬砌变形和破坏。这些现象说明膨胀土围岩性质极其复杂的，与一般土质的围岩性质有着根本的区别。

膨胀土围岩的基本特性主要表现为：

（1）膨胀土围岩大多具有原始地层的超固结特性，使土体中储存有较高的初始应力。隧道开挖后引起围岩应力释放、强度降低，产生卸荷膨胀。因此，膨胀土围岩常常具有明显的塑性流变特性，开挖后将产生较大的塑性变形。

（2）膨胀土围岩中有各种形态发育的裂隙，形成土体的多裂隙性。膨胀土围岩实际上是土块与各种裂隙和结构面相互组合形成的膨胀土体。由于膨胀土体在天然原始状态下具有高强度特性，隧道开挖后洞壁土体失去边界支撑而产生胀缩，同时因风干脱水使原生隐裂隙张弛，使围岩强度急剧衰减。因此，隧道施工开挖过程中常有初期围岩变形大、发展速度快等现象。

（3）膨胀土围岩因吸水而膨胀、失水而收缩，土体中干湿循环产生胀缩效应。一是使主体结构破坏，强度衰减或丧失，围岩压力增大。二是造成围岩应力变化，无论膨胀压力或收缩压力，都将破坏围岩的稳定性，特别是膨胀压力将对增大围岩压力起叠加作用。

二、膨胀土围岩对隧道施工的危害

由于膨胀性围岩的特殊工程地质及其围岩压力特性，使膨胀性围岩的隧道围岩具有普遍开裂、内挤、坍塌和膨胀等变形现象。膨胀性围岩变形常具有速度快、破坏性大、延续时间长和整治较难等特点。膨胀土围岩对隧道施工的危害主要包括：

（1）围岩裂缝。

隧道开挖后，由于开挖面上土体原始应力释放产生胀裂，表层土体风干而脱水产生收缩裂缝。同时，原始应力和表层土体风干都可以使土中原生隐裂隙张弛扩大。沿围岩周边产生裂缝，尤其在拱部围岩容易产生张拉裂缝与上述裂缝贯通，形成局部变形区。

（2）坑道下沉。

由于坑道下部膨胀性围岩的承载力较低，加之上部围岩压力过大而产生坑道下沉变形，坑道的下沉容易造成支撑变形、失效，进而引起土体围岩坍塌等现象。

（3）围岩膨胀突出和坍塌。

膨胀性围岩开挖过程中或开挖后围岩产生膨胀变形，周边岩体向洞内膨胀突出，开挖断面缩小。在岩体丧失支撑或支撑力不够的状态下，由于围岩压力和膨胀压力的综合作用使岩体产生局部破坏，由裂缝发展到出现溜塌，然后逐渐牵引、破坏周围土体形成坍塌。

（4）隧道底部隆起。

隧道底部开挖后洞底围岩的上部压力解除，在无支护体约束的条件下释放应力造成洞底围岩产生卸荷膨胀，加之坑道积水使洞底围岩浸水膨胀，造成洞底围岩鼓出变形。

（5）衬砌变形和破坏。

在先拱后墙法施工过程中，拱部衬砌完成后到开挖马口的这段时间内，由于围岩和膨胀压力造成拱脚内移，同时发生不均匀下沉，拱脚支撑受力大，发生扭曲、变形或折断。拱顶受挤压下沉，也会出现向上凸起的情况。拱顶外缘经常出现纵向贯通拉裂缝，而拱顶内缘经常出现挤裂、脱皮、掉块的现象。在拱腰部位出现纵向裂缝时，这些裂缝有可发展到张开、错台。当采用直墙时，边墙常受膨胀侧压的作用而开裂甚至张开、错台，少数曲墙也有可能出现水平裂缝的情况。当底部未施作仰拱或仅做一般铺底时，有时会出现底部鼓起、铺底被破坏现象。

三、膨胀性围岩的隧道施工要点

（一）测量围岩的压力和流变

在膨胀性围岩中开挖隧道，除了认真实施设计文件所提出的技术要求外，在施工过程中还应对围岩压力及其流变情况进行充分的调查和测量，分析其变化规律。对于地下水应探明其分布范围及规律，了解地下水对施工的影响程度，以便根据围岩动态变化情况采取相应的施工措施。如果原设计难以适应围岩动态变化情况，也可据此做适当修正。

（二）合理选择施工方法

膨胀性围岩压力的施工效应，是导致隧道变形病害的主要原因。采用合理的施工方法，对隧道稳定性有着十分重要的作用。因此，在施工过程中应尽量减少对围岩产生扰动和防止水的浸湿，采用爆破法开挖时应短进尺、多循环。开挖断面应圆顺，隧道周边宜采用风镐开挖，中间部分采用钻爆法开挖。在开挖过程中尽可能缩短围岩暴露时间并及时衬砌，尽快恢复洞壁因岩体开挖而解除的部分围岩应力，减少围岩膨胀变形。开挖方法宜不分部或少分部，多采用正台阶法、侧壁导坑法。正台阶法适用于跨度小的隧道，分部少相互干扰小，能较早地使支护（衬砌）闭合。侧壁导坑法适用于跨度较大的隧道，具有防止上半断面支护（衬砌）下沉的优点，但全断面闭合时间较迟，必须注意防止边墙混凝土受压向隧道内挤。

（三）防止围岩湿度变化

隧道开挖后膨胀性围岩风干脱水或漫水，都将引起围岩体积变化，产生胀缩效应。因此隧道开挖后及时喷射混凝土，封闭和支护围岩。在有地下水渗流的隧道，应采取切断水源加强洞壁与坑道防、排水措施，防止施工积水对围岩浸湿等。如局部渗流，可采用注浆堵水阻止地下水进入坑道或浸湿围岩。

（四）合理进行围岩支护

初期支护应做到"先放后抗、先柔后刚"，即设置可伸缩钢筋或活动接头，初期支护可分层施作、逐层加强，尽早初喷混凝土封闭岩面。初期支护的施作原则是"宁加勿拆"，即在支护上加支护，尽量控制变形的发展。

喷锚支护作为开挖膨胀土围岩的施工支护，可以加强围岩的自承能力，允许有一定的变形而又不失稳。采用喷锚支护，应紧跟开挖，必要时在喷射混凝土的同时采用钢筋网或钢纤维混凝土提高喷层的抗拉和抗剪能力。

衬砌结构及早闭合。膨胀性围岩隧道开挖后，围岩向内挤压变形一般是在四周同时发生，所以施工时要求衬砌结构及早封闭。支护体系应及时封闭成环、逐步限制变形。从理论上讲，拱部、边墙及仰拱宜整体完成，此时衬砌受力条件最好，但是受条件的限制往往难以实现。因此，在灌注拱圈部分时，应在上台阶的底部先设置临时混凝土仰拱或喷射混凝土做临时仰拱，以使拱圈在边墙、仰拱未完成前自身形成临时封闭结构；在下部台阶施工时再拆除临时仰拱，并尽快灌注永久性仰拱。

任务二　黄土隧道施工

一、黄土围岩的特性

我国北方许多地区属第四纪黄土质砂黏土地层，黄土在干燥气候条件下形成的一种具有褐黄、灰黄或黄褐等颜色，并具有针状大孔、土体强度低、垂直裂隙发育、遇水易软化的特性，在地表水的作用下极易冲蚀，有些风积土层具有不同程度的湿陷性。在这种地层中开挖隧道，容易出现坍塌、沉陷，尤其是在有地下水的地方会大幅度降低围岩强度导致围岩不能自稳。施工时应注意调查隧道周围土体的表征和特性，预先采取措施防止土体失稳而危及工程安全和施工安全。

黄土按其形成的年代可分为老黄土和新黄土。老黄土形成于早更新世（Q1）的午城黄土和中更新世（Q2）的离石黄土；新黄土是指普遍覆盖在老黄土上部以及河谷阶地带中更新世（Q3）的马兰黄土及全新世（Q4）下部的次生黄土。此外，还有新近堆积黄土（Q4）的最新堆积物，多为近几十年形成的。

根据黄土物理性质，按塑性指数（I_P）的大小可分为黄土质黏砂土（$1 < I_P \leqslant 7$）、黄土质砂黏土（$7 < I_P \leqslant 17$）、黄土质砂土（$17 \leqslant I_P$）。

二、黄土地层对隧道施工的影响

（一）黄土节理

在红棕色或深褐色的古土壤黄土层，常具有各方向的构造节理，有的原生节理呈 X 形成对出现，并有一定延续性。黄土隧道围岩垂直节理的存在是导致隧道拱顶坍塌的关键因素，节理在坑道顶部时极易产生"塌顶"，如果位于侧壁则极易出现侧壁掉土、片帮，施工中若处理不当常会引起较大的坍塌。

（二）黄土冲沟地段

隧道在黄土冲沟或塬边地段施工时，隧道在较长的范围内沿着冲沟或塬边平行走向。在覆盖较薄或偏压很大的情况下，容易发生较大面积的坍塌或滑坡现象。

（三）黄土溶洞与陷穴

黄土溶洞与陷穴是黄土地区常见的不良地质现象。隧道若修建在黄土溶洞上方，则有基础下沉的危害。隧道若修建在黄土溶洞下方，则有发生冒顶的危险。隧道若修建在黄土溶洞邻侧，则有可能承受偏压。

（四）水对黄土隧道施工的影响

在含地下水的黄土层中修建隧道，由于黄土在干燥时很坚固，能够承受的压力也较高，施工可顺利进行。但是黄土层受水浸湿后会呈现不同程度的湿陷性，会突然发生下沉现象，使开挖后的围岩迅速丧失自稳能力，如果支护措施满足不了变化后的情况，极易造成坍塌。

三、黄土地段隧道施工方法

黄土隧道的围岩松散、软弱，自稳能力差，不适合大断面开挖，在施工过程中总是将其分割成小的单元进行分部开挖。在开挖过程中，一般采取人工手持风镐与机械互相配合来控制超欠挖并加快施工进度。

黄土隧道开挖后，总的变形量和迅速变形阶段结束时间完全受控于仰拱封闭的时间，仰拱早封闭则总变形量小，仰拱晚封闭则总变形量大。为了控制初期支护的变形量，必须尽早地封闭仰拱。仰拱要有足够的刚度来承担拱墙传递下来的应力，因此也必须强调仰拱的整体性。

黄土隧道初期支护的变形量与黄土性质、洞室跨度，尤其是土体的含水量有着密切的关系。新黄土变形量大，老黄土变形量小；大跨洞室变形量大，小跨洞室变形量小；土体含水量大时变形量大，土体含水量小时变形量小。变形的主要表现形式为初期支护的整体下沉，因此拱墙二次衬砌应整体灌注并及早施作。

黄土隧道开挖一般采用短台阶法或环形开挖留核心土法，并与导管超前支护、型钢拱排布等辅助法配合使用。为了降低对土体的扰动，一般采用人工或机械开挖方式。黄土隧道开挖不得采用分部独进开挖方法，如长台阶法、中导洞超前法等，因为采用这些方法开挖会导致黄土围岩过度松弛而坍塌或严重下沉。浅埋黄土隧道采用侧壁导坑法、中隔壁法开挖能有效地防止地表下沉，也常辅以管棚超前支护、地层加固等工法。

（一）黄土隧道开挖要求

黄土隧道开挖应符合的要求主要包括：

（1）施工中严格遵循"管超前、短进尺、强支护、严治水、早封闭、勤测量"的施工原则。

（2）根据隧道开挖断面大小合理选择开挖方法。墙脚、拱脚处必须严格控制超欠挖。

（3）基底承载力不足时，应按照设计要求采取措施加固隧道基底。

（4）施工中应加强测量和观察，发现不安全因素时应暂停开挖，加强临时支护，调整施工方案。

（二）黄土隧道施工原则

黄土隧道施工原则主要包括管超前、短进尺、强支护、严治水、早封闭、勤测量。

1. 管超前

（1）超前管棚。

超前管棚法被认为是隧道施工中解决冒顶最有效、最合理的方法。黄土隧道进洞和出洞必须设置超前管棚，掘进过程中根据实际情况选择是否需要打超前管棚。超前管棚的设置需要把握管棚的布眼、外插角和环向间距。管棚的直径按设计要求选取。如果连续设置管棚，管棚的搭接长度不小于 1.5 m。如果管棚长度不够需要连接加长，则优先采用螺纹连接，也可以采用套管焊接，但不允许焊接后直接使用。

（2）超前小导管。

超前小导管一般采用直径为 38~50 mm 的无缝钢管制作。小导管的前端做成约 10 cm 圆锥状，尾端焊接直径为 6~8 mm 的钢筋箍。小导管距后端 100 cm 内不开孔，其他部分按 20~30 mm 梅花形布设直径为 6 mm 的溢浆孔。施作超前小导管应该注意注浆眼的布置、外插角、孔口止浆封堵、注浆压力控制等。小导管需配合钢拱架使用，按布置的注浆眼位置焊穿钢拱架中隔板钻眼，完成后将导管顶入岩层，顶入后用塑胶泥封堵孔口导管与孔壁间隙，并在导管附近及工作面喷混凝土，以防止工作面坍塌。在注浆过程中随时观察注浆压力，防止堵塞、跑浆。

2. 短进尺

根据工程经验，为了保证施工安全，隧道台阶、边墙、仰拱等的开挖进尺一次不宜过大。隧道各部位每循环进尺数如表 12-1 所示。

表 12-1　隧道各部位每循环进尺数

上台阶	Ⅴ级围岩不大于 1 榀，Ⅳ级围岩不大于 2 榀
边墙	不大于 2 榀
仰拱	不大于 3 m

另外，安全步距作为施工不可逾越的"红线"，必须单独确定。黄土隧道一般为Ⅳ、Ⅴ级围岩，安全步距必须满足表 12-2 中的要求。

表 12-2　黄土隧道安全步距要求

围岩等级	二衬到仰拱不大于/m	二衬到掌子面不大于/m
Ⅳ级	35	90
Ⅴ级	35	70

如果隧道安全步距不满足要求时，必须停止掌子面掘进施作，加快二衬和仰拱的施工进度。安全步距满足条件后才能继续施工。

3. 强支护

1）初期支护

（1）黄土隧道初期支护施工应符合的规定主要包括：

① 施工中应注意观察垂直节理，必要时应采取措施，防止塌方事故发生。

② 开挖后应立即对隧道周边及掌子面进行喷射混凝土封闭，并及时进行其他初期支护施工。

③ 锚杆成孔采用干钻法，并采用早强材料锚固。

④ 钢支撑锁脚锚杆（锚管）施工应满足设计要求。

⑤ 喷射混凝土前不能用水冲刷施工面。

（2）初期支护包括超前管棚、超前小导管、初喷混凝土、钢筋网、钢拱架、系统锚杆、锁脚锚杆等。

① 初喷混凝土。

初喷混凝土厚 4～6 cm，要求表面平整、圆顺，严格控制外加剂掺量。拱部喷射混凝土必须回填密实，不得有空洞。铺好钢筋网、架好钢拱架后复喷混凝土到设计厚度。

② 铺设钢筋网。

钢筋网一般采用直径为 6 mm 或 8 mm 的 HPB325 钢筋，要求在洞外加工成 20 cm×20 cm 的网格状，每片加工面积不宜小于 1 m²。钢筋网应随受喷面的起伏铺设，搭接长度为 1～2 个钢拱架。钢筋网布设完成后架设钢拱架，钢拱架一般采用工字钢或格栅钢架，如采用格栅钢架必须设"8"字结。钢拱架应与围岩紧密相贴，不能紧贴的采用高强度等级混凝土预制块填塞顶实。

（3）钢拱架架设注意事项。

钢拱架架设的注意事项主要包括：

① 拱架高程。

② 钢拱架横向尺寸。

③ 钢拱架垂直度。

④ 钢拱架的连接螺栓。

⑤ 钢拱架各单元连接处松散物及虚渣的处理。

⑥ 钢拱架间距。

（4）系统锚杆。

系统锚杆沿隧道径向布设，一般为梅花形布置。系统锚杆作业必须在喷射混凝土厚度达10 cm 后进行且一定要使用垫板，垫板焊接在钢拱架的腹部，以便加强钢拱架的稳定性，提高其刚度。

（5）锁脚锚杆。

锁脚锚杆对黄土隧道的施工非常关键，必须按设计长度施作，数量随钢拱架的作业及时跟进。锁脚锚杆要在端头加工成 L 形弯钩或者 U 形焊接在钢拱架上，下插角一般为 30°，确保焊接质量确实起到锁脚作用，防止钢拱架下沉过大。

2）仰拱

仰拱开挖前必须完成钢拱架锁脚锚杆的施作。隧底开挖采用全幅分段施工，每循环开挖不超过 3 m，上面铺设仰拱栈桥。开挖后及时清除虚渣、杂物泥浆、积水，立即初喷 3～5 cm 厚的混凝土封闭岩面，安装仰拱钢架，复喷混凝土至设计厚度，使初支及时封闭成环，应当引起重视的是，拱脚严禁被水浸泡。被浸泡的拱脚黄土会因湿陷性大幅沉降造成钢拱架等初支的悬空，无着力点，极易发生塌方。

3）二次衬砌

二次衬砌应确保其密实度和外观质量，在模板台车上加设附着式振动器，并按设计要求在拱顶布设纵向注浆花管，紧贴初期支护混凝土面，孔位向上，在二衬混凝土外留注浆孔。应同时加强对衬砌台车的支撑。二衬混凝土应严格把握混凝土坍落度、搅拌时间、振捣时间。已施工后衬砌表面缺陷部位要立即整修，重点是施工接缝部位，修整时禁止大面积抹浆粉刷，做到混凝土表面光滑平整，颜色一致。确保二衬钢筋的直径和间距，同时控制好钢筋保护的厚度。仰拱应超前拱墙二次衬砌施工，拱墙二次衬砌应整体灌注。

4. 严治水

大部分黄土具有湿陷性，因此，水成为黄土隧道施工的一个重要的不稳定因素。隧道施工前应做好地质检测，对隧道的含水情况有一个大致的了解，方便及时做好准备和调整施工方法。

（1）洞口防排水。

隧道进洞前应做好洞顶及洞口防排水系统。排水沟用钢筋混凝土铺砌，防止地表水及施工用水下渗。及时施作洞门是确保洞口段稳定的一个好方法。

（2）洞内防排水。

洞内情况远比外面复杂，除了传统的"防、排、堵、截"治水方法，如铺设止水带防水板、排水盲管、中央排水沟，水量过大时设置集水井、降水井、机械抽水、预打小导管排水等之外，还有如下一些方法：

① 预注浆。

② 全封闭注浆。

③ 回填注浆。

④ 衬砌前围岩注浆。

⑤ 帷幕注浆。

地层含水率大时，应及时排水，拱脚严禁被水浸泡。可以看出，注浆这种工艺在目前黄土隧道内的防排水措施中占据了很重要的位置。因此，如何灵活运用这种方法对于保证施工安全施工进度等，有很大的促进作用。

5. 早封闭

早封闭是指及时支护，施作仰拱，让隧道尽快封闭成环。成环后的隧道受力更均匀，拱脚处的集中应力大大减小，因此，拱脚的沉降也将大大减小。仰拱施作以后，二次衬砌也要及时跟上。

6. 勤测量

隧道监控测量应作为关键工序纳入现场施工组织。隧道的监控测量包括拱顶下沉、地表测量、水平收敛等。当采用接触测量时，测点挂钩应做成闭合三角形，保证牢固不变形，且测量点应布设在围岩上，而不是焊接在钢拱架上。当拱顶沉降速率达到 5 mm/d 或位移累计达到 10 mm 时应暂停掘进，并及时分析原因，采取处理措施。黄土隧道的变形以下沉为主，收敛为辅。应根据监控测量的数据进行分析，确定二衬施作时间，调整支护参数。

四、黄土隧道施工的注意事项

在黄土隧道施工过程中应该注意的事项主要包括：

（1）施工中如发现工作面有失稳现象，应及时用喷射混凝土封闭、加设锚杆、架立钢支撑等加强支护。试验表明，在黄土隧道中喷射混凝土和砂浆锚杆作为施工临时支护的效果良好。

（2）施工时特别注意拱脚与墙脚处断面，如超挖过大，应用浆砌片石回填。如发现该处土体承载力不够，应立即采取相应措施进行加固。

（3）黄土隧道施工，宜先施作仰拱，如果不能先施作仰拱，可在开挖与灌筑仰拱前，为防止边墙向内位移而加设横撑。

（4）施工中如发现不安全因素，应暂停开挖，加强临时支护，以便采取适应性的工序安排。

黄土隧道施工虽然较一般隧道复杂，但只要严格遵照以上原则，做好超前地质预报，把握好工序的衔接，保证材料的质量，做好现场协调，按设计施工，质量和安全就可以得到保障。

任务三 岩溶地段隧道施工

岩溶是可溶性岩层（含有碳酸盐、硫酸盐、硝酸盐等岩层，如石灰岩、白云岩、白云质灰岩、石膏等）受具有溶解能力的水长期作用而产生的。隧道遇到情况各异的溶洞都会给施工带来一定的困难，对隧道的危害也是多方面的。因此了解与施工有密切关系的溶洞就显得至关重要。除了熟悉

隧道岩溶处理

设计提供的溶洞里程、规模以及类型外，还必须在隧道开挖或超前探测中逐渐掌握更为详细的情况，如溶洞位置、溶洞大小、填充情况、发育程度、储水及补给等。为了能及时、正确地制定施工技术方案，必须根据设计资料结合现场实际发生的情况进行综合分析和研究。

岩溶是地表水和地下水对可溶性岩层进行化学作用和机械破坏作用形成的地下溶蚀现象，不同的岩溶发育成不同的溶洞、裂隙等。岩溶地段隧道不良地质主要有断层地段、软弱围岩、突泥涌水、冲沟、溶洞及采空区等几个方面。

当隧道穿过可溶性岩层时有的围岩破碎，容易发生坍塌。有的溶洞位于隧道底部，充填物松软且深，使隧道基底难以处理。有时遇到填满饱含水分的充填物溶槽，当隧道掘进至其边缘时含水充填物不断涌入坑道，难以抑制，甚至使地表开裂下沉，形成"天窗"，隧道的初期支护压力剧增。有时遇到大的水囊或暗河，岩溶水或泥砂夹水大量涌入隧道。有的溶洞、暗河迂回交错，分支错综复杂，范围宽广，处理起来十分困难。因此，正确处理岩溶地层对隧道的施工具有重要意义。

一、溶洞的形成及类型

（一）成因

可溶性岩层和水是溶洞形成的必备要素。水在与石灰岩地区可溶性岩层长期作用下而形成地下溶石。水沿着石灰岩层内的节理面或渗裂面流动并经过长期与之发生化学反应，在表面形成溶沟，或者称"融槽"。原先分布的岩层被溶沟分离，从而形成柱状的石柱或石笋。经过长期化学反应在地下深处就会形成落水洞、地下溶洞等。在地貌表现上会出现暗河，漏斗和岩溶洼地等现象。

（二）类型

溶洞的类型主要包括：

（1）通过地表观察发现有下列现象时，可初步判断岩层中存在溶洞、暗河：

① 四周汇水的洼地内，发现有落水洞漏斗或天然竖井存在。

② 落水洞、漏斗呈带状分布地段。

③ 地面塌陷和草木丛生以及冬季冒气等地段。

④ 地表水消失或附近有出水点（泉眼）的地段。

（2）国内比较认可的溶洞形状可分类为以下几种：

① 大厅式。溶洞的横断面近似于矩形纵向的高程变化较小，接近于水平，其长度与宽度的比例不限。

② 管道式。溶洞的横断面近似于圆形或椭圆形，纵向长度远大于横断面的尺寸。较大的管道式溶洞往往中间存在有多个支洞。

③ 蜂窝式。溶洞发育较完整，呈不规则形状，类似于蜂窝的形状。蜂窝式溶洞中，往往存在有一些溶沟溶柱等其他几何形式的岩溶产物。

二、溶洞对隧道施工的影响

可溶性岩层隧道施工中由于地质状况不稳定及人为因素的干扰，溶洞岩质破碎，容易引起崩塌，并且很可能会遇到一系列暗河、落水洞、漏斗及岩溶洼地等岩溶现象。溶洞现象处于不断变化的状态中。当溶洞位于隧道底部时，充填物松软使地基较难处理。

岩溶地质因为其地下河发育规模大、水量大，岩溶对隧道施工的影响主要表现为结构物部分及全部悬空，降低隧道使用的可靠度与利用率，在这里尤具危害性且难处理的是季节性的岩溶洞穴涌水，给隧道施工和体系带来不安全和不稳定因素，在隧道施工遇到溶洞地质时极易产生突水、突泥等地质灾害。同时，也正是因为岩层经常处于岩溶环境下，岩石结构遭到腐蚀，发生坍陷。

岩溶对隧道工程的影响主要是岩溶水、岩溶洞造成的涌水、突泥，主要表现在以下几方面：

（1）改变隧道围岩工程地质条件和水文地质条件，使围岩渗透水压力增加。

（2）改变围岩力学性能，进而影响地层刚度和应力场。

（3）产生围岩前塌造成施工处理困难。岩溶是危害极大的现象，其造成的塌陷更容易引起工程事故。

因此，在隧道规划之初应通过各种手段，包括实地踏勘查明路基下的溶洞溶岩等不良地质现象的发育程度及分布情况，从而尽量避开溶洞的强烈发育地段，保证隧道施工正常进行。

三、溶洞地段施工原则

溶洞地段施工是一项复杂工作，涉及环境进度质量成本等多目标要求。为了达到隧道工程中溶洞处理效果好、施工进度快、可持续程度高、工程成本低、安全性高的终极理想施工目的，在进行隧道溶洞处理时不能以眼前的目的为解决问题的基点，应当从隧道建设的使用质量的长远意义来对待，并遵循一定的处理原则。

（一）安全性

建设工程的特点导致施工中容易发生安全事故。建设工程规模大、周期长和劳动强度高，施工现场的安全设施是否齐全配套、采用的工艺技术是否合理以及照明和通风情况等都会给安全生产带来隐患。因此，遵守安全性原则是工程施工的最基本的要求，确保施工安全与运营安全是保证施工正常有序进行的最根本保证。只有安全性有了保障，工程进度、工期和成本等目标才有保障。安全生产管理是任何企业管理的头等大事，关系到企业效益、企业职工的安全保障和身体健康，具有非常重要的意义。

（二）灵活性好

灵活性好是指相关人员应根据石灰岩地质的不同断面形状和尺寸，因地制宜地选择施工方案，而不只是局限于某一种固定的模式，狭隘地进行施工设计和运行。一种方案不能实施或实施效果差，要较好地转换为替代方案。同时，这种灵活性还要建立在隧道施工各部门的通力合作与沟通基础之上，只有这两方面结合起来，方可达到隧道施工过程中的灵活有效，并降低施工难度。

（三）施工合理性与科学性

施工合理性是指工程施工必须符合相关隧道施工的法律法规的规定，严格按照法规的基本要求进行施工与建设。施工科学性是指对溶洞处理的设计方案要具有可行性，是可操作的，处理方案要建立在目前溶洞处理技术的水平之内，充分考虑现场机械装备状况和操作人员的技能水平，尽可能降低施工难度。在组织管理上做到优化设计方案、合理组织施工、保证工程质量、缩短建设周期和降低工程造价。比如，在溶洞坍塌处理中，首先保留并加固坍塌体，防止塌方扩大；其次，施作套拱和超前大管棚，保证正洞开挖施工安全；再次，管棚施作完成后挖除坍塌体，进入隧道正常开挖、支护工序，并对隧道基底进行注浆加固处理；最后，溶洞段通过后，进行拱部坍腔回填处理。

（四）具有可连续性

施工可连续性是指兼顾溶洞段前后的不同施工方案，能顺利地进行施工工艺工序的转换。更重要的是，隧道建设是一项长远的工程，必须着眼于它的使用质量及周期，要从可持续的角度出发，充分考虑溶洞的潜在危险后再进行具体的施工处理。对资源应做到持续供应，保证隧道运行的最长周期。

（五）经济性强

施工经济性是指在科学施工管理的基础上达到人、机械、材料的优化配置，使施工成本最小。在保证施工安全和工程质量以及不破坏环境的前提下减少溶洞处理的成本。

四、溶洞地段隧道施工处理技术

坚持事前控制，这是成本最低的方法。在隧道路基工程规划之初，通过实地勘查、物探等手段查明路基下的溶洞、溶隙等不良地质现象的发育程度及分布情况。这样，在洞线选择时就要努力避开溶洞的强烈发育地段，有效保证隧道施工正常进行。

（一）溶洞处理顺序

在一般情况下，溶洞处理顺序应为：封闭溶洞危险地带掌子面→对危险地带的岩层施作套拱→在危险岩层带施作超前大管棚→对坍塌严重地带采取根除措施挖除坍塌体→对轻度坍塌区实行洞身开挖、支护的保护措施→边墙及基底巩固处理→对坍塌溶腔进行回填处理，这就需要因地制宜地采取相应防护和巩固方法。

在溶洞的处理过程中，如果基础下有溶沟、溶槽、漏斗等溶洞现象，基础施工应挖去其中的充填物，回填碎石或毛石混凝土。如果出现溶层顶板不稳定情况，可炸开顶板，挖除充填物，回填碎石，对基础下埋藏较深的溶洞通过钻孔向溶洞内灌注水泥砂浆、混凝土、沥青等填充物堵填溶洞。

（二）施工技术

对溶洞的处理方法可以分为避、引、堵、越、绕。

1. 避

在勘察设计阶段，"避"是最有效的措施，就是让线路避开岩溶严重地区，如果无法避免也应该尽量以大角度通过岩溶发育地区。最好垂直穿过，力争减少溶洞的影响。

2. 引

在有暗河或水流时，采用引导水流的方法。在明确水源流向及其与隧道的位置关系后，根据实际情况，或开凿泄水洞将水排出洞外；或用暗管涵管或小桥等设施引泄水流；或利用平行导坑，将水平行引出。

3. 堵

对无水、跨径小的空溶洞，在明确其与隧道洞线的角度关系和充填情况后，用钢筋混凝土浆砌石回填封闭。根据实际情况，可以采用多种方式进行回填处理。一般加固隧道底部，采用锚杆或钢筋网加固和注浆加固措施，并设混凝土护拱。

4. 越

当溶洞加固比较困难和成本比较高时，可以越过溶洞难处理段，甚至可以直接越过洞室。

5. 绕

采用绕的方法时，可以同时进行隧道前方施工和溶洞处理，以节省工期和加快施工速度。但采用此方法时，应该防止洞壁失稳。

（三）溶洞的治理

发现溶洞后应该停止开挖掘进施工，并用喷射混凝土临时封闭掌子面。经过组织察看和认真研究后，为了防止溶洞口塌方以及已开挖洞身的塌方，应尽早对溶洞口及溶洞附近已开挖的洞身进行加固处理，形成方案。为此，需要探明溶洞走向及来源，探明溶洞与线路的关系，并实时加强监控测量；同时要加强水文地质的观测和加强超前钻孔工作，以便及时获得准确的数据进行判断分析，形成科学处理方案。

溶洞的治理主要包括：

（1）根据地质资料和溶洞的填充物进行处理，具体包括溶洞的处理方案、成孔的具体方法以及整个工程施工的施工措施。

（2）根据设计的溶洞处理方案进行相应填充物的准备，具体可以选择的填充物有黏土、稻草、石头和水泥等，填充物的选择要在冲击钻孔至溶洞顶板之前完成。

（3）根据地质柱状图和超前钻的资料进行冲孔速度的控制，为了避免在击穿岩壳时有卡钻现象发生，要采用小冲程重锤进行轻击冲进。

（4）在接近溶洞时要严格监测钻机工作的情况，还要注意溶洞内的水位变化情况。

（四）溶洞处理的技术措施

对于狭窄的岩溶段，大型洞室可以利用跨越和支撑的方法，小的洞室可以采取护拱封闭、回填等措施。对于有水流或涌水的地段，可以堵水和引水相结合或直接打引水洞，具体工艺包括预注浆堵水、后注浆堵水、依靠天然或人为泄水洞排水等措施。对于有充填物的岩溶地段，超前支护、超前注浆、基础换填、基础加固等是常用的方法。

1. 小型溶洞的处理

对于小型溶洞来说，当洞内没有填充物或者填充物呈现出松散与软塑等半充填状态时，应先清除溶洞表层的浮土和充填物。施工上要在冲孔时适当地向孔内投放块石或者黏土块。为了保证泥浆不流失，有时要向孔内投入整袋水泥。在进行冲进的时候，要采用较慢的速度，将填充物以挤入的形式使其进入溶洞的孔壁或裂缝处，这样一方面可以加固护壁，另一方面可以防止泥浆外漏或者整个洞孔坍塌。这种溶洞处理方法操作较为便捷，并且经济成本较低，仅仅适用于一般小溶洞的处理。

对于有充填型的小洞室，若施工中充填物已发生脱落，应先将充填物清除，再喷射混凝土或水泥砂浆回填；如果洞内没有滑落物，在岩溶洞室位置处使用喷锚网防护。在隧道底部的岩溶洞室，在清除充填物之后，用混凝土回填加固。

当溶腔位于开挖轮廓以外时，需根据溶腔壁与隧道开挖轮廓线的距离及相对位置，综合采用超前预报技术对隧道周边进行勘测，并视情况进行局部注浆固结。需对溶腔壁进行局部加固，对靠溶腔一侧的隧道衬砌进行加强处理，同时还应满足正常排洪需求，在进行相应处理后再采取台阶法进行开挖。

2. 大型溶洞的处理

大溶洞是隧道岩溶段施工中最常见也是较难处理的溶洞，具体可以分为洞内没有填充或者是半填充的较大溶洞、全部填充的较大溶洞以及深度较浅的大溶洞。岩溶洞室的处理应因地制宜，利用梁、柱、墙等结构进行引、堵、越、绕等处理。

如果溶洞内没有填充物或者是半填充，为了防止泥浆下落造成钻孔坍塌，要搭设钢护筒穿透砂层，最好达到岩层的表面。在钢护筒打设完成后才能够进行打孔，溶洞的顶板打穿之后再向孔内填充片石以及黏土至溶洞顶板，在泥浆灌注结束之后再继续冲孔，冲孔要直到泥浆不再下降才停止。当发现泥浆大量泄漏时可以将黏土导入孔内，并直接加入整包的水泥，最终达到填充溶洞的目的。填充的方法是使用重锤敲打，使得水泥和黏土充分混合，混合后进入岩溶的缝隙内。在整个孔内都形成浆后要等到水泥土充分凝固后再次穿击成孔。

当大溶洞全部被填充时，要根据填充物的性质进行打孔。当填充物已经呈现硬塑状态时可以直接冲孔；当填充物呈现松散或者是软塑状态时，可以投入片石或者黏土以保证泥浆面的高度。对于深度较浅的大溶洞，可以采用预制的钢筋混凝土护筒，一边冲孔一边接高护筒，并且将其振动下沉至已钻成的孔内，这样能够防止混凝土流进溶洞带来的不良后果。

围岩裂隙发育且有裂隙水侵入。雨季时水位升高，水压增大，同时围岩压力（含水压）平衡地作用在隧道衬砌上。当遇到大型含水的溶洞时，为确保施工安全，应以注浆加固堵水。这种隧道衬砌及支护参数应按最强设计衬砌参数施作，根据涌水量、水压、隧道施工工艺进行超前预注浆堵水开挖。当宜排水不宜堵水时，常用泄水洞、梁跨拱架、迂回导坑等方式，还要增加环向排水管的密度，以便加强此处环向排水的能力，减少水压力及衬砌渗水以保护地下水系和确保隧道洞室压力安全。

五、溶洞地段隧道施工要求

（一）溶洞地段施工一般规定

溶洞地段施工的一般规定主要包括

（1）应采取综合超前地质预报措施查明施工面前方溶洞和水的情况。

（2）岩溶段爆破开挖时，严格控制单段起爆药量和总装药量，控制爆破震动。

（3）溶洞内不得任意抛填开挖弃渣。

（4）应准备足够数量的排水设备。

（二）溶洞地段施工要求

隧道施工遇到溶洞地段时施工要求主要包括：

（1）岩溶地区隧道施工前，应依据设计文件结合现场情况核查溶洞的分布范围、类型、规模、充填物和地下水流情况等，选择"疏导、堵填、注浆加固、跨越、绕避、宣泄"等措施进行处理。

（2）溶洞规模大，内部充填有大量泥沙且含有丰富的地下水时，应预留安全止水岩墙。

（3）采用回填方法处理溶洞时不得阻断过水通道。

岩溶地区隧道支护和衬砌应按设计要求，根据溶洞情况进行加强二次衬砌施工前应检查隧道周边围岩情况；对溶洞应及时封闭，并对掌子面附近的衬砌尽早实施二次衬砌；在岩溶隧道施工中，必须加强地质超前预探、预报工作，对隧道前方岩溶进行准确预测，并提前做好穿越岩溶溶洞的应急预案，防止大面积塌方和涌水的发生；确保施工处理效果好，施工进度快，工程成本低，安全性高。

任务四 / 瓦斯隧道

矿井瓦斯是指地下坑道内以甲烷为主的有毒、有害气体的总称，其主要成分以沼气（甲烷，即 CH_4）为主，一般习惯称沼气为瓦斯。

当隧道穿过煤层、油页岩或含沥青等岩层，或从其附近通过围岩破碎、节理发育时，可能会遇到瓦斯。如果洞内空气中瓦斯浓度达到爆炸限度，与火源接触就会引起爆炸，给隧道施工带来很大的危害和损失。所以，在有瓦斯的地层中修建隧道，必须采取相应措施才能安全顺利施工。

一、瓦斯的性质及瓦斯放出的类型

（一）瓦斯的基本性质

瓦斯的基本性质主要包括：

（1）瓦斯（沼气）为无色、无臭、无味的气体，与碳化氢或硫化氢混合在一起，产生类似苹果的香味，由于空气中瓦斯浓度增加，氧气相应减少，很容易使人窒息或发生死亡事故。

（2）瓦斯相对密度为 0.554，仅占空气一半，所以在隧道内，瓦斯很容易存在于坑道顶部；瓦斯的扩散速度比空气大 1.6 倍，很容易透过裂隙发达、结构松散的岩层。

（3）瓦斯不能自燃，但极易燃烧，其燃烧的火焰颜色随瓦斯浓度的增大而变淡，空气中含有少量瓦斯时火焰呈蓝色，浓度达 5%左右时火焰呈淡青色。

（二）瓦斯的燃烧和爆炸性

当坑道中的瓦斯浓度小于 5%，遇到火源时瓦斯只是在火源附近燃烧而不会爆炸；当瓦斯浓度超过 5%达到 14%～16%，遇到火源具有爆炸性；瓦斯浓度大于 14%～16%时，一般不爆炸，但遇火能平静地燃烧。瓦斯浓度爆炸界限见表 12-3。

表 12-3　瓦斯浓度爆炸阶段

瓦斯浓度/%	爆 炸 限 度
5～6	瓦斯爆炸下界限
8.0	最易点燃
9.5	爆炸最强烈
14～16	瓦斯爆炸上限线
低于 5.0，大于 14～16	不爆炸，与火焰接触部分燃烧

瓦斯燃烧时遇到障碍而受到压缩，即能转燃烧为爆炸。爆炸时能产生高温，封闭状态的爆炸（即容积为常数）温度可达 2 150～2 650 ℃；能向四周自由扩张的爆炸（即压力为常数），温度可达 1 850 ℃。坑道中发生瓦斯爆炸后，坑道中完全无氧，而充满氮气、二氧化碳及一氧化碳。这些有害气体很快传布到邻近的坑道和工作面，如不及时躲避会中毒窒息，甚至死亡。

瓦斯爆炸时，爆炸波运动造成暴风在前，火焰在后，暴风遇到积存瓦斯，使它先后受到压力，后火焰点燃发生爆炸。第二次瓦斯受到的压力比原来的压力大，因此爆炸后的破坏力也更剧烈。

（三）瓦斯放出的类型

从岩层中放出瓦斯，可分为三种类型：

（1）瓦斯的渗出：缓慢地、均匀地、不停地从煤层或岩层的暴露面的空隙中渗出，延续时间很久，有时带有一种嘶声。

（2）瓦斯的喷出：比上述渗出强烈，从煤层或岩层裂缝或孔洞中放出，喷出的时间有长有短，通常有较大的响声和压力。

（3）瓦斯的突出：在短时间内，从煤层或岩层中突然猛烈地喷出大量瓦斯，喷出的时间可能从几分钟到几小时，喷出时常有巨大轰响，并夹有煤块或岩石。

二、防止瓦斯事故的措施

防止瓦斯事故所采取的措施主要包括：

（1）隧道穿过瓦斯溢出地段，应预先确定瓦斯探测方法，并制定瓦斯稀释措施、防爆措施和紧急救援措施等。

（2）隧道通过瓦斯地区的施工方法，宜采用全断面开挖，因其工序简单、面积大、通风好、随掘进随衬砌，能够很快缩短煤层的瓦斯放出时间和缩小围岩暴露面，有利于排除瓦斯。上、下导坑法开挖，因工序多，岩层暴露的总面积多，成洞时间长，洞内各工序交错分散，易使瓦斯浓度不匀。采用这种施工方法，要求工序间距离尽量缩短，尽快衬砌封闭瓦斯地段，保证混凝土的密实性，以防瓦斯溢出。

（3）加强通风是防止瓦斯最有效的办法。把空气中的瓦斯浓度吹淡到爆炸浓度以下的 1/10～1/5，并将其排出洞外。有瓦斯的坑道，不允许采用自然通风，必须采用机械通风。通风设备必须防止漏风，并配备备用的通风机。一旦原有通风机发生障碍时，备用机械能立即供风。保证工作面空气内的瓦斯浓度在允许限度内。当通风机发生故障或停止运转时，洞内工作人员应撤离到新鲜空气地区，直至通风恢复正常，才准许进入工作面继续工作。

（4）隧道内瓦斯浓度限制值及超限处理措施应符合表 12-4 规定。

表 12-4　隧道内瓦斯浓度限制值及超限处理措施

序号	地点	限值	超限处理措施
1	低瓦斯工区任意处	0.5%	超限处 20 m 范围内立即停工，查明原因，加强通风监测
2	局部瓦斯积聚（体积大于 0.5 m³）	2.0%	附近 20 m 停工，撤离施工人员，断电，进行处理，加强通风
3	开挖工作面风流中	1.0%	停止电钻钻孔
4	煤层爆破后工作面风流中	1.0%	超限时继续通风不得进入
5	局部通风机及电气开关 20 m 范围内	0.5%	超限时应停机并不得启动
6	钻孔排放瓦斯时回风流中	1.5%	超限时撤人，停电，调整风量
7	竣工后洞内任何处	0.5%	超限时查明渗漏点，并向设计单位反映，增加运营通风设备

（5）瓦斯隧道必须加强通风，防止瓦斯积聚。由于停电或检修，使主要通风机停止运转时，必须有恢复通风、排除瓦斯和送电的安全措施。恢复正常通风后，所有受到停风影响的地段必须经过监测人员检查，确认无危险后方可恢复工作。所有安装电动机和开关地点的 20 m 范围内，必须检查瓦斯浓度，符合规定后才可启动机器。局部通风机停止运转时，在恢复通风前必须检查瓦斯浓度，符合规定方可开动局部风机，恢复正常通风。

（6）如开挖进入煤层，瓦斯排放量较大，使用一般的通风手段难以将瓦斯浓度稀释到安全标准时，可使用超前周边全封闭预注浆技术。在开挖前沿掌子面拱部、边墙、底部轮廓线轴向辐射状布孔注浆，形成一个全封闭截堵瓦斯的帷幕。特别是对煤层垂直方向和断层地带进行阻截注浆，其效果会更佳。

开挖后要及时进行喷锚支护，并保证其厚度，以免漏气和防止围岩的失稳。

（7）采用防爆设施，具体包括：

① 遵守电气设备及其他设备的安全规则，避免发生电火花，瓦斯散发区段使用防爆安全型的电气设备，洞内运转机械必须有防爆性能，避免运转时产生高温火花。

② 凿岩时采用湿式钻岩，防止钻头产生火花。洞内操作时，防止金属与坚石撞击、摩擦发生火花。

③ 爆破作业时，瓦斯工区必须采用电力起爆、采用煤矿许用电雷管，严禁使用秒或半秒级电雷管。使用煤矿常用的毫秒延期电雷管时，最后一段的延期时间不得超过 130 ms。

④ 洞内只准采用电缆，不准使用皮线。使用防爆灯或蓄电池灯照明。

⑤ 铲装石渣前必须将石渣浇湿，防止金属器械摩擦和撞击发生火花。

三、严格执行有关制度

隧道施工时防止瓦斯需要严格执行的制度主要包括：

（1）瓦斯检查制度是指指定专人定时和经常进行检查，测量通风流速和瓦斯含量，严格执行瓦斯允许浓度的相关规定。瓦斯检查手段可采用瓦斯遥测装置、定点报警仪和手持光波干涉仪。发现异常情况应及时报告技术主管负责人，采取相应的处理措施。

（2）洞内严禁使用明火，严禁将火柴、打火机、手电筒及其他易燃品带入洞内。

（3）进洞人员必须经过瓦斯知识和防止瓦斯爆炸的安全教育。抢救人员未经专门培训不准在瓦斯爆炸后进洞抢救。

（4）瓦斯检查人员必须是工作认真负责、有一定业务能力、经过专门培训并考试合格者。施工时要按照瓦斯防爆的技术安全规则与有关制度严格执行。

任务五 / 高地温

隧道通过高温、高热地段，会给施工带来困难。一般在火山地带修建隧道或地下工程会遇到高温、高热的情况，如日本某地的发电厂工程的隧道，其围岩温度高达175 ℃。在高温隧道中发生过施工人员因地层喷出的热水或硫化氢等有害气体而烫伤或中毒。

一、高地温的热源

地热的形成原因主要有以下三类：地球的地幔对流、火山岩浆集中处的热、放射性元素的裂变热。其中，对隧道工程造成施工影响的，主要是火山集中处的热源和放射性元素的裂变热源。

（一）火山引起的热源

火山供给的热是由地下岩浆集中处的热能产生热水，这种热水（泉水）成为热源，又将热供给周围的岩层。当隧道或地下工程穿过这种岩层，就有发生高温、高热的现象。

（二）放射性元素的裂变热源

根据日本相关文献介绍，由于地壳内岩石中含有放射性物质，其裂变产生地温，地下增温率因所处的深度不同而异，其平均值为 3 ℃/（100 m）。东京大学的地下增温率为 2.2 ℃/（100 m）。假定地表温度为15 ℃，地下增温率以3 ℃/（100 m）计，则覆盖层下面1 000 m深处的地温为45 ℃。日本某地质调查所对30 m深层热水地区调查的结果表明，在平原地区不受火山热源的影响，其地下2 000 m深处的地下温度为67～136 ℃。这说明如果覆盖层很厚，即使没有火山热源供给，也有发生高温、高热问题的可能性。

二、高地温地段隧道施工措施

高地温地段隧道施工采取的措施主要包括：

（1）为保证隧道施工人员进行正常的安全生产，我国有关部门对隧道施工作业环境的卫生标准进行相应规定。如原铁道部规定，隧道内气温不得超过28 ℃；交通运输部规定，隧道内气温不宜高于30 ℃。

（2）为达到规定的标准，在施工中一般采取通风、洒水以及通风和洒水相结合的措施。

地温较高时，可采用大型通风设备予以降温。地温很高时，在正洞开挖工作面前方一段距离，利用平导超前钻探，如有热水涌出，可在平导内增建降水、排水设施和排水钻孔，以降低正洞的水位。如正洞施工中仍有热水涌出时，可采用硅酸钠水泥注浆，以发挥截水及稳定围岩的作用。

（3）高地温地段的衬砌混凝土：在高温（如70℃）的岩体及喷射混凝土上浇筑二次衬砌混凝土时，即使厚度再薄，水化热也不容易逸出。由于混凝土里面和表面存在温差，在早龄期有可能存在裂缝。因此，二次衬砌防止裂缝应采取的措施主要包括：

① 为了防止高温时的强度降低，应选定合适的水灰比并考虑到对温泉水的耐久性，宜采用高炉矿渣水泥（分离粉碎型水泥）。混凝土配合比和掺合剂应做试验优选。

② 在防水板和混凝土衬砌之间设置隔热材料，可隔断从岩体传播来的热量，使混凝土内的温度应力降低。

③ 适当缩短一般衬砌混凝土的浇筑长度。

④ 把防水板和无纺布组合成缓冲材料。由于与喷射混凝土隔离，混凝土衬砌的收缩可不受约束。

⑤ 适当设置裂缝诱发缝，一般在两拱脚延长方向设置。

（4）中暑症的防治措施：在高温条件下施工除采取降温措施外，还应注意中暑症的防治工作。中暑症可分为热痉挛症、热虚脱症及热射症三种类型，其症状及对应处置方法主要包括：

① 热痉挛症：由于出汗过多，体内的水分、盐类丧失而引起。其症状为在作业中和作业后发作性肌肉痉挛和疼痛。采取的措施：充分摄入水和盐类以缓解症状。

② 热虚脱症：由于人体循环系统失调而引起。其主要症状为血压降低、速脉、小脉、头晕、呕吐、皮肤苍白、体温轻度上升。采取的措施：循环器官有异常的人员严禁参加施工；对有症状者增加补水次数，并在阴凉处静卧休息。

③ 热射症：由于体温调节中枢失调，体温上升。其主要症状为体温高、兴奋、乏力和皮肤干燥等。采取的措施：对高温不适应者应避免在洞内做重体力劳动；在高温施工地段采用冷水明雾等方法降温，必要时对患者可采取医疗急救处置。

（5）合理安排高温作业时间。根据坑道内的高温程度、劳动强度和劳动效率，确定劳动工时，以保证施工人员的健康和安全。

（6）加强健康管理。疲劳、空腹、睡眠不足、酒醉等容易诱发中暑症的行为以及有高血压、心脏病的患者，由于高温作业有引起症状恶化的可行性，严禁这些人员参加劳动。在高温作业时，体内失水过多，易发生维生素、水分、盐类的不足，对此需进行充分的补充。为缓解疲劳，应在适温适湿的环境下休息，或充分地进行卧床休息。

任务六　塌方处理

隧道塌方

隧道开挖时导致塌方的原因包括：自然因素，即地质状态、受力状态、地下水变化等；人为因素，即不适当的设计，或不适当的施工方法等。塌方往往会给施工带来很大的困难和经济损失，因此，需要尽量注意、排除会导致塌方的各种因素，尽可能避免塌方的产生。

一、发生塌方的主要原因

（一）不良地质及水文地质条件

引起塌方的不良地质及水文地质条件主要包括：

（1）隧道穿过断层及其破碎带，或在薄层岩体的小曲褶、错动发育地段，一经开挖，潜在应力释放，围岩失稳，小则引起围岩掉块，大则引起塌方；当通过各种堆积体时，由于结构松散，颗粒间没有胶结或胶结差，开挖后引起坍塌；在软弱结构面发育或泥质填充物过多时，均易产生较大的坍塌。

（2）隧道穿越地层覆盖层过薄地段，如在沿河傍山、偏压地段、沟谷凹地浅埋和丘陵浅埋地段极易发生塌方。

（3）水是造成塌方的重要原因之一。地下水的软化、浸泡、溶蚀、溶解等作用加剧岩体的失稳和塌落。岩层软硬相间或有软弱夹层的岩体，在地下水的作用下，软弱面的强度大为降低，因而发生滑塌。

（二）隧道设计考虑不周全

隧道设计考虑不周全引发塌方的原因主要包括：

（1）隧道选定位置时，因地质调查不详细，未能作出详细的分析，或未能查明可能塌方的因素，造成没能绕开可以避开的不良地质地段。

（2）缺乏较详细的隧道所处位置的地质及水文地质资料，引起施工指导或施工方案的失误。

（三）施工方法和措施选择不当

施工方法和施工措施选择不当引发塌方的原因主要包括：

（1）施工方法与地质条件不相适应；地质条件发生变化，没有及时改变施工方法；工序间距安排不当，施工支护不及时，支撑架设不合要求；地层暴露过久，引起围岩松动、风化导致塌方。

（2）喷锚支护不及时，喷射混凝土的质量、厚度不符合要求。

（3）按新奥法施工的隧道没有按规定进行测量，或信息反馈不及时，决策失误、措施不力。

（4）围岩爆破用药量过多，因震动引起坍塌。

（5）对危石检查不重视、不及时，处理危石措施不当，引起岩层坍塌。

二、预防塌方的施工措施

隧道施工预防塌方，选择安全合理的施工方法和措施至关重要。在掘进到地质不良围岩、破碎地段时，应采取"先排水、短开挖、弱爆破、强支护、早衬砌、勤测量"的施工方法。必须制定出切实可行的施工方案及安全措施。

加强塌方的预测。为了保证施工作业安全，及时发现塌方的可能性及征兆，并根据不同情况采取不同的施工方法及控制塌方的措施，需要在施工阶段进行塌方预测。预测塌方常采用以下几种方法：

（1）观察法。

① 在掘进工作面采用探孔对地质或水文情况进行探查，同时对掘进工作面进行地质素描，分析判断并超前预测掘进前方有无可能发生塌方。

② 定期和不定期地观察洞内围岩的受力及变形状态；检查支护结构是否发生了较大的变形；观察岩层的层理、节理裂隙是否变大，坑道或坑壁是否松动掉块；喷射混凝土是否发生脱落；地表是否下沉。

（2）一般测量法。

一般测量法是指按时测量观测点的位移、应力，对测量数据进行分析研究，及时发现不正常的应力、位移状态等极有可能导致塌方的情况。

（3）微地震学测量法和声学测量法。

微地震学测量法是指采用地震测量原理制成灵敏专用仪器；声学测量法是指通过测量岩石的声波，分析确定岩石的受力状态并预测塌方。

通过上述预测塌方的方法，发现征兆，高度重视，及时分析，采取有力措施处理隐患，防患于未然。

加强初期支护，控制塌方。当开挖出工作面后，应及时有效地完成喷锚支护或喷锚网联合支护，并应考虑采用早强喷射混凝土、早强锚杆和钢支撑支护措施等，这对防止局部坍塌，提高隧道整体稳定性具有重要的作用。

三、隧道塌方的处理

隧道发生塌方后应及时处理，不得随意拖延时间。处理前必须仔细观测塌方的范围、形状、数量及塌体的地质状况、地下水的分布、活动情况等，分析塌方发生的原因，研究制定处理方案。

塌方发生后应立即加固未塌方地段，防止塌方继续扩大。按照"治塌先治理"的原则制定处理方案，迅速处理塌方。

（一）处理塌方前应采取的技术措施

在处理塌方前，应采用的技术措施主要包括：

（1）地表沉陷和裂缝，应采用注浆填充和加固，或采用不透水土壤夯填紧密，开挖截水沟，防止地表水下渗进入塌体。

（2）通顶陷穴口的地表四周应挖沟排水，搭设防雨棚遮盖穴顶。

（3）洞内衬砌通过塌方后，陷穴应及时回填，回填应高出原地面，并用黏土或浆砌片石封闭穴口，做好排水措施。

（4）塌体内有地下水活动时，采用管、槽引至排水沟排出，无法进行引排时可采用注浆堵水。

（二）隧道塌方的处理措施

隧道塌方的处理措施主要包括：

（1）小塌方的纵向延伸不长、塌穴不高，先加固塌体两端洞身，并抓紧喷射混凝土或采用锚喷联合支护封闭塌穴顶部和侧部，再进行清渣。

（2）在确保安全的前提下，也可在塌渣上架设临时支架，稳定顶部，然后清渣。临时支架待灌注衬砌混凝土达到要求强度后方可拆除。

（3）大塌方的塌穴高、塌渣数量大，塌渣体完全堵住洞身时宜采取先护后挖的方法。在查清塌穴规模大小和穴顶位置后，可采用管棚法和注浆固结法稳固危岩体和渣体，待其基本稳定后，按先上部后下部的顺序清除渣体，采取短进尺、弱爆破、早封闭的原则清挖塌体，并尽快完成衬砌。

（4）塌方冒顶，在清渣前应支护陷穴口，地层极差时在陷穴口附近地面搭设地表锚杆，洞内可采用管棚支护和钢架支撑。

（5）洞口塌方一般易塌至地表，可采取暗洞明做的方法。

（6）塌方地段的衬砌，应视塌穴大小和地质情况予以加强。

（7）衬砌背后与塌穴洞孔周壁间须紧密支撑。当塌穴较小时，可用浆砌片石或干砌片石将塌穴填满；当塌穴较大时，可先用浆砌片石回填一定厚度，在回填的浆砌片石以上空间应采用钢支撑等顶住稳定围岩；特大塌穴应做特殊处理。

（8）采用新奥法施工的隧道或有条件的隧道，塌方后要加设测量点，增加测量频率，根据测量信息及时研究对策。浅埋隧道要进行地表下沉测量。

（三）隧道塌方的应急处理步骤及方法

隧道塌方的应急处理步骤主要包括：

（1）一旦发生坍塌事故，由掌子面领班作业人员在洞内向工作区调度拨打报警电话并上报经理部调度。有人员受伤时，经理部立即与当地医院联系安排住院抢救事宜，并立即启动应急预案，同时向当地安监部门报告。

（2）撤出工作面施工人员及机械设备。根据事故发生情况，统一部署应急预案的实施工作，应急指挥中心紧急调用全项目内可用于抢险的机具设备、物资、人员、资金投入抢险工作。

（3）判断是否有二次坍塌的可能，确认围岩基本稳定后组织人员和设备进洞抢险。

隧道塌方的应急处理方法主要包括：

（1）如果坍方体积较小，且坍方范围内已进行喷锚或已架设好较为牢固的构件支撑时，可由两端或一端先上后下逐步清除坍渣，随挖随喷射混凝土，随架设临时构件支撑支顶。

（2）如果坍方体积较大、地表已下沉、坍体堵塞无法进入坍方范围进行支护时，则用注浆加固坍体，然后用"穿"的办法在坍体内进行开挖、衬砌。

任务实施

分组进行讨论，并按照问题引导进行答题。

问题引导

特殊隧道施工因其自身特点导致施工有一定的特殊性，结合不同特殊地质情况的隧道施工，回答下列问题：

问题1：溶洞地段施工原则是什么？

_____

_____

_____

问题2：溶洞的处理方法有哪些？

_____

_____

_____

_____

问题3：黄土隧道施工的原则是什么？

_____

_____

_____

_____

问题4：预测塌方常采用哪几种方法？

_____

_____

_____

_____

评价反馈

学生自评表

任务	完成情况记录
了解特殊隧道施工的主要方式	
掌握溶洞的处理方法	
掌握黄土隧道的处理原则	
总结反思建议	

学生互评表

序号	评价项目	小组互评
1	了解特殊隧道施工的主要方式	5分□　4分□　3分□　2分□　1分□
2	掌握溶洞的处理方法	5分□　4分□　3分□　2分□　1分□
3	掌握黄土隧道的处理原则	5分□　4分□　3分□　2分□　1分□
4	语言表达能力	5分□　4分□　3分□　2分□　1分□
5	积极性	5分□　4分□　3分□　2分□　1分□
6	反思总结	5分□　4分□　3分□　2分□　1分□
7	简要评述	

工序	作业步骤	配分	评分标准	扣分	得分
准备工作	确定人数	10	小组点名，根据考勤情况打分。如果缺勤则个人得分为零		
学习状态	了解特殊隧道施工的主要方式	60	得分=正确步骤总得分×60 分/所有操作步骤总分，保留小数点后两位		
学习状态	掌握溶洞的处理方法	60	得分=正确步骤总得分×60 分/所有操作步骤总分，保留小数点后两位		
学习状态	掌握黄土隧道的处理原则	60	得分=正确步骤总得分×60 分/所有操作步骤总分，保留小数点后两位		
验收总结	对他人的评价	15	根据质量检验情况判断施工是否正常。判断正确的得分，判断错误的不得分		
验收总结	自我评价与总结	15	得分=已回收设备材料数量×15 分/需要回收设备材料总数量，保留小数点后两位		
合计					

综合评价表

序号	评价项目	自我评价	互相评价	教师评价	综合评价
1	学习准备				
2	引导问题填写				
3	完成质量				
4	要点掌握				
5	完成速度				
6	参与讨论主动性				
7	沟通协作				
8	总结与评价				

实作复盘

根据小组作业结果，小组讨论、分析待改进方面及预防措施。

项目十三　超前地质预报与监控测量

思政学堂

零死亡的奇迹工程——大伙房输水隧道

大伙房输水隧道自辽宁省桓仁县到辽宁省新宾县，隧道总长为 85.32 km，开挖直径为 8.03 m，穿越 50 余座山峰、50 多条河谷、29 条断层。地表到隧道顶端最大距离为 630 m，最小距离为 60 m。大伙房输水隧道的设计引水流量为 60 m³/s，每年平均调水 18.61 亿立方米。该隧道的贯通误差仅为 3 cm，首尾高差 36 m，可完全实现自流引水。

中铁隧道承担了的输水隧洞一期全长 22.46 km，采用以 TBM 掘进施工为主、钻爆法施工为辅的施工方案，在施工过程中采用 3 台 TBM 在隧洞内同时掘进，开创了国内隧道和地下工程建设之先河。输水隧洞二期工程 4 标段全长 10.338 km，其中 8.954 km 工段的隧道主洞采用钻爆法施工，1.495 km 工段的隧道主洞采用明挖暗涵施工，纵跨抚顺市的 12 个自然行政村，施工难度极大。

在隧道工程施工过程中，克服了围岩软弱、埋深浅、气候恶劣等施工难题，采用超前预灌浆和超前管棚的施工方案，同时使用世界先进技术进行地址超前预报，以掌握前方围岩的地质情况，先后完成超前预注浆钻孔和扫孔 15 487 延长米，管棚施工 4 332 m，解决了围岩破碎、渗漏水严重带来的施工难题。

知识目标

1. 了解隧道施工监控测量的内容。
2. 了解隧道施工监控的方法。
3. 了解超前地质预报的方法。

能力目标

1. 能够熟练操作隧道施工监控测量的一些基本仪器。
2. 能够进行隧道现场施工的监控测量。
3. 能够用超前地质的方法对隧道实时监控。

知识导航

隧道通过松散地层、断层、溶洞、膨胀性岩层、岩爆等不良地段时在开挖、支护、夯砌过程中都可能发生大量坍塌、坑道挤压变形、破坏衬砌结构等现象，严重时会影响工程施工进度、安全和质量。因此，针对不良地质情况必须选择正确的施工方法、做好地质调查与预报工作，贯彻"先排水、短开挖、弱爆破、强支护、快衬砌、勤检查"的防治措施。在松软地层施工过程中必须减少对围岩的扰动，做到"先护后挖、密闭支撑、边挖边封闭"。

任务一　超前地质预报

隧道超前地质预报

隧道超前地质预报是隧道（信息化）施工管理的重要组成内容，针对隧道围岩复杂多变的特点，避免不良地质导致隧道坍塌、沉陷、涌泥、突水、有害气体突出等事故的发生而采用的综合超前地质预测措施。超前地质预报主要应用于岩溶、突水、突泥、断层破碎带、浅埋段、高地应力（可能产生硬岩岩爆和软弱围岩塑性变形）和瓦斯溢出等有不良地质体的隧道工程。

超前地质预报的基本方法主要包括地质调查法、超前钻探法、物探法和超前导坑预报法。各预报方法应包含的内容主要包括：

（1）地质调查法：包括隧道地表补充地质调查、洞内开挖工作面地质素描和洞身地质素描、地层分界线及构造线地下和地表相关性分析、地质作图等。

（2）超前钻探法：包括地质超前钻探、加深炮孔探测及孔内摄影。

（3）物探法：包括弹性波反射法（如地震波反射法、水平声波剖面法、负视速度法和陆地声纳法等）、电磁波反射法（如地质雷达探测）、红外探测、高分辨直流电法等。

（4）超前导坑预报法：包括平行超前导坑法、正洞超前导坑法等。

一、地质调查法

（一）概念

地质调查法是指根据隧道已有勘察资料、地表补充地质调查资料、洞内地质调查资料，通过地层层序对比、地层分界线及构造线地下和地表相关性分析、断层要素和隧道几何参数的相关性分析、临近隧道内不良地质体的前兆分析等，利用地质理论、地质作图和趋势分析等工具推测开挖面前方可能揭示的地质情况的一种方法。

（二）特点

地质调查法的特点主要包括不占用开挖工作面时间，不干扰施工，设备简单、操作方便、提交资料及时，可随时掌握开挖面的地层、岩性、地质构造、地下水等地质条件的变化。

二、超前钻探法

（一）概念

超前钻探法是指在掌子面布设探孔，采用水平钻机进行超前钻探，根据钻机在钻进过程中的推力、扭矩、钻速、成孔难易及钻孔出水情况来确定前方的地层和岩性，同时进行涌水量、水压测试及水质分析，判定掌子面前方地层含水情况及性质的一种方法。

（二）特点

超前钻探法的特点是方法简单、直观，探测距离可长可短（5~80 m），但施作困难，费时较多，费用较大。

三、物探法

（一）隧道地震波法

弹性波反射法是指通过向隧道前方发射弹性波，然后分析反射回来的波形、振幅等信息来推断隧道前方岩体的性质、结构以及不良地质体的位置和范围的一种方法。该类方法在划分地层界限、查找地质构造以及探测不良地质体的厚度和范围方面具有较高的精确度。

隧道地震波法是弹性波反射法的常用方法，通过小药量爆破所产生的地震波信号沿隧道方向以球面波形式传播，在不同岩层中地震波以不同的速度传播，在岩层界面处被反射，并被高精度的接收器接收，通过计算机软件分析前方围岩性质、节理裂隙分布、软弱岩层及含水状况等并在显示屏上显示各种围岩构造界面与隧道轴线相交所呈现的角度及距掌子面的距离，可初步测定岩石的弹性模量、密度、泊松比等参数以供参考。

（二）地质雷达探测法

电磁波反射法是利用电磁波在地下介质中的传播和反射特性，通过发射和接收电磁波信号来获取隧道前方岩体的电性、磁性等信息。电磁波反射法对于探测地下洞穴、岩溶等地质体具有显著效果。

地质雷达探测法是根据电磁波反射法的原理，利用无线电波检测地下介质分布以及对不可见目标或地下界面进行扫描，以确定其内部结构形态和位置的一种电磁探测技术。通过天线发射的电磁波遇到不同阻抗介面时会产生反射波和透射波，接收机利用分时采样原理和数据组合方式把天线接收的信号转化为数字信号，主机系统将数字信号转化为模拟信号或彩色线迹信号并按照时间轴的形式显示出来。

（三）红外探测法

红外探测法则是基于地下水的活动会引起岩体红外辐射场强的变化这一原理，通过测量红外场强的变化规律判断隧道前方一定范围内是否存在隐伏的含水体。红外探测法具有测量快速、施工干扰小、定性判别准确率高等优点。

（四）高分辨直流电法

高分辨直流电法是根据岩石的电性参数（如电阻率）变化规律，通过在隧道内布置供电电极，研究地下电场的分布规律，从而预报开挖工作面前方储水、导水构造的分布和发育情况。高分辨直流电法适用于探测地层中存在的地下水体位置及定性判断含水率。

四、超前导坑预报法

超前导坑预报法可分为超前平行导坑和超前正洞导坑。平行导坑的布置平行于正洞，其断面小并且与正洞之间有一定的距离，通过对导坑中围岩岩性、地质结构及地下水情况作地质素描图，对正洞的地质条件进行预报。超前导坑法的预报结果比较直观、精度高，并且具有距离越长预报就越早，与正洞平行距离越小预报精度越高、效果越佳的特点。

任务二 隧道监控测量

一、监控测量目的

隧道监控测量的目的主要包括：
（1）确保施工安全及结构的长期稳定性。
（2）验证支护结构效果。
（3）确定二次衬砌施作时间。
（4）监控工程对周围环境的影响。
（5）积累测量数据，为信息化设计和施工提供依据。

隧道施工监控测量

二、监控测量的项目

监控测量项目可分为必测项目和选测项目，必测项目和选测项目分别如表 13-1 和表 13-2 所示。

表 13-1　监控测量必测项目表

序号	监测项目	测试方法和仪表	备注
1	洞内、外观察	现场观察、地质罗盘、数码相机	
2	净空变化	全站仪	
3	拱顶下沉	全站仪	
4	地表下沉	电子水准仪（铟钢尺）或全站仪	隧道浅埋段
5	拱脚下沉	全站仪	不良地质和特殊岩土隧道浅埋段
6	拱脚位移	全站仪	不良地质和特殊岩土隧道深埋段

表 13-2　监控测量选测项目表

序号	监控测量项目	常用测量仪器
1	隧底隆起	水准仪、铟钢尺或全站仪
2	围岩内部位移	多点位移计
3	围岩压力	压力盒
4	初期支护与二次衬砌间接触压力力	压力盒

序号	监控测量项目	常用测量仪器
5	钢架内力	钢筋计、应变计
6	喷混凝土内力	混凝土应变计
7	锚杆轴力	钢筋计
8	二次衬砌内力	混凝土应变计、钢筋计
9	爆破振动	振动传感器、记录仪
10	孔隙水压力	水压计
11	水量	三角堰、流量计
12	纵向位移	多点位移计、全站仪

（一）监控测量断面及测点布置

隧道浅埋、下穿建筑物地段应在隧道开挖前布设地表沉降观测点。地表沉降测点和隧道内测点应布置在同一断面里程。测点布置按图 13-1 要求布设，其中地表沉降测点纵向间距取值如表 13-3 所示。

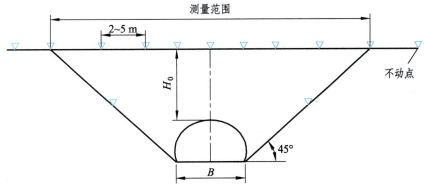

图 13-1 地表沉降横向测点布置

表 13.3 地表沉降测点纵向间距

隧道埋深与开挖宽度、高度	纵向测点间距/m
$2B<H_0 \leqslant 2（B+H）$	15～30
$B<H_0 \leqslant 2B$	10～15
$H_0 \leqslant B$	5～10

（二）拱顶下沉和净空变化测点布置

拱顶下沉测点和净空变化测点应布置在同一断面上，拱顶下沉测点原则上应设置在拱顶轴线附近。当隧道跨度较大时，应结合施工方法在拱部增设测点。

拱顶下沉和净空变化的测点布设按图 13-2 要求执行。

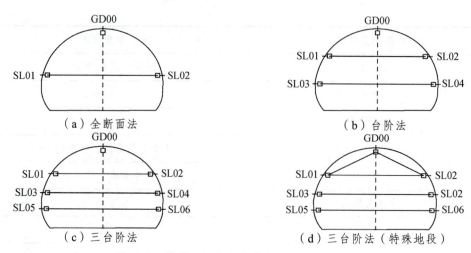

图 13-2　拱顶下沉和净空变化量测量测线布置

（三）监控测量频率

监控测量频率应根据测点距开挖面的距离及位移速度确定，分别如表 13-4 和表 13-5 所示。由位移速度决定的监控测量频率和由距开挖面的距离决定的监控测量频率，原则上取两者的最大值。出现异常情况或不良地质时，应增大监控测量频率。

表 13-4　按距开挖面距离确定的监控测量频率

测量断面距开挖工作面的距离/m	监控测量频率
（0～1）B	二次/d
（1～2）B	一次/d
（2～5）B	一次/（2～3 d）
>5 B	一次/（7 d）

注：B 为隧道开挖宽度。

表 13.5　按位移速度确定的监控测量频率

位移速度/（mm/d）	监控测量频率
≥5	二次/d
1～5	一次/d
0.5～1	一次/（2～3 d）
0.2～0.5	一次/（3 d）
<0.2	一次/（7 d）

（四）监控测量控制基准

监控测量控制基准包括隧道内位移、地表沉降、爆破振动等，应根据地质条件、隧道施工安全性、隧道结构的长期稳定性以及周围建（构）筑物特点和重要性等因素制定。隧道初期支护极限位移如表 13-6 所示。

表 13-6　隧道初期支护极限相对位移（7 m<隧道开挖宽度 B≤12 m）

围岩级别	隧道埋深 h/m		
	h≤50	50<h≤300	300<h≤500
拱脚水平相对净空变化/%			
II	—	0.01~0.03	0.20~0.60
III	0.03~0.10	0.08~0.40	0.30~0.60
IV	0.10~0.30	0.20~0.80	0.70~1.20
V	0.20~0.50	0.40~2.50	1.80~3.00
拱顶相对下沉/%			
II	—	0.03~0.06	0.05~0.12
III	0.03~0.06	0.04~0.15	0.12~0.30
IV	0.06~0.10	0.08~0.40	0.30~0.80
V	0.08~0.16	0.14~1.10	0.80~1.40

注：① 本表适用于复合式衬砌的初期支护，硬质围岩隧道取表中较小值，软质围岩隧道取表中较大值。表中数值可在施工中通过实测资料积累作适当修正。
② "拱脚水平相对净空变化"是指两拱脚测点间净空水平变化值与其距离之比；"拱顶相对下沉"是指拱顶下沉值减去隧道整体下沉值后与拱顶至隧底高度之比。
③ 墙腰水平相对净空变化极限值可按拱脚水平相对净空变化极限值乘以 1.1~1.2 后采用。

位移控制基准应根据测点距开挖面的距离，由初期支护极限相对位移要求确定，如表 13-7 所示。

表 13.7　位移控制基准

类别	距开挖面 1B（U_{1B}）	距开挖面 2B（U_{2B}）	距开挖面较远
允许值	65%U_0	90%U_0	100%U_0

注：B 为隧道开挖宽度，U_0 为极限相对位移值。

三、隧道监控测量方法

（一）洞内、外观察

隧道监控量方法的洞内、外观察主要包括：

（1）施工过程中应进行洞内、外观察。洞内观察可分开挖工作面观察和已施工地段观察两部分。

（2）开挖工作面观察应在每次开挖后进行，及时绘制开挖工作面地质素描图、数码成像，填写开挖工作面地质状况记录表，并与勘查资料进行对比。

（3）已施工地段的观察每天至少应进行一次，主要观察并记录喷射混凝土、锚杆、钢架变形和二次衬砌等的工作状态。

（4）洞外观察重点应在洞口段和洞身浅埋段，记录地表开裂、地表沉陷、边坡及仰坡稳定状态、地表水渗透情况等，同时还应对地面建（构）筑物进行观察。

（二）隧道周边收敛监测

1. 监测目的

隧道开挖后，周边点的位移是围岩和支护力学形态变化的最直接、最明显的反映，净空的变化（收缩和扩张）是围岩变形最明显的体现。

2. 监测仪器

隧道周边收敛监测一般采用数显式收敛计或全站仪。

3. 测点埋设

在被测结构面用电锤钻孔径为 20 ~ 30 mm、深 200 mm 的孔，在孔中填塞水泥砂浆后插入收敛预埋件，尽量使两预埋件轴线在基线方向上并使销孔轴线处于垂直位置，上好保护帽，待砂浆凝固后即可进行测量。采用全站仪测量时，测点应采用膜片式回复反射器作为测点靶标，靶标贴附在预埋件上。隧道周边收敛监测点的布置如图 13-2 所示。

4. 收敛计算

对于同一观测点，第 n 次测量的净空变形值可表示为

$$U_n = R_n - R_{n-1} \tag{13-1}$$

式中　U_n ——第 n 次测量的净空变形值；

　　　R_n ——第 n 次测量时的观测值；

　　　R_{n-1} ——第 $n-1$ 次测量时的观测值。

5. 数据处理

隧道周边收敛监测数据的处理主要包括：

（1）绘制时间-位移曲线图和距离-位移曲线图，如图 13-3 所示。

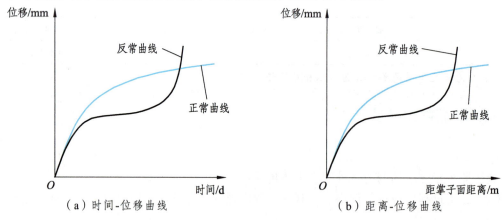

（a）时间-位移曲线　　　　　（b）距离-位移曲线

图 13-3　隧道周边收敛监测数据曲线

（2）当位移-时间曲线趋于平缓时，可选取合适的函数形式进行回归分析。

（3）图 13-3 中所示"正常曲线"表明位移的变化随时间和距掌子面距离向前推进而渐趋稳定，说明围岩处于稳定状态，支护系统是有效、可靠的；图 13-3 所示的"反常曲线"表明已出现了反弯点，说明位移出现反常的急骤增长现象，表明围岩和支护已呈不稳定状态，应立即采取相应的工程技术措施。

（三）隧道拱顶下沉监测

1. 监测目的

拱顶下沉测量值是反映隧道安全和稳定的重要数据，是围岩和支护系统力学形态变化的最直接、最明显的反映。

2. 监测仪器

隧道拱顶下沉监测仪器一般采用全站仪或钢挂尺、水准仪。

3. 测点埋设

拱顶测点预埋件的埋设主要为基点与测点的埋设。先在隧道拱顶中线部采用电钻钻直径为 20～30 mm、深为 200 mm 的孔，在孔内填塞满水泥砂浆后插入预埋件并固定牢靠，埋设时应使预埋件轴线垂直拱顶，待砂浆凝固后即可进行测量。采用全站仪测量时，测点应采用膜片式回复反射器作为测点靶标，靶标贴附在预埋件上。施工过程中要保护测点，使测量数据不中断。拱顶下沉监测点和水平收敛监测点在同一个断面上，如图 13-2 所示。

4. 沉降计算

对于同一测点的第 i 次测量得到的沉降值可表示为：

$$\Delta U = U_i - U_{i-1} \tag{13-2}$$

式中　　ΔU——第 i 次测得沉降值；

　　　　U_i——第 i 次高差；

　　　　U_{i-1}——第 $i-1$ 测点与基点高差。

5. 数据分析与处理

将每次测到的拱顶下沉降数据进行计算、整理和收集，并根据施工的具体情况分阶段绘出沉降曲线。

（四）洞口段及浅埋段地面沉降监测

1. 监测内容

洞口段及浅埋段地面沉降监测内容就是测试洞口段及冲沟浅埋段隧道开挖时对地面沉降的影响及其影响范围。

2. 监测目的

洞口段及浅埋段地面沉降监测的目的主要包括：

（1）判断开挖时对地面沉降的影响及其影响范围。

（2）根据监测结果决定对该区段设计、施工方法的调整和变更。

（3）保证施工安全，优化支护参数。

3. 测试仪器

洞口段及浅埋段地面沉降监测的测试仪器一般采用精密水准仪、铟钢尺或全站仪。

4. 测点布置

垂直隧道轴线在洞口段及冲沟浅埋段设置监测断面，隧道范围内从拱顶位置左右间隔 2～5 m 对称布设沉降观测点（视现场情况定），其测点布置如图 13-1 所示。

（五）变形监控测量

洞口段及浅埋段地面沉降的变形监控测量主要包括：

（1）变形监控测量可采用接触测量或非接触测量方法。

（2）围岩内变形测量可采用多点位移计。多点位移计应钻孔埋设，通过专用设备读数。

（六）应力、应变监控测量

洞口段及浅埋段地面沉降的应力、应变监控测量主要包括：

（1）应力、应变监控测量宜采用振弦式、光纤光栅传感器。

（2）振弦式传感器通过频率接收仪获得频率读数，依据频率测量参数确定曲线换算出相应测量参量值。

（3）光纤光栅传感器通过光纤光栅解调仪获得读数，换算出相应测量参量值。

（4）钢架应力测量可采用振弦式传感器、光纤光栅传感器。传感器应成对埋设在钢架的内、外侧。

（5）采用振弦式钢筋计或应变计进行型钢应力或应变测量时，应把传感器焊接在钢架翼缘内测点位置。

（6）采用振弦式钢筋计进行格栅钢架应力或应变测量时，应将格栅主筋截断并把钢筋计对焊在截断部位。

（7）采用光纤光栅传感器进行型钢或格栅钢架应力应变测量时，应把光纤光栅传感器焊接（氩弧焊）或粘贴在相应测点位置。

（8）混凝土、喷混凝土应变测量可采用振弦式传感器、光纤光栅传感器，传感器应固定于混凝土结构内的相应测点位置。

（七）接触压力测量

洞口段及浅埋段地面沉降的接触压力测量主要包括：

（1）接触压力测量包括围岩与初期支护之间接触压力、初期支护与二次衬砌之间接触压力的测量。

（2）接触压力测量可采用振弦式传感器。传感器与接触面要求紧密接触，传感器类型的选择应与围岩和支护相适应。

四、监控测量数据处理

洞口段及浅埋段地面沉降的监控测量数据处理主要包括：

（1）监控测量数据的分析处理应包括数据校核、数据整理及数据分析。

（2）每次观测后应立即对观测数据进行校核，监测结果采用散点图（时态曲线）和回归分析法进行分析，依据时态曲线的形态，结合围岩稳定性、支护结构的工件状态进行安全性评价，并提出实施意见指导施工。如有异常应及时补测。

（3）每次观测后应及时对观测数据进行整理，如观测数据计算、填表制图、误差处理等。

（4）监控测量数据的分析应包括以下主要内容：

① 根据测量值绘制时态曲线。

② 选择回归曲线，预测最终值，并与控制基准进行比较。

③ 对支护及围岩状态、工法、工序进行评价。

④ 及时反馈评价结论，并提出相应工程对策建议。

（5）监控测量数据可采用指数模型、对数模型、双曲线模型、分段函数、经验公式等进行分析，并预测最终值（应采用与实测数据散点图最相近的模型进行分析预测）。

（6）利用计算机对实测数据进行处理，可以采用指数、对数、双曲线中最合适的一种方法进行计算分析并进行预测。

任务实施

分组进行讨论，并按照问题引导进行答题。

问题引导

结合本章节学习内容，回答以下问题：

问题 1：超前地质预报有哪几种方式？

_____

_____

_____

_____

_____

问题 2：隧道监控测量的必测项目有哪些？

_____

_____

_____

_____

问题 3：请编制一个简单的隧道监控测量方案。

_____

_____

_____

_____

评价反馈

学生自评表

任务	完成情况记录
掌握隧道超前地质预报方式	
掌握隧道监控测量的方法	
掌握隧道监控测量方案的编制方法	
总结反思建议	

序号	评价项目	小组互评
1	掌握隧道超前地质预报方式	5分☐ 4分☐ 3分☐ 2分☐ 1分☐
2	掌握隧道监控测量的方法	5分☐ 4分☐ 3分☐ 2分☐ 1分☐
3	掌握隧道监控测量方案的编制方法	5分☐ 4分☐ 3分☐ 2分☐ 1分☐
4	语言表达能力	5分☐ 4分☐ 3分☐ 2分☐ 1分☐
5	积极性	5分☐ 4分☐ 3分☐ 2分☐ 1分☐
6	反思总结	5分☐ 4分☐ 3分☐ 2分☐ 1分☐
7	简要评述	

教师评分表

工序	作业步骤	配分	评分标准	扣分	得分
准备工作	确定人数	10	小组点名，根据考勤情况打分。如果缺勤则个人得分为零		
学习状态	掌握隧道超前地质预报方式 掌握隧道监控测量的方法 掌握隧道监控测量方案的编制方法	60	得分=正确步骤总得分×60 分/所有操作步骤总分，保留小数点后两位		
验收总结	对他人的评价	15	根据质量检验情况判断施工是否正常。判断正确的得分，判断错误的不得分		
	自我评价与总结	15	得分=已回收设备材料数量×15分/需要回收设备材料总数量，保留小数点后两位		
合计					

综合评价表

序号	评价项目	自我评价	互相评价	教师评价	综合评价
1	学习准备				
2	引导问题填写				
3	完成质量				
4	要点掌握				
5	完成速度				
6	参与讨论主动性				
7	沟通协作				
8	总结与评价				

实作复盘

根据小组作业结果，小组讨论、分析待改进方面及预防措施。

参考文献

[1] 中华人民共和国交通运输部. 公路隧道设计规范 第一册 土建工程：JTG 3370.1—2018[S]. 北京：人民交通出版社，2018.

[2] 中华人民共和国交通运输部. 公路隧道设计规范 第二册 交通工程与附属设施：JTG D70/2—2014[S]. 北京：人民交通出版社，2014.

[3] 中华人民共和国交通运输部. 公路隧道施工技术规范：JTG/T 3660—2020[S]. 北京：人民交通出版社，2020.

[4] 王梦恕. 中国隧道及地下工程修建技术[M]. 北京：人民交通出版社，2010.

[5] 中华人民共和国铁道部. 铁路隧道施工规范：TB 10204—2002[S]. 北京：中国铁道出版社，2002.

[6] 中华人民共和国交通运输部. 公路隧道照明设计细则：JTG/T D70/2-01—2014[S]. 北京：人民交通出版社，2014.

[7] 中华人民共和国交通运输部. 公路隧道通风设计细则：JTG/T D70/2-02—2014[S]. 北京：人民交通出版社，2014.

[8] 中华人民共和国交通运输部. 公路工程技术标准：JTG B01—2014[S]. 北京：人民交通出版社，2014.

[9] 王东杰. 公路隧道施工[M]. 北京：中国电力出版社，2010.

[10] 王万德. 隧道工程施工技术[M]. 沈阳：东北大学出版社，2010.

[11] 王国庆. 隧道[M]. 2 版. 北京：人民交通出版社，2022.

[12] 霍润科. 隧道与地下工程[M]. 北京：中国建筑工业出版社，2011.

[13] 李小青. 隧道工程技术[M]. 北京：中国建筑工业出版社，2011.

[14] 陈小雄. 隧道施工技术[M]. 北京：人民交通出版社，2011.

[15] 王成. 隧道工程[M]，北京：人民交通出版社，2019.

[16] 覃仁辉，王成. 隧道工程[M] . 3 版. 重庆：重庆大学出版社，2015.

[17] 宋秀清. 隧道施工[M]. 3 版. 北京：人民交通出版社，2020.

[18] 张厚美. 盾构隧道的理论研究与施工实践[M]. 北京：中国建筑工业出版社，2010.

[19] 关宝树. 隧道工程施工要点集[M]. 2 版. 北京：人民交通出版社，2011.